KB194461

韓國古代史入門 三

한국고대사입문 3

2006년 1월 7일 초판1쇄 인쇄
2006년 1월 20일 초판1쇄 발행

김정배 편저

펴낸이 ■ 임성렬
펴낸곳 ■ 도서출판 신서원
서울시 종로구 교남동 47-2 협신빌딩 209호
전화 : 02) 739-0222·3   팩스 : 02) 739-0224
등록 : 제1-1805(1994. 11.9)

ISBN ■ 89-7940-226-0 94910
      89-7940-298-8(전3권)

한국고대사입문 3

신라와 발해

김정배 편저

도서출판 신서원

간행사

일찍이 단재 신채호(1880~1936) 선생께서 1930년대 초 국내 일간지에 우리 상고사에 대한 개설을 연재한 적이 있으나, 일제 강점기여서 단행본으로 간행되지 않아 대중에게 널리 알려지지는 못했다. 그러다가 해방 이후 고 이병도(1896~1989) 박사의『한국사(韓國史)-고대편』(1959)이 간행되면서, 고대사 입문서로서 비교적 널리 읽히게 되었다. 그런데 1960년대에 들어와 전국에서 새로운 고고학 조사가 진행되면서, 고대사 연구에 새로운 활기를 불어넣게 되었고, 그에 따라 고대사를 공부하기 위해서는 새로운 고고학에 대한 이해가 불가피하게 되었다. 고 김원용(1922~1993) 교수의『한국고고학개설(韓國考古學槪說)』(1973)은 바로 그 동안의 성과를 반영한 고고학 입문서였다.

그러나 고대사와 함께 고고학의 성과까지 아우른 입문서를 간행하는 일은 당시 학계의 수준으로 쉽지 않았다. 고대사와 고고학의 접목은 1980년대 고 이기백(1924~2004) 교수가 중심이 되어 간행한『한국사강좌 (韓國史講座)-고대편』(1982)과 『한국고대사론(韓國古代史論)』(1988)에서도 이루어지지 못했다. 1980년대 이후 고대사와 고고학의 각 분야가 세분화되면서, 고대사와 고고학의 접목을 더욱 어렵게 만들었다. 최근『강좌 한국고대사』 총 10권(2003)이 간행되어 고대사와 고고학의 성과를 종합하고자 하는 노력이 있었으나, 다양한 세부 전공분야를 종합하다 보니 초심자들에게는 다소 어려운 측면이 있다.

주로 문헌사료에 근거하는 고대사와 유적·유물 등 물질자료에 의지하는 고고학은 연구의 출발점부터 다른 측면이 있다. 하지만 지난 과거에 대한 충실한 사실 규명과 복원을 추구한다는 목표에서만큼은 서로 크게 다르지 않다. 문헌사료가 그림의 바탕이 되는 밑그림이라면, 고고학자료는 그것을 더욱 생생하게 해주는 채색에 비유할 수 있을 것이다. 때로는 밑그림없이 바로 물감만으로 또는 단색의 소묘(素描)만으로도 하나의 그림이 완성되기도 한다. 그러나 두 가지 방법을 함께 접목하면, 균형이 잡히면서 생생한 실제의 모습에 근접한 그림을 완성할 수 있다.

그 동안 필자는 『한국민족문화(韓國民族文化)의 기원(起源)』(1973)·『한국고대(韓國古代)의 국가기원(國家起源)과 형성(形成)』(1986)·『한국 고대사와 고고학』(2000) 등의 연구를 통해 고대사와 고고학의 접목을 끊임없이 시도해왔다. 두 학문의 접목은 어느 하나에만 의지할 때보다 그만큼 더 넓은 시야를 요구하고 더 많은 자료를 섭렵해야 하기 때문에 결코 쉽지 않은 길이다. 그러나 과거를 편향되지 않고 더욱 생생하게 묘사하기 위해서는, 고대사와 고고학 가운데 어느 하나의 방법도 소홀히 할 수 없다. 이러한 취지에서, 필자와 함께 필자에게서 배운 고대사와 고고학의 연구자들이 뜻을 모아 『한국고대사입문』을 총 3권으로 엮어보았다. 특히 필자의 정년에 맞춰 책이 간행된 것은 순전히 집필자 여러분들의 깊은 배려 덕분이다. 이 자리를 빌려 뜻을 함께 해준 후배·제자 연구자들에게 깊은 감사의 말씀을 드리고 싶다.

현재 우리의 고대사는 주변 강대국의 도전에 직면해 있다. 최근 중국은 '동북공정'을 통해, 우리 고구려사와 고조선사까지도 중국사의 영역에 편입시키려고 부단히 애쓰고 있다. 그리고 일본은 왜곡된 역사교과서를 통해, 우리의 삼국시대[가야]사를 '임나일본부설'로 오염시키고 있다. 실로 지금의 고대사 연구는 우리 역사를 지키기 위한 응전(應戰)의 전초기지라 해도 과언이 아닐 것이다. 따라서 지금은 새로운 고대사 연구자들의 발굴과 육성이 그 어느 때보다도 더욱 절실한 시점이라고 할 수 있다.

이제 막 고대사에 입문한 연구자들은 아직 시야가 좁아 나무만 보고 숲은 보지 못하는 실수를 범하기 쉽다. 이 책은 고대사 입문자와 대중에게 안내서의 역할을 할 수 있도록 기획되었다. 이 책을 통해 각 분야의 기본적인 연구사와 쟁점이 되고 있는 문제들을 검토하면서, 앞으로의 과제가 무엇인지도 확인할 수 있을 것이다. 이 책이 입문서가 부족한 고대사에 작으나마 견인차의 역할을 할 수 있기를 기대하며, 더 나아가 주변 강대국의 역사 도전을 지혜롭게 뚫고나갈 새로운 인재들이 이 책을 통해 조금이나마 고대사에 대한 소양을 쌓을 수 있기를 기대해본다.

이 책이 나오기까지 많은 분들의 노력이 더해졌다. 무엇보다도 먼저 집필에 참여해 준 32명의 집필자들에게 감사드리며, 특히 전체 편집을 맡아준 최광식 교수와 박대재 박사, 각 권의 편집을 도와준 한규철 교수, 김복순 교수, 박경철 교수, 정운용 교수, 조법종 교수, 박찬흥 박사, 양정석 교수 등에게도 감사드린다. 끝으로 여러 어려움에도 불구하고 기꺼이 출간해 주신 도서출판 신서원 편집부 직원 여러분께도 감사의 인사를 드리고 싶다.

2006년 1월 7일
집필자 대표 김정배

책머리에

신라와 발해가 양립했던 시기는 흔히 남북국시대라고 불린다. 남북국시대란 7세기로부터 10세기까지의 남북 왕조시대를 의미한다. 그런데 이 '남북국시대'란 용어는 이제 한국사학사에서 시민권을 획득한 것 같다. 발해가 고구려를 계승한 왕조이고, 고구려·백제·신라가 한국인들의 가장 오래된 역사서인 『삼국사기』에 기록되고 있다는 점에서 연유하기 때문이다.

남북국시대를 정치·외교적 측면에서 개관하여 보았다. 신라와 발해의 성립에 관한 사실 및 그 인식에는 고대와 근대에 걸친 동아시아 세계의 변동과정이 맞물려 있기 때문에, 전근대사학과 근대사학, 일제 식민사학과 민족주의사학에서 나타난 신라통일론과 남북국성립론을 두루 살펴보았다. 일통삼한론과 발해 건국의 의미를 따져보았고 근대사학의 중요한 인식 단위인 민족과 국가가 남북국시대에 어떻게 적용되는가도 알아보았다. 또한 신라와 발해의 사회구성이 한국사에서 차지하는 시대구분상의 문제도 지적했다. 동아시아의 국제전이 벌어진 7세기는 한국사에서 남북국의 성립에 더하여 고대에서 중세사회로의 이행기일 수도 있었다. 한반도에서 일어난 전쟁에 중국의 당과 일본의 야마토조정이 참전함으로써 당의 율령문화를 매개로 동아시아 세계가 비로소 형성되었다.

신라의 지방제도와 촌락의 모습은 신라통일기를 전후한 시기의 특징들을 통해 확인할 수 있었다. 그것은 지배영역과 피지배민의 양적 팽창과 더불어 시대를 가름할 수 있는 체제변화를 동반할 수밖에 없다는 인식에서 출발했다. 그러한 변화가 지속 가능하였다는 것은 아니지만, 중요한 점은 이전 사회와는 다른 사회체제의 변화를 겪었다는 것이다. 그러한 변화의 경험은 비록 일시적으로 왕조가 혼란스럽거나 몰락한다 할지라도 다음 왕조에서 사회체제의 근간으로서 쉽게 무너지지 않을 것인데, 신라의 멸망과 함께 고려왕조의 성립에서 이와 같은 면을 엿볼 수 있음을 지적했다.

신라의 토지제도에 대한 연구는 토지국유론으로부터 시작하여 토지사유론을 배경으로 전개되었다. 녹읍·관료전·정전과 함께 「신라촌락문서」에 보이는 연수유전·답, 촌주위답, 내시령답 등에 대한 연구가 시대구분논의를 배경으로 함께 이루어졌다. 이 시기를 고대사회로 보는 견해도 있지만, 중세사회로 보는 견해가 주류를 이루면서, 중세 토지제도의 일부로서 고찰되었다. 물론 녹읍의 수취내용이 중세 토지제도의 한 계통이라고 하는 전주전객제에 해당되는지에 대해서는 반론도 제기되었다. 녹읍·관료전·정전·「신라촌락문서」의 여러 토지지목에 대해서는 물론이고, 이론적인 부분에서도 좀더 세밀한 탐구가 필요하다고 전망하였다.

신라 불교에 대한 연구는 양과 질적인 면으로 팽창되면서 사적으로 시기구분이 된 연구가 나오기도 했음을 지적하고, 중고기의 국가불교, 중대의 교학불교와 수행, 하대의 선종으로 구분을 하고 있으나, 좀더 세분된 신앙형태 내지는 교학적인 구분도 필요함을 제시했다. 근래 주목되는 사상사적 내용으로는 생명사상과 관련하여 한국 고대의 타계관·생사관·신체관·영혼관·죽음관·천문관 같은 연구가 많이 나오고 있음을 소개하였다.

남북국의 대외관계는 경제·무역의 관계라 할지라도 정치-군사적 관계와 밀접한 관계를 갖고 이루어졌다. 조공(朝貢)이라는 정치행위를 일종의 관영무역(官營貿易)으로 여기고 있는 것도 그러한 이유이다. 또한 대외관계에는 평화적 교섭만이 있을 수 없고 전쟁과 같은 무력이 동원되기도 한다. 그러나 전쟁 또한 적극교섭의 일환이었던 결과이므로 그것은 실패로 끝난 외교였다고 할 수 있다. 전쟁과 교역은 역사의 흐름과 함께하는 동전의 앞뒷면과 같은 것이었다.

남북국시대에서 한 축을 이루는 발해사에 대해서도 살펴보았다. 말갈문제를 중심으로 한 주민구성 등 발해사의 쟁점들에 대한 연구사를 정리해 보았고, 발해의 대외관계를 대당·대일본·대서역 등의 입장에서 살펴보았다. 특히 지금까지 발해의 대외관계 연구가 주로 당과 일본에 치우쳐 있었음을 반성하고 신라 및 서역 등과의 관계도 지적하였다.

신라 하대의 왕위계승에 입장차가 있음과 농민항쟁의 직접적인 계기이면서 동시에 후삼국 정립에 결정적인 영향을 미친 진성여왕대의 정치·사회적 상황에 대해서도 재검토할 필요가 있음을 지적하였다. 신라 하대 6두품을 비롯한 골품제 연구가 가속화될 것으로 전망할 수 있었고, 사상사적인 측면에서 선종구산문의 성립시기에 대한 논쟁은 여전히 유효함을 지적하였고, 이와 함께 교학불교와 풍수지리설·도참사상 등도 균형있게 탐구되어야 함을 강조하였다.

지금까지 후삼국시기 연구는 견훤의 출신지와 외교관계 문제 등이 중심이었는데, 태봉·고려의 경우 정교일치적 국가운영 및 관련 국가기구의 특성 등에 대한 논의가 활발히 진행되고 있었다. 최근 제기된 문제로는 후백제 및 태봉의 도성구성에 대한 논의를 들 수 있었고, 또한 견훤및 궁예가 표방한 미륵신앙의 성격과 내용에 대한 체계적인 검토가 필요함을 지적했다.

『삼국사기』 연구는 기존 역사자료들의 한계를 극복하고 삼국시대사에 대한 새로운 종합을 의도한 것이었다. 이를 위해 『구삼국사』로 지칭된자료를 위시로 한 『고기』류나 금석문, 그리고 새로 입수한 중국의 사서 및 경서·문집이 활용되었다. 여기에 12세기 유교적 지식인의 관점에 충실했던 서술의미를 적절히 안배하는 작업이 어우러졌다. 이렇게 하여『삼국사기』는 당대 사회의 역량으로 도달한 합리적인 '본사'의 지위를 획득하였다. 결국『삼국사기』는 기존의 것에 대한 극복과 종합인 동시에 모든 새로운 삼국사 인식의 근원이자 출발점이었다는 점을 재확인하였다.

『삼국유사』는『삼국사기』의 존재를 전제로 만들어진 '유사'였다. 서지적으로는, 저자가 일연 혼자인지 여러 사람의 공동저작인지, 찬술 및 초간 시기는 언제인지, 후대에 첨가된 부분 및「왕력」과「기이」사이의 권·편명 차이와 혼란 등에 관한 연구가 이루어졌다.「왕력」·「기이」·「흥법」·「탑상」·「의해」·「신주」·「감통」·「피은」·「효선」의 편명별로 이루어진 연구가 정리되었다. 그리고 나라 안팎으로 분산되어서 이루어지고 있는 역주작업과 학술모임을 한곳으로 모아 집중시켜야 할 필요성이 제기되었다.

역사복원의 필수 사료는 종이의 문헌사료에 국한하지 않는다. 금석문은 종이자료보다 오히려 당대의 실상을 잘 알 수 있게 하는 중요한 사료 가운데 하나이다. 이것들은 현장에서 살았던 사람들이 직접 남긴 실물자료로서 당시의 역사적 사실뿐만 아니라 그들이 사용한 용어, 그들의 인식 등이 담겨 있는 귀중한 자료임을 재확인하였다.

한국 고대의 밀교를 이해하기 위해서는 토속신앙 및 불교의 융화와 변천이라는 측면에서 살펴보아야 한다. 한국 고대의 토속신앙 가운데 중심이 되었던 것은 용과 산신으로 대변되는 신앙형태였다. 용의 신성성과 왕권의 관계, 산신의 성격과 호국신의 문제 등이 밀교와 관련하여 검토되었고,『삼국유사』권5,「신주」제6에 보이는 밀본·혜통·명랑 등을 중심으로 신라 밀교에 대한 연구가 이루어졌다.

한규철

목 차

토속신앙과 밀교

신라통일론과 남북국성립론

1. 머리말

7세기는 동아시아 세계가 국제전의 소용돌이에 휩싸인 격동의 시기였다. 중국대륙에서 수를 대신한 당이 고구려에 대한 공세를 멈추지 않았으며, 한반도와 요동지방에서는 신라가 당과 연합하여 백제와 고구려를 멸망시킨 데 이어 발해가 건국되었다. 일본열도의 야마토조정(大和朝廷)에서는 백제 구원을 명분으로 참전했던 천지조(天智朝)가 천무조(天武朝)로 교체되는 변화가 일어났다. 이러한 사회변동은 한 국가의 차원을 넘어 동아시아 세계가 상호 연동한 결과였다. 한국사에서는 신라와 발해가 병립하는 남북국의 성립으로 귀결되었는데, 이에 관한 사실은 대체로 다음과 같다.

『삼국사기』에 의하면, 무열왕은 654년에 화백(和白)의 추대로 즉위했다. 그는 백제의 공격으로부터 신라를 구하기 위해 659년에 당에 사신을 파견했다. 소정방(蘇定方)이 인솔한 당군과 김유신(金庾信)이 이끄는 신라의 연합군은 660년에 수도 사비성을 함락시켰다. 당은 백제고지에 웅진도독부를 설치하고 기미지배(羈縻支配)를 실시했다. 복신(福信)과 도침(道琛)은 주류성을 근거로 백제부흥운동을 일으켰으며, 일본에 있던 백제의 왕자 풍(豊)을 맞이하여 왕으로 삼았다. 왜군이 663년에 백제 구원을 위해 파견되었으나, 백강 전투에서 대패함으로써 부흥운동은 실패했다.

고구려의 연개소문(淵蓋蘇文)은 642년에 정변을 일으켜 보장왕을 옹립하고 권력을 장악했다. 고구려는 645년부터 시작된 당의 파상적 공세에 강력하게 대처했다. 연개소문이 665년에 죽고 자제간에 내분이 일어나자, 당은 다시 공격을 개시했다. 이적(李勣)이 이끄는 당군의 공격에 김인문(金仁問)이 인솔한 신라군이 응원하여, 668년에 수도 평양성이 함락되었다. 당은 고구려고지에 안동도호부를 설치하고 직접지배를 시도했다. 검모잠(劍牟岑)이 보장왕의 서자 안승(安勝)을 왕으로 추대하고 당군을 상대로 항쟁했으나 실패하고 말았다.

당은 663년에 경주를 계림대도독부로 삼고 문무왕을 계림주대도독에 임명했을 뿐만 아니라, 백제·고구려의 멸망 이후 대동강 이남을 신라에게 귀속시키기로 타협한 약속도 지키지 않았다. 신라는 고구려 부흥운동을 지원하면서 당과의 전쟁을 준비했다. 신라는 671년에 사비성을 탈환하고 소부리주(所夫里州)를 설치함으로써 백제고지에 대한 지배권을 차지했다. 당은 신라에 대한 공세를 강화했으나, 675년의 매소성 전투와 676년의 기벌포 전투에서 대패함으로써 안동도호부를 요동으로 철수하지 않을 수 없었다.

한편 『구당서』에 의하면, 당은 요동지방의 고구려 유민을 무마하기 위해 포로로 잡아갔던 보장왕과 그 후손을 요동도독조선군왕(遼東都督朝鮮郡王)에 임명했다. 그런데 영주지방에 강제로 사민되었던 걸걸중상(乞

乞仲象)의 아들 대조영(大祚榮)이 696년에 거란족 이진충(李盡忠)의 반란을
계기로 말갈족의 걸사비우(乞四比羽)와 함께 동쪽으로 망명했다. 고구려
유민인 대조영은 말갈족과 연합하여 698년 천문령 전투에서 이해고(李
楷固)의 당군을 격파한 뒤 계루부의 고지인 동모산으로 이동하여 진국(振
國), 즉 발해를 세웠다.

　이러한 사실을 바탕으로 신라 당시의 금석문인 「청주시운천동사적
비(淸州市雲泉洞寺蹟碑)」와 「황룡사구층목탑찰주본기(皇龍寺九層木塔刹柱本記)」
등은 신라가 삼한을 통일하여 한 집안이 되고 영토도 넓어진 것으로 인
식했다. 고려시대의 김부식은 『삼국사기』에서 신라는 당과 협력하여 세
나라를 한 집안으로 만든 것으로 평가했으며, 조선 전기의 『동국통감』
역시 김부식의 인식 수준을 크게 넘지 못하고 있었다. 전근대사회의 관
찬사서에서는, 신라의 삼국통일만을 인정하는 일통삼한론(一統三韓論)으
로 일관했기 때문에 발해가 자리할 여지는 없었다. 복수의 왕조에 대해
선택적 속성을 지니는 정통론적 사고와, 사실에 대한 해석을 배제하는
유가적인 술이부작(述而不作)의 역사편찬에서 연유하는 필연적인 결과였
다.〔김영하, 1988〕

　그러나 조선 후기에 사찬사서를 중심으로 발해에 대한 새로운 인식
이 대두했다. 한백겸은 『동국지리지』에서 발해가 고구려의 영토를 계승
한 것으로 보았고, 발해의 건국자도 고구려 유민이라는 인식이 신경준의
『강계고』에서 나타났다. 안정복은 『동사강목』에서 『동국통감』의 발해에
관한 사실에 몇 가지를 추가하여 신라사에 덧붙여 서술했고, 이종휘의
『동사』, 홍석주의 『동사세가』, 한치윤의 『해동역사』 등은 발해를 신라와
대등하게 세가(世家) 또는 세기(世紀)로 취급했다. 더구나 유득공과 김정호
는 각각 『발해고』와 『대동지지』에서 신라와 발해의 병립을 인정하는 남

북국론(南北國論)을 주장하기에 이르렀다.〔이만열, 1981 ; 김영하, 1988 ; 송기호, 1991〕

이와 같은 전근대 사회의 신라와 발해에 대한 인식 위에서, 근대사회의 인식에서는 신라의 삼국통일 여부와 발해의 민족사적 위상설정이 항상 맞물려 있었다. 신라의 통일을 강조하면 발해의 위상이 약화되고, 발해의 위상이 높아지면 신라통일의 의미가 희석되는 구조였다. 한국사의 인식체계 내에서 신라와 발해 인식의 변주는 근대사학에서 부단히 확인되고 있다. 그 흐름은 신라의 삼국통일을 강조하는 데서 발해의 민족사적 의미를 재인식하는 방향으로의 전환이었다.

2. 인식논리의 변주

근대사학의 본질은 전근대사학의 정통론적 사고와 술이부작적 태도를 비판적으로 극복하는 데 있었다. 한국 근대사학은, 일본에 의한 개항 이후의 역사가 그러했던 것처럼, 일제 식민사학의 왜곡과 그에 대한 대응이라는 양상으로 전개되었다. 신라와 발해에 대한 인식도 예외일 수 없었는데, 식민사학은 실증사학의 명분 아래 신라의 삼국통일을 강조했다. 그것은 한반도와 만주에 대해 식민정책의 효율성을 높이려는 만선사관(滿鮮史觀)의 학문적 귀결이었고, 이에 대한 민족주의사학의 비판과 남북국론의 제기는 현실적 요구였다.

신라의 삼국통일만을 인정하는 일통삼한론은 한말(韓末)에도 여전히 지속되고 있었다. 학부(學部)에서 편찬한 『조선역사』와 『조선략사』는 아예 발해를 언급하지 않았으며, 『조선역대사략』과 『동국역대사략』은 신라의 성덕왕대에 발해를 덧붙여 약술하는 신라 정통의 입장을 고수했다. 한편 김택영은 『동사집략』과 『역사집략』에서 발해사를 신라사의 편년체계 내에 병렬적으로 서술함으로써 민족사로 이해하려고 노력했다. 〔김영하, 1993〕 그러나 발해왕의 죽음을 조(殂)로 높이기는 했지만, 신라왕을 승하(昇遐)로 표현한 것에 비하면 역시 정통상의 왕으로 보지 않는 한계가 있었다.〔조동걸, 1989〕 한말의 역사교과서가 아직 일통삼한론을 주체적으로 극복하지 못한 가운데 한국사를 근대적인 방법으로 먼저 저술한 것은 일본이었다.

하야시 다이스케(林泰輔)는 1892년 『조선사』에서 '신라의 통일'이라는 근대적 표제어를 처음으로 사용하는 한편, '발해'는 별도의 장으로 나누어 서술했다. 그러나 그는 1912년에 다시 출간한 『조선통사』의 '신라의 통일 및 쇠망'에서 무열왕 김춘추(金春秋)가 사신으로서 능력을 발휘하고, 김유신은 당과 협력하여 백제와 고구려를 멸망시킨 것으로 서술했다. 신라는 백제고지를 공취하고 고구려의 반중(叛衆)을 받아들인 까닭에 당과 교전하게 되었다. 신라가 마침내 고구려 남부를 주군(州郡)으로 삼음으로써 판도를 확장했다. 후세에 '조선반도'의 남북부가 하나로 합쳐진 단서는 이로부터 비롯되었다라고 하고, 여기에 덧붙여 대동강 이북에서 발해가 건국하여 신라와 강역을 다툰 사실을 간략하게 서술했다.〔林泰輔, 1892, 1944〕 신라에 의한 반도 남부의 통일을 부각시킨 대신 발해를 한국사의 인식체계 내에서 배제하는 방향으로 바꾸었던 것이다.

일제 식민사학이 신라의 통일을 강조하고 발해를 배제했던 목적은 1932년에 세운 만주국의 역사를 따로 설정하려는 데 있었다. 한국사의 타율성론(他律性論)을 강조하는 만선사관에서 발해가 주목될 수밖에 없었으며, 발해의 역사를 빼고 남는 한국사는 통일신라일 따름이었다. 한국사에서 발해 배제는 조선사편수회(朝鮮史編修會)의 공식적인 입장이었다. 『조선사강좌』는 '신라의 일통'에서 나당연합군이 백제를 멸망시키자 일본은 백제를 구원했고, 고구려 멸망에 이어 신라는 당의 정복지를 점령한 것으로 보았다. 신라는 당과의 전쟁을 통해 백제고지에 소부리주를 설치하고 고구려 남부를 주군으로 삼았다. 신라가 점령한 대동강 이남의 고구려고지는 735년에 당으로부터 인정받았는데, 당이 북방에서 일어난 발해를 견제하기 위한 조치였던 것이다.〔朝鮮史學會, 1924〕이러한 발해배제의 논리는 아예 신라의 통일을 '반도통일'로 규정하는 데로 나아갔다.〔小田省吾, 1937〕

신라의 삼국통일이라는 겉모습은 같았더라도, 전근대사학의 일통삼한론과 일본 근대사학의 신라통일론은 함의하는 바가 달랐다. 전자가 신라정통론에 입각한 것인 데 비해, 후자는 만선사관의 입장이었던 것이다. 한국 근대사학은 두 논리의 비판적 극복이라는 이중적 부담을 안게 되었다. 그럼에도 불구하고 최남선은 1930년 『조선역사강화』에서 '신라의 통일'과 '발해의 따로남'으로 설정함으로써, 한말에 현채(玄采)가 하야시의 『조선사』를 확실한 증거와 내용의 명료함을 이유로 역술했던 『중등교과동국사략』의 '신라의 통일' 및 '발해'와 같은 인식 경향을 띠었다. 발해 배제의 만선사관과 비교해 보면, 최남선은 민족사의 서술에 충실한 것으로 여겨질 수도 있었다. 그러나 일제 식민사학의 왜곡에 대응하여 이미 남북국론이 제기된 상황을 감안하면, 그의 논리가 갖는 타협적 친일사학으로서 한계는 분명해진다.〔김영하, 1993〕

해방 후 남한학계의 실증사학은 이러한 인식 수준을 넘지 못한 상태에서, 다만 신라통일이 갖는 의의와 한계를 추구할 뿐이었다. 신라는 당의 세력을 한반도에서 축출함으로써 반도의 민중이 비로소 한 정부, 한

법속, 한 지역 내에 뭉쳐 단일민족으로서의 문화를 가지고 오늘에 이른 데서 의의를 찾았다.〔이병도, 1959〕이것은 다시 당의 침략으로부터 독립을 쟁취하고 민족형성의 토대를 마련했다는 긍정적 평가로 이어졌으며, 한계로는 역시 통일영역의 불완전성을 언급했다.〔이기백, 1961, 1967〕이후 남북국시대에 관한 논의가 본격적으로 재개되자, 신라의 통일과정에서 관념적인 요소를 강조하는 동시에 그 한계에 새로운 의미를 부여하는 것으로 바뀌게 되었다.

그 하나는 신라의 통일에서 일통삼한의식의 역할을 강조하는 경우이다. 신라는 같은 족속인 고구려와 백제의 병합을 일통삼한으로 의식했고, 그러한 의식은 기본적으로 동질의 문화권과 언어권에서 비롯되는 것으로 보았다. 신라는 통일 후 일통삼한의식에 입각하여 민족융합정책을 추진함으로써 하나의 민족국가와 민족문화를 형성할 수 있는 기반을 마련한 것으로 파악했다. 이 때 신라의 통일이 갖는 한계인 영역축소에 유의하여 반도통일로 정리하는 한편, 외세 이용은 동아시아의 정세변화에 능동적으로 대처한 실리외교로 이해했다.〔변태섭, 1985, 1989〕

다른 하나는 신라의 통일을 고대국가의 발전과정에서 이해하는 경우이다. 소국에서 발전한 삼국의 정립도 결국 통일국가를 이루기 위한 단계에 불과했다. 삼국은 발전과정에서 모두 통일의지를 지니고 있었다. 특히 신라는 투철한 국가의식을 바탕으로 고구려가 추진한 대국토건설의 이상을 이어받는 동시에 불교의 불국토정신을 결합시켜 웅대한 통일의지로 승화시켰다. 이러한 논리에서 외세이용의 한계로 지적되는 당군의 역할은 제한적이거나, 영역 축소도 전후에 신라 중대(中代)가 당면한 왕권안정이라는 현안 때문에 불가피한 것으로 이해했다. 결국 신라는 외세를 능동적으로 이용하여 자력으로 통일을 완수했던 셈이다.

〔신형식, 1988, 1992〕

한말 이래 신라통일론이 주류를 이루는 가운데 신라의 삼국통일을 부정하고 발해의 민족사적 의미에 주목하는 남북국론이 제기되었다. 신채호(申采浩)가 1908년에 저술한『독사신론』의 '김춘추의 공죄(功罪)'에서 이미 단서가 마련되었는데, 그는 신라의 삼국통일과 김춘추의 공로를 부정했다. 신라의 통일에 대한 부정적 인식은 새로운 통일개념에 근거한 것으로서, 신라의 백제통합과 발해의 고구려계승으로 파악하려는 입장이었다.〔신채호, 1977〕 그의 논리는 1931년에 발표한『조선상고사』의 '백제의 강성과 신라의 음모'에서 더욱 구체적으로 정리되었는데, 그 내용은 다음과 같다.

신라가 당과 더불어 전쟁을 추진하던 시기에 활동한 인물에 대한 부정적 평가다. 이제까지 높이 평가되고 있던 김춘추의 외교활동과 김유신의 군사활동을 민족사적 의의가 결여된 사대행위로 비판했다. 신라 중심의 역사서술에 매몰된 백제와 고구려의 상대적 독자성을 부각시켰다. 나당연합에 의한 백제·고구려 멸망의 외적 원인보다 백제 소멸과 고구려 왕통(王統)단절에 나타난 내적 원인을 강조했던 것이다. 끝으로 신라에 의한 반도 남부의 통합은 전체적 통일은 고사하고, 반쪽의 통일에도 미치지 못하는 것으로 비판했다. 이러한 논리에 근거하면, 기왕의 삼국시대는 백제를 병합한 신라와 고구려를 계승한 발해의 양국시대(兩國時代)로 전환했을 따름이었다.〔김영하, 1983〕

이와 같은 신채호의 인식은 한말의 학부가 역사교과서의 검정에서 취한 몰주체적 태도와 일본 근대사학의 영향을 받은 한말 역사교과서의 몰가치성을 비판하는 데서 배태되었다. 일제시대에 발해를 배제한 신라통일론이 식민정책에 편승하여 확산될 때, 신라통일의 부정을 통한 적극적인 발해인식은 민족주의사학의 당위적 입장이었다.

남북국론은 장도빈의 『국사』에서 남북국시대, 황의돈의 『신편조선역사』와 『중등조선역사』에서 남북양조시대, 안확의 『조선문명사』에서 남북조시대, 권덕규의 『조선유기』와 『조선유기략』에서 남북조와 남북국 등으로 다양하게 수용되었다. 다만 이들의 발해인식에서 나타나는 차이점은 발해의 역사와 유민의 부흥운동에 관한 부분이다. 신채호는 한국사가 중국 중심의 사대문화권에 편입되기 이전인 삼국시대까지를 서술 대상으로 삼았던 까닭에 실제 발해사를 서술할 수 없었다. 그러나 황의돈과 장도빈은 발해의 역사는 물론 대연림(大延琳)의 흥료국(興遼國), 열만화(烈萬華)의 정안국(定安國) 등 유민의 부흥운동도 함께 서술함으로써 발해인식을 더욱 심화시킬 수 있었다.〔김영하, 1993〕

분단 이후 남한학계에서 남북국론은 민족 중심의 역사인식이 고조되는 상황에서 다시 제기되었다. 고려시대에 칭신봉공(稱臣奉貢)의 사대론자인 김부식은 칭제건원(稱帝建元)의 북진론자들이 주도한 서경(西京)으로의 천도운동을 진압한 뒤, 그들의 고구려-발해 계승의식을 말살하고 자신들의 신라-고려 계승의식을 강화하려고 신라 정통의 『삼국사기』를 편찬했다. 남북국론이 전근대사학에서 일반화되지 못한 원인은 김부식에게 있지만, 근대사학에서의 책임은 일제 식민사학에서 찾을 수밖에 없다. 식민사학은 식민정책의 기조인 분할통치의 원리에 따라 역사와 문화도 분할했다. 한국사에서 만주의 역사를 분리하여 발해는 물론 고구려도 편입시킨 사실을 비판적으로 검토했던 것이다.〔이우성, 1975〕이후 발해의 역사를 한국사에 위치지우려는 남북국론은 두 방향에서 전개되었다.

그 하나는 신라의 통일을 부정함으로써 발해를 민족사로 자리매김

할 논리적 여지를 마련하려는 입장이다. 먼저 남북국론의 사학사적 의미를 파악하기 위해 신라와 발해가 성립하던 당시부터 일제시대까지 두 나라에 대한 인식의 변천을 살폈다. 통일신라론과 달리 남북국론은 조선 후기의 사찬사서에서 제기되어 일제시대의 민족주의사학에서 발전된 것을 확인했다. 그리고 남북국론에 입각하여 소위 신라의 통일에 관한 사실들을 동아시아의 정세, 추진세력의 속성, 전쟁의 전개과정 등으로 나누어 재검토한 결과, 신라의 삼국통일이 아니라 신라의 백제통합에 지나지 않았다는 것이다.〔김영하, 1988〕

다른 하나는 신라통일의 의의를 제한적으로 인정하면서도 발해를 민족사로서 적극 인식하려는 입장이다. 고구려의 영향권에서 성장한 대조영은 발해의 건국 이후 고구려 계승을 의식하고 있었으므로, 발해의 역사는 한국사일 수밖에 없다. 일제 식민사학에서는 발해가 신라와 시종 대립한 것처럼 강조했으나, 양국간에는 대립 못지않은 상호교류도 확인되고 있다. 발해사가 한국사의 인식체계 내에 포함되기 위해서는 남북국론을 수용하는 동시에 신라의 통일을 최초의 민족통일로 강조할 일만은 아니라는 것이다.〔한규철, 1983 ; 송기호, 1988〕

한편 북한학계의 신라와 발해인식은 인민 중심의 반외세투쟁이라는 주체사관과 고구려-발해 계승에 입각한 것으로서, 신라와 발해의 남북국론에서 한 걸음 더 나아간 '발해와 후기신라'로 집약된다. 북한학계는 1979년에 출간된 『조선전사』에서, 신라의 봉건통치지배에 의한 국토 남부의 통합과정에서 드러난 반인민성과 반민족성을 비판했다. 신라 봉건통치지배의 협소한 계급적 이해로 말미암아 '전기신라'에서 전환한 '후기신라'의 사대성보다 고구려 인민의 국가회복을 위한 반침략투쟁의 과정에서 창건된 발해국의 주체성에 역사적 비중을 두었던 셈이다.〔김영하, 1990〕

3. 관련사실의 해석

역사적 사실 자체에 대한 연구는 물론 그에 대한 인식의 변천을 사학사적으로 검토하는 일은 역사학의 또 다른 과제이다. 그것은 과거에 발생한 사실과 현존하는 역사가의 해석 사이에서 이루어진 소통과정의 역사이기 때문이다. 7세기 한국사도 신라의 통일만을 강조하던 단계에서 남북국의 성립을 인정하는 단계로 진전이 있었음을 앞에서 확인했다. 이와 같은 인식의 차이는 사실을 재구성하는 해석의 차이로도 나타났다.

신라통일론은 7세기에 있었던 일련의 전쟁을 신라가 중심이 되어 삼국을 통일하는 과정으로 이해하는 관점이다. 우선 신라의 삼국통일을 추진한 세력은 김춘추와 김유신으로 대표되는 신흥세력이었다. 이들은 642년 백제에 의한 대야성(大耶城) 함락을 국가의 불행으로 승화시켜 국민적 일체감과 결속의 계기로 삼았다. 김춘추는 국가적 위기를 극복하기 위한 방편으로 친당외교를 추진하고, 대야성 함락으로 인한 보복감정과 김춘추 가문의 명예회복 차원에서 백제정벌을 시도했던 것이다.〔이만열, 1976 ; 신형식, 1988〕

당 고종은 소정방으로 하여금 백제를 치게 하고, 신라에서는 김유신 등이 호응하여 백제로 진격했다. 당군은 백강에 상륙하고, 신라군은 탄현을 넘어서게 되었다. 계백이 신라군을 황산에서 막았으나, 백제의 결사대가 패하자 신라와 당의 군대가 사비성을 함락시킴으로써 백제는 멸망했다. 복신과 도침 등의 백제부흥군이 2백여 성을 회복할 수 있었던 것을 볼 때, 백제가 백성의 지지를 얻었던들 쉽게 망하지는 않았을 것이다.

백제를 멸망시킨 당은 신라와 연합하여 예정대로 고구려를 공격했다. 소정방이 661년에 대동강 입구를 거쳐 평양성을 공격했지만, 연개소문에게 패하여 퇴각하고 말았다. 그러나 고구려의 저항 역량은 약화되고 있었는데, 거듭된 전쟁으로 인한 전력소모와 연개소문의 독재정치로 민심이 이반했기 때문이다. 연개소문 사후에 자제 사이의 권력쟁탈전은 고구려의 운명을 더욱 재촉했다. 당은 이 기회를 이용하여 이적으로 하여금 고구려를 치게 했으며, 신라의 김인문도 이를 응원하기 위해 출동했다. 평양성의 고구려군은 나당연합군을 상대로 항쟁한 끝에 멸망했다.

당이 백제와 고구려를 멸망시킨 것은 한반도를 지배하려는 의도에서 출발한 것이었다. 백제고지에는 웅진도독부를 두고, 신라에는 계림대도독부를 설치했다. 신라의 문무왕과 웅진도독 부여융(扶餘隆)으로 하여금 서로 화친(和親)을 맹약하게 하였다. 이러한 당의 조치는 백제 유민의 무마뿐만 아니라, 백제고지에 대한 신라의 욕망을 억제하려는 뜻도 있었다. 고구려고지에 설치한 안동도호부는 고구려만이 아니라, 백제와 신라 등을 포함한 한반도 전체를 관할했다. 신라는 기대했던 바와 달리 멸망한 고구려나 백제와 같은 대우를 받는 결과를 초래했다.

이러한 기본 사실의 해석 위에서 신라통일론이 주목한 점은, 신라가 고구려고지에 대한 지배권을 차지하려고 당과 벌인 전쟁이었다. 신라는 검모잠의 부흥군을 도와 당의 축출을 꾀하고, 안승을 맞이하여 고구려왕에 책봉했다. 또한 부여융의 백제군과 당군을 격파하고 사비성에 소부리주를 설치함으로써 백제고지에 대한 지배권을 장악했다. 당은 김인문을 신라왕에 임명하고 신라를 침략해 왔으나, 신라군은 매소성 전투를 비롯한 일련의 전투에서 승리함으로써 당군을 축출하는 데 성공했다. 결국 당은 안동도호부를 요동성으로 옮기고 한반도에 대한 신라의 실질적인 지배권을 인정했다. 신라는 대동강과 원산만을 잇는 경계선 이남의 땅을 점유하는 반도통일을 이루었다.

신라의 삼국통일은 백제와 고구려의 멸망으로 성취된 것이 아니라, 나당전쟁을 통해 반도의 중남부를 통일함으로써 이룩했던 셈이다. 이처럼 신라의 삼국통일이 갖는 영역적 한계에 유의한 반도통일 이외에도, 삼국통일의 내용을 공간과 시간적으로 한정하는 견해도 나오게 되었다. 신라의 통일은 장기간에 걸친 나당전쟁에서 승리한 결과로서 민족 자력의 주체적 통일이었더라도 백제만을 통합한 이국통일(二國統一)에 불과하다거나[문경현, 1996], 고구려가 멸망한 시점부터 발해가 건국하기 이전까지의 기간만을 통일신라의 시기로 파악하려는 수정적인 입장이 그것이다[한규철, 1992].

신라가 나당전쟁을 통하여 반도통일이라도 이룰 수 있었던 원인으로 여러 견해가 제시되었다.[노태돈, 1997 ; 이기동, 2004, 2005 ; 김상현, 1999 ; 이우태, 1992] 먼저 신라의 유연한 외교정책과 화랑도의 탁월한 무사정신을 비롯하여 불교의 역할과 신라의 대민정책 등이 거론되었다. 『법화경』의 회삼귀일사상(會三歸一思想)에서 삼국통일의 이념을 찾기도 하지만, 일찍부터 통일의지를 품고 있던 김춘추와 김유신 등은 전륜성왕사상(轉輪聖王思想)과 미륵신앙 등으로 새로운 미래사회를 전망하며 천명사상(天命思想)으로 통일전쟁을 합리화했다. 또한 신라에서 중고기(中古期) 이후의 군사조직은 지방민에게 크게 의존했는데, 지방민의 적극적인 군사활동을 통일전쟁에서 승리할 수 있었던 중요한 원인으로 꼽았다.

한편 신라가 통일할 수 있었던 원인과는 달리 백제·고구려가 멸망할 수밖에 없었던 원인의 규명도 이루어졌다. 백제는 왕을 비롯한 지배층의 사치와 부패로 민심이 이반했고, 국제적 외교마저 소극적이었기 때문에 멸망했다. 고구려는 장기간에 걸친 전쟁으로 역량소모도 있었지만, 무엇보다 연개소문의 무단적인 독재정치로 민심이 이반한데다 자제 사이의 권력투쟁으로 인한 내분으로 멸망했던 것이다.〔이만열, 1976 ; 이호영, 1997〕 이러한 내적 원인은 백제와 고구려가 각각 다른 왕조로 교체되었을 경우에는 타당한 지적일 수 있다. 그러나 나당연합군이 협공하는 상황에서 백제·고구려의 멸망은 불가피했을 것이라는 외적 원인에 유의하면, 7세기 전쟁의 이해에서 동아시아적 시각의 필요성이 제기된다.

남북국성립론은 7세기에 동아시아에서 벌어진 국제전의 결과로 신라와 발해가 성립한 것으로 파악하는 관점이다. 삼국 말기에 각국에서 공통적으로 일어난 신·구귀족세력 사이의 왕위계승전은 고대사회의 대내적 모순이었다. 신귀족세력의 득세로 인한 연개소문의 정권장악, 의자왕의 권력강화, 김춘추의 왕위계승 등은 강경한 대외정책을 예고했다. 통일왕조를 지향한 삼국간의 세력각축전은 고대국가의 자기 발전인 동시에 대외적 모순이었다. 삼국이 각각 내포한 국내적 모순에 더하여 수·당 통일왕조의 등장은 한반도의 정세를 변화시킨 국제적 조건이었다. 이러한 상황 속에서 당의 고구려점령과 신라의 백제통합이라는 국제전이 상호 연동하여 전개되었다.〔김영하, 1995〕

고구려원정으로 멸망한 수를 이어 건국한 당은 중국 중심의 제국질서를 구축하기 위해 동돌궐(東突厥)·토욕혼(吐谷渾)·고창(高昌) 등을 차례로 복속시킨 다음 고구려원정을 재개했다. 당 태종은 645년에 단기 점령전략에 따라 친정에 나섰으나, 안시성 전투에서 패배하고 돌아갔다. 태종의 친정 이후 당은 요동지방에 대한 장기 소모전략으로 전환했다. 요동공략책(遼東攻略策)으로 고구려의 역량소모와 보장왕의 사죄라는 성과는 얻었지만, 고구려 점령이라는 기본 전략을 달성할 수는 없었다. 정

변을 통해 권력을 장악한 연개소문이 당과의 전쟁을 효과적으로 수행했기 때문이다.[김영하, 2000]

고구려와 당이 요동지방을 둘러싸고 공방전을 벌이는 동안, 의자왕도 642년에 친위적 정변을 통해 권력을 강화하고 신라에 대한 공세를 강화했다. 신라는 국가적 위기의 상황을 타개하기 위해 고구려와 당을 상대로 군사지원을 요청했다. 그러나 신귀족세력의 김춘추가 추진한 고구려에 대한 청병외교(請兵外交)는 죽령(竹嶺) 서북의 반환 요구로 실패했고, 구귀족세력의 당에 대한 청병외교도 고구려와의 전쟁에 역량을 집중하려는 당의 소극적 태도로 말미암아 역시 실패했다.

이런 실패의 경험을 딛고 김춘추는 다시 당에 대한 군사외교를 전개했다. 이 때 당은 고구려원정에서 단독작전의 한계와 요동공략책의 비효율성이 드러나기 시작한 상태였다. 신라의 백제통합과 당의 고구려점령이라는 양국의 전략적 이해가 일치했을 뿐만 아니라, 전후에 양국의 경계를 대동강으로 삼는다는 점령지의 귀속문제까지 타결됨으로써 나당연합이 결성될 수 있는 여건을 조성했다. 김춘추는 대당외교의 성과와 김유신의 군사적 지원에 힘입어 진골 출신으로 처음 왕위에 올랐다. 무열왕은 마침내 백제를 통합하려는 의도로 당에 군사지원을 요청했다.

그러나 당은 신라와 연합하여 백제를 멸망시킨 다음, 백제고지를 거점으로 평양성을 직접 공격하려는 전략을 새로이 수립했다. 평양직공책(平壤直攻策)에 의한 당의 백제원정은 신라를 돕는 것이 아니라, 고구려를 점령하려는 우회전략의 일환일 따름이었다. 나당연합군에 의해 사비성이 함락되자, 다시 유인궤(劉仁軌)의 건의에 따라 백제고지는 결코 포기할 수 없는 당의 후방기지가 되었다. 당은 백제고지를 거점으로 662년까지 평양직공책을 추진했으나 역시 실패하고 말았다.[김영하, 1999]

고구려는 666년에 당의 고구려원정이 재개될 때까지 소강상태를 맞았다. 이 동안에 당에 대한 항전을 이끌던 연개소문이 665년에 죽고, 장남 남생(男生)이 태막리지(太莫離支)의 지위를 계승함으로써 자제간에 내분이 발생했다. 당은 이 기회에 고구려원정을 재개했으며, 신라가 응원함으로써 평양성은 함락되었다. 연개소문 사후에 일어난 내분은 권력투쟁의 측면도 없지 않았다. 그러나 보장왕과 남생이 당의 공작으로 태산의 봉선의식(封禪儀式)에 태자 복남(福男)을 파견하는 대당온건책으로 선회함으로써, 대당강경책을 고수하려는 남건(男建)과의 사이에 발생한 갈등이 내분의 근본 원인이었다. 요동공략책은 물론 평양직공책도 실패로 끝난 뒤, 당이 고구려의 전투역량을 약화시키려고 구사한 마지막 전략이었던 셈이다.〔김영하, 2000〕

이같이 남북국성립론에서는, 당의 백제원정조차 고구려점령을 위한 전략의 일환으로 보지만, 나당전쟁과 그 결과에 대한 이해도 달랐다. 당은 664년에 부여융과 김인문의 화친을 주선한 데 이어, 665년에 부여융과 문무왕의 취리산(就利山) 서맹을 통해 양국의 경계를 확정함으로써 지배정책을 완료했다. 신라는 백제고지의 지배에서 여유가 생긴 당의 관심을 고구려로 돌리기 위해 원정을 요청했다. 웅진도독부의 진장(鎭將) 유인원(劉仁願)이 고구려원정에 참가한 틈을 타서 백제가 신라에 대한 도발을 감행했다. 신라는 고구려 유민인 검모잠의 부흥운동을 지원하는 한편 백제에 대한 공격을 추진하는 양동작전을 펼쳤다. 그러한 결과 671년에 마침내 소부리주를 설치함으로써 실질적인 백제통합을 이룰 수 있었다.

신라는 674년부터 고구려 유민의 부흥운동을 진압한 당과 본격적인 전쟁에 돌입했다. 당의 약속파기로 김춘추의 외교적 성과마저 무의미해진 상황에서 불가피한 선택이었다. 나당전쟁의 본질은 신라와 당이 각각 백제 통합과 고구려점령이라는 전략적 목적을 달성하려는 데 있었다. 여기에서 주목할 사실의 하나가 양국간의 주전선이 임진강 일대에서 형성된 점이다. 이 전쟁이 당초의 전략대로 백제통합과 고구려점령의 범주에서 조금도 벗어나지 않았음을 보여준다. 신라가 당의 세력을 축출하고 대동강 이남을 차지함으로써 삼국통일을 이룬 것으로 보기도 하지만, 실제로 통합한 지역은 역시 백제고지에 지나지 않았다. 신라가 전후에 임진강 이북을 포기했을 뿐만 아니라, 신문왕대에 군현제(郡縣制)를 정비하면서 한강 이남으로 한정한 데서도 확인된다.

당은 나당전쟁의 패배를 계기로 676년에 안동도호부를 요동의 고성으로 옮기고, 보장왕을 요동도독조선군왕에 책봉했다. 안동도호부는 다음해에 다시 고구려 유민을 관할하기 위해 신성으로 옮겨갔다. 권력의 진공상태가 조성된 요동지방에서 고구려 계승을 표방할 새로운 국가, 곧 발해가 건국될 수 있는 공간이 생겼다. 신라는 성덕왕대에 당을 침공한 발해를 견제한 대가로 비로소 대동강 이남의 영유권을 인정받았다. 당의 이이제이적 동방정책에 따른 남북국시대의 한 모습이었던 것이다.〔김영하, 1999〕

4. 맺음말

역사학은 사료비판을 통한 사실의 재구성인 동시에 역사상을 모색하는 해석의 학문이다. 사실과 해석의 지양을 통해 역사적 진실을 추구하는 과정은 7세기 한국사의 경우에도 예외가 아니었다. 신라와 발해의 성립에 관한 사실 및 그 인식의 문제에는 고대와 근대에서 동아시아 세계의 변동과정이 맞물려 있었다. 전근대사학과 근대사학, 일제 식민사학과 민족주의사학에서 나타난 신라통일론과 남북국성립론의 변주는 바로 한국사의 인식체계에서 차지하는 신라와 발해의 중요성을 반영한 것에 다름 아니었다.

전근대사학의 일통삼한론과 일본 근대사학의 신라통일론은 신라의 삼국통일을 인정한다는 점에서는 같은 내용이었다. 다만 일통삼한론이 신라정통론에 근거하여 발해를 무시한 것이라면, 만선사관의 신라통일론은 한국사의 인식체계 내에서 발해를 배제하려는 논리였다. 조선 후기에 제기된 남북국론은 일제시기의 만선사관에 대한 민족주의사학의 대응 논리로서 더욱 구체화되었다. 신라의 삼국통일에 대해 부정적이었고, 발해를 민족사로서 적극 인식했다. 두 논리의 변주 결과, 현재 신라의 삼국통일을 반도통일로 정리하는 한편, 발해의 역사를 한국사에 포함하는 단계에 이르렀다.

비록 한 시대의 역사를 포괄하는 인식내용이 쉽게 바뀔 수는 없다고 하더라도, 분단된 남북한의 신라와 발해 인식에서 서로의 체제를 정당화하려는 이념성은 탈각할 필요가 있다. 남한에서는 왕조의 명칭일 뿐인 신라에 '통일'을 관칭한 통일신라에 여전히 집착하며, 북한은 오늘의 자신과 발해국의 창건을 동일시하는 인식으로부터 자유롭지 못하다. 이 때 유의할 점은 두 나라에 동등한 역사적 시민권을 부여함으로써 남북국시대로 파악하는 일이다. 만약 전근대사회의 정통론과 같은 이념으로서의 역사인식이 지금도 작용하고 있다면, 그 역사학은 학문으로서의 근대성조차 갖추지 못한 것으로 비판을 면하기 어렵다.

근대사학의 중요한 인식 단위인 민족과 국가는 일제 식민사학과의 관계 속에서 태동한 한국 근대사학에서 더욱 강조될 수밖에 없었다. 민족주의사학에서 발해를 민족사로서 적극적으로 인식하려고 노력한 것이나, 실증사학에서 삼국통일의 의의로 민족국가와 민족문화의 형성을 거론한 것도 그런 산물에 지나지 않았다. 그러나 동아시아에서 7세기 국제전은 세 지역이 상호연동 관계에 있는 하나의 세계임을 입증해준 최초의 사건이었다. 최근 민족과 국가의 경계가 낮아지고 인간과 사회 중심의 역사의식이 심화되는 경향을 고려할 때, 당시 전쟁을 매개한 정보와 문화의 유통이 지역 내의 구성원들의 삶에 미친 영향도 도외시할 수 없다.

마지막으로 전후에 성립된 신라와 발해의 사회구성이 한국사에서 차지하는 시대구분상의 문제다. 발해는 새로 건국했기 때문에 경우가 다르지만, 신라 중대는 선행한 중고기를 이어 고대사회로 보는 관점이 일반적이다. 정치적으로는 진골귀족에 비해 권력이 강화된 전제왕권체제(專制王權體制)로 파악하며, 불교의 화엄종은 지배층 중심의 통화사상(統和思想)으로서 전제왕권의 이념적 기반이었다. 녹읍(祿邑)은 귀족관료에게 사여한 토지로서, 그 지배는 토지만이 아니라 인간에 대한 지배도 포함하는 고대적인 것이었다. 이와 같은 고대사회설은 나말여초(羅末麗初)를 고대에서 중세사회로의 전환기로 파악하는 논리의 소급선상에 위치하고 있었다.

그런데 일제 식민사학은 유럽사 및 일본사의 발전단계와 같은 세계사적 발전법칙이 한국사에서 관철되지 않았기 때문에 중세 봉건사회를 결여했다는 소위 정체성론(停滯性論)을 제기했다. 아시아를 벗어나 유럽화를 지향한 일본이 한국을 근대화시킨 사실을 강조함으로써 식민지배를 미화하려는 논리였다. 광복 후 한국 역사학계에 부과된 과제는 타율성론은 물론 정체성론의 극복이었다. 이를 위해 세계사적 발전법칙에 준거한 내재적 발전론이 강조되었다. 조선 후기가 근대사회의 맹아를 내포한 시기로 주목된 것과 같은 맥락에서 나말여초를 고대에서 중세 사회로의 전환기로 파악했던 것이다.

그러나 유럽사를 전형으로 삼고 일본사에서도 확인되었다는 발전단계가 과연 보편적일 수 있는가라는 의문에 부딪히면 시각은 달라질 수밖에 없다. 로마문화의 유럽화가 유럽의 중세사회를 초래했다면, 당 문화의 동아시아화는 동아시아에서 중세사회를 야기하지 않았을까. 그런데 일본 역사학계는 오히려 이 시기부터 고대전제국가(古代專制國家)로 규정하고, 이후 세계사적 발전법칙에 따라 중세와 근대사회를 경과한 것으로 설명해왔다. 한국 중세사회에서 정체성론의 극복 방향이 봉건적 요소의 확인이었다면, 그것은 이른바 아시아적 생산양식에 대한 부정적 인식과 세계사적 발전법칙의 강박으로부터 자유롭지 못한 결과였다.

이러한 관점에서 동아시아의 국제전이 벌어진 7세기는 한국사에서 남북국의 성립에 더하여 고대에서 중세사회로의 이행기일 수도 있었다. 한반도에서 일어난 전쟁에 중국의 당과 일본의 야마토조정이 참전함으로써 당의 문물제도를 매개한 동아시아 세계가 비로소 형성되었다.

신라와 발해에서 왕의 인민에 대한 지배력이 강화됨으로써 중앙집권적 귀족관료체제(中央集權的 貴族官僚體制)를 수립하고, 신라에서는 관료에 대한 새로운 보수체계로서 토지분급제(土地分給制)를 실시함으로써 후대 사회구성의 전형을 마련했다. 다만 신라와 발해는 지배층의 이해관계에 따라 당의 문물제도를 수용하는 데 차이가 있었다. 고구려의 귀족 세력이 모두 당에 포로로 잡혀간 상태에서 건국한 발해는 그것을 온전히 수용할 수 있었던 데 비해, 국제전을 거치면서도 여전히 잔존한 신라의 귀족세력은 자신들의 이해관계를 반영한 변용에 머무르고 말았던 것이다.

김영하

‖참고문헌‖

김상현, 1999, 『신라의 사상과 문화』, 일지사.

金瑛河, 1983, 「丹齋 申采浩의 新羅三國統一論」, 『民族文化研究』 17.

_____, 1988, 「신라의 삼국통일을 보는 시각」, 『韓國古代史論』, 한길사.

_____, 1990, 「후기신라와 발해의 성립」, 『북한의 한국사인식』 Ⅰ, 한길사.

_____, 1993, 「韓末·日帝時期의 新羅·渤海認識」, 『泰東古典研究』 10.

_____, 1995, 「韓國 古代社會의 政治構造」, 『韓國古代史研究』 8.

_____, 1999, 「新羅의 百濟統合戰爭과 體制變化」, 『한국고대사연구』 16.

_____, 2000, 「高句麗 內紛의 국제적 배경」, 『韓國史研究』 110.

盧泰敦, 1997, 「對唐戰爭期 新羅의 對外關係와 軍事活動」, 『軍史』 34.

문경현, 1996, 「신라 삼국 통일의 연구」, 『慶北史學』 19.

邊太燮, 1985, 「三國統一의 民族史的 意味」, 『新羅文化』 2.

_____, 1989, 「三國의 鼎立과 新羅統一의 민족사적 의미」, 『韓國史市民講座』 5.

宋基豪, 1988, 「발해사 연구의 몇 가지 문제점」, 『韓國古代史論』, 한길사.

_____, 1991, 「조선시대 史書에 나타난 발해관」, 『韓國史研究』 72.

申采浩, 1977, 「讀史新論」, 『丹齋申采浩全集』 上 改訂版, 螢雪出版社.

申瀅植, 1988, 「三國統一의 歷史的 性格」, 『韓國史研究』 61·62.

_____, 1992, 「新羅 三國統一의 歷史的 意味」, 『先史와 古代』 2.

李基東, 2004, 「隋·唐의 帝國主義와 新羅 外交의 妙諦」, 『新羅文化』 24.

_____, 2005, 「신라의 대당 군사동맹과 삼국통일」, 『한국사시민강좌』 36.

李基白, 1961, 『國史新論』, 第一出版社.

_____, 1967, 『韓國史新論』, 一潮閣.

李萬烈, 1976, 『講座三國時代史』, 知識産業社.

_____, 1981, 「朝鮮後期의 渤海史 認識」, 『韓㳋劤博士停年紀念史學論叢』, 知識產業社.

李丙燾, 1959, 『韓國史』古代篇, 乙酉文化社.

李佑成, 1975, 「南北國時代와 崔致遠」, 『創作과 批評』 38.

李宇泰, 1992, 「新羅 三國統一의 一要因」, 『韓國古代史研究』 5.

李昊榮, 1997, 『新羅三國統合과 麗·濟敗亡原因研究』, 書景文化社.

趙東杰, 1989, 『韓國民族主義의 成立과 獨立運動史研究』, 知識產業社.

韓圭哲, 1983, 「新羅와 渤海의 政治的 交涉過程」, 『韓國史研究』 43.

_____, 1992, 「渤海建國과 南北國의 形成」, 『韓國古代史研究』 5.

小田省吾, 1937, 『增訂朝鮮小史』, 大阪屋號書店.

林泰輔, 1892, 『朝鮮史』, 吉川半七藏版.

_____, 1944, 『朝鮮通史』全 復刊本, 進光社.

朝鮮史學會編, 1924, 『朝鮮史講座』一般史, 朝鮮史學會.

신라 중대의 정치

1. 신라 중대 정치사 연구현황

삼국시대의 신라사 연구가 정치·경제·사회·문화 등 여러 방면에 걸쳐 수행된 반면, 통일신라사 연구는 대체로 정치사 중심으로 이루어져 왔다. 물론 신라 장적(帳籍)을 통한 사회경제사 연구도 상당 정도 진전되었으나, 대부분은 중대(中代)의 왕권과 정치체제 및 하대(下代)의 정치상황에 관심이 집중되어 왔다. 이러한 경향은 이미 통일신라 정치사 연구동향에 대한 정리[이영호, 1999]에서도 일부 지적된 바 있다.

중대에 대한 관심은 상대등(上大等)을 중심으로 한 정치제도사의 측면[전봉덕, 1956]에서 시작되었다. 이후 귀족세력과 왕권의 관계에서 상호작용의 측면을 주목하여 상대등·중시(中侍 : 경덕왕 이후 시중으로 개칭) 등 최고위 관직의 권한과 기능 및 집사부(執事部) 등에 대한 연구[이기백, 1962, 1964]가 이루어졌다. 또 신라 관부(官府) 중 병부(兵部)가 가장 먼저 설치되었음에 주목하여 병부와 병부령(兵部令)의 기능 및 중대에서의 역할에 대한 해명〔신형식, 1974〕도 보게 되었다.

이러한 연구는 이후 신라사에서는 상대등·중시를 겸할 수 있는 병부령이 실질적인 재상이라는 견해〔신형식, 1985a〕 등 국왕 이하 최고위직과 그들의 정치적 역량에 대한 관심으로 확대되었다. 이 과정에서 재상은 신라 하대로 가면서 점차 그 범위가 확대되었으며, 중대에는 대등(大等)이 재상의 기능을 수행하였다는 주장〔이인철, 1991〕도 나오게 되었다. 또 최근에는 재상이 법흥왕 이후 등장하였으며, 중대 무열왕(654~661)·문무왕(661~681) 시기에 상대등·병부령·중시는 물론 아찬(阿飡)관등의 총관(總管)이나 장군에까지 확대되어 서열화하였으며, 신라 정치를 운영하는 주도 세력이라는 연구〔구효선, 2004〕도 나오게 되었다.

아울러 중고(中古)의 군사제도에 대한 이해〔이문기, 1986a, 1986b ; 주보돈, 1987〕를 바탕으로 통일신라의 군사제도에 관한 업적〔이명식, 1988 ; 이문기, 1990〕이 제출되고, 이 과정에서 군사제도에 관한 연구사 정리〔이문기, 1988〕도 가능할 만큼 성과가 축적되었다. 이를 바탕으로 중고 시기에 집중된 군사제도 연구에 대한 반성과 함께, 신문왕(681~692) 때 시위부(侍衛府)의 개편을 통한 왕권강화를 중시하여, 군사제도가 정치 현실과의 밀접한 관계는 물론 사회 내부구조에 기인함에 주목하는 연구〔김희만, 1992〕도 있었다. 이러한 흐름에서 왕경(王京)방어와 통일적인 지방군사제도의 정립 및 변경(邊境)방어체제의 강화를 위해 중대 군사제도의 대대적 개편이 이루어지는 경덕왕 시기 군사제도 개혁의 실태에 대한 접근〔이문기, 1997〕도 가능해졌다.

이러한 개별 분야에 대한 연구성과의 축적은 결국 중대를 이끌어 간 왕통(王統)으로서의 무열왕 가문을 주목하게 하였다. 즉 김춘추(金春秋)가 내란진압과 대외전쟁을 통해 실권을 장악하고 무열왕으로 즉위한 후, 신

문왕 때 위계질서를 확립하고, 성덕왕(702~737)・경덕왕(742~765) 시기에 극
성기를 맞는 과정 등 중대 정치운영에 대한 구명[신형식, 1977 ; 이명식, 1989]이
나, 국왕을 정점으로 한 정치권력의 성격 문제에 대한 논의로 그 관심이
집중되었다. 특히 정치권력의 성격 문제는 상대등이 왕권을 견제한다기
보다는 국왕과 밀접히 결탁되어 있는 존재이며, 중대에도 최고 실권자였
다는 주장과 함께, 기왕에 중대를 전제왕권(專制王權)의 시기로 파악해 온
견해에 대한 비판적 연구[이영호, 1990a, 1990b, 1992]도 제출되었다. 이에 비판
에 대한 반론과 함께, 전제왕권설에 입각하여 기존 통설적 견해에 대한
보완작업[이기백, 1993a, 1993b, 1995]이 수행되기도 하였다.

이밖에도 현재 신라 중대의 정치적 성격에 대한 논의는 중대를 전
제왕권 시기로 파악하는 견해[김수태, 1996]와, 전제왕권은 견제와 균형을
기본 원리로 하여 중대에 확립되었으나 하대 사회에서도 그 모습이 보
인다는 견해[신형식, 1990a, 1990b], 신라 사회는 골품제(骨品制)에 의해 규제
되었으며 국왕의 권한이 강력하다 해서 그것을 전제적(專制的)이라 일괄
파악하기는 곤란하다는 견해[이기동, 1991] 등이 상충되고 있다. 아울러 중
고와 중대를 동질적인 사회로 파악하는 것에 대한 비판적 시각과 함께,
중고 시기가 대왕전제체제(大王專制體制)라면 중대는 중앙집권적 골품귀
족관료체제가 성립된 중세사회라는 관점[김영하, 2000, 2004]도 제기되었다.
이는 중대 전제왕권이 중고 시기 왕권의 보완에 불과하다는 견해[신형식,
1985b]와 대비된다.

이처럼 중대 정치사를 바라보는 연구자들의 시각은 개개 사안에 대
한 연구는 물론, 중대 왕권의 성격이나 시대적 특성에 대한 논의에 상
당한 견해의 차이를 보이고 있다. 반면 이러한 견해 차이는 해당분야에
대한 논의의 활성화에 기여한다는 긍정적 측면과 함께, 향후 상반된 주

장들의 해소와 연구자 사이에 신라 중대 사회 역사상(歷史像)의 공통분
모 추출이라는 중요한 과제를 동시에 내포하고 있다.

2. 신라사 시대구분에서 '중대'의 설정문제

역사를 연구하는 데 시대구분은 해당 시기에 대한 이해와 서술에 매
우 유용한 방법이다. 그러나 복합적 요인에 의해 발생한 역사적 사실은
어느 한 특정 조건이나 시각에 의해 절대불변의 의미를 갖는 것이 아니
다. 그렇기 때문에 역사서술이나 시대구분은 객관적이며 종합적인 기
준에 입각하여 이루어져야 한다. 따라서 일반적인 지적처럼, 역사연구
에서 시대구분은 연구의 시작임과 동시에 마지막 작업이기도 하다. 이
러한 점에 시대구분의 어려움이 있다.

『삼국사기(三國史記)』나 『삼국유사(三國遺事)』가 신라사에 대한 시대구
분을 시도한 이후, 현대의 연구자에 이르기까지 신라사에 대한 다양한
시대구분이 이루어졌다. 『삼국사기』는 혁거세 거서간(居西干 : 57 B.C.~A.D. 4)
이후 진덕왕(647~654)까지를 상대, 무열왕(654~661)부터 혜공왕(765~780)까지
를 중대, 선덕왕(宣德王, 780~785) 이후 경순왕(927~935)까지를 하대라고 구분
하였다. 이와는 달리 『삼국유사』는 혁거세 이후 지증왕(500~514)까지를
상고(上古), 법흥왕(514~540)부터 진덕왕까지를 중고(中古), 무열왕 이후 경
순왕까지의 시기를 하고(下古)라 구분하였다.

한국 고대사회를 이해하는 데 중요한 자료인 이 두 사서가 신라사
를 세 시기로 구분한 것은, 신라 말의 『삼대목(三代目)』에서 볼 수 있듯

이, 신라인들의 신라사 시대구분에서 영향을 받은 것으로 보인다. 이 때 『삼국사기』는 왕위계승권자의 신분이 성골에서 진골로 바뀌었다는 점 또는 진골세력 사이에 왕위계승에 쟁탈전이 펼쳐지는 현상 등 왕통의 변화와 왕위계승 현상에 주목하여 신라사를 구분하였다. 반면에 『삼국유사』는 불교의 수용문제를 중시하여 법흥왕대를 하나의 획기로 설정하면서, 하고 시기는 무열왕 이후 진골이 왕위를 계승하게 된 정치적 변화를 염두에 두고 시대구분을 했다. 따라서 관점의 차이는 있으나, 『삼국사기』나 『삼국유사』는 신라사 시대구분에서 정치사적 변화에 초점을 맞추고 있으며[김정배, 1979], 이 경우 무열왕의 등장을 시대구분의 중요 전환기로 설정하고 있음에는 차이가 없다.

이처럼 두 역사책이 정치사적 입장에서 신라사의 전환기로 설정한 무열왕의 등장이 바로 『삼국사기』가 구분한 신라 중대의 시작인 것이다. 무열왕 이후 그 가문 6대에 걸쳐 이어진 중대 왕권의 왕위계승 관계를 『삼국사기』에 의해 정리하면 아래의 표와 같다.

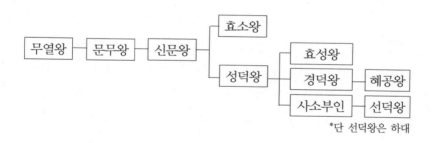

*단 선덕왕은 하대

신라사 시대구분과 관련하여 현대의 연구자들은 신라 국가의 정치 발전단계[김철준, 1975] 또는 왕권의 성장과 행사방법[井上秀雄, 1962] 등 다양한 기준에 입각하여 신라사를 시대구분하였다. 그러나 이러한 논의의 대부분은 여전히 무열왕의 등장을 하나의 시대구분 기준으로 설정하고 있다. 이 중 현재 우리 학계에서 신라 중대의 설정 및 성격과 관련하여 주목을 받고 있는 연구는 중대를 전제왕권의 시대로 설정[이기백, 1958]한 견해다. 반면에 중대 또는 무열왕 시기를 신라사 시대구분의 요소로 크게 집착하지 않는 견해로는 왕위계승 방법이나 과정의 검토에 기초한 시대구분[신형식, 1971] 또는 신라 국가체제와 민족문화의 발달과정을 복합적으로 고려한 시대구분을 통해 중대를 진덕왕·무열왕~선덕왕의 시기로 파악하는 견해[신형식, 1985b] 등이 있다.

특히 후자의 견해는 위화부(位和府)를 비롯한 14관부가 확립되고, 국학(國學)을 설치하여 유교정치상을 표방하며, 9주(州) 중심의 전국적 행정 체계가 정비되고, 오묘제(五廟制)가 완비되며, 녹읍(祿邑)의 폐지를 통한 세제(稅制)개혁 등이 이루어진 신문왕 때가 실질적 중대의 시작이라 파악하기도[신형식, 1985b] 한다. 또 중대의 하한(下限)에 대하여는 김옹(金邕)이 시중에 임명된 경덕왕 19년(760)을 주목하는 견해[김수태, 1983b]와 김양상(金良相)이 시중에 취임한 경덕왕 23년(764)을 기점으로 삼는 견해[이영호, 1990a], 또는 혜공왕 10년(774)에 김양상이 상대등에 임명되는 것을 계기로 전제정치에서 귀족연립정치로 이행되기 시작하였다는 견해[이기백, 1958] 및 혜공왕 16년(780) 김지정(金志貞)의 반란 와중에 벌어진 혜공왕의 사망이 곧 범진골 연합세력에 의해 중대 왕통 자체가 타도되며, 중대의 종말을 보게 되는 것이라는 견해[이기동, 1980] 등이 있다.

그러나 '중대'라는 용어나 시대구분은 『삼국사기』에 의해 이루어진 것이다. 따라서 그 시기의 성격이나 역사상에 대한 이해는 다양할 수 있으나, 중대라는 용어로 구분하는 절대연대는 역시 무열왕에서 혜공왕까지의 시기, 즉 654~780년의 기간으로 파악하여야 할 것으로[이기백,

1993a) 보인다. 그렇다면 중대의 정치사를 복원하는 과정에서 어떠한 특징이 추출될 경우, 그러한 모습이 중대 이전 또는 이후에도 찾아지는가의 여부는 '중대'라는 시기설정의 문제와는 별개로 인식되어야 할 것이다.

이는 중대 왕권 또는 정치의 성격과 관련하여, 현재 우리 학계에서 이루어지고 있는 이른바 전제왕권 또는 전제정치 여부에 대한 논의가, 정치 운영원리의 측면에서는 『삼국사기』가 설정한 중대의 시간적 범위를 넘어설 수 있다는 의미이기도 하다. 아울러 중대는 중고 시기의 대왕집권체제로부터 중앙집권체제로 전환한 것이며, 사회 성격으로는 중세에 해당한다는 최근의 견해[김영하, 2004]를 고려한다면, 중대의 정치적·사회적 성격에 대한 논의는 앞으로 좀더 다양하게 진행되어야 할 것으로 보인다.

3. 신라 중대 왕권의 성격

오래 전부터 우리 학계에서는 일반적으로 신라 중대의 왕권 또는 정치적 성격을 전제왕권 또는 전제정치라 이해해 왔다. 그러나 근래 이에 대한 비판적 시각 또한 상당한 정도이다. 개별역사적 사실관계의 확인에서도 견해의 차이가 있지만, 아마도 전제왕권에 대한 분분한 논의는 그 개념적용의 모호함에서 비롯된 바 크다고 보인다. 그럼에도 불구하고, 전제왕권에 대한 논의를 촉발시킨 연구자 스스로 지적[이기백, 1993a, 1993b]하였듯이, 신라 중대의 전제왕권 또는 전제정치에 대한 개념 문제는 논의의 대상에서 제외되어 있었다.

이러한 점에 비추어 본다면, 신라 전제왕권은 중대 이전 법흥왕·진흥왕(540~576) 시기부터 강화된 왕권을 바탕으로 통일 이후 절정기를 맞았으며, 골품제와 관료제의 상호규제를 통해 견제와 균형 속에서 형성되어 한국 전근대사회 왕권의 본질을 나타내준다는 지적과 함께, 전제왕권의 구체적 실상과 개념에 대한 주의를 촉구한 것[신형식, 1985b]은 연구사에 있어 큰 의미를 갖는다. 즉 신라 중대의 전제왕권은 그에 대한 견제 기구가 존재했을 뿐 아니라 관료제를 갖고 있기 때문에, 서양사회의 역사적 경험에서 도출된 동방적 전제주의나 절대주의와는 차별성을 갖고 있다는 것이다.

이처럼 전제왕권의 명확한 개념정립 필요성을 지적하게 된 이후, 전제왕권은 중앙집권적 관료정치와 군주의 신성(神聖)을 강조함으로써 성립된다는 견해[이정숙, 1986]가 제기되었다. 그러나 여전히 어떠한 정치 형태를 전제왕권 또는 전제정치라 개념지을 것인가에 대한 논의 또는 정의는 명쾌하게 이루어지지 않았다.

이러한 연구의 흐름 속에서, 전제정치는 일반 군주정치 또는 강력한 왕권 등의 이해와는 구분되는 절대적 개념으로서, 한 사람의 군주에게 권력이 집중되어 있는 정치형태로 개념지워진다는 정의[이기백, 1993a ; 김수태, 1996]가 나오게 되었다.

이후 관련 연구자들의 논의는 과연 신라 중대를 전제왕권의 시기로 파악할 수 있는가 여부에 집중되었다. 이 과정에서 전제왕권에 대한 직접적 개념 정의는 아니지만, 정치체제는 민(民)과의 대응 관계에서 논의되어야 한다는 입장에서, 전제왕권 아래에서의 백성들은 왕민(王民)의 단계에 놓여 있지만, 중앙집권국가의 백성들은 공민(公民)의 단계로 발전한다는 지적[김영하, 2004]도 참고가 된다. 이러한 시각은 기왕의 논의가 왕권의 행사나 정치제도의 측면에서 전제왕권을 논의했다면, 그러한 정치체제 내에서 백성들의 존재 양상은 어떠한가에 관심을 기울여야 특정시기 정치체제의 정확한 실상 파악이 가능하다는 것이다.

본래 중대 전제왕권설의 요지는 무열왕이 상대등으로 대표되는 귀족세력을 누르고 즉위함으로써 전제왕권이 성립하였다는 주장에서 출발한다. 그리고 신문왕이 김흠돌(金欽突)의 난을 계기로 김군관(金軍官) 등 귀족세력을 철저하게 제거함으로써 전제왕권이 확립되었으며, 화백회의(和白會議) 대신 집사부의 정치적 중요성이 커진 것이 곧 전제정치의 상징이라 정리[이기백, 1982]할 수 있다는 것이다.

그러나 중대 전제왕권설은 인정하되, 전제왕권의 등장과 관련하여 중고 시기를 주목하는 견해도 있다. 즉 중고의 법흥왕·진흥왕 때 병부나 상대등과 같은 새로운 제도를 마련했고, 진평왕은 많은 제도를 개편하여 체제를 정비하는 한편, 중고 시기의 국왕들은 특히 불교 공인을 통해 왕권의 신성함을 강조하였으며, 연호의 제정이라는 왕권 확립의 기념비적 조치까지 이루어졌다는 점에 주목한 것이다. 이 경우 중대 전제왕권은 중고왕권의 보완에 불과한 것이라고 이해[신형식, 1985b]하고 있다.

한편 중대 전제왕권설의 주장자는 전제왕권의 등장배경을 중대 초 대내외적 상황에서 구하고 있다. 삼국 통일의 결과 신라는 대내적으로는 방대한 영토와 막대한 인구를 차지하게 되고, 대외적으로는 고구려·백제의 옛 땅을 놓고 나당전쟁(羅唐戰爭)이 전개됨으로써 당(唐)나라의 위협에 직면하게 되었다. 이러한 현실 속에서 신라 사회에서는 강력한 왕권을 중심으로 한 국가적 통일이 절실히 요구되었으며, 이러한 요구 속에서 전제정치가 성립된 것으로 파악하고 있다. 즉 전제왕권은 신라가 당면한 과제를 해결하기 위하여 선택해야만 하는 피할 수 없는 길이었다[이기백, 1993b]는 것이다.

물론 중대 초기의 왕권은 친무열왕계 인물들을 상대등 및 중시와 같은 요직에 포진시켜 권력을 강화하는 한편, 무열왕계의 안위가 걸린 당 나라와의 외교에서도 이들을 활용함으로써 왕권의 안정을 도모하고자[김영하, 2004] 하였다. 그러나 중대 전 기간에 걸쳐 모든 국왕들이 강력한 왕권을 행사한 것은 아니었다. 그렇기 때문에 전제왕권설을 지지하는 입장에서도 귀족세력의 강한 영향을 받는 국왕이 중대에도 존재했었음을 실증하고 있다.

즉 신문왕 때 전제왕권의 확립을 위해 개혁 작업이 완료되었으나, 어린 효소왕(692~702)의 즉위 이후 진골귀족들의 불만과 반발이 표면화되어 전제왕권이 흔들리게 되었다는 견해가 바로 그것이다. 이 연구에 의하면, 효소왕은 당 나라와의 관계 개선이나 법상종(法相宗)을 통한 육두품(六頭品)세력과의 연계 등을 통해 왕권을 강화하고자 하였으나, 군사적 대립과 충돌 끝에 실패하고 말았다고 본다. 그 결과 진골귀족들이 정권을 장악하고 성덕왕의 즉위에까지 영향을 미친 것[김수태, 1991]으로 파악한다.

이러한 견해와는 달리 근래에는 중대 전제왕권설에 대한 회의적 입장의 연구 성과가 자주 눈에 띈다. 본래 진골귀족 만능체제로서의 골품제는 관료제 발전의 저지 요인이었고, 동시에 전제왕권을 지향하는 중대 여러 국왕들의 정치개혁의 대상이 되지 않을 수 없었다[이기동, 1980]는 지적이 있었다. 즉 각 관부 장관의 복수제(複數制)와 겸직제(兼職制)는 중대의 정치가 장관의 합의제 방식으로 운영되었다는 것을 시사함과 동시에, 중대에는 관료제를 제약하는 골품제가 기능을 다 하고 있었기 때문에 중대를 전제정치의 시대로 규정하는 것은 곤란하다[이기동, 1980]는 것이다.

이는 진덕왕 5년(651)의 관제개혁, 무열왕 이후 법적인 지배양식과 관료제의 발달, 그와 더불어 사정부(司正府)를 통해 백관을 규찰하는 사정제도의 확립 등을 염두에 둘 때, 또 중대의 국왕들은 진골귀족의 화백회의체를 잘 조종하려고 했을 뿐 그것을 무시하려 한 흔적은 없다는 점 등을 고려한다면, 중대를 전제적이라 보기 힘들다[이기동, 1991]는 것이다. 결국 이 입장의 연구자는 무열왕 이후 중대의 여러 국왕들이 이전 시기의 국왕에 비해 강력한 군주이기는 하였지만 그것을 전제적이라고 말하기는 어렵다는 점을 강조한다. 나아가 진골귀족은 중고 시기 이래 국왕과 자신들이 대등하다는 생각을 뿌리 깊게 갖고 있었으며, 통일 이후에도 그들은 자기들 위에 군림하는 전제군주가 아니라 자기들의 특권을 보장하는 대표자로서의 국왕을 원했다[이기동, 1998]고 파악하기도 한다.

물론 군주의 배타적 권력집중과 독재적 권력행사를 불가능하게 하는 관료제나 귀족세력이 존재한다면 그것은 이미 전제정치가 아니라고 파악되어야[이기백, 1993a] 한다. 그러나 중대 전제왕권설에서는 전제정치 자체가 신분제사회에서 성립되는 것이기 때문에, 골품제의 제약이 존재했다는 것만으로는 중대 전제정치의 실재를 부인하기는 어렵다[이기백, 1993b]고 주장한다. 그렇기 때문에 통일신라의 전제왕권은 관료제를 완비하고 있다는 점을 특징으로 지적하기도 한다.[신형식, 1985b]

이와 같은 입장에서는 문무왕~혜공왕 시기에 대표적인 사원성전(寺院成典)이 완성되는 것[이영호, 1983] 또한 전제왕권이 불교와의 정신적 결합을 통해 그 권위를 보장받을 수 있었던 것으로 이해[신형식, 1985b]하고 있다. 아울러 성덕왕이 백관잠(百官箴)을 지어 여러 신하에게 보였다는 것도 모든 관리들이 지켜야 할 충·효 중심의 계명을 강조한 것으로서, 이것이 바로 신라 전제정치의 관념적 표현이라 파악하기도 한다.[이기백, 1993b]

반면에 중대 정치의 실재를 분석한 연구에서는 전제왕권설에 대한 비판적 견해가 제기되었다. 즉 중앙 행정관부의 조직과 운영, 군신회의(群臣會議)에 의한 합의제 의사결정 방식 및 골품제의 제약 등으로 보아 중대의 정치체제는 전제정치와는 거리가 멀다는 견해[이인철, 1994]가 그것이다. 이러한 입장에 설 경우, 중대 국왕의 혼인관계 또한 왕권이 무력적 기반을 소유한 외척(外戚)세력과 밀착하는 현상으로 파악하고, 그 결과 혜공왕 말년 외척의 전횡을 타개하려는 개혁의 실시로 귀족사회의 분열이 촉진됨으로써 중대 왕실의 몰락을 초래하였다고 이해하기도 한다.[이영호, 2003]

『삼국유사』에 기록되어 있는 오대산사적(五臺山史蹟)을 분석해 보면, 성덕왕의 즉위배경은 신문왕의 첫째 부인인 김흠돌의 딸 소생과, 효소왕의 어머니이며 신문왕의 둘째 부인인 김흠운(金欽運)의 딸 소생 사이에 벌어진 왕위쟁탈전[신종원, 1987]임이 분명하다고 보인다. 따라서 잦은 왕비의 교체나 빈번한 모반사건 등을 통해 볼 때 중대를 일괄하여 전제왕권의 시기로 파악하는 것은 무리이며, 정치사의 측면에서는 왕권과 귀족세력의 대립 이외에 왕실 외척 세력 사이의 갈등 요소도 고려해야 한다.[박해현, 1993]

그럼에도 불구하고 중대 전제왕권설과 그를 부정하는 입장은 극단의 상반된 견해를 보이고 있다. 이는 『삼국사기』 경덕왕 15년(756) 기사에 "여러 해에 걸쳐 재난이 계속되어 〔상대등 김사인이〕 상소를 올려 시정의 잘잘못을 철저하게 따지자, 왕이 〔김사인의〕 상소를 기꺼이 받아들였다.〔比年災異屢見 上疏 極論時政得失 王嘉納之〕"는 내용에 대한 해석에서 잘 엿볼 수 있다. 김사인(金思仁)은 745년에 상대등이 되었다가 757년 정월에 질병을 이유로 사임하였다. 전제왕권설에서는 757년 3월에 부활한 녹읍제와 관련하여, 이 기사는 정치 일선에서 물러나 있던 상대등의 정치 일선 복귀로서, 김양상과 마찬가지로 전제왕권에 반대하는 움직임이라 파악〔이기백, 1962〕하고 있다. 반면에 중대 전제왕권설에 부정적인 입장에서는 김사인이 친왕파(親王派)이기 때문에 녹읍 부활에 대한 움직임에 반대하는 상소를 올린 것으로 이해〔이영호, 1990b〕하고 있다.

분명히 신라 중대는 김춘추와 김유신이 선덕왕(善德王) 16년(647) 비담의 난을 진압하면서 구세력을 압도하게 되었고, 진덕왕 시기에 정치적 시험기를 거쳐 무열왕계의 시대를 열게 됨으로써〔신형식, 1985b〕 시작되었다. 이후 성덕왕은 신문왕 사망 이후 정국에서 소외되어 있었던 경영(慶永)·김순원(金順元) 등 귀족의 도움으로 효소왕을 이어 즉위하였기 때문에, 이 때부터 왕권은 귀족세력의 영향을 받게 되었다〔박해현, 2003〕고 보인다. 또 효성왕을 이어 즉위한 경덕왕은 외조부 김순원, 처족 김순정(金順貞) 등의 지원을 받아 즉위하였기 때문에, 이러한 인물들이 정국을 장악하여 왕권이 위축되었다. 이에 경덕왕은 사정(司正) 기구 정비를 통해 감찰 기능을 강화하고, 녹읍을 부활하여 재정 위기를 타개하고, 성덕대왕신종을 만들어 왕권의 권위를 드러내고자 하였다. 그러나 경덕왕의 개혁 작업은 김옹(金邕)으로 대표되는 외척 세력의 반발로 뜻을 이루지 못했다〔박해현, 1997〕고 파악된다.

그렇기 때문에 최근에는 신라 중대에서도 왕권이 강할 때는 국왕이 상대등 이하 군신(群臣)을 장악하여 자신의 의지대로 국가를 운영하였고, 그 반대의 경우는 군대(軍隊)의 실력자가 상대등 또는 상재상(上宰相)이 되어 왕권을 보호하는 형태로 국정을 이끌었다는 견해[이인철, 2003]가 나오게 되었다. 즉 중대의 장관들은 모두 국왕의 임명을 받은 자들이기 때문에, 혜공왕 때까지 국왕을 정점으로 하는 정치구조는 파괴되지 않았다는 것이다. 또 효소왕 때나 성덕왕 초기 및 혜공왕 때에는 전제정치가 행해졌다고 말하기 어렵지만, 상대나 하대에 비해 상대적으로 중대 왕권이 전제화되어 있었다고 말할 수 있다[이인철, 2003]고 파악하기도 한다.

따라서 이러한 논의를 주목할 경우, 우리는 중대 전체를 하나의 정치적 성격으로 규정하기에 곤란함을 알 수 있다. 즉 전제왕권의 개념 문제를 논외로 하더라도, 중대의 국왕 중에는 강한 왕권을 구가한 존재와 함께 상대적으로 귀족세력에 의해 위축된 모습을 보이는 국왕도 있기 때문이다. 따라서 전제왕권설을 인정할 경우에도 전제왕권의 특성이 보이는 시기와 신라 중대라는 시기를 동일시할 필요는 없다. 아울러 이 경우 오히려 향후의 연구나 논의는 중대 전제왕권설을 비판하면서 중고 시기를 대왕전제체제로 파악하고, 중대는 중앙집권적 골품귀족관료체제로 설정[김영하, 2004]할 수 있는가의 여부로 모아질 것으로 보인다. 이는 신라사에서 중세의 설정 문제와도 밀접한 연관을 갖는다.

그러나 신라사의 특징이나 시대구분 문제를 논할 경우에도 한국사의 전체적인 흐름 또는 연구성과를 고려해야 할 것이다. 현재 한국사에서는 고려시대를 귀족사회로, 조선시대를 양반관료사회로 파악하는 것이 일반적이다. 고려시대사 연구의 경우 귀족제와 관료제의 개념 및 고려사회에의 적용문제에 대한 논의[박용운, 1977]가 있어왔다. 따라서 신라 중대의 정치적 특성을 논하는 경우에도 전제왕권의 개념에 대한 명확한 규정과 함께, 골품귀족관료제에 대한 개념정립 및 신라사에의 적용 가능성 여부에 대한 논의 또한 요망된다.

4. 신라 중대 정치사의 이해

신라 중대의 정치사는 앞서 언급한 중대의 시기 설정문제와 정치권력의 성격을 논의하는 과정에서, 관부의 정비나 정치운영 및 그에 관여한 인물들의 정치적 동향 등에 관한 연구가 수행되었다. 특히 중요 인물에 대한 연구[김수태, 1983a, 1983b]는 정치제도와 그 제도 속에서 움직인 인간집단의 실상파악이라는 측면에서 의미있는 작업이라 보인다.

중대 정치사의 전개와 관련한 초기의 연구에서는, 상대의 상대등은 귀족의 대표자로서 국왕과 귀족의 마찰을 극복하면서 원활한 국정집행을 조정하는 기능을 하였으나, 중대에 들어 상대등으로 대표되는 화백회의가 무력하게 되었을 것[이기백, 1962]으로 파악하였다. 이 경우 상대등은 상대 시기에 갈문왕(葛文王)의 위상이 약화되면서 왕권과 밀착하여 유력한 지위로 부상하였으나, 귀족회의 의장으로서 점차 왕권 중심의 지배 체제에 걸림돌로 작용하게 되었다고 본다. 그 결과 진덕왕 5년 집사부가 설치되고 중시를 중심으로 관료적 관부로 자리잡아 가게 되면서, 상대등은 의례적 지위로 전락하였다[주보돈, 1992]고 이해하기도 한다. 이러한 이해는 중대를 전제왕권의 시기로 파악하는 입장에서 도출된 것이다.

그러나 『신당서(新唐書)』에서 8세기 신라의 상황을 전하며 언급한 화백회의라는 용어를 신라 전 기간에 적용하는 것은 무리하는 주장 아래, 신라에서는 신(臣)과 대등(大等)이 동일한 의미로 사용되었기 때문에, 국왕과 상대등 이하 주요 관부의 장관인 대등들의 회의체를 군신회의라 파악하고자 하는 견해[이인철, 1991]가 상존해 있음에서도 문제해결의 어려움이 드러난다. 이 견해에서는 귀족회의 참가자가 10~20인 정도로 제한된 숫자의 진골 출신 장관에 국한되었을 것[이기동, 1980 ; 이인철, 1991]으로 보고 있다.

다만 귀족회의의 존재를 인정할 경우에도, 중대의 귀족세력은 율령제(律令制) 전면실시의 장애요인이었다[김영하, 2004]는 이해와는 달리, 상대등을 왕권의 옹호세력으로 파악하는 견해도 있다. 즉 성덕왕의 즉위 과정에 상대등이었던 개원(愷元)의 역할이 컸을 것이라는 이해를 전제로, 중대의 상대등은 상대·하대와는 달리 왕권의 옹호자였을 가능성을 지적[김영미, 1988]한다거나, 상대등은 친왕파이며 중대에서도 여전히 최고 실권자라는 주장[이영호, 1992] 등이 바로 그것이다.

상대등 문제에 대한 해명 노력과 함께, 중대 정치사의 전개 과정에 대한 논의는 병부·병부령·집사부·중시 등에 주목하고 있다. 병부와 병부령을 주목하는 경우, 병부령은 법흥왕 전후 대외전쟁과 영토확장 과정에서 최고의 군사권을 행사하는 병부령이 필요함에 따라 법흥왕 3년(516) 신라 최초의 관직으로 성립되었다[신형식, 1974]는 점을 중시한다. 그러나 3인의 복수 장관을 두었던 병부령은 경주·지방·전체의 관장을 위해 설치되었다는 견해[井上秀雄, 1962], 병권(兵權)의 분산과 상호견제를 위한 장치라는 견해[김철준, 1975], 항상적으로 3인이 있었던 것이 아니라 필요에 따라 3인을 둘 수 있었던 것이라는 견해[신형식, 1974] 등으로 구체적 실상 파악에는 많은 차이가 있다.

앞서 언급하였듯이, 병부 이외에도 신라에는 장관직의 복수제와 겸직제가 시행되었다. 전제왕권설에 입각할 경우, 장관의 복수제·겸직제는 행정적 차원보다는 직능의 분화와 권력의 견제 및 분산을 통한 전제왕권 유지책이었을 것으로 이해된다.〔신형식, 1990b〕 반면에 장관직의 복수제·겸직제는 업무상 연관이 있는 관부의 장관들이 합의에 의해 정책을 결정하도록 한 것이며, 귀족세력의 이익을 위한 것〔이기동, 1980〕이라거나, 복수제·겸직제는 관직 미분화의 유제(遺制)로서, 진골귀족에 의한 배타적 권력 독점장치라는 주장〔이문기, 1984〕도 있다. 또 복수제·겸직제는 국왕과 귀족의 상호 견제와 균형 위에 이루어진 것이라는 주장〔이인철, 1993〕도 있다. 현재의 연구성과로 그 정확한 실상의 파악은 곤란하지만, 복수제와 겸직제를 국왕 또는 귀족세력 어느 한편의 이익이나 권한의 측면에서 바라보아서는 곤란하다. 복수제와 겸직제의 문제는 당시 정치체제 운영의 전반적 모습 속에서 그 성격의 구명에 노력을 기울여야 할 것이라 보인다.

한편 이러한 정치 기구의 운영과는 별도로 군사적 측면에서 중대 정치사를 바라보는 견해도 볼 수 있다. 무열왕이 백제를 정벌하여 대야성 패배의 불명예를 씻고 김유신을 상대등으로 임명하면서 전제왕권 확립의 기틀을 마련한 다음, 문무왕은 고구려·백제 유민에 대한 정치적 배려와 함께 통일전쟁에 협조한 세력들을 새로운 집권층에 포괄하여 지지 기반을 확대하였다는 견해〔신형식, 1985b〕가 바로 그것이다. 이는 문무왕의 왕권강화가 통일전쟁 수행과정에서 진골귀족의 군사적 기반을 박탈하고 집중적인 관료화 작업 추진을 통해 이루어졌다는 것〔김수태, 1992〕과 동일한 관점이다. 이 경우 관료화의 결과에 대한 평가는 상반되지만, 중대 초기의 정치적 과제는 골품귀족의 관료화를 통한 중앙집권적 귀족관료체제의 수립이었다는 견해[김영하, 2004]도 참고된다.

본래 관료화의 측면에서 중대 왕권에 대한 논의는 연구 초기부터 집사부와 중시를 주목했다. 집사부는 품주(稟主)의 후신으로, 왕정(王政)의 기밀을 관장하는 최고 관부이며 중대의 대표적 기관이었다[신형식, 1985c]고 이해된다. 이러한 집사부는 국왕과 일반 관부의 중간에서 왕명을 받들고 여러 관부를 통제하는 지위에 있으며, 그 구체적 역할은 수상으로서의 중시가 맡는다[이기백, 1964]고 이해되어 왔다. 아울러 이 경우 국왕의 통치 행위에 대한 정치적 책임은 집사부의 중시가 지기 때문에, 중시는 왕권의 방파제 역할을 한다[井上秀雄, 1962 ; 이기백, 1964]고 파악되기도 했다.

그 결과 전제왕권을 뒷받침하는 제도적 장치는 집사부이며, 경제적 조처는 식읍과 녹읍 대신 관료전과 세조(歲租)의 지급이 이루어진 것[이기백, 1982]으로 이해하기도 한다. 이러한 입장에서는 집사부의 성립을 비롯한 여러 관부의 정비와 오묘제·태자 책봉 등을 전제왕권의 확립증거[이명식, 1989]로 주목하고 있다. 또 중대의 중앙행정체계는 중간기구나 회의체의 존재가 보이지 않으며, 모든 관부가 국왕과 직결되어 제도적으로 월권이 불가능했기 때문에, 이러한 것이 바로 전제왕권의 단적인 표현이라고 파악하는 견해[신형식, 1990b]도 있다.

물론 중시는 시종관(侍從官)으로서 국왕과 특별한 관계 및 혈연적으로 가까운 인물을 임명했기 때문에, 집사부 또는 중시가 최고의 관부나 관직은 아니지만, 국왕의 행정적 대변자로서 국정을 총괄하면서 실직적으로는 관직상의 권한 이상의 권력을 가질 수 있다.[신형식, 1985c] 그렇다면 집사부는 여러 행정관부를 유기적으로 통제하여 국가권력을 국왕에게 일원적으로 귀속하게 하는 기능을 갖고 있는 셈이 된다.[이기동, 1991]

그러나 이에 반하여 중대에도 귀족세력과 그 합의체를 강조하는 견해[이기동, 1980]도 있다. 즉 중대 관료조직의 최상층은 화백제도의 원리나 6부제의 전통에 의해 규제되어 있었기 때문에, 중대의 여러 국왕들은 전제권력의 추구를 위해 이를 타파하려 하였다는 것이다. 이 때 국왕의 세력기반은 집사부나 중시라기보다는 내성(內省) 소속의 어룡성(御龍省)·세택(洗宅) 등 근시기구(近侍機構)였을 것으로 보고 있다.

그렇기 때문에, 진덕왕·문무왕 시기에 각각 설치된 좌리방부(佐理方府)와 외사정(外司正) 등의 법률·감찰 기능에 주목하는 견해[신형식, 1990a]도 있으나, 진평왕 때 설치된 내성은 전제왕권을 지지하는 중요한 제도적 기반[이문기, 1986b]으로 이해되어, 내성의 설치를 전제왕권의 성립시기로 파악하기도 한다.[이정숙, 1986] 내성과 왕권의 밀접한 상관성은 대체로 인정되고 있다. 다만 그것을 왕권의 전제화로 이해할 것인가의 여부가 문제이다.

이처럼 신라 중대 정치사의 전개를 보는 시각 또한 왕권의 성격이나 정치체제를 어떻게 이해하고 있는가에 따라 상반된 입장을 보이고 있다. 분명 중대 정치사를 이해하기 위해서는 왕권의 성격은 물론, 상대등이나 병부·병부령, 집사부·중시 등 주요 관부나 관직에 대한 정확한 이해가 선행되어야 한다. 아울러 정치에 참여하여 주요 역할을 담당했던 인물에 대한 연구는 물론, 근래 주목되는 사원성전이나 내성 등의 근시기구에 대한 정리작업도 요망된다.

그러나 이러한 문제와 관련하여 현재까지 거론된 다양한 견해는 어느 특정 주장에 선뜻 동조하기 어려울 정도로 심각한 견해의 차이를 보이고 있다. 따라서 향후의 연구는 전제왕권설 또는 그에 상반된 견해 등 모든 선입견을 버리고, 사료에 의거한 실증적 연구로 회귀하여 개개 사실에 대한 검증작업을 선행한 연후에 정치사회상이나 시대상을 논의해야 할 것으로 보인다.

5. 신라 중대 정치사 연구의 과제

이상에서 살펴본 바와 같이 신라 중대의 정치사 연구는 상대등에 대한 이해를 추구하는 것에서부터 시작되었다. 즉 귀족의 의사를 대변하며 왕권을 견제하던 화백회의와 그 의장인 상대등의 정치적 기능에 대한 분석이 신라 중대 전제정치의 성립과정을 이해하는 데 가장 긴요하다(이기백, 1993a)고 보았던 것이다. 이 경우 중대 이후 중시를 주목하면서, 중시를 왕권의 안전판으로 파악하기도 하였다. 그러나 이러한 견해에 대해서는 근래 반론과 비판이 끊이지 않고 있다. 그 과정에서 다양한 논의가 전개됨으로써, 향후 이 분야 연구의 활력소를 제공하고 있다.

따라서 앞으로 신라 중대 정치사에 대한 연구는 다음의 몇 가지 요소에 주목하거나 해명 노력을 기울여야 할 것으로 보인다.

첫째로 전체적으로 보아 향후 신라 중대 정치사 연구는 상대등과 중시의 문제뿐만 아니라, 정치행위 자체를 국왕에 대한 견제와 옹호라는 이분법적 구분으로 파악하는 것에서 벗어나야 할 필요가 있다. 기존의 연구에서 살펴보았듯이, 전제왕권설 또는 그와 반대되는 논리에 매몰될 경우, 신라 중대 정치사에 대한 우리의 논의는 심각한 견해의 차이와 주장의 평행선을 결코 좁힐 수 없을 것이다. 이 경우 상대등이나 중시는 일단 신라 상대·중대·하대를 통틀어 귀족의 대표로서 기능한 존재〔신형식, 1990a〕라는 기본적 입장을 견지할 필요가 있다. 그래야만 전제왕권설에 입각한 도식적 이해는 물론, 전제왕권설에 대한 비판을 위한 대립구도에서 탈피할 수 있을 것이다.

둘째로 정치행위의 기본으로서, 모든 통치행위 또는 정치는 궁극적으로 일반 백성을 대상으로 하고 있다. 그럼에도 불구하고 신라 중대 정치사 연구는 제도 또는 관부와 관직에 대한 논의만 무성할 뿐, 그를 통한 통치행위 또는 대민(對民)지배에 대한 논의는 전혀 이루어지지 않고 있다. 즉 백성들의 존재양태에 대한 관심이 실종된 것이다.〔김영하, 2004〕 정치행위의 한 축이 상실된 연구는 신라 중대 정치사의 정확한 실상 구명(究明)에 장애요인으로 작용할 것인바, 앞으로의 연구는 이러한 점을 고려해야 할 것이다.

셋째로 위 문제와 연관하여, 정치사 연구에서 정치제도에 대한 해명도 중요하나, 기실 그 실제 운영이 어떠했는가가 더 중요한 것이다. 즉 정치사 연구에서 중요한 것은 제도 그 자체가 아니라 그 제도를 통해서 나타난 인간의 정치참여의 실제〔이기백, 1993a, 1993b, 1994〕인 것이다. 따라서 중대 정치사에서 중요한 역할을 수행한 인물들의 활동에 대한 실증적 연구가 필요하다.

넷째로 전근대사회에서의 정치는 국왕을 중심으로 움직이며, 국왕은 정치적 통제를 성취하기 위하여 어떤 초월적 권위를 필요로 한다. 이 경우 종교는 정통성의 보증이라는 측면에서 권력의 도구가 될 수 있다. 따라서 중대 정치사의 이해를 위해서는 신라사회를 움직이고 유지한 사상적 지주로서의 불교에 대한 이해 및 불교와 정치와의 관계를 종합적으로 고찰할 필요가 있다.〔이기동, 2003〕

다섯째로 기초적인 이야기이기는 하지만, 상대등·중시·병부령·

화백회의·집사부·병부 등 관직과 관부에 대한 개별적 연구성과의 축적 및 상호 보완적인 측면에서의 연구와 종합화가 필요하다. 정치사 연구가 개별 관직이나 관부에 대한 단편적 연구성과의 제출로 그칠 것이 아니라, 각 분야에 걸친 연구성과가 서로 모순없이 유기적으로 결합하여 신라 중대라는 시대나 사회의 모습을 그려낼 수 있어야 한다는 것이다. 이 경우 우리가 유의하여야 할 것은 신라의 정치는 결국 골품제의 한계 안에서 움직였다는 점이다.

여섯째로 관련 연구자들에 의해 이미 지적된 바 있지만, 중대 정치사의 이해를 위해서는 전제왕권·귀족회의·관료제·골품귀족관료체제 등 학계에서 사용하고 있는 용어들의 정확한 개념정립이 선행되어야 할 것이다. 아울러 신라사는 물론, 한국 고대사 연구에서 자주 언급하고 있는 귀족이라는 용어 또한 그 개념이나 범주의 설정이 모호한 상태이므로, 그에 대한 논의와 합의가 필요하다.

마지막으로 신라 중대 또한 우리 역사의 일부분일 뿐임을 잊지 말아야 할 것이다. 즉 상대와의 연관성, 하대로의 계승성, 발해와의 공존, 나아가 후삼국을 거쳐 고려왕조로의 이행 등 우리 역사의 큰 흐름 속에서 신라 중대의 정치사를 조망하며 그 정치적 특성을 추출해야만 신라 중대의 보편성과 특수성을 함께 만족시킬 수 있을 것이다. 이를 도외시한 채 특정 역사적 사안에 매몰될 경우, 그러한 연구는 신라 중대 정치사 연구에서 나무는 보되 숲을 보지 못하는 잘못을 범할 수 있기 때문이다.

정운용

‖참고문헌‖

具孝宣. 2004. 「6~8세기 신라 재상의 성격」, 『韓國史學報』 16.

金壽泰. 1983a. 「新羅 聖德王·孝成王代 金順元의 政治的 活動」, 『東亞研究』 3.

_____, 1983b. 「統一新羅期 專制王權의 崩壞와 金邕」, 『歷史學報』 99·100합.

_____, 1991. 「新羅 孝昭王代 眞骨貴族의 동향」, 『國史館論叢』 24.

_____, 1992. 「新羅 神文王代 專制王權의 확립과 金欽突亂」, 『新羅文化』 9.

_____, 1996. 『新羅中代政治史研究』, 一潮閣.

金英美. 1988. 「聖德王代 專制王權에 대한 一考察-甘山寺 彌勒像·阿彌陀像銘文과 관련하여」, 『梨大史苑』 22·23합.

金瑛河. 2000. 「韓國 古代國家의 政治體制發展論-'部體制'論爭에 대한 소견을 대신하여」, 『韓國古代史研究』 17.

_____, 2004. 「新羅 中代王權의 기반과 지향」, 『韓國史學報』 16.

金貞培. 1979. 「韓國史의 時代區分」, 『歷史란 무엇인가』〔姜萬吉 外〕, 高麗大 出版部.

金哲埈. 1975. 「신라 고대국가의 발전과 그 지배체제」, 『韓國古代國家發達史』, 한국일보사.

金羲滿. 1992. 「新羅 神文王代의 政治狀況과 兵制」, 『新羅文化』 9.

朴龍雲. 1977. 「高麗 家産官僚制說과 貴族制說에 대한 檢討」, 『史叢』 21·22합 ; 1980, 『高麗時代 臺諫制度 研究』, 一志社.

朴海鉉. 1993. 「新羅 孝成王代 政治勢力의 推移-孝成王의 即位過程을 中心으로」, 『歷史學研究』 12.

_____, 1997. 「신라 경덕왕대의 외척세력」, 『韓國古代史研究』 11.

_____, 2003. 「新羅 聖德王代 정치세력의 추이」, 『韓國古代史研究』 31.

辛鍾遠. 1987. 「新羅 五臺山史蹟과 聖德王의 即位背景」, 『崔永禧先生華甲紀念 韓國史學論叢』, 探求堂.

申瀅植. 1971. 「新羅王位繼承考」, 『惠庵柳洪烈博士華甲紀念論叢』, 동 간행위원회.

_____, 1974. 「新羅 兵部令考」, 『歷史學報』 61 ; 1984, 『韓國古代史의 新研究』, 一潮閣.

_____, 1977. 「武烈王權의 成立과 活動」, 『韓國史論叢』 2 ; 1984, 『韓國古代史의 新研究』, 一潮閣.

_____, 1985a, 「新羅의 宰相」, 『新羅史』, 이화여대 출판부.

_____, 1985b, 「新羅의 成長과 發展」, 『新羅史』, 이화여대 출판부.

_____, 1985c, 「新羅의 統治構造」, 『新羅史』, 이화여대 출판부.

_____, 1990a, 「新羅 中代 專制王權의 展開過程」, 『汕耘史學』 4, 汕耘學術文化財團 ; 1990, 『統一新羅史研究』, 三知院.

_____, 1990b, 「新羅 中代 專制王權의 特質」, 『國史館論叢』 20 ; 1990, 『統一新羅史研究』, 三知院.

李基東, 1980, 「新羅 中代의 官僚制와 骨品制」, 『震檀學報』 50 ; 1984, 『新羅 骨品制社會와 花郞徒』, 一潮閣.

_____, 1991, 「新羅 興德王代의 政治와 社會」, 『國史館論叢』 21 ; 1997, 『新羅社會史研究』, 一潮閣.

_____, 1998, 「新羅 聖德王代의 政治와 社會-'君子國'의 內部事情」, 『歷史學報』 160.

_____, 2003, 「新羅 王權 연구의 몇 가지 前提」, 『新羅文化』 22.

李基白, 1958, 「新羅 惠恭王代의 政治的 變革」, 『社會科學』 2 ; 1974, 『新羅政治社會史研究』, 一潮閣.

_____, 1962, 「上大等考」, 『歷史學報』 19 ; 1974, 『新羅政治社會史研究』, 一潮閣.

_____, 1964, 「新羅 執事部의 成立」, 『震檀學報』 25·26·27합 ; 1974, 『新羅政治社會史研究』, 一潮閣.

_____, 1982, 「統一新羅와 渤海의 社會」, 『韓國史講座』 1(古代篇), 一潮閣.

_____, 1993a, 「新羅 專制政治의 성립」, 『韓國史 轉換期의 문제들』, 한국사연구회 편, 지식산업사 ; 1996, 『韓國古代政治社會史研究』, 一潮閣.

_____, 1993b, 「統一新羅時代의 專制政治」, 『韓國史上의 政治形態』(李鍾旭 외), 一潮閣 ; 1996, 『韓國古代政治社會史研究』, 一潮閣.

_____, 1995, 「新羅 專制政治의 崩壞過程」, 『學術院論文集-人文·社會科學篇』 34 ; 1996, 『韓國古代政治社會史研究』, 一潮閣.

李明植, 1988, 「新羅 統一期의 軍事組織」, 『韓國古代史研究』 1.

_____, 1989, 「新羅 中代王權의 專制化過程」, 『大丘史學』 38.

李文基, 1984, 「新羅時代의 兼職制」, 『大丘史學』 26.

_____, 1986a, 「新羅 6停軍團의 運用」, 『大丘史學』 29.

_____, 1986b, 「新羅 侍衞府의 成立과 性格」, 『歷史敎育論集』 9.

_____, 1988, 「新羅 軍事組織 研究의 成果와 課題」, 『歷史敎育論集』 12.

_____, 1990, 「『三國史記』 職官志 武官條의 史料的 檢討」, 『歷史敎育論集』 15.

_____, 1997, 「景德王代 軍制改革의 實態와 新軍制의 運用」, 『新羅兵制史研究』, 一潮閣.

李泳鎬, 1983, 「新羅中代 王室寺院의 官寺的 機能」, 『韓國史研究』 43.

_____, 1990a, 「新羅 惠恭王代 政變의 새로운 解釋」, 『歷史敎育論集』 13·14합.

_____, 1990b, 「新羅 惠恭王 12年 官號復故의 意味-소위 "中代 專制王權"說의 一檢討」, 『大丘史學』 39.

_____, 1992, 「新羅 貴族會議와 上大等」, 『韓國古代史研究』 6.

_____, 1999, 「統一新羅 政治史 研究의 現況과 方向」, 『白山學報』 52.

_____, 2003, 「新羅의 王權과 貴族社會-중대 국왕의 혼인 문제를 중심으로」, 『新羅文化』 22.

李仁哲, 1991, 「新羅의 群臣會議와 宰相制度」, 『韓國學報』 65 ; 1993, 『新羅政治制度史研究』, 一志社.

_____, 1993, 「新羅 律令官制의 運營」, 『新羅政治制度史研究』, 一志社.

_____, 1994, 「新羅 中代의 政治形態」, 『韓國學報』 77, 一志社 ; 2003, 『신라정치경제사 연구』, 일지사.

_____, 2003, 「新羅의 王權과 政治構造-군신회의 구성원의 변화를 중심으로」, 『新羅文化』 22.

李晶淑, 1986, 「新羅 眞平王代의 政治的 性格-所謂 專制王權의 成立과 關聯하여」, 『韓國史研究』 52.

全鳳德, 1956, 「新羅 最高官職 上大等論」, 『法曹協會雜志』 5-1·2·3 ; 1968, 『韓國法制史研究』, 서울대 출판부.

朱甫暾, 1987, 「新羅 中古期 6停에 대한 몇 가지 問題」, 『新羅文化』 3·4합.

_____, 1992, 「三國時代의 貴族과 身分制」, 『韓國社會發展史論』(朱甫暾 外), 一潮閣.

井上秀雄, 1962, 「新羅政治體制의 變遷過程-門閥貴族의 集團支配와 專制王權」, 『古代史講座』 4 (石母田正 外), 學生社 ; 1974, 『新羅史基礎研究』, 東出版株式會社.

신라의 지방통치와 촌

1. 머리말

신라는 7세기 백제·고구려와의 전쟁에 이어 당의 세력을 축출함으로써 백제와 고구려 남부지역의 영토를 획득하였다. 이와 같은 전쟁의 결과는 삼국이 정립하던 시기와는 다른 변화를 가져왔는데, 영역의 확장과 민(民)의 증가가 그것이다. 이러한 변화에 신라는 어떠한 방식과 체제로 효율적으로 영역과 민을 통치하고자 했을까?

『삼국사기』 신문왕 5년(685)조에 보이는 "처음으로 9주(州)를 갖추었다"라는 기사는 신라통일기 영역의 완비를 보여주는 기록이라 할 수 있다. 신라는 획득한 영토와 민을 크게 9주의 영역으로 나누어 지방을 통치하고자 했던 것이다. 이러한 지방통치와 관련하여 그 동안 다양한 내용과 주제의 연구성과들이 이루어졌는데, 정치사·경제사적인 측면과 관련하여 간접적이고 단편적인 언급까지 포함하면 그 성과는 무수하다. 이 글에서는 이러한 논의들은 가급적 배제하고 직접적으로 지방통치와 관련된 연구성과에 한정하여 논의하고자 한다. 새로운 시각을 제시하기보다는 그 동안 이루어진 연구성과를 몇 가지 주제로 나누어 정리한다.

먼저 지방통치조직으로서 주(州)·군(郡)·현(縣)·소경(小京)에 관한 논의를 전체적으로 살펴보겠다. 신라통일기 지방조직이 주·군·현·소경으로 구성되어 있음은 어느 정도 의견이 일치하지만 각각의 영역을 바라보는 시각에는 차이가 있다. 이러한 차이점과 함께 아직 연구자 사이의 합의와 논의가 이루어지지 못한 연구영역도 되짚어보고자 한다.

신라통일기 지방통치체계 속에서 통치의 최하단위이자 당시 민(民)들의 생활터전은 촌(村)이다. 국가는 영토와 민의 철저한 지배를 위한 방법으로 지방제도를 더욱 정치하게 조직한다는 사실을 고려해 볼 때, 어찌 보면 촌에 대한 이해는 지방통치 이해의 중심이라 할 수 있다. 그래서 많은 연구자들이 관심을 가지고 꾸준히 연구성과를 내놓는지도 모른다.

촌과 관련하여 논의된 내용들은 지금까지 주로 「신라촌락문서」를 중심으로 이루어졌으며, 앞으로도 그러한 경향은 지속될 것이라 생각한다. 「신라촌락문서」는 매우 다양한 시각에서 분석이 이루어지고 있으며, 그 구성항목 또한 다양한 주제와 영역 속에서 이야기되고 있다. 본고에서는 문서를 바라보는 연구자의 기본적인 시각이 드러난 촌의 성격을 중심으로 간단히 살펴보기로 한다.

다음으로 신라 하대에 발생하는 지방제도의 변화내용, 즉 새롭게 보이는 지방제도의 모습은 고려시대와의 연관 속에서 논의가 이루어진다. 즉 신라 사회 자체의 변화와 함께 새로운 왕조탄생의 전 단계로 그 변화양상과 내용에 주목하고 있다. 이러한 시각 속에서 그 동안 이루어진 연구성과를 정리하고자 한다.

마지막으로 앞으로의 과제를 제시하고자 한다. 상대적으로 신라 중고기보다 이견이 적은 편이기는 하지만 아직도 해결해야 할 과제는 남아 있다. 신라통일기 지방통치 모습을 이해할 수 있는 자료의 단편성과 미진함 속에서 실질적으로 가능한 연구방향과 방법론을 찾아서 여러 연구자들과 고민하고 공유할 수 있는 주제들을 제언(提言)하는 것으로 결론을 대신하고자 한다.

2. 주군현제의 이해

신라통일기의 지방통치조직은 주·군·현·소경으로 구성되어 있으며, 그 조직의 최하단위로 촌이 존재하고, 중고기 주군제(州郡制)의 계승성 내지 연속성을 지니고 있다는 것은 공통된 의견이다. 그러나 구조나 각 조직〔영역〕의 영속(領屬)관계 등은 연구자들에 따라 약간의 차이를 보이고 있다.

이견은 있지만 『삼국사기』 신문왕 5년(685)조에 보이는 "처음으로 9주(州)를 갖추었다"라는 기사가 신라통일기 지방제도의 시작 내지 완성이라는 사실에는 대부분 동의하는 바이다. 먼저 생각해 볼 것은 이러한 지방통치제도를 어떻게 불러야 하느냐는 것이다.

신라 중고기는 거의 모든 연구자들이 '주군제(州郡制)'라고 부르지만 신라통일기는 '9주(州)5경제(京制)'·'군현제(郡縣制)'·'9주체제(州體制)'·'주군현제(州郡縣制)' 등 다양한 명칭으로 명명되었다. 이러한 명칭에 대해 '9주5경제〔藤田亮策, 1953〕'는 주와 소경이 동등한 위상을 가졌다는 인식을 주면서, 주 내부의 군현제가 사상되는 문제점이 있으며, '군현제〔木村誠,

1976a〕'는 중고기의 주군제에 대응되는 용어로서의 의미만 가질 뿐 지방 관제의 입장에서는 만족하기 어려운데, '9주체제'는 주(州) 내부에 '주치 (州治)로서의 주'·소경·군·현 등의 단위행정구역을 포괄하고 있기 때문에 신라통일기의 지방관제로 명명하는 것이 좋다는 견해가 있다.〔이문기, 1990〕

『삼국사기』경덕왕 16년(757)조와 지리지를 살펴보면, 각 주 밑에 '영주(領州)'·소경·군·'영현(領縣)' 등이 속해 있으므로 신라 전체의 영역은 9개의 주로 구성되어 있음을 알 수 있다. 이런 경우 통치체제의 영역, 또는 단위로서 주·군·현은 이제 어느 정도 합의가 이루어진 듯하다. 즉 국가의 지배력이 중고기와는 달리 현 단위까지 직접적으로 미친다는 것은 어느 정도 분명한 듯하다. 따라서 '주·군'에서 '주·군·현'으로의 확대로 파악해야 하며, 그런 현상을 보여주기에는 군현제보다는 주군현제로 명명하는 것이 합리적이라 생각한다. 1990년대 이후 연구자들이 주군현제를 적극적으로 사용하고 있는 것도 이러한 맥락에서 이해할 수 있다.

그러면 지방통치조직으로서 주군현제의 구조 또는 특질은 어떠하다고 할 수 있을까?

초기에는 부족제적 전통이 계속 존재했다는 견해가 있었지만〔藤田亮策, 1953〕, 주·군·현·소경이 각각 일정한 통치영역 또는 지배영역을 갖고 있으며〔村上四男, 1953 ; 木村誠, 1976a〕, 거점으로서 주·소경·군·현은 차이가 없다고 본다.〔주보돈, 1989〕 이와 관련하여 중고기와 신라통일기 지방 통치조직의 세 가지 차이점을 제시한 견해가 있다.〔주보돈, 1989〕 첫째로 외견상 군현제의 확립〔木村誠, 1976a〕, 둘째로 지방통치체제가 세분화되어 훨씬 강화됨, 셋째로 행정적·군사적 성격의 분화 등이다. 결국 신라통일기에 중앙집권적 지배체제가 강화되었다는 것이다. 그렇지만 이러한 기본적인 인식 속에서도 각 연구자들마다 중심논점은 약간씩 다르다.

먼저 구조적으로 고려의 군현제와 유사한 것으로 보는 견해다.〔木村誠, 1976a〕 즉 성〔촌〕이 현으로 개칭되어 외견상 군현제가 확립되었고, 주·군·현은 각각 독자의 영역을 가지며, 명칭 또한 정치적·군사적 중요도에 따른 칭호로 고려 군현제의 그것과 유사하다는 것이다. 또한 주와 군을 대등하게 놓고 영현(領縣)과 주군과의 관계에서 현은 주군의 영속 하에 두어졌는데, 이것은 고려 군현제의 원형으로 고려시대에 와서 만개하였다는 것이다. 물론 주와 군이 대등한 관계인가 하는 문제가 선결 되어야 하겠지만 앞으로 좀더 구체적이고, 통시대적인 시각에서 검토가 필요한 과제라 생각한다.

중고기 주군제와 비교하여 주군현제는 질적으로 달랐다는 시각도 있다.〔주보돈, 1989〕 단순한 외형상의 변모가 아닌 복속민을 신라민으로 회유 하고, 기존의 재지세력을 억제하기 위한 목적으로 수행되었다는 것이다. 즉 삼국간의 차이를 극복하고, 원신라지역의 기존 재지세력에 대한 통제의 목적이라 하면서, 이러한 재편은 각 군현 사이가 전대에 비할 수 없을 정도로 인구나 규모 면에서 균질화가 이루어졌다는 것이다.

9개의 '주'라는 명칭을 부여한 지방행정구역의 일대 재정리 작업으로 본 견해도 있다.〔이문기, 1990〕 특히 가장 기본적인 행정구역인 현(縣)이 누층적인 형태로 결집된 것으로 보고, '주치(州治)로서의 주'·소경·군은 현과 기본적으로 동일한 구조를 지닌 주치직할지·소경직할지·군직할 지와 영현으로 이루어진 것이며, 이들을 포괄한 최상위의 행정구역으로 광역의 주가 존재한다는 것이다. 결국 신라통일기에 설치된 현은 전체 지방행정구역을 구성하는 기본적인 행정구역이라는 것이다.

이러한 견해와 관련하여 '소영역' 개념으로 구조를 파악한 시각이 있다.〔강봉룡, 1999〕'소영역'이란 현과 대등한 단위로 중대의 주·군에는 광역행정구역적 의미와 중간영역으로서의 의미 이외에 소영역으로서의 의미를 내포하고 있는데, 현 자체와 향(鄕), 순수한 주치 및 군치, 더 나아가 영현을 거느리지 않는 소경까지도 이와 대등한 단위로 기능하며, 이러한 소영역의 편제가 중대 주군현제의 구조와 운영상을 특징짓는 새로운 면모라는 것이다. 이러한 개념은 중고기 지방제도와의 차이점을 분명히 보여주는 영역개념으로 중고기에는 없었던, 국가의 지배력이 직접적으로 미치는 영역이 생긴 것이다.

이러한 신라통일기의 지방제도는 경덕왕 16년(757) 한화정책에 의해 지명의 개명이 전면적으로 이루어진다. 이러한 개명작업을 바라보는 시각에도 차이가 있다.

단순한 개명이 아닌 읍격(邑格)의 승강과 영속관계의 변화도 포함되었을 것으로 보는 견해〔木村誠, 1976a〕와 주(州)의 문제로 한정할 경우 지명의 개정수준을 넘어서는 것은 아니라는 시각이 있다.〔이문기, 1990〕이에 반해 정치적인 목적하에 군사력과 경제력 확보를 위한 실질적인 조정이 이루어진 것으로 보는 견해가 있는데〔한준수, 1998〕, 이러한 한화정책의 추진은 전제왕권의 성립과 강화를 위한 것으로 신문왕대 9주5소경의 정비시 재지질서가 해체되지 않고 그 틀을 유지한 채 편입되었던 고구려, 백제의 고지와 촌락질서를 실질적으로 조정하였다는 것이다.

물론 이러한 개명작업을 단순한 외피의 변경으로 보기는 힘들다. 그래서 녹읍과 관련하여 이해하는 견해가 주목된다.〔村上四男, 1976 ; 한준수, 1998〕귀족에 대한 타협책으로 녹읍부활을 제시하였다는 것인데, 논의가 구체적이지 못하다. 『삼국사기』에 따르면 신문왕 5년(685)에 9주가 갖추어지고, 4년 뒤인 신문왕 9년(689)에 녹읍은 폐지되었다. 그리고 녹읍은 경덕왕 16년(757) 3월에 부활되었고, 그 해 12월에 한화식 개명작업이 이루어졌다. 이러한 모습을 이해하기 위해서는 지방통치와 녹읍의 상호관계에 대한 기초적인 작업이 이루어져야 한다. 이것은 지방제도의 이해뿐만 아니라 신라녹읍의 성격파악을 위한 기초작업으로도 필요하다.

이상의 논의를 통해 '주군현제(州郡縣制)'의 실시는 삼국간의 전쟁 후 획득한 영토와 민을 재정리하고 좀더 효율적으로 지배하기 위한 조치라는 것에는 어느 정도 의견이 일치한다고 할 수 있으며, 이전의 촌이 국가의 직접적인 지배영역으로서 현(縣)으로 변경되어 새롭게 설치되었다는 것도 동의하는 바라고 생각한다.

그런 경우 과연 현은 언제부터 하나의 행정단위로 설치되었을까?

통일 이전의 성(城)·촌(村)이 통일을 전후하여 군현제의 실시에 따라 현, 또는 향·부곡으로 개편되었으며, 이는 단순한 용어상의 변경이 아니라 지방사회의 변동과 이에 따른 재편성〔이우태, 1981〕임은 주지의 사실이다. 물론『삼국사기』에는 신라 초기 현의 설치를 보여주는 기록과 지증왕 6년(505) "왕이 친히 국내의 주군현을 정하였다" 하여 현의 설치를 보여주는 기사가 있지만, 현재 발견된 금석문과 그밖의 자료에 현의 모습이 전혀 보이지 않기 때문에 대부분의 연구자들은 7세기 이전까지는 현의 설치를 부정한다.

믿을 만한 기록은『삼국사기』진평왕 33년(611)에 보이는 현령(縣令) 찬덕(讚德)의 기록이다. 성을 지키다 찬덕은 전사하게 되는 것이다. 이러한 기록을 통해 현은 진평왕대 말년에서 선덕·진덕여왕 때 설치된 것으로 보기도 한다.〔村上四男, 1976 ; 김갑동, 1986〕즉 두 여왕시대에 국토방위를 위해 지방제도의 정비를 필요로 하였고, 그 과정에서 현이 성립되었다는 것이다.

이에 반해 문무·신문왕대〔주보돈, 1989〕, 그리고 신문왕 5년 9주체제의 성립시기 때 설치된 것으로 보기도 한다〔이문기, 1990〕. 현령이라는 직명만을 토대로 지방행정단위로서 현의 설치를 확언할 수 없으며,『신증동국여지승람』에 보이는 전정과 호구가 미달되는 것을 향과 부곡으로 하였다는 기사가 신문왕 5년에 현을 설치한 내용이라는 것이다. 이 기사가 신문왕 5년(685)의 내용인가는 판단하기 힘들지만, 현(縣)의 설치가 중고기와 비교하여 가장 두드러진 조직〔영역〕임을 감안할 때 역시 삼국간의 전쟁 승리 후에 설치된 것으로 보아야 하지 않을까 한다.

그렇다면 촌에서 현으로 변화할 때 수치상의 변화는 어떠하였을까? 기록과 금석문을 통해 백제지역 250촌이 104현으로 재조정된 것으로 본 견해가 있다.〔이문기, 1990〕 즉 일정한 조정이 있었다는 것으로 모든 촌이 현이 되지는 않았으며, 몇 개의 성·촌이 합하여 하나의 현이 되었고, 현이 되는 촌과 그렇지 못한 촌이 있다는 것이다.〔이우태, 1981〕 반면에 '소영역' 개념을 적용하여 그 수치는 거의 변화가 없는 것으로 보기도 한다.〔강봉룡, 1999〕

그러나 이러한 논의에서 좀더 중점을 두어야 할 것은 촌〔성〕에서 현으로의 변화라는 연속성을 확인할 수 있느냐는 것이다. 이와 관련하여 촌에서 현으로의 편성과정을 고찰한 연구성과가 있다.〔김재홍, 2003〕 사료에 보이는 지명의 표기방법을 통해 중고기의 촌이 현으로 편성되는 과정을 살펴보았는데, 진표(眞表)의 출생지가 나와 있는 만경현(萬頃縣)의 변화모습을 추적하여 촌에서 현으로의 표기사실을 확인한 것이다. 좀더 구체적인 확인이 필요하지만 이러한 연구경향은 현으로의 막연한 변화만을 서술한 것보다 좀더 진전된 방법이라 생각한다. 앞으로도 이러한 구체적인 방법을 통해 '현(縣)'의 모습이 확인되기를 바란다.

지방통치구역인 주·군·현, 그리고 소경의 명령수수 관계는 일반적으로 주의 도독을 거쳐 군태수, 군태수가 현령·소수에게로 국가명령이 전달되는 것으로[木村誠, 1976a] 이해한다. 그 반대의 경우도 마찬가지다. 그러나 이에 대해 행정업무의 명령, 보고계통을 수취계통과 동일시 할 수 없다는 견해가 있다.[이문기, 1990] 즉 사료검토를 통해 수취물의 수송 주체는 주와 군 모두에 해당되며, 주의 도독, 소경의 사신, 군의 태수가 수취업무에서는 직접 중앙정부와 연결되었다는 것이다. 일반적으로 행정보고와 수취업무 계통을 동일시하여 본다는 면에서 이러한 시각은 추후 고려해 볼 문제이다.

이러한 영속(領屬)관계에서 문제가 되는 것은 소경이다. 과연 소경은 주(州)의 영속하에 있는가, 아니면 중앙에 직속되었느냐는 것이다. 『삼국사기』 지리지와 경덕왕 16년(757)조를 보면 군·현과 같이 소경은 주 아래 소속되어 있다. 그래서 주의 명령 아래에 있는 것으로 이해하는 경향이 많다. 대등(大等)의 용례를 통해 주의 도독과 비길 만한 존재는 아니라고 보고, 「신라촌락문서」의 서원경 소속 모촌(某村)이 현 소속 촌과 함께 기록되어 있다는 것은 현과 동렬에서 상부〔주〕에 행정명령이 상하달된 것으로 보는 것이다.[임병태, 1967]

이에 반해 소경의 사신은 군태수·현령보다 높은 주의 장관과 거의 동렬에 있는 독자적인 존재인바, 소경은 주에 포함되면서도 주와 병존하는 이상한 조직이라고 하여, 소경의 사신을 독자적인 존재로 파악한 견해[藤田亮策, 1953] 이후, 소경의 지방관은 국가의 명령을 받아 직접 촌락민에게 전했고[이종욱, 1980], 행정구역으로서의 특수성격과 관등범위로 보아 중앙정부에 직속되어 있으므로 소경 사신의 명령보고 체계는 왕—

사신-행정촌으로 생각되며, 수취체제 역시 중앙정부와 직결된 것으로 보는 견해가 제시되었다.〔이문기, 1990〕

5소경은 수도가 한쪽에 치우쳐 있어 그 불편함을 보완하기 위해 고구려·백제·가야의 고지에 균형있게 배치하였으며, 문화의 중심지로서의 역할을 하였다고 본다.〔藤田亮策, 1953〕 최근에는 지방도시의 관점에서 각 주의 여러 지역에서 집하된 물자를 관리·비축하거나 소비하면서 복합기능을 수행하는 지방도시로 발전하였으며, 각 소경은 주요 교통로에 위치하고 있다고 이해한 시각도 있다.〔양기석, 2001 ; 여호규, 2002〕

이러한 견해처럼 소경은 주·군·현이라는 일반적인 지방통치영역으로 이해하기에는 한계가 있다고 생각한다. 755년에 작성된 '신라백지묵자대방광불화엄경권제오십사경발문(新羅白紙墨字大方廣佛華嚴經卷第五十寫經跋文)'에는 '대경(大京)'이라는 표현이 나온다. 이것은 왕도인 대경에 비유되는 소경의 모습을 보여주는 것이며, 왕도에 버금가는 왕경인의 또 다른 생활거점임을 의미하는 것이다.〔여호규, 2002〕

물론 『화엄경 사경』에는 주·소경·군·현 순서로 기록되어 있고, 『삼국사기』 직관지를 통해서도 관등 등 그 지위가 주와 군 사이임이 확인되지만, 소경은 주군현체제라는 일반적인 지방제도 속에서 그 영속관계를 파악하는 것보다는 앞서 논의된 특수한 성격의 행정구역으로 파악하는 것이 합리적이라 판단된다. 물론 주와 소경이 동등하다는 의미는 아니다. 특히 「신라촌락문서」에 현 소속 촌과 함께 서원경 소속 모촌(某村)이 기록되어 있기 때문에 이와 관련하여 촌의 성격을 이해하는 데 주의해야 할 사안 중의 하나이다. 즉 「신라촌락문서」는 동일인에 의해 기록된 문서이기 때문에 현과 소경 소속의 촌들은 모두 동일한 영속관계를 갖는다. 따라서 소경이 주(州)에 속하느냐, 중앙에 속하느냐는 결국 촌이 주군현제 아래에서의 일반촌이냐 아니면 중앙과 연결된 특수한 촌이냐 하는 것과 맞물려 있는 사항이라고 생각한다. 앞으로 주·군·현뿐만 아니라 중앙과의 관계 속에서 소경의 자리매김이 이루어져야 할 것이다.

영속관계는 아니지만 소수(少守)와 현령(縣令)은 앞으로 해결해야 할 숙제다.

『삼국사기』 직관지를 보면 주의 도독과 소경의 사신, 군의 태수 등이 나와 있고, 소수와 현령이 나열되어 있는데, 소수를 군의 장관인 태수의 차관으로 보기도 하지만〔村上四男, 1976〕, 대부분의 연구자들은 현의 장관으로 본다. 즉 현의 장관은 소수 또는 현령이다. 소수와 현령은 관등에도 차이가 있고, 소수는 85인, 현령은 201인 등 인원에도 차이가 있다. 그래서 현이 2종으로 구분된다고 보는 시각도 있다.〔주보돈, 1989〕 설령 현의 책임자를 소수와 현령으로 구분하였다 할지라도 과연 그 이유는 무엇이며, 그 차이는 무엇이냐 하는 것이다. 특히 신라통일기에 새롭게 설치된 현의 책임자이기에 양자 구분의 기준은 지속적인 연구과제로 관심을 가져야 할 것이다.

신라통일기 지방통치조직은 중고기와는 다른 체계와 의도 속에서 실행되었다. 그것은 확대된 영토와 민을 효율적으로 직접 지배하기 위한 목적이다. 그런 면에서 삼국시대와 비교해 볼 때 신라는 물론 고구려, 백제와도 일정한 차이가 있다고 생각된다. 삼국의 지방통치 모습은 많은 연구가 이루어졌지만 신라통일기와의 구체적인 비교작업은 미진하다. 앞서 살펴본 대로 신라통일기 지방통치조직의 이해를 위해 아직 해결해야 할 문제들이 남아 있지만, 이러한 작업과 함께 삼국과 신라통일기 지방통치조직과의 비교작업을 통해 시대적 성격을 위치짓는 것도〔노중국, 1990〕 차후의 중요한 과제다.

3. 촌 그리고 「신라촌락문서」

촌(村)은 민(民)의 생활터전이자 대민지배의 최하단위라고 할 수 있다. 신라통일기의 주·군·현이라는 지방통치조직도 결국 촌민을 좀더 효율적으로 다스리기 위한 장치라고 할 수 있다. 촌주(村主)도 촌의 재지세력으로서, 그리고 나말려초에는 지방호족으로의 성장을 통한 사회변동의 주체로서 관심의 대상이었다. 그러기에 초기부터 많은 연구자들이 관심을 가지고 꾸준한 연구성과를 내놓았고[村上四男, 1953 ; 末松保和, 1954 ; 末松保和, 1975 ; 이우태, 1981], 지금도 그 관심은 여전하다고 할 수 있다.

특히 당대 문서인 「신라촌락문서」의 소개로(野村忠夫, 1953) 초기에는 일본학자들에 의해, 1990년대 이후에는 국내학자들에 의해 활발한 논의가 지금까지 이루어지고 있다. 그 동안 이루어진 문서의 각 항목들에 대한 전반적인 연구성과는 양적인 면에서뿐만 아니라, 질적인 면에서도 감당하기 어려울 정도이다. 여기서는 촌과 관련된 많은 논의 가운데, 「신라촌락문서」를 중심으로 촌의 개념 및 성격, 촌을 바라보는 시각 등에 한정하여 논의하고자 한다.

먼저 사료나 기타 자료에 보이는 촌의 개념을 확인해 보자.

사료나 금석문 등의 자료에 보이는 촌을 모두 동일한 성격으로 볼 수 없다는 것은 주지의 사실이다. 일찍이 촌의 종류를 크게 3가지로 분류한 견해가 있다.[이우태, 1981] 이에 따르면, 첫째로 군현의 전신으로서의 촌, 둘째로 군현의 구성요소로서의 자연촌, 셋째로 몇 개의 자연촌락을 묶어 방위명으로 부른 지역촌 등으로 구분이 되는 것이다. 첫번째는 삼국시대의 촌, 두번째는 「신라촌락문서」의 촌, 세번째는 신라에는 없었지만 고려시대에 존재했던 촌이다.

　지역촌에 대해서는 이미 그 존재를 주장한 견해[이우성, 1961]가 있어 이견이 있지만, 적어도 삼국시대의 촌과 신라통일기의 촌은 구분이 되고 있다. 이것은 현의 설치로 인해 기존의 촌이 현으로 변화되었다는 사실에서 기인하는 것이다. 즉 중고기의 촌은 소국의 읍락(邑落)단위가 재지의 질서체계에 따라 재편되어진 것이고, 통일기 촌은 국가의 공식적인 지방행정기구로서 현으로 재편됨에 따라 현을 구성하는 보다 소규모인 재지의 단위로 재편되었다는 것이다.[강봉룡, 1999]

　이러한 신라통일기의 촌을 직접 다스리던 행정구역은 사료분석을 통해 주의 직할지, 주의 영현(領縣), 소경, 군의 직할지, 군의 영현 등 다섯 종류가 제시되었다.[이종욱, 1980] 이 견해는 지방행정기관과 촌과의 명령수수 관계를 간결하고 명확히 제시하고 있어 이후 연구에 많은 도움을 주었고, 연구자들에 따라 용어의 차이는 있지만 기본적인 틀에는 동의하는 사실이다. 이렇듯 신라통일기 촌은 중고기와는 달리 주군현제라는 지방통치조직 아래에 하나의 단위로서 민들의 생활터전이자 국가의 지배력이 미치는 영역으로서 인식되어진다.

　촌에 대한 인식 가운데 생각해 볼 것은 '행정촌(行政村)'의 개념이다.

　이우성이 「신라촌락문서」를 이용하여 '연합촌'·'지역촌'이라는 용어를 사용한 이후[이우성, 1961] 많은 연구자들에 의해 '행정촌' 등의 명칭으로 지금까지도 유효하고 영향력 있는 개념으로 자리잡고 있다. 행정촌[지역촌]이란 여러 자연촌 중 촌주가 있는 촌으로, 촌주는 위로는 군현에 대하여 지방자치세력을 대표하고, 밑으로 몇 개의 촌락을 통솔하는 지배자적 권위를 지닌다는 것이다.

「신라촌락문서」에 보이는 4개 촌 중 촌주위답(村主位畓)이 존재하는 사해점촌(沙害漸村)이 행정촌이고, 나머지 3개 촌은 자연촌이다. 이러한 개념을 바탕으로 주군현의 관리체계 밑에 행정촌이라는 한 단계 낮은 지방행정까지 추정하여 촌사(村司)를 상정하기도 한다.〔이종욱, 1980〕 이러한 견해에서 행정촌과 자연촌의 뚜렷한 차이는 촌주의 유무이다.

이와는 달리 「신라촌락문서」 4개 촌이 모두 행정촌이라는 견해도 있다.〔이인철, 1996〕 이 때의 행정촌이란 국가가 행정상으로 파악하여 촌장적을 작성한 단위촌 자체로, 조용조와 군역수취를 위해 촌내의 사정을 모두 파악하여 공연(孔烟)과 계연(計烟)수치를 완결하여 계산해 놓은 촌이다. 즉 「신라촌락문서」의 4개 촌은 행정촌이고, 각 행정촌은 몇 개의 자연촌으로 구성되어 있는 것이다.

행정촌〔지역촌〕의 개념을 사용하는 것에는 부정적이지만 「신라촌락문서」의 촌 자체가 몇 개의 자연부락을 포괄하는, 자연촌과 구분되는 인위적인 편제단위로 보는 견해도〔강봉룡, 1999〕 앞의 견해와 일맥상통한다. 즉 「신라촌락문서」의 촌이란 2~4개의 자연호(自然戶), 10~20명의 인구가 사는 자연부락 몇 개를 포괄하는 범위의 공간〔촌역〕을 인위적으로 편제한 단위로, 중고기 비교적 밀집된 집락(集落)이 중심이 되어 광범위한 자연부락들을 거느리는 대규모 단위체 형태의 촌과 구별되고, 일개 자연부락을 단위로 한 조선시대의 촌〔자연촌〕과도 구별되는 중간적 형태라는 것이다.

반면에 행정촌의 개념을 부정하는 견해도 있다.〔이우태, 1981 ; 주보돈, 2000〕 몇 개의 자연촌을 묶어 방위명 또는 기타 명칭으로 부른 지역촌은 신라에서는 거의 보이지 않으며, 몇 개의 자연촌락을 하나의 행정단위로 편성한 지역촌, 즉 조선의 면리제(面里制)의 면(面)과 같은 성격은 없었다고 보는 것이다.[이우태, 1981] 이러한 견해와 마찬가지로 몇 개의 자연촌 중 1개의 촌에만 촌주위답(村主位畓)이 있다고 그것이 곧 지역촌[행정촌]을 설정하는 근거는 결코 될 수 없다는 것이다.

「신라촌락문서」의 '당현(當縣)… 촌(村)'의 기재방식은 자연촌이 어디까지나 현(縣)에 소속된 자연촌을 보여주는 것[주보돈, 1989]으로, 그러한 주장의 근저에는 조선시대 면리제의 기원을 소급해 보려는 의도가 있는 것으로 보았다. 더 나아가 「신라촌락문서」를 통하여 지역촌[행정촌]을 설정하는 것이 타당한가 하는 근본적인 의문을 던졌다.[주보돈, 2000] 「신라촌락문서」를 하나의 고정된 시각에서 읽은 위에, 한걸음 더 나아가 고려시대에 전개되는 촌락실정과 함께 조선시대의 면리제를 염두에 두고 확대 적용함으로써 도출된 개념에 불과하다는 것이다. 따라서 현재로서는 신라통일기에 지역촌[행정촌]의 존재를 상정하여 논의를 해서는 곤란하다고 비판하였다.

사실 이우성에 의해 생성된 지역촌의 개념은 이후 연구자들 사이에 많이 받아들여진 개념으로 현재 일반화되어 있다고 할 수 있다. 그러나 그 연구의 주된 목적은 고려시대 촌락의 촌장(村長)·촌정(村正)의 특질을 추출하려는 시도 속에서 신라와 조선의 촌락사회와 대조하여 그 중간에 처한 고려의 모습을 살펴보는 것이었다.

좀더 자세히 살펴보면 「신라촌락문서」에 촌주의 위답(位畓)이 사해점촌(沙害漸村)에 있음에 근거하여 첫째로 1인 촌주의 지배범위가 한 개의 자연촌락이 아니라 몇 개의 자연촌락을 포함한 일종의 '연합촌'이어야 하고, 둘째로 국가의 수취관계가 촌주를 통하여 실행되는 한, 국가가 대상으로 하는 촌은 자연촌락이 아니라 촌주로서 대표되는 일정한 '지역단위의 촌'이어야 한다고 하면서 이러한 촌을 자연촌과 구별하기 위하여 '연합촌'·'지역촌'이라 부른다고 하였다.〔이우성, 1961〕 그리고 이 지역촌은 국가 수취관계의 일단위(一單位)로 인위적으로 설정되었으며, 한 개의 고유명칭을 가질 정도의 독자성은 성숙되지 못하여 국가 대 촌락 사이에서 매개적 역할 이상 외에는 아무것도 지닌 것이 없다고 하였다. 그렇지만 이러한 지역촌은 고려를 거쳐 조선 초기까지 존재하여 '면(面)'으로 등장한다고 보았다.

결론적으로 고려의 지역촌 모습을 파악하기 위해 신라와 조선의 촌 모습을 확인하는 과정에서 생긴 개념인 것이다. 현재의 연구자들은 이러한 개념 외에 촌주위답이 존재하는 촌의 경제력 등도 고려하여 행정촌을 설정하여 신라통일기 촌에 대한 논의를 하고 있는 상태다.

필자는 촌주의 유무, 재지세력, 재산〔토지〕과 구성인원에 따라 촌세(村勢)의 차이는 있을 수 있으며, 촌주가 있는 촌이 그 주변 촌의 중심촌 역할을 할 수 있다고 생각한다. 그러나 국가가 자연촌들 중 인위적으로 '행정촌'을 설정하였다는 견해는 연구자들이 만들어낸 또 하나의 개념이라 생각한다. 앞서 살펴본 견해처럼 고려시대의 촌락을 이해하기 위한 과정에서 신라의 촌에 확대 적용된 개념이 아닐까 한다. 앞으로 많은 논의가 이루어지기를 바란다.

최근에 「신라촌락문서」에 보이는 서원경의 모촌(某村)을 국가권력에 의해 새로이 개척되거나 계획된 촌으로 이해하는 견해가 있어〔김재홍, 2003〕흥미롭다. 즉 국가의 공권력에 의해 새로운 토지에 조성된 '계획촌(計劃村)'으로 일본사에 적용된 개념을 수용한 것이다. 앞으로 더 논의가 진행되겠지만 그럴 경우 「신라촌락문서」의 현 소속의 나머지 3개 촌은 어떻게 이해해야 할지 궁금하다. 필자는 「신라촌락문서」에 보이는 지역이 구 백제지역임을 고려할 때 새로운 촌의 형성보다는 기존 존재하는 촌에 신라 중앙의 강제력이 적용된 촌으로 볼 수 있지 않을까 한다.

「신라촌락문서」는 다양한 문서의 내용을 바탕으로 많은 연구자들의 관심 속에 활발한 연구가 이루어졌으며, 관련 학위논문들도 다수가 발간되었다. 한국고대사학회에서는 2000년 하계세미나 주제로 「신라촌락문서」를 선정함으로써 많은 연구자들이 참여하여 치열한 논쟁이 이루어졌는데〔한국고대사학회, 2001〕, 이렇게 많은 연구자들이 치열하게 논쟁을 벌였다는 것 자체로도 큰 의미를 갖는 것이라고 할 수 있다. 현재에도 「신라촌락문서」는 사회사·경제사·지방통치 전반에 걸쳐 논쟁 중인 주제라고 할 수 있다.

「신라촌락문서」에는 현(縣) 소속의 사해점촌(沙害漸村)과 살하지촌(薩下知村), 그리고 촌명이 확인되지 않는 실명촌(失名村)과 서원경 소속의 모촌(某村) 등 4개의 촌이 기록되어 있다. 특기(特記)사항을 제외하고는 거의 동일한 기재양식을 보여주는데, ① 촌명(村名), ② 촌의 영역, ③ 공연(孔烟)·계연(計烟), ④ 인구, ⑤ 마(馬)와 우(牛), ⑥ 지목(地目), ⑦ 수목(樹木), ⑧ 호구(戶口)의 변동사항, ⑨ 마우의 변동사항 순서로 기록되어 있다.

문서에는 다른 자료에서 확인할 수 없는 내시령(內視令)이라는 관직명도 보이고, 지목(地目)으로 파악되는 연수유전답(烟受有田畓), 그밖에 계연(計烟)·공연(孔烟) 등의 용어도 보인다. 이러한 문서의 항목들을 바탕으로 다양한 의견들이 개진되고 있는데, 아직도 합의점은 뚜렷하게 도출되지 않았다고 할 수 있다. 문서의 명칭에서도 「신라장적(新羅帳籍)」 등 다양한 의견이 피력되고 있으며, 문서작성 연대도 755년과 815년 외에 695년이 제시되어〔윤선태, 1995〕 논쟁을 가열시키는 것에서도 확인할 수 있다.

이러한 이견들은 결국 문서의 각 요소들을 분석한 후 문서를 바라보는 시각, 문서에 보이는 4개 촌을 어떠한 성격의 촌으로 파악하고 있느냐에 따라 생겨난 것이다. 각론에 따라 약간의 차이는 있지만 크게 신라통일기 주군현제 아래의 일반적인 촌인가 아닌가 하는 것으로 나눌 수 있다.

일반촌이란 「신라촌락문서」에 보이듯이 신라통일기 현이나 소경에 소속되어, 문서에 보이는 다양한 항목들에 의해 관리·조사되는 촌으로 당시의 주군현제하 모든 촌들은 이러한 문서를 통해 국가의 관리, 지배를 받았다는 것이다. 이 견해에 따르면 호적(戶籍)·계장(計帳)의 유무는 확언할 수 없지만 그것과는 별도로 「신라촌락문서」라는 양식에 의해 모든 촌들이 관리되었으며, 내시령 및 마우(馬牛)의 보유상태 등도 일반적인 촌의 모습이라는 것이다.

반면 「신라촌락문서」의 촌들은 일반촌이 아닌 특수한 성격의 촌으로 균전제가 관철된 촌으로 보기도 하였지만[兼若逸之, 1979], 크게 녹읍과 관련하여 이해하는 견해[武田幸男, 1976 ; 木村誠, 1976b]와 신라왕실과 관련하여 이해하는 견해[浜中昇, 1983 ; 강진철, 1987 ; 김기흥, 1989 ; 이태진, 1990 ; 윤선태, 2000]로 나눌 수 있다.

녹읍제설은 주로 일본연구자들에 의해 제시된 견해로 「신라촌락문서」를 '녹읍제적(祿邑制的) 촌락지배를 위한 집계장'[武田幸男, 1976], '녹읍장(祿邑帳)'[木村誠, 1976b]으로 파악하는데, 주로 문서에 보이는 '○省'을 '內省'으로 판독하고, 이것을 '내시령(內視令)'이라는 관리와 연관하여 내성에 지급된 녹읍으로 이해하는 것이다.

이에 대해서는 일반촌을 주장하는 연구자뿐만 아니라 왕실과 관련하여 이해하는 연구자들도 비판하고 있다. 먼저 기본적으로 문서의 '○省'은 판독상 내성이 아닐 가능성이 높으며, 따라서 내시령도 내성과 관련하여 이해하기 힘들다고 보는 것이다.[이인철, 1996 ; 이희관, 1999] 또 내성의 존재를 인정하는 견해도 복잡한 계연(計烟) 수치의 존재와 우마 등을 녹읍주의 수취문제와 연결시키는 것은 무리이며, 문서에 보이는 노동력 동원은 국가시책에 부응하는 형태라는 것이다.〔강진철, 1987〕

이러한 견해는 기본적으로 판독이 다르고, 또한 일본연구자들의 신라 녹읍에 대한 이해에도 차이가 있는 듯하지만 녹읍 관련 주장자들의 반론이 없어 현재에는 더 이상의 논쟁은 없다고 할 수 있다. 반면 왕실 관련 견해는 최근에 다시 제시〔윤선태, 2000〕되어 현재에도 논의가 이루어 지고 있다.

왕실 관련 견해는 각론에서는 약간의 차이가 있지만 일반촌이 아닌 왕실과 관련하여 이해하는 것은 일치한다. 이 견해들은 기본적으로 문 서상에 내성의 존재를 인정한다.〔강진철, 1987 ; 김기흥, 1989〕 그리고 문서에 보이는 우마의 과다보유 사실에 주목하여 왕실직속촌으로 본다.〔이태진, 1990〕 최근에는 신라의 모든 촌을 대상으로 하는 것이 아닌 특별한 촌, 즉 군현제적 지배를 전제로 내성 예하의 촌락으로 명명하고, 내성의 지 배가 관철되는 특수한 촌락만을 골라 이러한 문서를 만들었다는 견해 도 있다.〔윤선태, 2000〕

그렇다고 왕실 관련 견해들이 「신라촌락문서」를 통해 당시 촌의 일 반적인 모습을 파악할 수 없다는 것은 아니다. 단지 일부 요소에서 특수 성을 확인할 수 있다는 것이다. 이에 대해 역시 일반촌 주장자들은 문서 상 내성으로 판독하기 힘들며, 우마(牛馬)의 보유현황도 특별하지 않다는 것이다. 이러한 논쟁은 단순히 몇 개의 항목이 아닌 전반적인 문서의 구 성항목을 검토·분석하면서 이루어지기 때문에 본고에서 더 이상의 상 술은 힘들지만, 가장 큰 차이점은 판독상 내성(內省)의 인정여부와 문서 의 일부 구성항목들이 일부 촌만을 위한 특수한 항목인가, 아니면 신라

통일기 일반촌들의 관리를 위한 일반적인 항목인가의 시각차이다.

또한 「신라촌락문서」의 'O성(O省)'은 내성으로 판독할 수 없지만, 내시령의 존재와 마우(馬牛)의 과다보유를 근거로 신라 중앙과 관련된 특수한 촌으로 보는 견해도 있다.[박명호, 1999] 하지만 일부 항목만을 분석대상으로 하였기에 일정한 한계가 있었다.

「신라촌락문서」의 4개 촌이 어떠한 성격의 촌인가는 결국 문서의 전반적인 분석을 통해서 이루어져야 하지만 연구자들 사이의 시각차가 크기 때문에 쉽게 일치된 견해를 내놓기가 힘들다. 연구자들마다 개별 항목에 대한 이해에 차이가 많고, 그러다 보니 확대해석하는 경향도 있다. 이러한 상황에서 일차적으로 이루어져야 할 것은 많은 연구자들의 공동 판독작업이다. 많은 연구성과가 축적된 현재에 개개인 연구자들을 위해서도 그러한 기초작업이 필요한 시기라고 본다.

4. 하대 지방제도의 변화

하대 지방제도의 변화를 살펴보는 것은 그리 쉽지 않다. 『삼국사기』 지리지에는 경덕왕대 이후의 변화에 대해서는 거의 기록이 없기 때문에 구체적으로 어떠한 변화과정을 거쳤는가에 대해서 알기가 힘들다. 단지 일부 사료와 금석문 등에 보이는 기록을 통해 추측을 할 수 있을 뿐이다.

그러다 보니 남아 있는 기록을 중심으로 논의가 이루어지며, 상대적으로 풍부한 자료가 남아 있는 패강진(浿江鎭)에 대한 연구가 다수를 차지한다. 그밖에 사료에 보이는 도(道)·부(府)·진(鎭) 등의 연구는 단편적으로 이루어졌다고 할 수 있다. 특히 이러한 연구들에서 특징적인 것은 그러한 지방제도의 변화를 고려왕조 지방제도와 상호 연관하여 이해하고 있는 시각들이 존재한다는 것이다.

패강지역은 예성강 이북에서 대동강 이남의 황대도 일대로 비정되고 있는데, 『삼국사기』 선덕왕 3년(782)조를 보면 "민호를 패강진으로 옮겼다"는 기록이 보인다. 따라서 782년에 이미 패강진이 설치되어 있었던 것은 분명한 사실이다. 물론 패강진 설치 이전에도 성덕왕 34년(735)에 당으로부터 패강 이남을 공인받아 이미 신라의 영토로 편입되었으며, 이후 경덕왕 7년(748) "처음으로 대곡성(大谷城) 등 14군현을 두었다"라는 기록을 통해 패강 관할지역에 14군현이 설치되었음을 알 수 있다.

물론 발해를 의식한 당의 조치였기는 하지만, 신라는 이러한 일련의 과정을 통해 이 지역에 대한 체계적인 정비작업을 거쳐 통치구역으로서 패강진 지역을 설정하게 된다. 다른 진(鎭)들과는 달리 『삼국사기』 직관지 패강진전(浿江鎭典)에서는 자세한 관직을 확인할 수 있다.

패강진이 군사적 성격의 독자적인 행정구역임은 주지의 사실이다. '군단적인 성격이지만 순수한 군단이 아닌 최일선 지방행정단위'〔이기동, 1976〕, '군사적 성격이 강한 독자적 행정구역'〔木村誠, 1979〕, '군사적 성격이 강한 하나의 독자적 광역권으로 한주와 구분되는 특수구역'〔강봉룡, 1997〕 등 표현에 차이는 있지만 그 성격은 분명한 듯하다. 물론 역사적 의미는 연구자에 따라 약간의 차이가 있다.

패강진 지역이 나말여초 왕건의 활동지역임을 주목하여 고려왕조의 성립과 관련하여 이해하는 견해〔이기동, 1976〕는 패강진 지역이 후진지역이라는 전제하에 봉건제 발생에서 '변경변혁설'·'후진지대변혁설'과 연결지어 설명하고 있다. 왕권강화와 관련하여 이해하는 견해〔木村誠, 1979〕

도 있는데, 패강지역의 획득과 경영은 신라 군현제의 제2전환으로 하대의 왕권이 지배의 강화와 유지에 노력한 모습이라는 것이다.

그리고 주군현제의 확대와 군사적 성향의 강화라는 측면에서 살펴본 견해[강봉룡, 1997]는 9주제를 정비하는데, 변방의 미편제지역에 군현을 증치하는 조치를 취하여 9주제를 충실화하였으며, 이러한 조치는 고려의 양계제 실시에 영향을 주었다는 것이다. 신라의 체제정비라는 견해와 함께 고려제도와의 관련성을 제시함으로써 패강진의 역사적 의의를 확인할 수 있다.

그 동안의 논의에서 집중된 사실은 『삼국사기』 경덕왕 7년(748)조에 "처음으로 대곡성(大谷城) 등 14군현을 두었다"라는 기사에 보이는 14군현의 위치와 설치과정이다. 일찍이 14군현 중 취성군(取城郡)과 3개현 등 4개 군현은 헌덕왕대에 설치되었으므로 나머지 4개 군현은 『삼국사기』지리지의 고구려 지명에서 찾아야 한다는 견해[藤田亮策, 1953]가 있었지만, 그 위치상 14군현은 『삼국사기』지리지 한주(漢州)조에 보이는 영풍군(永豊郡) 이하 14군현이라는 것이 일반적이다.[末松保和, 1975 ; 이기동, 1976] 14군현은 경덕왕 7년(748)에 일시에 설치된 것이 아니라 헌덕왕대까지 단계적으로 설치된 것으로 보았다.

반면 14군현은 사료 그대로 일시에 설치된 것으로 보고, 취성군 이하 3개현은 14군현에 속하지 않으며, 영풍군에 앞서 기록된 해구군(海口郡) 이하 3개현이 14군현의 일부라는 것이다.[배종도, 1989 ; 강봉룡, 1997] 이러한 논의에서 더 나아가 패강진의 관할범위가 확대되어 헌덕왕대 이후 12군현이 증치되어 26군현으로 배가되어, 재령강 이서지역 일대로까지 확대되었다는 견해[강봉룡, 1997]도 제시되었다.

그밖에 14군현에는 지리지에 누락되어 있는 멸악산맥 이서북 지방도 포함된다는 견해[방동인, 1979]도 있다. 아직까지 14군현의 위치비정에 대한 공통된 합의는 이루어지지 않았고 차후에도 그리 쉬운 작업은 아니지만, 이러한 논의들이 패강진의 성격을 규명하는 데 일정한 역할을 한 것은 분명하다 할 수 있다.

『삼국사기』 선덕왕 4년(783)조에는 "체신(體信)을 대곡진(大谷鎭) 군주로 삼았다"라는 기사가 있어 패강진과는 별도의 대곡진이 있는 듯 서술하여 연구자들을 혼란스럽게 하고 있다. 더욱이 『삼국사기』 직관지 패강진전(浿江鎭典)조에는 '대곡성두상(大谷城頭上)'이라는 표현이 보여 패강진과 대곡진은 별개의 지역으로 인식될 수 있다.

이에 대해 대곡진과 패강진을 같은 곳으로 보는 견해[藤田亮策, 1953 ; 末松保和, 1975 ; 이기동, 1976 ; 강봉룡, 1997]가 일반적인데, 별도의 진으로 보는 견해[木村誠, 1979]도 있다. 즉 패강지역은 2진(鎭)체제로 운영되었다는 것이다. 이런 견해는 도제(道制)의 실시와 관련하여 설명하고 있는데, 사료에 보이는 패강도와 패서도(浿西道)를 각각 패강진, 대곡진과 연결하여, 선덕왕 4년(783)에 패강진과 대곡진이 패강도와 패서도로 개편되고, 한주(漢州)에서 완전 분리되어 군사적 성격이 강한 독자적 행정구역이 되었다는 것이다.

이에 반해 패강도와 패서도는 사료분석을 통해 같은 도(道)로 이해하는 견해가 있는데[배종도, 1989], 이러한 관점에서 더 나아가 패강진 관할범위가 26군현으로 확대되는 과정에서 나타나게 된 운영체계의 변화상으로 보고, 패강도와 패서도는 9세기 어느 시점에 관할범위의 확대로 운영형태가 새로이 재편되는 과정에서 성립된 것으로 보기도 한다.[강봉룡, 1997] 즉 패강도의 10여 군현은 재령강 이서의 12군현, 패서도의 10여 군현은 재령강 이동에 대응된다는 것이다.

이러한 논의는 자연스럽게 도제 실시여부와 함께 논의가 되어야 하는데, 과연 신라 하대에 도제가 실시되었는가 하는 점이다.

사료상 '도(道)'의 용례는 많지 않다. 『삼국사기』에는 경덕왕 6년(747)에 "십도(十道)에 사신을 보냈다"는 기사와 애장왕 9년(808) "십이도(十二道)에 사신을 보내 모든 군읍의 영역을 나누어 정했다"라는 기사가 보인다. 또한 효공왕 2년(898)조의 '패서도(浿西道)', 동왕 8년조의 패강도(浿江道) 등이 보이는데, 이러한 기록들을 통해 하대 지방제도의 개편과 도제 실시를 상정하고, 12도를 9주(州)와 패강도·패서도·왕기(王畿)로 파악하였다.〔木村誠, 1979〕

이에 반해 신라의 상급 행정구역은 주(州)와 패강진이며, 단지 그 관할구역을 '도'라고 불렀을 뿐이라며 도제의 실시를 부정하는 시각도 있다.〔배종도, 1989〕 12도는 왕도와 9주〔한산주는 2개〕 및 패강진 관할구역으로, 이러한 상급 행정구역의 개편 이유는 애장왕 9년(808)에 이루어진 지방제도 개편과 관련하여 지방에 대한 효과적인 통제의도에서 이루어진 것으로 보았다. 반면 12도·패강도·패서도의 용례를 통해 도제의 실시여부를 확인하는 것은 매우 힘들기 때문에 9세기 패강진의 운영형태는 도제가 본격 개시된 형태도 아니며, 패강진 운영체계를 그대로 유지하는 형태도 아닌 것으로 보기도 한다.〔강봉룡, 1997〕

도제가 과연 실시되었는가 하는 문제는 기본적인 사료의 미비로 확언하기 힘들다. 물론 도제 실시의 일단은 확인이 되지만 그것을 통해 하대에 실시되었다고 하기에는 망설여진다. 또한 도제의 실시는 부정하지만 '도'가 상급 행정구역으로서 역할을 했다는 견해〔배종도, 1989〕도 문제가 있다. 그럴 경우 주(州)와 도(道)의 관계가 모호하다.

9세기 말~10세기 금석문에 보이는 '부(府)'를 통해 '부제(府制)' 실시를 주장하기도 한다.〔배종도, 1989〕 신라 하대의 부는 왕경과 5경, 그밖의 주요

지역에 설치하였는데, 흥덕왕대에 이루어진 개혁의 일환으로 당의 제도를 도입한 결과이다. 이러한 부의 설치는 인적·물적 자원이 풍부한 지역을 중앙에서 장악함으로써 왕권을 강화하고 주변지역의 통제를 강화하기 위한 목적이라는 것이다.

'부(府)'는 사료보다는 금석문 등에 보이기 때문에 그 실체가 오히려 분명하다고 할 수 있는데, 그렇지만 단락적인 몇몇의 자료로 부제 실시를 확인하는 것은 힘든 작업이다. 특히 5경뿐만 아니라 기타 지역에 부를 설정함은 합리적인 이해에 걸림돌이 되며, 왕경에 보이는 부의 실체는 5경의 부와 분리해서 이해해야 한다고 생각한다.

그밖에 일부 고문서·금석문에 '패강진도호(浿江鎭都護)'라는 명칭이 보임에 근거하여 당의 도호제 영향을 받아 패강진을 도호부와 비슷한 체제로 재편하여 운영되었다는 견해도 있고[강봉룡, 1997], 기타 청해진·당성진·혈구진 등 진(鎭)의 설치를 상인들과 연해거주 농민들의 보호를 위해 설치한 것으로 본다.[배종도, 1989]

이상 살펴본 것처럼 신라 하대의 지방통치와 관련해서는 패강진에 논의가 집중되어 있다. 그밖의 연구는 자료의 미비로 구체적이지 못한 점이 아쉽다. 그렇다면 과연 하대에 지방통치제도의 개편이 이루어진 것일까?

신라 하대 애장왕 9년(808) "12도에 사신을 보내어 모든 군읍의 영역을 나누어 정했다"라는 기사를 통해 지방제도에 대한 개편이 이루어진 것으로 보는 견해[배종도, 1989]가 있다. 이러한 개편을 통해 경덕왕 16년(757)과 비교해 봤을 때 산술적으로 2군 7현의 감소가 있다는 것이다. 그러나 2군 7현의 감소가 있었다고 할지라도 개편이라는 시각보다는 일련의 조정작업으로 이해하는 것이 더 무난하리라 생각한다. 비록 하대에 이르러 변화의 양상이 보이고 통치의 실효성에 의문은 가지만 경덕왕대의 개명 이후 기본적인 지방통치의 틀은 지속되지 않았을까 한다.

자료의 단편성과 미비로 패강진을 제외한 신라 하대 지방통치의 면모를 확인하기는 쉽지 않지만, 다행히 일단의 자료들을 바탕으로 연구자들이 그 변화상을 분석하고자 하는 노력은 지속적으로 이루어지고 있다. 특히 고려 제도와의 상호관련성 인식은 신라통일기라는 시대의 자리매김에 기초적인 작업이라 생각한다.

5. 맺음말

전쟁의 승리를 통한 영역의 확장과 민(民)의 증가는 국가로 하여금 새로운 체제와 제도를 만들어내도록 요구하는데, 지방통치라는 면에서 신라는 주군현제를 통해 그 변화에 대처하였다.

앞에서 살펴본 바와 같이 주군현제, 촌 그리고 하대 지방제도에 대한 다양한 논의는 신라통일기의 모습을 이해하는 데 많은 도움을 준다. 그렇지만 앞으로 해결해야 할 과제도 있다고 생각한다.

첫째로 촌(村)에서 현(縣)으로의 변화과정에 대한 구체적인 분석작업이 필요하다. 신라통일기 지방통치에서 가장 큰 특징은 현의 설치다. 중고기 촌이 통일기에 현으로 변화되었다는 것은 공통된 인식이다. 그럼에도 불구하고 과연 어떠한 과정을 거쳐 변화되었으며, 또 변화의 폭, 변화의 성격, 변화의 양상에 대한 해명은 아직 구체적이지 못하다. 단순히 변화되었다는 것만 확인이 될 뿐 구체적인 분석작업을 통한 연구는 거의 없다.

최근에 만경현(萬頃縣)의 변화모습을 추적하여 촌에서 현으로의 변화를 확인한 연구[김재홍, 2003]는 좋은 예인데, 이러한 유형의 작업이 축적되면 현의 설치모습도 좀더 구체적으로 확인이 가능할 것이다. 그리고 이러한 작업은 궁극적으로 주군제와 주군현제의 특질을 보여주는 작업일 것이다.

둘째로 현재 연구자들이 적용하고 있는 '행정촌'에 대한 재검토가 필요하다. 이우성이 '연합촌'·'지역촌'의 개념을 제시한 이후 많은 연구자들이 그 개념을 받아들여 신라통일기의 촌 중 촌주가 있는 촌을 '행정촌'으로 명명하고 있다. 근자에는 그에 대한 강한 비판도 있지만[주보돈, 2000], 문제는 현재의 연구자들이 촌을 구분할 때 이용하는 촌주의 유무가 행정촌과 자연촌 구분의 기준이 될 수 있느냐는 것이다.

물론 각 촌의 재지세력·재산[토지]·구성인원에 따라 촌세(村勢)의 차이가 있을 수 있지만 국가가 모든 촌을 대상으로 인위적으로 '행정촌'을 선정하였다는 것은 현재 연구자들이 만들어낸 또 하나의 개념이라 생각한다. 차후 충분한 논의가 필요하다고 생각한다.

셋째로 주군현제와 녹읍과의 상호관계 파악이 필요하다. 신문왕 5년(685)에 지방통치조직으로서 9주가 갖추어졌으며, 4년 후인 신문왕 9년(689)에 녹읍은 폐지된다. 그리고 경덕왕 16년(757) 3월에 녹읍은 부활되고, 그 해 12월에 한화식 개명작업이 이루어졌다. 몇몇 연구자들이 그 관련성을 언급했지만 구체적이지 못하다. 또한 녹읍과 관련하여 경제적인 측면에서 많은 규명작업이 이루어졌지만, 지방통치와 연관한 작업은 구체적으로 이루어지지 않았다고 할 수 있다.

이 문제는 정치사·경제사, 그리고 지방제도와 연관하여 국가권력[왕권]과 귀족과의 관계뿐만 아니라 민(民)과의 관계에서도 중요하다. 녹읍

폐지와 부활이 지방통치체제의 완성과 개명시기와 일치하는 것은 신라 통일기 지방통치의 성격은 물론 녹읍 자체의 성격규명에도 일정하게 도움을 주리라고 생각한다.

넷째로 지방통치의 하부단위인 촌에 대한 연구시각에 교정이 필요하다. 촌 관련자료는 사료뿐만 아니라 「신라촌락문서」·금석문 등 적지 않은 자료들이 남아 있는 편이다. 그럼에도 기본적으로 촌의 제도적 측면, 즉 지방제도 및 통치의 단위 속에서 촌을 바라본다는 것이다. 이것은 남아 있는 '자료'라는 객관적인 사실에서 파악되는 어쩔 수 없는 인식방법이기는 하지만, 조금만 시각을 돌려 촌민의 입장에서 지방통치의 변화과정을 인식하는 태도가 필요할 듯하다.

쉽게 얘기해서 주군제에서 주군현제로 전환되었을 때 과연 촌민들은 그러한 변화를 '긍정적'으로 인식했는가, 아니면 '악화된' 상황, 또는 별 차이가 없는 상황으로 인식했을까? 이러한 인식을 확인하기 위해서는 앞서 제시한 '촌에서 현으로의 변화과정', '녹읍과의 상호관계' 등이 우선적으로 해명되어야 한다고 생각한다.

다섯째로 「신라촌락문서」의 기초적인 문서판독이 필요한 시기라고 생각한다. 「신라촌락문서」는 각 연구자들마다 다양한 견해를 피력하고 있고, 그 결과에 따라 문서를 이해하는 폭도 매우 넓다. 경우에 따라서는 연구자들에 따라 '확대해석'이 이루어지는 경우도 있다고 생각한다. 또한 경우에 따라서는 하나의 자구(字句)가 전체 내용에 영향을 주기도 한다. 따라서 「신라촌락문서」 자체에 대해 연구자들 사이의 합동작업을 통한 문서판독이 필요한 시기라고 생각한다.

많은 좋은 성과가 나와 있는 현 상황에서 이제는 각 연구자들이 모여서 공동으로 문서 자체에 대한 기초적인 판독작업을 해야 할 것이다.

물론 일정한 합의를 내놓기는 힘들겠지만 이러한 분석작업이 필요한 시기라고 생각한다. 그 동안 기초적인 판독에 대해서 오히려 소홀하고 내용해석에만 치중한 것이 아닌가 하는 생각이 든다. 이러한 작업을 거쳐 좀더 활발한 논의와 논쟁이 이루어졌으면 한다.

그리고 삼국의 지방제도와 신라통일기 지방제도와의 비교작업이 이루어져야 하며[노중국, 1990], 동시에 고려 초기 지방제도와의 비교를 통한 통시대적인 비교도 필요하다.[김갑동, 1986] 특히 그 동안은 신라중고기의 주군제와 신라통일기 주군현제와의 비교를 통한 검토가 주로 이루어졌는데, 삼국을 아우르는 통일과정과 제도적 정비가 이루어졌음에 주목하여 평양천도 후의 고구려, 사비천도 후 백제 지방통치와의 차이점 등을 정밀하게 함께 조망하는 작업은 앞으로의 주요한 과제라고 생각한다.

앞으로도 지방제도와 관련하여 더욱 많은 연구성과들이 나올 것이다. 다양한 접근방법이 있지만 '제도'로서 이해하는 차원이 아닌, 그 시대를 이해하는 하나의 방법으로서 접근해야 할 것이다. 제도를 완비해 가는 중앙[국가]의 관점뿐만 아니라 지방민·촌민의 입장에서도 제도를 바라보는 시각이 필요할 것이다.

박명호

‖ 참고문헌 ‖

姜鳳龍, 1997, 「新羅下代 浿江鎭의 설치와 운영-州郡縣체제의 확대와 관련하여」, 『한국고대사연구』 11, 한국고대사연구회.

_____, 1999, 「統一新羅 州郡縣制의 構造」, 『白山學報』 52, 백산학회.

姜晋哲, 1987, 「新羅의 祿邑에 대한 若干의 問題點」, 『佛敎와 諸科學』.

金甲童, 1986, 「新羅 郡縣制의 研究動向 및 그 課題」, 『湖西史學』 14, 호서사학회.

金基興, 1989, 「新羅〈村落文書〉에 대한 新考察」, 『韓國史研究』 64, 한국사연구회.

金在弘, 2003, 「新羅 統一期 專制王權의 강화와 村落支配」, 『新羅文化』 22, 동국대 신라
　　　　 문화연구소.

盧重國, 1990, 「國史學 研究의 現況과 課題 - 統一新羅의 地方統治組織의 編制를 중심으
　　　　 로」, 『韓國學論集』 17, 계명대 한국학연구원.

朴明浩, 1999, 「新羅村落文書에 보이는 內視令의 性格」, 『史學研究』 58·59, 한국사학회.

方東仁, 1979, 「浿江鎭의 管轄範圍에 關하여」, 『青坡盧道陽博士古稀紀念論文集』, 명지
　　　　 대출판부.

배종도, 1989, 「新羅下代의 地方制度 개편에 대한 고찰」, 『學林』 11, 연세대 사학연구회.

양기석, 2001, 「신라 5소경의 설치와 서원소경」, 『新羅 西原小京 研究』, 서경문화사.

여호규, 2002, 「한국고대의 지방도시 - 신라 5小京을 중심으로」, 『강좌 한국고대사』 7, 가
　　　　 락국사적개발연구원.

尹善泰, 1995, 「正倉院 所藏 '新羅村落文書'의 作成年代 - 日本의 『華嚴經論』 流通狀況
　　　　 을 중심으로」, 『震檀學報』 80, 진단학회.

_____, 2000, 『新羅 統一期 王室의 村落支配』, 서울대 박사학위논문.

李基東, 1976, 「新羅下代의 浿江鎭 - 高麗王朝의 成立과 관련하여」, 『韓國學報』 4, 일지
　　　　 사 ; 1980, 『新羅骨品制社會와 花郎徒』, 일조각.

李文基, 1990, 「統一新羅의 地方官制 研究」, 『國史館論叢』 20, 국사편찬위원회.

李佑成, 1961, 「麗代百姓考」, 『歷史學報』 14, 역사학회.

李宇泰, 1981, 「新羅의 村과 村主 - 三國時代를 중심으로」, 『韓國史論』 7, 서울대 국사학과.

李仁哲, 1996, 『新羅村落社會史研究』, 일지사.

李鍾旭, 1980, 「新羅帳籍을 통하여 본 統一新羅時代의 村落支配體制」, 『歷史學報』 86,
　　　　 역사학회.

李泰鎭, 1990, 「新羅 村落文書의 牛馬」, 『民族史의 展開와 그 文化』 上(碧史李佑成敎授定
　　　　 年退職紀念論叢).

李喜寬, 1999, 『統一新羅土地制度研究』, 일조각.

林炳泰, 1967, 「新羅小京考」, 『歷史學報』 35·36합, 역사학회.

朱甫暾, 1989, 「統一期 新羅의 地方統治體制의 整備와 村落構造의 變化」, 『大丘史學』
　　　　 37, 대구사학회.

_____, 1998, 『新羅 地方統治體制의 整備過程과 村落』, 신서원.

_____, 2000, 「新羅 中古期 村의 性格」, 『慶北史學』 23, 경북사학회.

한국고대사학회 편, 2001, 『韓國古代史研究』 21.

韓準洙, 1998, 「新羅 景德王代 郡縣制의 改編」, 『北岳史論』 5, 국민대 북악사학회.

兼若逸之, 1979, 「新羅〈均田成册〉의 研究」, 『韓國史研究』 23, 한국사연구회.

藤田亮策, 1953, 「新羅九州五京巧」, 『朝鮮學報』 5, 朝鮮學會.

末松保和, 1954, 「竅興寺鐘銘(附)村主について」, 『新羅史の諸問題』, 東洋文庫.

_____, 1975, 「新羅の郡縣制, 特にその完成期の二三の問題」, 『學習院大學文學部研究年譜』 21.

木村誠, 1976a, 「新羅郡縣制の確立過程と村主制」, 『朝鮮史研究會論文集』 13, 朝鮮史研究會.

_____, 1976b, 「新羅の祿邑制と村落構造」, 『歷史學研究』 428 別册『世界史の新局面と歷史像の再檢討』, 歷史學研究會.

_____, 1979, 「統一新羅の郡縣制と浿江地方經營」, 『朝鮮歷史論集(上)』, 龍溪書舍.

武田幸男, 1976, 「新羅の村落支配−正倉院所藏文書の追記をめぐつて」, 『朝鮮學報』 81, 朝鮮學會.

浜中昇, 1983, 「新羅村落文書にみえる計烟について」, 『古代文化』 35, 古代學協會.

野村忠夫, 1953, 「正倉院より發見され新羅の民政文書について」, 『史學雜誌』 62-4, 史學會.

村上四男, 1953, 「新羅の村主について」, 『東洋史學論集』 1, 東京教育大文理學部.

_____, 1976, 「新羅における縣の成立について」, 『和歌山大學教育學部紀要』 25 ; 1978, 『朝鮮古代史研究』.

신라의 토지제도

1. 머리말

넓은 의미의 토지제도란 토지의 소유와 그에 관련된 여러 가지 제도 혹은 시스템이라고 할 수 있다. 토지의 소유·이용·관리·거래 등에 관련된 제도를 말하는 것이다. 남북국시대 신라의 토지제도로는 대개 녹읍과 〔문무〕관료전, 연수유전·답과 정전 등이 주로 연구되고 있다. 신라의 토지제도를 해명하는 데 가장 큰 장애가 되는 것은 역시 자료의 한계다. 『삼국사기(三國史記)』·『삼국유사(三國遺事)』나 일부 금석문에 보이는 단편적인 기록과, 「신라촌락문서」가 활용할 수 있는 기록의 거의 전부이다. 따라서 시기적으로 후대인 고려시대의 기록이나 연구성과는 물론이고, 같은 시기 중국이나 일본의 토지제도 연구성과들을 원용하거나 비교함으로써 연구가 이루어졌다.

다른 나라에서와 마찬가지로 신라의 토지제도는 국가에서 안정적으로 조세를 수취할 수 있도록 하는 방향으로 운영되었다. 즉, 농민들을 토지에 묶어두면서도, 그들이 지속적으로 경작을 할 수 있도록 제도를 운영하였고, 이러한 기반 위에서 국가의 재정수입을 확보하였던 것이다. 또 관료제가 점차 확립되어 감으로써 귀족관료들에 대한 대우·보수로서 토지제도를 정비하였는데, 이것 역시 귀족관료들에게 경제적으로 안정된 생활을 유지할 수 있도록 하는 방향으로 마련되었다. 신라는 삼국간의 전쟁이 끝난 뒤 중앙 및 지방제도를 정비하면서, 삼국시대 이래의 농업생산력 발전을 기반으로 확대된 영토에서 효과적으로 조세를 수취할 수 있도록 토지제도를 개편·신설하였다.

토지제도의 성립과 운용은 당대의 농업생산력 수준과 일정한 조응관계를 갖는다. 휴경(休耕)이나 화경(火耕)이 일반적인 상황에서는 토지에 대한 소유권이나 안정적인 수취는 현실적으로 불가능하다. 적어도 휴한(休閑)단계의 농법으로 발전한 다음에나 가능한 일일 것이다. 그러나 휴한농법단계라고 하더라도 국가의 공식적인 조세수취체계로 자리잡기까지는 상당한 시간이 걸렸던 것으로 보인다. 늘 진전화(陳田化)되고 황폐화될 염려가 있었기 때문이다.

남북국시대 신라의 농법(農法)이 어떠한 단계였는지에 대해서는 다양한 견해가 있다. 평전(平田)에서는 상경화가 이루어진 것으로 보기도 하고[김용섭, 2000], 아직 휴경(休耕)단계에 머무르고 있다고 보기도 하지만[宮嶋博史, 1984], 대체로 휴한(休閑)농법단계에 이르렀다고 보는 것[이현혜, 1998]이 현재의 일반적인 견해인 듯하다. 하지만, 「신라촌락문서」에서 한 호(戶)당 연수유전(烟受有田)·답(畓)의 평균 경작소유 면적이 10~15결에 이를 정도로 너무 넓다는 점과, 휴한 횟수에 따른 전품(田品) 표시가 없다는 점을 보면 휴한농법단계라고 하더라도 진전(陳田)화될 위험성이 많은 불안정한 상태였다고 보아[강진철, 1989], 아직 많은 토지가 휴경의 위험성을

안고 있었던 단계였다고 이해하기도 한다.〔강진철, 1992〕

2. 신라 토지제도 연구사

　남북국시대 신라의 토지제도에는 녹읍·직전(職田 : 관료전)·사전(賜田)·
정전(丁田) 등의 내용이 포함되어 있다. 처음에는 토지국유제론의 관점
에서 설명되었다. 즉, 삼국시대까지는 공유(共有)제도였으나, 남북국시대
에·이르러 점차 공전(公田)제도로 바뀌었다는 것이다. 공전제도 아래에
서 토지제도가 운영되었기 때문에, 토지의 지급이란 토지의 소유권을
지급한 것이 아니었다고 보았다. 직전·사전(賜田)·구분전·녹전(祿田)의
경우에는 조(租)를 수취할 수 있는 권리인 수조권을 지급한 것이며, 정
전(丁田)의 경우에는 경작권을 부여한 것으로 이해하였다.〔和田一郞, 1920〕
그리고 이러한 견해는 별다른 의문없이 그대로 계승되었다.〔中樞院調査課,
1940〕 이들 저서에서는 신라·고려·조선 등 왕조별로 시기가 구분되어
있는데, 일제시대 이전까지의 조선사회는 고대사회단계에 머물러 있었
다는 정체성론을 전제로 하고 있다.
　그 뒤 토지국유제론의 바탕 위에 서 있으면서도, 이러한 정체성론을
비판하면서 삼국시대와 남북국시대 사이를 경계로 고대노예제사회에
서 중세봉건제 사회로 이행되었다고 보는 견해가 제기되었다.〔백남운, 1937〕
하지만 신라의 토지제도에 대해서는, 식읍·녹읍·정전·사전·구분전
등의 항목을 고려시대로 들어가는 도입부 정도로 간략하게 언급하였다.
물론 집권적 토지국유제 아래에서의 토지제로 이해했기 때문에, 경작권

혹은 수조권적인 지배만이 허용되었다고 보았다.

이들 초기의 연구는 『삼국사기』나 『삼국유사』에 보이는 단편적인 기사만을 토대로 분석한 연구였기 때문에, 양적인 측면에서 그리 충분하지 못했다. 그 뒤 「신라촌락문서」가 학계에 알려지면서〔野村忠夫, 1953〕, 신라 토지제도에 대한 연구의 폭과 깊이가 한층 넓어지게 되었다. 「신라촌락문서」에 보이는 연수유전·답, 내시령답(內視令畓), 촌주위답(村主位畓) 등과 기존의 녹읍·정전·문무관료전 등을 연관시켜 이해하기 시작하였던 것이다.

「신라촌락문서」의 내용을 검토하면서, 신라 토지제도에 대한 본격적인 고찰을 꾀한 이는 박시형이었다. 박시형은, 백남운과 마찬가지로 토지국유제론에 근거해 있으면서도, 남북국시대부터 중세사회라고 이해한 백남운과는 달리 삼국시대부터 봉건제사회로 파악하였다. 이러한 시대구분론은 1950년대 이래의 논쟁을 거쳐 북한학계의 공식적인 견해로 자리잡았다. 남북국시대 신라의 토지제도로서 정전제도와 직전제도〔祿邑 등〕 등을 고찰하고 있는데, 토지국유제의 입장에 서 있었기 때문에 정전의 지급은 일시적인 조치였고, 녹읍의 수취내용은 지정된 지역의 전조(田租)수입을 나누어준 것에 불과하였다고 파악하였다.〔박시형, 1960〕

허종호 역시 삼국시대부터 중세봉건제사회로 이해하였지만, 박시형과는 달리 토지국유제를 부정하였다. 즉 한국 봉건사회에서는 사적 지주적 토지소유가 일찍 발생 발전하여 줄곧 봉건적 토지소유의 지배적인 형태로 존재하였다고 이해하면서〔허종호, 1988〕, 삼국시대부터 지주적 토지소유와 소농민적 토지소유가 광범위하게 존재했다고 보았다. 다만 신라의 녹읍·정전제도·사원전·식읍 등에 대해서는 박시형의 견해를 상당 부분 수용하여 서술하고 있다.〔허종호, 1991〕

한편 남한학계에서 삼국시대부터 고려시대까지의 토지제도사를 통시대적으로 서술한 최초의 연구자는 강진철이다.〔강진철, 1965〕 그는 녹읍·식읍·정전·관모전답 등 여러 토지 지목에 대해 간단히 고찰하고 있는데, 신라 때에도 '공전' 이외에 사전이 존재했었다는 연구성과〔이우성, 1965〕를 반영하여 민유지(民有地)가 존재했음도 지적하였다. 강진철은 삼국시대부터 고려 전기까지를 인간의 노동력을 직접 수취하는 고대노예제사회로 이해하고 있기 때문에, 신라의 토지제도는 고대토지제도의 범주 속에서 이해하고 있으나, 본인도 지적하고 있듯이 '고대'적 토지소유의 성격이 무엇인지에 대해서는 설득력있게 제시하지 못하고 있다.〔강진철, 1992〕

강진철은 남북국시대 신라의 토지제도를 고려의 전시과체제를 이해하기 위한 선행(先行)제도라는 관점에서 주목하고 있는데, 고려시대의 전시과와 같은 성격의 토지로서 녹읍과 문무관료전을, 민전과 같은 계통으로서 연수유전·답과 정전을 고찰하였다.〔강진철, 1980〕 특히 녹읍에 관한 일련의 연구를 통해, 녹읍의 수취내용은 토지로부터의 생산물은 물론이고 녹읍으로 지급받은 지역의 인간 노동력에 대한 지배까지 포함한다고 파악하였다.〔강진철, 1989〕

신라 토지제도연구에 가장 큰 영향을 끼친 연구자는 김용섭이다. 그는 남북국시대부터 중세봉건제사회로 이해하는 백남운의 견해를 수용하였다. 그리고 중세의 토지제도를, 토지(土地)의 사적소유권이라는 측면과 이를 바탕으로 그 위에서 운영되는 수조권분급(收租權分給) 측면이라는 두 계통으로 정리하였다. 전자의 측면에서는 소(小)토지를 소유한 농민층의 자영농제(自營農制)와 대토지를 소유한 지배층의 지주전호제(地主佃戶制)가 전개되고, 후자의 측면에서는 수조권자(收租權者)와 납조자(納租者 : 농민) 사이에 전주(田主 : 祿邑主·科田主)전객(佃客 : 농민)제가 성립하였다고 보았다. 신라의 경우, 관료전은 토지를 분급하는 것이고, 녹읍은 수조권을 분급하는 것으로 이해했으며, 정전이란 일반적으로는 민이 소유하고 있는 토지에 특정한 의미의 정(丁)을 지급하는 것으로 보았다.[김용섭. 1983]

그 뒤 많은 연구자들이 이 이론을 따랐다. 남북국시대 신라의 토지제도는 중세적인 특징을 가졌다고 인식하면서, 지주전호제와 전주전객제가 관철되는 사회임을 증명하려는 시도가 많이 이루어진 것이다. 먼저, 녹읍의 수취내용은 수조권으로서 계통적으로는 전시과제도에 연결되며, 결부제가 시행됨에 따라 결부면적 단위로 조(租)가 수취되었고, 연수유전·답과 정전은 같은 토지지목으로서 고려시대 전정제(田丁制)의 선구를 이루는 토지지급이었다고 보는 연구가 있다.[이경식. 1989 ; 이인재. 1995]

또한 「신라촌락문서」에 보이는 공연(孔烟)의 성격을 편호라고 이해하면서, 공연 9등호의 산정기준이 각 공연의 토지소유규모에 근거하였다는 점에서 중세적 성격을 가진다고 보는 견해가 있다.[이인철. 1996] 그리고 수취제도의 측면에서, 삼국시대에는 인두세 중심의 고대적인 수취가 이루어진 반면, 7세기 중반 이후 토지에 기반한 수취가 이루어진다고 보았고, 폐지되기 이전의 녹읍은 조세·공부·역역까지 수취할 수 있었지만, 부활된 뒤의 녹읍에서는 수조권만을 가지고 있었다고 보았다.[김기흥. 1991] 아울러 귀족과 국가기관에 대한 토지분급제로서 녹읍·관료전·관모전(官謨田)·답(畓)을, 농민의 토지로서 연수유전·답과 촌주위전·답을 검토하면서 녹읍·관료전·관모전·답에는 수조권적인 토지지배가 이루어지고 있었다고 보았다.[이희관. 1999]

반면에 녹읍은 호(戶)를 단위로 지급되고 수취되었으며, 농민들의 토지인 연수유전·답에 대한 수취 역시 토지 그 자체가 아니라 호가 기준이 되었다고 보는 주장도 제기되었다. 녹읍과 연수유전·답이, 분급이나 수취의 단위가 토지면적이었던 문무관료전과 정전보다 일반적이고 중심이 되는 토지제도였다는 점에서, 전주전객제에 의문을 제기하였다. 그리고 녹읍의 분급으로부터 문무관료전의 분급으로, 연수유전·답의 지급으로부터 정전의 지급으로 이행하는 과정에서 토지제도의 발전과정을 찾을 수 있다고 보았다.〔박찬흥, 2002a〕

　　한편 일본학계에서는 일본고대사의 관점, 즉 7세기에 공지공민(公地公民)을 내용으로 하는 고대율령제국가가 성립했다는 관점으로 한국고대사를 이해하고 있기 때문에, 농업생산력단계나 사적인 토지소유관계의 확립 등에 대해서 한국학자들과 차이점을 보이고 있다. 즉 신라 중대부터를 중세사회로 인식하려는 한국학계와는 달리 일본에서는 이 시기를 고대사회로 인식하고 있기 때문에 사회발전이나 토지소유관계 등도 미숙한 것으로 인식하고 있다.〔武田幸男, 1976 ; 木村誠, 1976〕

3. 연수유전·답과 정전

1) 연수유전·답

　　연수유전·답은 「신라촌락문서」에서 전체 토지의 약 96퍼센트를 차지하고 있다. 연수유전·답이란 '연(烟)이 받아 가진 전답'이란 뜻으로, 연, 즉 연호(烟戶)가 국가로부터 지급받아 소유하고 있는 토지를 가리킨다. 명칭만으로는 마치 국가에서 모든 연호에게 일률적으로 토지를 지급하였던 것처럼 인식할 수 있다.

그러나 연수유전·답의 면적은 촌락마다 각 호당(戶當) 혹은 각 정당(丁當) 평균면적이 많은 차이를 보이고 있어, 촌락마다 각 호 또는 정의 경작면적은 많이 달랐을 것으로 추측된다. 따라서 연수유전·답의 면적이 전국적으로 일정한 기준에 의하여 분배된 것이라고는 도저히 볼 수 없다. 연호가 이전부터 경작해왔던 전답을 국가가 지급하고, 연호는 국가의 전답을 받아가지는 형식을 취함으로써 국가에게 일정한 납세의 의무를 가지게 되었다고 보는 것이 일반적이다. 또는 각 호의 재력이나 기타의 능력에 따라서 그 '소유'의 한계가 결정되었다고 이해하기도 하고[강진철, 1980], 연수유전·답이라는 토지지목 역시 국가가 이전부터 연호들이 경작·소유하고 있었던 토지들에 대해 그 소유권을 법제적으로 인정하고 보장해 주는 기능이 있었다고 보기도 한다.[박찬흥, 2002b] 이러한 연수유전·답은 고려시대의 민전과 계보적으로 연결되는 토지였다.

그런데 매호당(每戶當) 연수유전·답의 면적이 10결~15결로 한 연호가 경작하기에는 매우 넓은 면적이었다. 공연당 연수유전·답의 면적이 과도하게 넓었다는 것은 당시의 농업이 그만큼 조방적(粗放的)인 성격을 띠고 있었음을 의미한다.

한편 연수유전·답과 관모전·답의 관계에 대해서 「신라촌락문서」에서 연수유전·답이 관모전·답이나 내시령답과 따로 기재되었다는 점에 근거하여, 연수유전답을 사유지로, 관모전·답과 내시령답을 국유지로 이해하면서, 서원경(西原京) ○○○촌(村)인 경우 전체 연수유전·답 면적의 약 5.5퍼센트의 비율로, 나머지 3개 촌은 3퍼센트 비율로 관모전·답이 설정되었다는 날카로운 분석이 있다.[이희관, 1999] 이것은 인위적으로 설정된 것인데, 국가소유의 국유지가 사유지 면적의 일정한 비율로 존재하는 것이 가능한지 의문이다. 아마도 연수유전·답을 소유하고 있었던 각 연호들의 경작능력과 관련하여, 일정한 비율로 설정한 다음 역역 동원이나 전호제적(佃戶制的) 경영을 통해 운영되었을 듯하다[박찬흥, 2002a].

연수유전·답을 '받아 가진' 연호란 곧 공연(孔烟)을 가리킨다. 공연의 성격에 대해서는, 자연호로 파악하는 견해[旗田巍, 1972 ; 浜中昇, 1986 ; 이희관, 1995 ; 박찬흥, 2002b]와 편호로 파악하는 견해[오장환, 1958 ; 이태진, 1979 ; 전덕재, 1997 ; 윤선태, 2000]로 나뉘어 있다. 초기에는 자연호설이 지지를 받아왔다. 자연호설의 입장에 서면, 한 개 촌의 공연 호수(戶數)가 8~15호로서 의외로 적은 반면 호당 구수(口數)는 8.3~13.4, 평균 10.5로서 높은 수치를 보이고 있고, 또한 연수유전·답의 호당 평균면적이 10결 21부 8속에서 14결 19부 4속까지 이를 정도로 넓다.

이 점에 대한 의문과 함께, 당시는 휴한법의 제약 아래에 놓여 있어서 생산력의 면에서 자연가호(自然家戶) 단위의 경제는 자체의 생계와 국가에 대한 부담을 동시에 수행하기 어려운 조건이었기 때문에 편호적(編戶的) 지배방식은 불가피했다는 편호설이 등장하였다.[이태진, 1979] 반면에 자연호설에서는, 휴한법이라는 제약에 동의하면서도 공연을 단위로 토지소유권을 인정해 주고, 공연을 하나의 과세단위로 설정했다는 것으로부터 공연이 경제생활의 기본단위였음을 보여주는 것이며, 따라서 농민들 스스로 생계유지와 재생산을 위해서 함께 거주하여 있었고, 국가는 자연호 상태의 이들을 공연으로 파악하여 수취를 했다고 보는 것이다.[박찬흥, 2002b]

두 견해 모두 농민들이 스스로의 생계는 물론이고 국가에 대한 부담에 대처하기 어려운 처지였고, 그 때문에 공연의 호수는 적은 반면 호당 인구수는 많게 되었다는 점에 대해서는 대체로 동의하고 있다. 하지만 농민들 스스로 또는 자연스럽게 많은 인구수로 한 호를 이루어 하나의 농업생산단위를 만들어나감으로써 국가의 부담에도 대처해나갔다고 보는 것이 자연호설의 입장이라면, 국가의 입장에서 열악한 농민들의 처지를 고려하고 수세의 편의를 위해 적은 수의 자연호를 몇 개 묶어 하나의 공연으로 편호하였다는 것이 편호설의 입장이다.

이러한 견해차로 인해, 공·연·공연의 의미와 해석, 인구와 호의 이동, '상연(上烟)'의 해석문제 등 나머지 자세한 해석상의 차이가 만들어지는 것이다.

한편 연수유전·답으로부터 조(租)를 수취하는 방식에 대해서는, 초기부터 양전제로서 결부제가 실시되고 있었기 때문에 당연히 결부의 면적단위로 조(租)가 수취되었다고 보았고[박시형, 1957], 많은 논자들이 이에 동의하고 있다. 「신라촌락문서」에 토지면적이 부(負)와 속(束) 단위까지 자세하게 양전(量田)·기록되어 있는 것은 그 양전된 결부(結負)의 면적을 기준으로 조를 부과했기 때문이라는 것이다. 그러나 경무 단위로 토지가 파악되고 있었던 당나라에서도 호등(戶等)에 근거하여 조(租)가 부과되고 있었기 때문에, 양전이 이루어졌다는 사실이 바로 토지면적 단위로 조(租)가 수취되었다는 직접적인 근거가 되기는 어렵다.[전덕재, 1997]

「신라촌락문서」에는 세역(歲易)이나 비척(肥瘠)에 따른 토지의 구분이 없는데, 이 문서가 수취와 관련된 문서이거나 또는 촌의 경제적 사정을 종합한 집계장(集計帳)적인 성격을 가지고 있음을 고려하면, 당시에는 휴한법이 아직 국가의 토지제도에 반영되지 못할 정도로 충분히 확대·보편화되지 못했으며[노명호, 1997], 따라서 전품에 따라 차등을 두어 조(租)가 수취되지 않았음은 물론이고, 연수유전·답에 진전이 포함되어 있었을 가능성도 있다.

이에 대해 연수유전·답에 전품이 매겨져 있지 않고, 따라서 수조에 비옥도가 반영되지 않은 것은 당시의 농업생산력 수준 아래에서는 아직 각 전답에 따른 생산력의 차이가 그다지 심화되지 않았기 때문이라고 보아[이희관, 1999] 각 결부면적마다 같은 세율의 조가 부과되었다고 이해하기도 한다. 그러나 삼국시대부터 이미 '양전(良田)'과 황무지에 대한 인식이 구분되어 있었다. 국가적인 차원에서 전품을 구별하지 않았다고 하더라도 각 토지 사이의 비옥도 차이가 무시해도 좋을 정도로 없었다고 보기는 곤란하다. 그렇다면 이렇게 생산량이 다른 토지에서 일률적으로 면적단위로 정액의 조를 수취한다는 것은 불합리했을 것이다.

이러한 점을 고려하면 토지의 면적 그 자체보다는 토지로부터의 생산물과 인정(人丁)을 포함한 자산(資産)을 기준으로 편성된 공연의 호등에 근거하여 조가 수취되었다고 보는 것이 타당한 듯하다.[전덕재, 1997] 자산을 기준으로 각 공연을 9등호로 편제한 다음, 그 9등호 숫자에 근거하여 마련된 계연(計烟)수치를 통해 조가 수취되었을 것이다.[박찬흥, 2002b]

물론 신라 호등제의 산정기준에 대해서는 다양한 견해가 있다. 인정에 따라 편성되었다는 견해가 있으나[旗田巍, 1972], 각 촌의 인정 또는 인구의 숫자와 공연의 호등이 일치하지 않으며, 정남이 없었던 가호가 등급연으로 편제되었다는 점 등의 문제점이 있다. 또 토지면적에 따라 9~12결[휴한전 6결 포함]을 소유한 공연을 하하연으로 삼고, 이를 기준으로 3결씩 차등을 두고 각 연호마다 소유하고 있는 토지면적에 따라 호등을 정했다는 견해도 있다[이인철, 1996]. 그러나 3년마다 작성되는 촌락문서에 토지소유의 변동사항이 기재되어 있지 않은 점, 세역(歲易)에 따라 전품의 차등이 있다고 보았지만 이 문서에서는 전품에 관한 기재내용을 전혀 볼 수가 없었다는 점 등의 문제점이 있다.

「신라촌락문서」의 사해점촌(沙害漸村)에는 19결 70부의 촌주위답이 있는데, 관모답·내시령답과는 달리 연수유답 속에 포함되어 기재되어 있다. 촌주위답은 촌주의 앞으로 설정된 위답(位畓)이다. 그런데, 사해점촌에만 촌주위답이 보이고 다른 촌에는 보이지 않는다. 이에 대해, 당시의 촌주가 모든 촌에 있었던 것이 아니라 몇 개의 촌을 묶어서 한 사람의 촌주를 두었고, 그 복무의 대가로 촌주위전(村主位田)이나 촌주위답을 지급했다고 보는 것이 일반적이다.〔旗田巍, 1972〕 그리고 19결 70부라는 토지 결수(結數)는 인위적으로 지급했다고 보기 어렵기 때문에, 촌주가 소유하고 있던 토지를 위답의 형식으로 지급한 것으로 생각된다.

그런데 여러 촌주들이 공동으로 한 현(縣)의 실무를 관장했다고 보거나〔浜中昇, 1986〕, 촌주위답이 설치되지 않은 촌에도 촌주가 있었다고 보는 견해〔이종욱, 1980〕를 따르면서, 사해점촌 이외의 나머지 3개 촌의 촌주들은 촌주위답을 지급받지 못했다고 보기도 한다. 5두품에 준하는 대접을 받았던 진촌주(眞村主)만이 촌주위답을 지급받았고 차촌주(次村主)는 받지 못했으며, 또 진촌주 안에서도 각기 상(上)·제이(第二)·제삼촌주(第三村主)와 같은 그들의 서열에 따라 차등있게 촌주위답이 지급되었을 것으로 보는 것이다.〔이희관, 1999〕 그러나 5두품에 준하는 대우를 받은 진촌주만 촌주위답을 받고, 4두품에 준하는 대우를 받은 차촌주는 촌주위답을 받지 못했다는 것은 이해하기 어렵다.〔이인철, 1996〕 또 만약 다른 촌에도 촌주가 존재했다면 촌주위답은 설정되었다고 보아야 타당할 것이다.

이와는 달리 사해점촌에는 촌주가 거주하지 않았다는 견해도 있다. 사해점촌에서 가장 호등이 높은 연은 중하연(仲下烟)으로 4호가 있는데, 전체가 11호인 사해점촌에서 촌주호와 동일한 경제적 수준을 가진 호가 3호씩이나 있다는 것은 기존의 촌주에 대한 평가와 괴리된 것이며,

일본이나 중국의 경우 직역자(職役者)들은 호적 등에서 별도로 기재되었는데 「신라촌락문서」에서는 그렇지 않았다는 점을 들어 그렇게 이해하는 것이다.〔윤선태, 2000〕

이 경우 촌주위답이 다른 공연의 토지 위에 설정되었다고 보기는 어려우므로, 다른 촌에 사는 촌주 소유의 토지라고 보아야 할 것이다. 또 사해점촌의 연수유전·답을 기재할 때 촌주위답이 따로 기록되었던 것도 촌주의 토지에서 생산되는 곡물에 대해 면세의 조치가 행해졌기 때문이기도 하지만, 이 촌주가 사해점촌에 살고 있지 않기 때문이라고도 할 수 있을 것이다.

촌주가 그의 직역(職役)에 대한 대가로 촌주위답을 지급받은 것으로 볼 경우, 국가로부터 관등을 수여받은 촌주도 있기 때문에 관등을 받은 관직자가 국가로부터 받은 토지, 즉 관료전과 비슷한 토지로 이해하기도 한다.〔이인철, 1996〕 그러나 관료전의 지급기준이 관등이었는지도 확실하지 않으며, 연수유답에 포함된 촌주위답과는 달리 관료전은 국유지에 설정되었고, 19결 70부라는 결수도 관료전과 같이 일정한 기준에 의해 지급된 토지결수라고 보기 어렵다는 점에서, 촌주위답은 관료전 혹은 직전과는 성격이 다르다고 보기도 한다.〔박찬흥, 2002a〕

촌주는 자기 소유의 토지를 위답으로 설정받음으로써, 국가에 납부해야할 조세를 면제받은 것으로 보는 견해가 많다.〔안병우, 1992 ; 이희관, 1999〕 조의 수취가 결부의 면적단위로 이루어졌으며, 그 수취내용은 수확량의 10분의 1을 국가에 바치는 것이라고 하였다. 그러나 당시 조는 공연을 대상으로 각 호등에 따라 부과되었다는 관점에서, 촌주호의 호등에 따라 납부해야 할 조만큼만 면조(免租)되었을 것으로 보기도 한다.〔박찬흥, 2002a〕

2) 정 전

정전은 성덕왕 21년(722)에 처음으로 백성에게 지급되었다. 정전은 정(丁)에게 나누어준 토지를 의미한다. 일본에서처럼 정녀(丁女)에게까지 토지가 지급되었는지에 대해서는 알 수 없지만, 효녀 지은(知恩)의 경우처럼 정녀들도 정역(征役)의 대상이 되었다는 점에서, 정전이 지급되었던 지역에서는 정녀들에게도 정전 명목으로 약간의 토지가 지급되었을 가능성이 있다고 보기도 한다.〔박찬흥, 2002〕「신라촌락문서」에도 보이는 정의 연령층은 확실하게 알 수 없으나, 15·16살부터 시작한다는 견해와 20·21살부터 시작한다는 견해로 크게 나뉜다. 또, 백성이란 국가의 과세대상인 농민 일반이었고, 일부 골품제 안에 편제된 평인(平人)까지도 '백성'에 포함되었던 것으로 보인다.

정전은 「신라촌락문서」에 보이는 연수유전·답과 같거나 비슷한 토지지목으로 이해하고 있다. 그리고 고려시대의 정전은 백성들이 예부터 가지고 있었던 토지나 장사(將士)들의 경제적 기반으로 인식되고 있다. 그런데 신라에 '정전'으로 불리는 토지지목이 존재하지 않음에 주목하여, 『삼국사기』의 찬자가 신라 때 연수유전·답의 지급을 고려시대 명칭인 정전의 지급으로 기록했다는 견해가 있다.〔이희관, 1999〕 그러나 『삼국사기』의 찬자가 신라 때의 용어를 고려시대 당대의 표현으로 바꾸어 기록했다고 이해하기는 곤란하며, 「신라촌락문서」에서 보듯이 정·정녀는 연호, 즉 공연을 이루는 한 구성요소이지 공연 그 자체는 아니다.

성덕왕대에 실제로 정을 대상으로 한 토지지급, 즉 당나라의 균전제(均田制)와 같은 제도가 시행되었을까에 대해서는 대부분 회의적이다. 농민들이 옛날부터 가지고 내려오던 자가경영(自家經營)의 농토에 대하여 '이것은 국가가 누구누구에게 반급(班給)한 토지'라고 하는 식으로 어떤 법제적 인정·절차를 가하여 수취의 확보를 기도하거나, 삼국간의 전쟁 이래 황폐화된 황무지를 급전(給田)의 형식으로 농민들에게 분배하여 이 땅에 대한 강제적 경작의무를 부과한 것이라고 보는 것이다.[강진철, 1980]

따라서 정전 지급의 실제적 내용은 국가에서 하하연(下下烟)에 속하는 일부 빈호(貧戶)의 정남(丁男)을 주된 대상으로 하여 무주지(無主地)나 진전(陳田)의 경작을 명령한 것으로 이해하고, 이것을 '신라적 균전제'라고 부르면서 이 정전과 종래부터 가지고 있었던 백성들의 토지를 연수유전·답이라고 총칭해서 불렀다고 보기도 한다.[김기흥, 1991] 또 몇 개의 자연호를 묶어서 공연으로 구성하면서 그 자연호들이 가지고 있던 토지에 대해 공연을 단위로 하여 소유권을 법적으로 인정해 준 조치로 파악하는 견해도 있다. 정전은 단순히 정이 아니라 정호를 단위로 지급되었고 그 정호가 바로 공연이었다고 이해하는 것이다.[李仁哲, 1996]

그러나 정전은 정을 대상으로, 연수유전·답은 연을 대상으로 지급된 토지로서, 정은 연의 한 구성요소이지 연 그 자체는 아니므로, 정전을 총칭하여 연수유전·답이라고 불렀다고 보기도 어렵고, 공연을 대상으로 그 소유권을 인정해 준 토지를 정전이라고 불렀다고 보기도 어려운 듯하다.

성덕왕대에 자연재해와 발해와의 긴장관계가 계속 이어졌던 점에 주목하고, 정은 역역(力役)·군역(軍役)을 담당하는 가장 중심적인 존재라는 점에서, 정전은 군사적 방비를 위해 북방개척지역의 토지를 나누어주었던 둔전(屯田)적인 성격의 토지였을 것으로 이해하기도 한다.[박찬흥, 2002a]

물론 이 경우에도 정전이 전국에 걸쳐서 지급되었다거나, 성덕왕 이후에 계속 시행되었다고 보기는 어렵다. 그런 까닭에 이 기사 이외에는 정전과 관련된 다른 기록이 보이지 않는다고 추측하는 것이다.〔림건상, 1977〕 정전은 연수유전·답이 존재했던 지역이 아니라 그 이외의 지역, 그 가운데에서도 북방의 개척지를 중심으로 한 변경지역에서 국방상의 목적으로 일시적으로 지급되었다고 보려는 것이다.

한편 정전의 지급방식으로서, 정을 기준으로 토지 자체를 지급하는 경우와, 민이 소유하고 있는 토지에 특정한 의미를 지닌 정을 지정해 주는 두 가지 경우를 제시하면서, 후자의 경우가 일반적인 것으로서, 즉 정전이란 정이 정해진 전(田)이라는 뜻으로 이해하는 견해가 있다. 이 때의 정은 인정(人丁), 즉 노동력을 뜻하므로 정전은 정을 기준으로 한 부세(賦稅)의 부과와 관련이 있다는 것이다.〔김용섭, 1983〕 정전제를 백성에 대한 토지지급이라고 보면서도 동시에 부세부과 방식도 함께 고려하는 견해이다. 여기서 한 걸음 더 나아가 '연수유전·답＝정전'이 지급되는 성덕왕대부터 결부제와 호등제를 기초로 한 전정제가 시행되었다고 보기도 한다.〔이인재, 1995〕

그러나 정전이 지급되어 정을 단위로 조가 수취되는 것이 당시의 일반적인 현상이라고 보기는 어려우며, 연수유전·답과 정전을 같은 토지지목으로 보면서, 신라시대에 고려시대와 같은 전정제가 성립되었다고 보기는 어려운 듯하다. 그럼에도 불구하고, 공연을 단위로 토지소유권을 인정해 주던 연수유전·답이 일반적인 상황에서, 새로이 정을 단위로 한 정전이 등장하였다는 것은 한 단계 진일보한 것임에는 틀림없다.〔박찬흥, 2002a〕

4. 녹읍과 관료전

1) 녹 읍

녹읍은 관직 복무의 대가, 즉 녹(祿)으로서 일정한 지역, 즉 읍(邑)을 지급하는 제도로서 신라에만 보이는 명칭이었다. 『삼국사기』에 따르면, 신문왕 9년(698) 1월에 "교(敎)를 내려, 내·외관의 녹읍을 혁파하고, 매년 차등있게 조(租)를 하사하는 것을 항식(恒式)으로 삼았다", 경덕왕 16년(757) 3월에 "내·외 여러 관리의 월봉(月俸)을 없애고 다시 녹읍을 하사하였다"고 하여, 녹읍이 698년에 폐지되었다가 757년에 다시 부활되었음을 알려주고 있다. 또 소성왕 원년(799) 3월에 "청주 노거현['거로현'이 옳음. 현재의 경남 거제시 아주동 일대로 추정]을 학생녹읍으로 삼았다"고 하여, 국학의 학생들에게도 녹읍을 지급하였다.

녹읍이 폐지되기 이전에도 매년 일정량의 조를 지급하는 세조(歲租)가 있었다. 이 점에 주목하면서, 녹읍은 귀족가문 출신에게, 세조는 한미한 가문 출신으로 학식이나 행정능력 및 무예로 발탁된 관원에게 지급되었다고 이해하거나[노태돈, 1978], 좀더 구체적으로 녹읍은 대아찬 이상의 관등을 가진 진골귀족에게, 세조는 아찬 이하의 관등을 가진 6두품 이하에게 지급되었다고 보고 있다.[이희관, 1999]

그러나 내외관이란 중앙과 지방의 관료들을 관등이나 관직의 높낮이에 상관없이 모두 아울러서 부르는 명칭이었고, 녹읍의 폐지·부활 기사에 '진골' 혹은 '일정한 관등 이상'의 관료라는 제한규정이 없는 점, 또 아직 정식 관료가 되지 못한 예비관료인 학생에게까지 녹읍이 지급되었다는 점에서 관등과 신분의 고하를 막론하고 모든 관료들이 녹읍을 받고 있었다고 보기도 한다.〔박찬흥, 2002a〕

녹읍의 지급기준이 관등이었는지, 관직이었는지는 확실하지 않지만, 관직을 전제조건으로 하여 관등이 고려되어 지급되었다고 보는 견해가 옳은 듯하다.〔강진철, 1989〕 또 녹읍 대신에 지급된 월봉의 차이가 관등에 따라 매우 컸다는 점에서, 녹읍의 규모 역시 관직의 고하에 따라 많은 차이가 났을 것이다. 고관들은 현이나 촌을 단위로 녹읍을 지급받았을 것이며 아마도 여러 촌이나 현에 걸친 녹읍을 지급받는 경우도 있었을 것이다. 반면에 하위관료는 하나의 촌을 여러 명의 관료가 공동으로 지배하는 형식으로 녹읍을 지급받았을 것이다.〔강진철, 1989〕 이것은 물론 학생녹읍의 경우처럼 여러 학생들이 진주 거로현을 공동의 녹읍으로서 받았던 점에서 유추할 수 있다.

녹읍제는 신라가 주변 지역을 복속시키고 귀족층으로 편입된 각 세력들을 관료로 편제하는 과정에서, 그들을 귀족관료로 보수·대우하려는 제도로서 마련되었을 것이다. 그러나 구체적으로 언제 시행되었는지는 확실하게 알 수 없다. 그냥 막연하게 관료제도가 정비되는 삼국시기의 어느 시점이라고 하기도 하지만〔이경식, 1989〕, 6세기 초〔木村誠, 1976〕 또는 관등제나 관료제의 정비와 관련있는 율령의 반포에 주목하면서 6세기 전반부터 지급되었다고 보거나〔박찬흥, 2002a〕, 율령반포·지방제도 정비 등과 관련시키면서 6세기 무렵 신라 중앙지배체제가 정비되어 가는 과정의 어느 시점이라고 하기도 한다.〔이순근, 2004〕

녹읍에 대한 연구에서 가장 큰 쟁점은 그 수취내용에 대한 것이다. 수취내용에 대한 연구는 관료전의 지급 및 녹읍의 폐지·부활 과정과의 연관관계 속에서 이루어졌다. 먼저 녹읍의 지배내용이 녹읍으로 지급된 지역의 토지에서 조를 수취할 수 있는 권리에 한정되었다고 하는 견해가 있다. 녹읍이 '일정한 치역(治域)에서의 수조권을 부여받은 것'〔백남운, 1937〕이라거나, 일정한 지역의 수조권을 지급하는 직전(職田)이라고 보아 녹읍과 관료전이 같다고 보는 것〔박시형, 1960〕이 그것이다. 물론 이러한 견해의 배경에는 토지국유설이 전제되고 있다.

특히 뒤 견해의 경우, 녹읍이 녹봉제도와 서로 대치되었던 것을 수조권설의 근거로 들고 있다. 관료들에게 관직복무의 대가로 세조(歲租) 곧 녹봉이 지급되었다가, 687년에 새로이 관료전=직전을 지급하였으나 토지의 황폐, 인구의 심한 감소·유리, 지방운수의 불안정 등으로 인해 689년 이 관료전을 폐지하고 녹봉을 다시 지급할 수밖에 없었고, 이것이 기록상에는 직전=녹읍의 폐지와 「축년사조(逐年賜租)」의 실시로 나타났다는 것이다.〔표 1〕

[표 1] 관료전=職田=녹읍이 689년에 폐지되었다는 견해

연도		687년 5월~	689년 1월~	757년 3월~	고려시대
변화 과정	녹봉→	[문무]관료전→	逐年賜租[月俸]→	녹읍 ┐	역분전·전시과제도 ┘ 녹봉제
비고		관료전=職田 =녹읍		관료전= 職田=녹읍	역분전·전시과와 녹봉제의 이중체계

그러나 신문왕 7년 문무관료들에게 내려진 것은 녹읍이 아니라 토지〔田〕였으며, 신문왕 9년(689)에 폐지된 것은 직전(職田)이 아니라 녹읍이었다. 이 둘을 같다고 볼 근거는 없다. 또 지배체제 개편의 일환으로 용의 주도하게 계획·실시된 획기적인 토지제도가 불과 2년이 못되는 단

기간 내에 혁파되었다고 이해하기도 어렵다.〔강진철, 1989〕

그 뒤 녹읍을, 수조권을 분급한 중세 토지제도의 한 유형으로 파악하면서, 녹읍주와 녹읍민의 관계를 수조권자인 전주(佃主)와 납조자(納租者)인 전객(佃客)으로 이해하는 견해가 제기되었다.〔김용섭, 1983〕 녹읍과 세조(歲租, 月俸)가 서로 교체되고 치폐(置廢)되었다는 점, 양자 모두 관료에게 지급되었다는 점을 근거로 들고 있다.〔이경식, 1988, 1999〕

하지만 녹읍이 토지였는가도 의문이며〔안병우, 1992〕, 또 토지였다고 하더라도 녹읍(祿邑)이라는 용어보다는 녹전(祿田)이라고 부르는 것이 훨씬 합당하다.〔박찬홍, 1999〕 녹(祿)의 명목으로 토지에 대한 수조권을 지급하였는데, 왜 그 대상이 전(田)이 아니고 읍(邑)이라는 명칭이었는가에 대한 설득력있는 설명이 부족하다.

한편 신문왕 7년에 시행된 관료전제도가 수조권을 지급한 녹읍과 병행하여 실시되었다고 보는 견해도 있다. 신라시대에 관료에 대한 경제적 보수·대우로서 '전기녹읍 → 「축년사조(逐年賜租, 월봉)」 → 후기녹읍 → 고려의 녹봉'으로 이어지는 계열과 '〔문무〕관료전 → 전시과'로 이어지는 계열의 두 가지가 병존했었다고 이해하는 것이다. 이는 녹읍의 수취내용이 수조권이었다고 보는 견해〔전덕재, 1992 ; 안병우, 1992 ; 이희관, 1999〕〔〔표 2〕의 ①〕와, 폐지되기 이전에는 조용조 전반의 수취가 가능했지만 부활한 이후에는 수조권만 가지고 있었다는 견해〔김기흥, 1991〕〔〔표 2〕의 ②〕로 다시 나눌 수 있다.

그러나 이들 견해에 따르면, 757년 녹읍 부활 이후 관료에 대한 대우·보수의 규정이, 녹읍과 관료전이 서로 병행하는 이중체계를 가지고 있다고 보아야 하는 문제점이 있다.〔강진철, 1989〕 일정한 지역의 토지에서 조(租)를 수취할 수 있는 녹읍을 지급받은 관료가, 관직복무라는 같은

[표 2] 녹읍과 관료전제 병행설(1)

연도		687년 5월~	689년 1월~	757년 3월~	고려시대
변화 과정	녹읍 →	(문무)관료전 → ———————→	——————→ 逐年賜租[月俸]→	——————→ 녹 읍 →	전시과제도 녹봉제
녹읍 지배 내용	① 수조권			수조권	
	② 조세·공부·역역			수조권	
비고		관료전과 녹읍·逐年賜租[月俸]의 이중체계			전시과제와 녹봉 제의 이중체계

①·②는 녹읍의 지배내용에 따른 구분이다.
① 수조권에 한정되었다는 견해
② 전기녹읍은 조세·공부·역역을 포함하였지만, 후기녹읍은 수조권에 한정되었다는 견해

명목으로 토지에서 조를 수취할 권리를 내용으로 하는 관료전을 이중
으로 지급받았을 때, 둘 사이에서 지급대상 관료가 같은지 다른지, 지급
한 토지가 국유지인가 사유지인가, 또 지급한 내용이 소유권을 지급한
것인가 수조권만을 지급한 것인가 하는 점 등에 대한 부연설명이 필요
하다.〔박찬흥, 2002a〕

그리고 녹읍을 수조지(收租地)의 분급으로 이해하기 위해서는, 녹읍
의 지급이 고려시대 전시과(田柴科)의 경우처럼 일정한 면적단위, 즉 결
부단위로 토지를 분급한 것이었음을 입증해야 한다. 녹읍은 설정단위
를 고을〔邑=郡縣〕로 하는 분급수조지(分給收租地)였다고 하는 견해를 다시
제기〔이경식, 1999〕하기도 하였으나 역시 설득력이 약하다.

또한 ② 견해의 경우, 전기녹읍과 후기녹읍의 수취내용이 변화되었
다는 근거가 충분히 제시되고 있지 못하다. 7세기 중반을 전후하여 고
대에서 중세로 이행하는 분기점을 찾으려했기 때문에, 녹읍의 수취내용
이 변화했다고 본 듯하다.

두번째로 녹읍은 조세를 제외한 공부(貢賦)·역역(力役)만을 그 수취대상으로 하였다는 견해가 있다.〔武田幸男, 1976 ; 木村誠, 1976〕 관료전을 지급함으로써 조세를 수취할 수 있는 권한을 부여했기 때문에, 녹읍은 조세수취를 제외한 공부·역역에만 한정되었다고 이해하는 것이다.〔표 3〕

[표 3] 녹읍과 관료전제 병행설(2)

연도		687년 5월~	689년 1월~	757년 3월~	고려시대
변화 과정	→ (?)↑ 녹읍 →	(문무)관료전→ ──────→	────────→ 逐年賜租[月俸]→	────────→ 녹 읍 →	전시과제도 녹봉제
녹읍 지배 내용	조 세 · 공 부 · 역역(?)	공부·역역만 징수(?)		공부·역역만 징수	
비고		관료전과 녹읍·逐年賜租[月俸]의 이중구조			전시과제도와 녹봉제의 이중구조

* 고려시대 부분은 추정

일본 고대의 율령관인들에 대한 경제적 대우를 신라와 비교하여, 관료전의 지급은 녹읍·월봉제도와 제도적으로 무관한 것으로 이해하면서, 신라의 문무관료전은 일본의 직분전(職分田)적인 것과 같고, 신라의 녹읍은 일본의 봉호(封戶)적인 것과 같다는 견해〔吉田孝, 1972〕를 계승한 것이다. 특히 「신라촌락문서」를 녹읍수취를 위한 계장(計帳)형식 문서의 기초자료로 파악하는데, 고대 일본에서 봉호(封戶)로부터의 수입은 전조(田租) 이외의 조(調)와 용(庸)이었으므로, 녹읍도 조(調)·용(庸)의 수취만 가졌다고 보았고, 그러한 관점에서 「신라촌락문서」를 녹읍장(祿邑帳)으로 이해하였다.
그러나 「신라촌락문서」가 녹읍수취를 위한 계장형식 문서였다고 보기는 어렵고〔浜中昇, 1986〕, 촌락문서가 공부·역역만을 수취하기 위한 문서였다고 보기도 어렵다.〔강진철, 1989〕 또 전조(田租)까지 포함하여 수취했

던 전기녹읍과 달리 후기녹읍의 수취내용이 달라졌다고 보는 근거도 분명하지 않다.〔박찬흥, 2002a〕

세번째로 녹읍의 수취내용이 조세·공부·역역 전반을 포함하고 있다는 견해가 있다. 읍(邑), 즉 일정한 지역을 지급한 것이고, 식읍의 지배방식과 동일 혹은 유사한 지배방식을 취했을 것으로 추측하는 것이 자연스럽다는 것이다.〔김철준, 1975〕 이 견해는 녹읍과 관료전제도와의 병행여부와 관련하여 다시 세 가지로 나눌 수 있다. 먼저, 신라시대에 관료에 대한 경제적 보수·대우로서 녹읍계열과 관료전 계열의 두 가지가 병존했었다는 주장이 있다.〔표 4〕 즉 일찍이 부족국가시대 이래의 족장들의 전통적인 수취형태로서 관료에게 세조(歲租)를 받아가도록 지방별로 지정한 읍(邑)인 녹읍과는 달리, 정비되어 가는 중앙전제(專制)의 정치체제의 경제적 기반을 마련한다는 전혀 다른 동기에서 관료전이 새로 등장하였다는 것이다.〔김철준, 1975〕

[표 4] 녹읍과 관료전제 병행설(3)

연도		687년 5월~	689년 1월~	757년 3월~	고려시대
변화 과정	녹읍 →	(문무)관료전 → ——————→	逐年賜租[月俸]→	——————→ 녹 읍 →	전시과제도 녹봉제
녹읍지배 내용		조세·공부·역역		조세· 공부·역역	
비고		관료전과 녹읍·逐年賜租[月俸]의 이중체계			전시과제와 녹봉제의 이중체계

그러나 정치체제의 정비과정은 기존 '족장'세력들을 새로운 관료로서 흡수 정비하는 관료화과정이었으며, 또 관직복무대가라는 같은 명목

으로 녹읍과 관료전을 관료들에게 병행하여 지급하였다면, 녹읍으로 지급된 지역과 관료전으로 지급된 토지가 어떻게 구분이 되는지, 또 그것을 받는 관료들 사이에는 어떠한 차이가 있는지에 대해서 보충설명이 필요하다.〔박찬흥, 1999〕

　　다음으로, 녹읍 안에 전조(田租)의 수취가 포함되어 있으므로, 757년 녹읍이 부활되었을 때 관료전은 녹봉제도와 함께 자연스레 폐지가 되었을 것이라는 견해가 있다.〔강진철, 1989〕〔표 5〕 그러나 녹읍을 다시 지급할 때 폐지되는 것은 월봉이지 관료전이 아니다. 관료전제도와 녹읍제도는 제도적으로 서로 대치하는 것이 아니었다.

[표 5] 관료전이 757년에 폐지되었다는 견해

연도		687년 5월~	689년 1월~	757년 3월~	고려시대
변화 과정	녹읍 ⌐→ └→	[문무]관료전→ 녹 읍 →	逐年賜租[月俸] ⌐→	녹읍 ⌐→ └→	전시과제 녹봉제
녹읍지 배내용	조세 · 공부 · 역역	공부 · 역역만 징수(?)		조 세 · 공 부 · 역역	
비고		관료전과 녹읍 · 逐年賜租[月俸]의 이중체계			전시과제와 녹봉제의 이중체계

　　끝으로 녹읍이 부활될 무렵 관료전은 제 기능을 상실하고 유명무실해졌다고 보면서 호, 즉 계연단위로 지급된 녹읍은 조세 · 공부 · 역역 전반을 수취내용으로 한다는 견해가 있다.〔박찬흥, 1999〕〔〔표 6〕 공연의 호등을 산정하는 기준이 토지 혹은 토지로부터의 생산물을 포함한 공연의 자산(資産)을 기준으로 결정되었기 때문에 계연수를 매개로 조세 · 공부 · 역역에 걸친 지배가 가능하게 되었던 것이라고 보았던 것이다.

[표 6] 녹읍과 관료전제의 변화과정

연도		687년 5월~	689년 1월~	757년 3월~
변화 과정	녹읍 ⟶	(문무)관료전→ ⟶	⟶ ⋯⋯⋯⋯ 逐年賜租[月俸] →	? 녹읍
녹읍지 배내용	조세· 공부·역역			조세·공 부·역역

녹읍은 신문왕 9년(698) 혁파되고 대신 매년 일정량의 조(租)를 지급하게 되었다. 녹읍을 혁파하게 된 배경으로는 일반적으로 신라 중대왕권의 강화과정과 당나라의 율령체제 도입이라는 관점에서 이해하고 있다. 정치사적 시각에서, 신문왕이 전제왕권을 확립하는 과정에서 진골귀족세력의 경제기반을 약화시키려는 목적으로 녹읍을 혁파하였다고 보는 것이다.〔강진철, 1989〕

나아가 정치사적인 측면에 다시 국가의 대농민 지배강화라는 시각을 더하여, 귀족관료들이 일정한 지역의 인민을 사적으로 지배하는 과거의 토지지배 질서를 부인하고 진골귀족 아래에 있던 토지와 인민을 국가의 직접적인 지배 아래 두려는 율령체제의 전제(田制)를 확립하려는 목적으로 문무관료전을 지급하고 녹읍을 혁파했다고 보았다.〔강진철, 1989〕

아울러 녹읍제가 녹읍주와 국가의 이원적인 지배가 가능한 제도였다고 보면서, 녹읍주들이 수조권을 매개로 녹읍지에 대한 지배력을 확대·강화하려는 의도에 대해, 국가가 이들 진골귀족들의 경제적 기반을 약화시키고 녹읍지에서의 지배력을 회복시킴으로써 강력한 왕권을 구축시키려고 녹읍을 폐지했으며, 여기에는 6두품 이하 관료들의 지지가 있었다고 보기도 한다.〔이희관, 1999〕 그러나 녹읍의 지급 대상이 진골귀족에 한정되었다고 보기는 어렵다.

또한 중대 집권세력이 중앙집권체제를 정비하면서 전국의 촌락과 일반 민, 그리고 토지에 대한 국가권력의 직접적인 통제를 관철시키려고 하면서 동시에 소농민 안정책을 추진하기 위해 녹읍을 폐지했으며 〔전덕재, 1992〕, 이는 재정기구의 정비 및 재정의 확보문제와 관련이 있다고 이해되었다.〔전덕재, 2000〕

결국 녹읍을 폐지함으로써, 국가나 왕실의 재정이 나아지고 국가의 대민지배가 강화되었고, 결과적으로 귀족들의 경제적 기반은 약화되었을 것이다. 이에 대해 녹읍이 폐지된 뒤에 지급된 세조(歲租)의 양이 매우 많아서 녹읍지에서 수취하던 곡물량과 비슷하거나 많았을 것이고, 또 그 액수도 매년 안정적이었을 가능성이 있기 때문에 녹읍 혁파 이후에 진골귀족들의 경제적인 기반이 약화되었다고 단정짓기는 어렵다는 의견도 있다.〔전덕재, 2000〕 진골귀족들 입장에서, 농민들의 재생산기반이 열악하였기 때문에 자연재해가 발생할 경우에 녹읍지에서 조(租)를 수취하는 데 상당한 지장을 받았을 것이라는 점 때문이다.

그러나 녹읍지에서의 수취내용이 공부·역역까지도 포함하였다면, 이 부분을 빼앗긴 데 따른 경제적 손실은 매우 크다고 할 수 있다. 또 수조권설을 따르더라도, 굳이 자연재해가 발생할 경우를 상정하여 수취에 포함할 필요가 있었는지는 의문이다.〔박찬흥, 2002a〕.

이렇게 녹읍을 폐하고 매년 조(租)를 지급할 수 있었던 데에는 재정기구의 정비가 동반되었다. 문무왕대에 관료들의 녹봉을 담당하는 좌·우사록관을 설치했는데, 녹읍 관련 업무도 여기에서 관장했을 것이다.

녹읍이 폐지된 뒤 약 70여 년 후인 경덕왕 16년(757) 다시 지급되었다. 녹읍이 부활된 배경에 관해서도, 정치적인 측면에서 중대왕권에 대항하고 있었던 진골귀족이 정치적으로 재기하였기 때문이라는 견해가 있었다.[강진철, 1989] 그러나 당시의 정치세력을 왕권과, 이에 반대하는 진골귀족세력으로 이분(二分)하여 이해할 수 있는가 하는 의문과 함께, 경덕왕 16년경에 왕권이 허약했다는 증거를 찾을 수 없다[김기흥, 1991]는 지적이 있다. 이러한 문제점을 보완하기 위하여, 경덕왕의 지지자로 새로이 성장한 관료적 진골귀족세력과 경덕왕 사이의 정치적 타협의 결과 녹읍이 부활되었다고 보았으나[이희관, 1999], 녹읍의 폐지와 부활은 기본적으로 국가의 재정과 관련된 경제적인 문제였다는 점이 간과되어 있다.

경덕왕대의 정치상황에 주목하면서, 부활된 녹읍의 수취내용이 수조권에 한정되었을 것이라는 전제 아래 그 배경을 설명하기도 한다. 즉, 전국의 토지·재산·호구 등에 대한 정확한 파악에 근거하여 마련된 계연치를 매개로, 관료들의 녹봉에 해당하는 수조권을 각 지역과 연계시켜 분급함으로써, 행정상의 어려움을 줄이는 행정의 효율적 운용을 위해 녹읍을 부활시켰다는 것이다.[김기흥, 1991]

그러나 녹읍이 수조(收租)뿐만 아니라 인신지배와 여타 수탈의 징수 가능성을 잠재하고 있었다는 그의 지적을 고려할 때, 경덕왕이 순순히 녹읍을 부활시킬 필요가 있었는지와, 조의 산정과 수납, 운송과 보관·배분하는 부담, 가뭄·홍수 등 천재지변이 있을 때에도 월봉을 지급해야하는 등의 행정적 어려움 때문에 인신지배까지 가능하게 할 녹읍의 부활을 강요했을까 하는 점에 의문이 든다.[박찬흥, 1999]

한편 녹읍을 부활시킬 무렵까지 불사건축이나 행정비용 등의 재정 지출이 많았던 데다가, 농민층의 궁핍과 유망(流亡) 등으로 인한 국가재정수입의 감소로 재정이 궁핍하게 되었고 이러한 재정궁핍을 타개하기 위해 녹읍을 부활하였다고 보기도 한다.[전덕재, 2000] 그러나 녹읍을 부활시킴으로써 재정궁핍이 얼마나 해결될 수 있었을까 하는 의문이 든다.

이런 가운데 왕권 '신흥귀족'세력과 보수적 구귀족세력이 대 농민수탈이라는 공통된 이해면에서 서로 타협을 하여 관료 개인에 의한 전적(全的)·직접적인 지역지배는 부정하면서도, 조세·공부·역역을 녹읍주가 일정한 국가권력의 통제하에서, 일정한 사적인 지배의 유대를 유지하면서 수취할 수 있는, 제한된 의미의 지역지배의 전통을 살리는 토지정책을 모색하는 방안으로 녹읍제를 채택했다는 견해를 내놓았다.〔강진철, 1989〕 정치세력간의 타협의 산물로 녹읍이 부활되었다고 보면서도, 그 이면에 경제적인 이해관계가 내재해 있다는 점을 강조한 것이다. 하지만 왜 이 시점에 와서 대 농민수탈이라는 공통의 이해관계가 부각되었는지에 대한 설명이 부족하고, 재정적인 측면의 고려가 없었다는 문제가 있다.

한편 녹봉과 관료전만으로는 관료들에 대한 경제적 대우가 충분하지 않게 되었으나, 재정문제로 인해 녹봉액을 늘릴 수 없었고, 농업생산력의 한계로 인해 관료전도 제 기능을 다하지 못하던 상황에서, 전조(田租) 이외의 공부·역역까지도 함께 지급해줌으로써 관료제를 안정시키려 했다는 견해도 제기되었다.〔박찬흥, 2002a〕

2) 관료전

관료전에 대해서는,『삼국사기』권8, 신문왕 7년(687)조에 "교(敎)를 내려 문무관료에게 토지[田]를 차등있게 내려주었다[賜]"는 짧은 기록이 있을 뿐이다. 이 기사에 대해서는, 687년에 문무관료들에게 토지를 내려주는 '직전(職田)제도'가 시행되었다고 보는 것이 일반적이다.

이에 대해 일반적인 토지지급제도의 성립을 가리키는 '지급했다[給]'

는 표기 대신에 일회적인 지급을 뜻하는 '내려주었다[賜]'는 용어를 쓴 것으로 보아 신문왕 7년에 사전(賜田)이나 훈전(勳田)을 한번 내려준 것을 가리킨다고 보기도 한다.[이인재, 1995] 그러나 녹봉을 폐지하고 다시 녹읍을 지급할 때에도 '사(賜)'라는 용어를 사용한 것으로 보아, 용어의 차이만을 가지고 사전이나 훈전을 한번 내려준 것으로 보기는 어렵다고 생각된다.[박찬흥, 2002a] 이 주장은 고려시대 전시과제도의 선행제도가 녹읍제였다고 보았기 때문에, 일반적으로 전시과제의 선행제도로 이해하고 있는 관료전제를 제도가 아닌 일회적인 사전이나 훈전으로 이해하려 했던 것이다.

관료전의 지급은 녹읍의 폐지 및 부활과 밀접한 관계가 있다고 여겨져 왔다. 특히 직전(職田)=문무관료전(文武官僚田)과 녹읍이 같은 것이라고 보거나[박시형, 1960], 또는 녹읍의 수취내용에 조세·공부·역역이 모두 포함된다고 이해하면서 녹읍의 지배내용 안에 관료전 지배가 포함되었기 때문에 녹읍이 부활되었을 때 관료전제는 폐지되었을 것이라고 보기도 한다.[강진철, 1989] 하지만 녹읍은 관료전과 같은 토지 지목이 아니고, 관료전 폐지기사가 보이지 않는다는 점에서 제도적으로 서로 대치되거나 포함하거나 하는 그러한 관계로 보기는 어렵다.[박찬흥, 2002a]

관료전의 지급대상에 대해서는, 막연히 모든 관료들이 관료전의 지급대상이었다고 보는 것이 일반적이다. 반면에 대아찬 이상의 진골귀족 관료들에게만 지급되었던 것으로 이해하거나[武田幸男, 1976], 반대로 경제기반이 취약하였던 6두품 이하의 관료들을 주 대상으로 지급되었다고 보기도 한다.[안병우, 1992] 앞의 견해는 일본 고대의 직전이, 경관(京官)의 경우 대납언[정3위] 이상의 관직에게만 지급되었다는 점을 고려하여, 신라에서도 일정한 관등, 그 중에서도 진골과 6두품의 경계가 되는 5위 대아찬까지만 지급했다고 보는 것이다. 그러나 관료전의 지급대상이 되었던 문무관료란 문무관(文武官)·문무백관(文武百官)·백관(百官)과 같은 용어로 쓰였기 때문에, 어떤 특정한 관등 이상의 관료를 가리키는 것이 아니라, 관료 전체를 아울러서 지칭하였다고 보아야 옳은 듯하다.

직전의 성격을 가진 문무관료전의 지급기준은 관직이었다고 보는 것이 일반적이다. 그것은 「신라촌락문서」에 보이는 내시령답을 관료전으로 이해할 때, 내시령답은 내시령이라는 관직을 매개로 지급되었다고 볼 수 있기 때문이다. 물론 내시령답은 관료전이 아니라 내시령의 판공미 명목으로 설정된 토지였다고 보기도 하지만[이인재, 1995], 이것은 신문왕 때 지급된 토지를 일회적인 사전이나 훈전으로 보려는 연장선 위에서 나온 견해이다.

내시령답이 공해전(公廨田)적인 성격을 갖는 관모답(官謨畓)과 함께 기록되어 있고, 일반 농민들의 사유지인 연수유전·답과 따로 기재되어 있었다는 점에서 국유지였을 것이다. 이렇게 내시령답을 국유지인 공전(公田)으로 이해하면서, 관료전의 지급이란 토지 자체를 지급한 것이었다고 보기도 한다.[안병우, 1994] 그런데 「신라촌락문서」에 전 내시령이 기재되어 있는 것을 볼 때, 내시령답은 전내시령이 재직중에 있을 때는 그에게 지급되었다가 현재의 내시령에게 다시 지급된 토지였으며, 따라서 내시령으로 재직하고 있었을 때에만 내시령답으로부터 조를 수취할 수 있었다고 보아야 한다. 따라서 신라의 관료전은 소유권을 지급한 것이 아니라 수조권을 지급한 것임을 알 수 있다.

반면에 관료전은 국유지인 공전에서 조를 수취할 수 있는 권리를 지급했다고 보는 견해도 있으나[이인철, 1996], 당시에 공전(公田)과 사전(私田)의 개념이 있었다고 보기에는 의문이기 때문에[전덕재, 2000] 따르기 어렵다.

관료전이 지급된 배경에 대해서는, 일찍이 녹읍과는 달리 정비되어

가는 중앙전제(專制)의 정치체제의 경제적 기반을 마련하기 위해서라는 견해가 있으나[김철준, 1975], 앞에서 지적한 대로 여러 가지 보충설명이 필요하다. 중국의 직전(職田)은 부족한 녹봉을 보충하기 위해서 지급되었다는 점을 고려하고, 2년 뒤 녹읍을 혁파하고 녹봉을 지급한 사실과 관련시키면서, 녹읍 대신 녹봉을 지급하면서 동시에 줄어든 지급분에 대한 보완책으로서 관료전을 지급했다고 보는 견해가 있다.[박찬홍, 1999] 아울러 전쟁기간 동안 황폐화된 토지를 복고하고, 지방을 개척하려는 목적에서 관료들에게 직전을 지급했다고 보기도 한다.[박시형, 1960]

관료전으로 지급된 국유지에 황무지가 포함되었는지는 알 수 없지만, 아마도 옛 백제지역의 토지[김창석, 1997]를 비롯하여 몰락한 귀족에게서 몰수한 토지 등도 상당 부분 포함되어 있을 것이다.

고대 일본이나 중국의 직전 경영을 참고해 볼 때, 문무관료전의 경영도 이들 나라와 크게 다르지 않았을 것으로 짐작된다. 대개 지주전호제나 부역노동(賦役勞動)에 의한 경영관계가 기본이 되었을 것이라고 보고 있다.[김용섭, 1983] 즉, 전호제적인 방식으로 경영되었거나[이희관, 1999], 국가가 역역(力役)의 대역(代役)으로 인정해 준 사력(事力)의 노동력이나 농민들의 요역(徭役)노동에 기초하여 경영되었다고 보고 있다.[윤선태, 2000]

따라서 관료전으로부터는 토지면적에 따라 전조(田租)의 형태로 수취가 이루어졌다고 볼 수 있다. 이점에서, 당시 신라에서는 일반적으로 호등에 근거하여 조를 수취하였다고 보면서, 호(戶) 단위로 분급하여 조세·공부·역역을 수취하였던 녹읍제에서 한 단계 더 진전된 급여제도로 평가하기도 한다. 또 월봉을 폐지하면서 관료전을 확대하여 지급하지 않고 다시 녹읍을 지급한 것으로 보아, 관료전제도는 관료에 대한 대우·보수로서는 기능을 제대로 하지 못하면서 점차 유명무실해졌던

것으로 추측하기도 한다.〔박찬흥, 2002a〕

　한편 사해점촌의 내시령답 4결은 1호당 10~14결에 이르는 각 촌의 연수유전·답 면적이나 촌주위답 19결 70부와 비교해 볼 때 매우 적기 때문에 관료들의 경제기반의 중심은 녹읍이었다고 보는 것이 일반적이다.〔안병우, 1992〕 4결이 너무 적기 때문에 내시령답이 다른 촌에도 설치되었다고 보면서, 신라의 관료전이 여러 촌에 분산되어 지급되었다고 보기도 하고〔旗田巍, 1972〕, 연수유답보다 토지 비옥도가 더 높았다고 보기도 한다.〔이태진, 1979〕 또한 촌주위답이 있는 사해점촌에만 내시령답 4결이 설치되었다는 점에서 촌주를 통해 내시령을 견제하려는 목적도 있다는 견해도 있다.〔이희관, 1999〕

5. 맺음말

　남북국시대 신라 토지제도에 대한 연구는 현재 그다지 활발하지 못하다. 이것은 근본적으로 관련 사료가 절대적으로 부족하기 때문이다. 하지만 시대구분 논의와 관련하여 고대 토지제도의 성격 또는 중세 토지제도의 성격이 무엇인지 이론적인 검토가 이루어진다면, 활성화될 여지는 충분하다고 생각된다.

　필자의 무지 때문이겠지만, 아직도 토지제도가 무엇인지에 대한 엄밀한 고찰도 제대로 이루어지지 못한 듯하다. 토지제도의 개념부터 이론적으로 명확하게 정의하고 난 뒤, 고대 토지제도나 중세 토지제도의 특징과 성격을 정립해 나갈 필요가 있다.

이 점에서 중세 토지제도의 성격을 지주전호제와 전주전객제로 설명했던 이론이 신라 토지제도를 설명하는 데 적합했는지에 대해서 검토가 필요하다고 생각된다. 그리고 그러한 검토작업에는 같은 시기의 일본과 당나라의 토지제도 연구성과와 비교해야 한다. 유럽과는 다르다고 해도, 지주전호제와 전주전객제라는 이론이 당나라나 일본의 토지제도를 설명하는 데에도 유용한 이론인지, 반대로 당나라나 일본의 토지제도를 설명하려는 이론도 신라에 적용시킬 수 있는지 검토해야 할 것이다.

기존의 이론을 확대 발전시키거나, 새로운 이론을 창출해냄으로써, 한·중·일 세 나라의 같은 시기 토지제도의 공통점과 차이점을 분석해 낼 수 있게 된다면, 신라 토지제도에 대한 연구는 새로운 전기를 마련할 것이다. 반대로 이론적 돌파구를 찾지 못한다면, 새로운 자료가 나타나지 않는 한 활발한 연구를 기대하기는 어려울 것이다.

이와 관련하여, 중세 서유럽의 경우에는 영주의 무력과 농민의 토지소유를 매개로, 경제외적 강제와 토지소유라는 개념이 중시되었던 반면에, 국가의 관리가 중시되었던 중국이나 한국의 경우는 토지소유권이 아니라 부세(賦稅)가 사회경제적 관계를 설명하는 중요한 요소라는 지적〔이정철, 2005〕은 귀 기울일 만하다고 생각된다.

박찬흥

‖ 참고문헌 ‖

姜晉哲, 1965, 「韓國土地制度史」, 『韓國文化史大系』 II, 高大 民族文化硏究所.

_____, 1980, 『高麗土地制度史硏究』, 高麗大學校 出版部.

_____, 1989, 『韓國中世土地所有研究』, 一潮閣.

_____, 1992, 『韓國社會의 歷史像』, 一志社.

金容燮, 1983, 「前近代의 土地制度」, 『韓國學入門』, 大韓民國學術院.

_____, 2000, 『韓國中世農業史研究』, 知識產業社.

김창석, 1997, 「7세기 신라에 의한 경제통합과 토지제도 개편」, 『역사와 현실』 23.

金哲埈, 1975, 「新羅의 村落과 農民生活」, 『한국사』 3, 국사편찬위원회.

김기흥, 1991, 『삼국 및 통일신라 세제의 연구』, 역사비평사.

盧明鎬, 1997, 「高麗時代 戶籍 記載樣式의 성립과 그 사회적 의미」, 『震檀學報』 79.

盧泰敦, 1978, 「統一期 貴族의 經濟基盤」, 『한국사』 3, 국사편찬위원회.

림건상, 1977, 「신라의 《정전제》에 대하여(1)」, 『력사과학』 1977년 4호.

박시형, 1957, 「결부(結負)제도의 발생과 발전」, 『과학원창립 5주년 기념논문집』.

_____, 1960, 『조선토지제도사』 상 ; 1994, 『朝鮮土地制度史』 上, 신서원

朴贊興, 1999, 「신라 녹읍의 수취에 대하여」, 『韓國史學報』 6

_____, 2002a, 「新羅 中 · 下代 土地制度 研究」, 고려대 박사학위논문

_____, 2002b, 「新羅의 烟受有田 · 畓과 孔烟」, 『韓國史研究』 116

白南雲, 1937, 『朝鮮封建社會經濟史』 上, 改造社.

安秉佑, 1992, 「6~7세기의 토지제도」, 『韓國古代史論叢』 4

오장환, 1958, 「신라장적으로부터 본 9세기 전후의 우리 나라 사회경제적 상황에 관한 몇가지 문제」, 『력사과학』 1958-5.

尹善泰, 2000, 「新羅 統一期 王室의 村落支配」, 서울대 박사학위논문.

李景植, 1989, 「古代 · 中世初 經濟制度研究의 動向과 「국사」 教科書의 敍述」, 『歷史教育』 45.

_____, 1999, 「新羅時期 祿邑制의 施行과 그 推移」, 『歷史教育』 72.

이순근, 2004, 「녹읍수취의 내용에 대하여」, 『역사와 현실』 52.

李佑成, 1965, 「新羅時代의 王土思想과 公田」, 『曉城趙明基博士華甲記念 佛教史學論叢』.

李仁在, 1995, 「新羅統一期 土地制度 研究」, 연세대학교 박사학위논문.

李仁哲, 1996, 『新羅村落社會史研究』, 一志社.

이정철, 2005, 「문제는 자본주의다—내재적 발전론 비판의 역사인식」, 『내일을여는역사』 22.

李種旭, 1980, 「신라장적을 통하여 본 통일신라시대의 촌락지배체제」, 『歷史學報』 86.

李泰鎭, 1979, 「新羅 統一期의 村落支配와 孔烟—正倉院 所藏의 村落文書 再檢討」, 『韓國史研究』 25.

李賢惠, 1998, 『韓國 古代의 생산과 교역』, 一潮閣.

李喜寬, 1995, 「統一新羅時代의 孔烟의 構造에 대한 새로운 理解」, 『韓國史研究』 89.

_____, 1999, 『統一新羅 土地制度研究』, 一潮閣.

全德在, 1992, 「新羅 祿邑制의 性格과 그 變動에 관한 연구」, 『역사연구』 1.

전덕재, 1997, 「신라 통일기 호등산정 기준」, 『역사와 현실』 23.

_____, 2000, 「新羅時代 祿邑의 性格」, 『韓國古代史論叢』 10.

허종호, 1988, 「리조봉건사회발전의 일반적 합법칙성과 자본주의적 관계의 발생문제에 대하여」 (1) · (2), 『력사과학』 1988-1·2.

_____, 1991, 『조선토지제도발달사』 1, 과학백과사전종합출판사.

宮嶋博史, 1984, 「朝鮮史研究と所有權」, 『東京都立大學人文學報』 167.

旗田巍, 1972, 『朝鮮中世社會史の研究』, 法政大學出版局.

吉田孝, 1972, 「公地公民について」 『坂本太郎古稀記念 續日本古代史論集』 中卷.

木村誠, 1976, 「新羅の祿邑制と村落構造」, 『歷史學研究』 428 別冊 『世界史の新局面と歷史像の再檢討』.

武田幸男, 1976, 「新羅の村落支配–正倉院所藏文書の追記をめぐって」, 『朝鮮學報』 81.

浜中昇, 1986, 『朝鮮古代の經濟と社會』, 法政大學出版局.

野村忠夫, 1953, 「正倉院より發見された新羅の民政文書について」, 『史學雜誌』 62-4.

中樞院調査課 編, 1940, 『朝鮮田制考』, 朝鮮總督府.

和田一郎, 1920, 『朝鮮ノ土地制度及地稅制度調査報告書』, 朝鮮總督府.

신라불교사 연구의 어제와 오늘

1. 연구유형

　　신라불교에 대한 연구는 유적이나 유물이 비교적 많이 남아 있으므로, 연구대상을 쉽게 접할 수 있는 접근 및 자료확보의 용이성으로 인해 많은 논고가 양산되었다.

　　불교는 신라사회에 유입되어 신라불교화하는 과정에서 많은 사건과 설화가 생겨났고, 그 내용이 『삼국유사』에 전해지고 있다. 또한 불교가 오래도록 전해지기를 바라는 염원에서 만든 금석문이 남아 있다. 이러한 자료상의 특성과 그에 따른 한계 때문에 신라불교에 대한 고찰은 정치권력과의 관계 내지는 사회사상으로서 기능하였던 측면에서의 연구, 불교 본연의 교학연구와 수행 그리고 저술에 대한 연구로 이루어졌다.

　　이는 곧 신라사회에서 불교의 역할이 국가권력과 긴밀했는가 미약했는가 하는 관점의 차이를 노정시켰고, 특히 지배층과 승려의 관계가 어떠하였는가 하는 논고가 계율관·저술·자문역 등의 고찰을 통해 나오게 되었다.

　이와 함께 불교신앙에 대한 이해가 깊어지면서 정토신앙·아미타신
앙·관음신앙·미륵신앙 등이 별개의 연구주제가 됨으로써 신라 사회
사의 일면을 불교의 대중화라는 점에서 밝혀주었다. 또한 불교가 중국
을 통해 법상종·화엄종·밀교·선종 등 다양한 종파 형태로 유입되어
신라에도 종파불교가 형성되었다는 견해와 이를 회통시켜 통불교적이
었다고 보는 견해가 도출되어 있다.

　신라 불교가 국교였다는 사실은 승관제와 함께 불교통제기관의 규
명에 대한 관심을 고조시켜 여러 논고가 나왔으며, 근래까지 지속적인
관심의 대상이 되고 있다. 또한 신라의 천도문제와 관련하여 7처가람설
이 언급되었다.

　통일기 신라의 불교는 중대 원효교학의 완성과 화엄종 전교, 하대의
선종 전래로 획을 그을 수 있다. 중대의 원효교학은 화엄종, 법상종과
함께 교학불교의 번성을 이루었으므로 원효와 의상, 태현과 진표에 관
한 연구가 주류를 이루었다. 또한 이 시기에 지어진 많은 저술들이 일
실되었으므로, 이에 관심을 보이기도 하였다.

　하대의 선종은 9산선문과 개별산문이 호족 내지 왕실과 결합된 사
실이 나말여초의 변화상과 맞물려 연구된 바 있는데, 이는 곧 선사비문
의 탐구로 이어져 번역과 주석작업이 잇달아 일어났고, 이에 힘입어 정
치-사회사 연구에 도움을 주고 있다.

　신라의 불교유적 가운데 사찰에 대해서는 전반적인 고찰이 이루어
졌을 뿐만 아니라 개별 사찰의 다양한 면모에 대해서도 깊이있는 연구
들이 진행되었으며, 지역적인 고찰도 있었다.

　특히 생명윤리에 대한 관심으로 신라불교의 생명관·생사관·죽음

관 등이 연구대상이 되었고, 여성사의 일환으로 신라 여성들의 신앙생
활과 비구니들의 수행모습이 고구된 바 있다.

2. 신라불교사 연구의 어제와 오늘

신라불교에 대한 역사적 연구의 초기에는 승관제와 불교정책[이홍직, 1959], 그리고 정토사상[안계현, 1961]에 관심이 있었다. 이러한 개론적인 연구에 힘입어 1970년대에는 신라 중대에 교학불교 특히 화엄종이, 하대에 선종이 유행하였다는 것이 중점적으로 언급되면서, 중대의 화엄종과 하대의 선종이라는 도식이 만들어졌다고 할 수 있다.

즉 신라 중대의 화엄종이 전제왕권의 사상적 뒷받침을 해주었다는 이기백(1972)의 견해와 중대 교학불교에 대한 반성으로 하대에 선종이 유입되어 9산파를 이루었다는 최병헌(1972)의 연구, 낭혜·순지 등 신라 하대 선사들의 선사상을 구체적으로 언급한 김두진(1973)의 연구가 그것이다.

이러한 연구에서 신라의 화엄종이 중대 문무왕의 정치상황과 연결되어 있었다는 점과 선종이 하대의 변혁사상으로서 부각되었다. 이와 함께 신라의 법상종과 신인종에 관한 연구가 미술사적 측면에서 문명대(1974, 1976)에 의해 고구되었다.

신라 중대 화엄종에 대한 연구는 1980년대 들어 김상현(1984)이 이기백의 견해에 의문을 제기하면서 논쟁이 촉발되었다. 이와 함께 고익진·김복순(1988)·김두진(1992)·전해주(1988)·정병삼(1991) 등이 신라의 화엄종

과 화엄사상, 그리고 의상에 대한 논고를 내었다.

이 논쟁 이후 신라의 화엄종에 대한 연구가 증폭되어 신라 중대는 물론 하대의 화엄종에까지 논의가 넓혀졌고, 원효와 의상의 화엄사상에 관한 연구도 활발해졌다. 또한 신라 중대의 화엄종과 함께 유가계통의 불교에 대한 관심도 일어나게 되었다. 그리고 이 무렵부터 역사학계와 불교학계, 철학계의 논의가 서로 참고가 되고 인용되면서 논문의 깊이가 더해지게 되었다.

신라의 정토신앙에 대한 연구는 아미타신앙 등으로 이어져 미륵신앙·관음신앙 등 신라 중·하대의 귀족은 물론 서민들의 신앙형태가 연구되었다. 일반민들의 신앙에 관심을 보인 연구로는 정토신앙·아미타신앙·미륵신앙·관음신앙의 연구가 나왔다. 안계현과 이기백의 정토신앙과 김영미의 아미타신앙, 김혜완과 김남윤의 미륵신앙, 김영태·정병삼의 관음신앙 연구가 있다.

불교사상에 대한 연구와 함께 승관제에 대한 연구가 왕실사원[이영호, 1983]·성전사원(成典寺院)[채상식, 1984] 등에 대한 연구로 이어지면서 구체적인 불사조영체계가 점차 밝혀지게 되었다. 불교가 신라의 지배이념으로 자리하면서 사찰과 승려들의 숫자가 늘어나자, 이에 대한 통제기관으로 승관제에 대한 연구가 구체화되었는데, 근래에는 이수훈(1990)·박남수(1995)·정병삼·곽승훈(1995)에 이어 남동신과 윤선태(2000)도 가담하면서 연구가 증폭된 바 있다.

원효에 대한 연구가 심화되면서 통불교 내지 회통불교·화쟁불교라는 용어가 보편화되어, 신라불교의 종파성에 대한 논의를 무색하게 만들었다. 이에 학파불교라는 용어가 등장하기도 하였지만, 의상의 화엄종, 명랑의 신인종, 진표의 법상종·선종 등을 들어 다양한 종파성이 언급되기도 하였다.

신라불교 연구 역시 일반사 연구와 마찬가지로 자료의 발견이 매우 중요한 과제였다. 신라 중고기의 연구가 금석문의 연이은 발견에서 고조되었다면, 신라 중·하대의 불교 연구는 금석문의 판독과 번역, 역주 등이 이루어지면서 훨씬 풍부한 내용을 갖게 되었다. 황수영과 허흥식에 의한 금석문 자료의 수집과 판독, 이지관에 의한 신라 고승비문 역주, 한국역사연구회의 나말여초 선사비문의 역주작업이 그것이다. 이 고된 작업은 개별 고승과 선사에 대한 연구와 함께 금석문 자체에 대한 연구도 활성화시킨 점이 있다.

신라 중·하대는 많은 고승들이 배출된 시기로서 개별 인물에 대한 연구가 활발하였다. 원효와 의상, 원측과 무상, 태현·혜초·무루 등의 입당구법승과 낭혜·순지·진감 등에 대한 연구가 나왔다. 의상에 대한 연구는 김상현·김복순·전해주·정병삼·김두진이 각기 단행본을 내어 정리하였다. 원효에 대한 연구는 이기영의『원효의 세계관』에 이어 이종익·은정희·이평래·김성철 등 불교학자들의 연구와 남동신·김상현 등의 연구가 역시 단행본으로 간행되었다.

이러한 많은 연구로 원효의 화쟁사상은 연구사로 정리까지 하였고〔김상현, 1995〕, 신라 중대 불교의 성립을 원효교학의 완성으로 보는 입장〔남동신, 1998〕과 신라 중고기 불교의 완성태이자 중대 교학불교의 번성을 알리는 단초로 원효를 들고 있기도 하다.〔김복순, 2005〕

원측과 무상·태현에 대해서는 정영근·고영섭·이만 등 불교학자들과 김남윤·남무희 등이 심도있는 연구를 해주었고, 입당구법승과 선승에 대해서는 여성구·정성본·조범환 등의 연구가 돋보인다.

우리 문화유산에 대한 관심이 고조되면서 신라의 사찰과 유적·유물이 관심의 대상으로 떠올라 이에 대한 연구가 활발해졌다. 불국사·석굴암·황룡사·분황사·흥륜사·성주사·삼화사·금산사·화엄사 등 신라의 불교사원에 대한 개별적이고 종합적인 연구가 이루어졌다. 이러한 연구는 또한 지방사 연구로 연장되어 『강원불교사연구』와 같이 일정지역의 불교사를 점검한 연구서가 몇 편 나왔다.

이와 함께 중국과의 수교가 이루어지면서 많은 연구자들에게 한·중 역사와 관련된 유적지 특히 불교문화유적지를 답사할 수 있는 기회를 주었고, 이에 따라 중국 선종사와 연관된 신라 선종 내지 중국 내의 신라불교에 대한 연구가 활발해졌다. 또한 무상, 지장, 장안의 종남산, 적산법화원과 관련된 내용이 정성본·김훈·변인석·김문경 등에 의해서 고구되었다. 그리고 신라 구법유학승에 대한 관심이 고조되면서 『입당구법순례행기』의 역주와 이를 이용한 논고가 나오기도 하였다.

불교의 계율에 대한 연구로는 최원식·채인환의 연구가 있다. 이러한 연구는 생명윤리에 대한 관심으로 옮겨지면서 불교의 생명윤리·계율·생사관 등이 부각되기도 하였다. 또한 여성사의 일환으로 신라불교사에 나타난 여성의 신앙생활과 승려들의 여성관에 대한 관심을 고려와 조선으로까지 확대하여 여성사의 측면에서 불교를 이해하기도 하였다.

〔김영미〕

그리고 신라의 전불시대 7처가람설을 중대 말부터 하대 전반기에 왕실과 승려들에 의해 초전불교를 강조하기 위해서 신라불국토사상으로 형성되었다고 보는 견해〔신동하, 2000〕와 근래 왕경의 천도와 관련하여 이를 반대한 신라 귀족들에 의하여 형성된 설로 이해한 논고〔김복순, 2005〕도 있다.

3. 왕권과 신앙, 그 상관관계

신라불교에 관한 연구는 그 시각에 따라 많은 차이를 보이고 있어 자연 여러 쟁점을 노출하고 있다. 신라의 화엄종은 여러 쟁론이 있었던 부분이다. 화엄종이 신라 중대 왕권을 뒷받침해준 사상이었느냐는 문제에서부터 의상이 왕경의 사찰에 주석하였는가 하는 문제 등 다양한 쟁론을 가지고 있다.

신라 중대 화엄종에 대한 연구는 1980년대 들어 김상현(1984)이 이기백의 개설서에서 언급한 견해인 '일즉다(一卽多) 다즉일(多卽一)'의 원융사상이 중대 왕권의 전제성 강화를 정신적으로 뒷받침하였다는 내용에 의문을 제기하면서 논쟁이 촉발되었다. 즉 초세속의 종교이념을 세속의 정치이념으로 해석하는 것에 대한 반론이었다. 이 문제는 1988년 제140회 한국사월례발표회에서 김복순이 「신라 중대 화엄종과 왕권」에 대해 발표를 하고, 이기백·김상현·김지견·최병헌이 토론에 참가함으로써 공식적인 논의가 표출되었다. 이 논고에서 신라의 화엄종이 중대보다는 하대의 왕권과 관계가 긴밀하였음을 주장하였다. [김복순, 1988]

이 논쟁 이후 신라 중대의 왕권과 화엄종이 연관되어 있다고 본 논고와 이를 부정한 주장으로 나뉘게 되었다. 전자의 김두진(1992)은 의상의 화엄교학과 황복사 주석 등을 들어 중대 왕권과 밀접히 연관되었음을 횡진법계관(橫盡法界觀)과 성기사상(性起思想)에 입각한 것으로 밝히고 있다. 이들의 관련을 부정하는 입장은 유교를 지목하여 대안으로 제시한 견해[김상현, 정병삼]와 유가(瑜伽)·유식(唯識) 계통의 불교가 중대 왕권과 관련된 것으로 보는 견해〔김복순〕로 나뉘어 있으나, 신라 화엄종에 대한 연구는 계속 증폭되어 의상과 원효의 화엄사상에 관한 연구는 물론 의상 개인에 관한 연구도 활발해졌다.

근래 의상의 화엄사상과 전제왕권을 연결시켜 보는 이론적 근거가 되었던 가마타(鎌田茂雄)의 중국 화엄종 연구배경을 밝힌 남동신은, 의상 화엄사상의 역사적 의의는 정치 이데올로기가 아닌 화엄사상의 평등성에 의거하여 교단 내에서 실천하려고 노력한 것으로, 당시 지배질서에서 소외되어 있던 지방민과 하층민을 중시한 데서 찾을 수 있다고 보았다.〔남동신, 1996〕

이에 이시이(石井公成)의 「화엄철학은 어떻게 일본의 정치 이데올로기가 되었는가」하는 논고가 최연식에 의해 번역 소개되기도 하였다. 또한 일본의 한국 화엄학 연구동향에 대해 조윤호·사토(佐藤厚)가 1900년부터 2000년까지 일본의 「한국불교연구동향에 대한 역사와 전망」의 한 장으로 살펴보았고, 김천학이 일본에서 의상을 연구한 23명의 63편에 달하는 논문을 정리해서 발표하였다. 이와 함께 최연식은 국내의 의상 연구의 현황과 과제를 연구사와 쟁점, 과제로 나누어 정리한 바 있다.

이렇게 많은 논고와 연구사 정리가 이루어졌지만 화엄사상과 왕권을 연결시켜 보는 논쟁의 핵심은 의상의 행보에 있다고 생각된다. 즉 의상이 중국 유학 이후 왕경에 머물면서 제자들을 가르쳤는가 하는 점과 의상의 많은 제자들이 과연 왕경불교계에서 영향력을 행사하였는가의 규명에 있다고 생각된다. 그리고 구체적으로는 황복사와 관련된 내용과 경덕왕대의 인물인 표훈의 규명에 있다고 생각된다. 『화엄경문답』, 「백화도량발원문」등 의상 저술의 진위문제라든가, 의상의 화엄사상과 신앙, 사상의 계승〔최연식〕은 이 문제들이 제대로 밝혀진다면 새로이 읽어야 할 부분들이 나올 것이기 때문이다.

의상의 출가사찰로 알려진 황복사에는 의상이 주석하여 표훈에게 강의한 것으로 되어 있으나, 704년에 작성된 「황복사 금동사리함명문」에는 702년에 입적한 의상 내지 그 제자 및 표훈과 관련된 사항을 찾아볼 수 없다는 점이 주목된다. 의상과 그의 제자들은 부석산과 소백산에서 『화엄경』을 강하고 배우는 모습이 부각되어 있고, 문무왕의 토목공사를 반대하면서 기층민을 위한 관음신앙과 미타신앙을 보급하고 있어, 왕과 공경대부를 대상으로 강의를 펼쳤던 백고좌회의 강경승이나 국통들과는 그 활동상에서 대조를 이루고 있다.

근래 일본의 고대 화엄불교에 원효와 법장의 영향이 있었던 것으로 밝힌 논고가 있다.〔최연식, 2003b〕 이는 왕경불교의 일본 전래라는 견지에서 보면, 의상보다는 원효와 법장 관계 장소가 왕경의 화엄불교적 성격을 가지고 있었음을 보여주는 것이라 생각된다.

표훈은 의상의 직제자로 나오기도 하지만 역사상 경덕왕대의 대덕으로 나오고 있어 그의 생년에 대한 연대가 문제가 된다. 표훈이 의상과 만난 해인 상원(上元) 원년의 연호를 760년〔당 숙종, 신라 경덕왕 19년〕의 연대가 있음에도 674년〔당 고종, 신라 문무왕 14년〕으로만 보고 760년은 전혀 검토의 대상이 되고 있지 않다는 사실이다. 표훈이 경덕왕대 인물임을 감안한다면 당연히 후자를 택해야 함에도 불구하고, 의상의 직제자라는 사실에 얽매여 674년설을 택하고 있는 실정이다. 때문에 표훈은 나이가 매우 늘어날 수밖에 없는 기현상을 초래하고, 의상의 손제자인 신림과 같이 언급되고 있는 실정이다. 이 두 문제가 좀더 정확히 밝혀진다면, 의상과 동 시기 불교계와의 관련성 문제는 자연스럽게 드러날 것이라고 생각된다.

신라 중대 불교의 성립시점을 어디로 잡을 것인가 하는 점은 쉽지 않은 일이라고 생각된다. 이 문제와 관련하여 원효는 매우 중요한 의미를 가지고 있다. 신라불교사상 연구의 반 이상이 원효 연구라 해도 과언이 아닐 만큼 많은 논고가 있다. 이기영(1967)·이종익·조명기·김지견·은정희·고익진 등 불교학자들에 의해『대승기신론소』와『금강삼매경론』등 그의 저술에 관심이 집중되었다.

근래 남동신(1998)과 김상현(1995) 등의 역사학자들이 역사적 관점으로 원효를 이해하면서 사상사적 의의를 언급한 바 있다. 그 하나가 중대 불교의 시점을 원효가『금강삼매경론』을 찬술한 시기로 보고 있다는 점이다. 원효는 신라불교계의 사상적 흐름을 계승하고 현장이 전한 신유식과 의상의 화엄사상까지 받아들임으로써 완성된 교학체계를 구축하였는데, 7세기 동아시아 불교계의 최대의 과제였던 신·구역 불교의 대립을 극복하려는 관점에서『금강삼매경론』을 저술하였다는 것이다.

반야공관의 입장에 선『금강삼매경』은 진경설·중국성립설·신라성립설이 나와 있다. 남동신은 신라성립설에 힘입어 신라의 대안을 비롯한 대중교화에 뜻을 둔 일군의 승려들이 범행장자를 주요 등장인물로 하여 편찬하였는데, 원효는『대승기신론』의 일심이문의 체계를 빌려와『금강삼매경론』을 저술하여 신유식과 화쟁시키고 일미관행(一味觀行)의 실천적 과제를 제시함으로써 중대 불교의 성립을 가져왔다고 본 것이다.

또한 김복순(2005)은 신라 중대 불교를 살피면서 원효는『판비량론』(671)을 저술하여 현장의 신유식에 오류가 있음을 지적하고 중국 불교학자들을 비판하는 한편, 신라불교 교학의 우수성을 천명함으로써 후대까지 '분황의 진나'로 칭송받게 되었으며, 중대 불교교학의 번성을 연 계기가 되었다고 보았다. 또한 신라불국토설의 연장으로 왕경의 전불시대 7처가람설을 정립시켜 신라불교의 독창성을 내세운 것으로 보았다.

신라 중대 사회사상으로서 불교의 역할은 왕권과 사회, 국가권력과 승려의 문제인데, 신라불교계는 국가권력에 종속되어 있었고 승려들은 그 사실에 대해 이의를 제기하지 않은 채 받아들이고 있었다고 본 김영미는, 국가권력이 전국을 장악할 수 없는 상황에 처하지 않는 한 왕권에 배치되는 불교는 존재할 수 없었음을 알 수 있다고 하였다.

그렇지만 불교통제기관의 불교계 장악과는 달리, 포산의 반사와 첩사 같은 은일사를 비롯하여 혜공과 혜숙 · 연회 등과 같이 오히려 국가에서 그들을 포용하는 등 그 모습이 다양하게 나타나고 있다. 이러한 불교와 국가권력과의 종속관계와 관련하여 의상의 행보는 매우 중요한 의미를 가진다고 생각된다. 국왕이 하사한 토지와 노복을 받지 않았다는 것은 그가 국가에 종속되지 않으려는 의도가 다분히 있었다고 보이기 때문이다.

신라에 종파불교가 있었는가 하는 문제는 공식적인 논의가 이루어진 바 없다. 각기 논문을 통해 의견을 개진했을 뿐이기 때문이다. 그렇지만 화엄종 · 법상종 · 유가종 · 선종 등으로 쓰고 있다는 것은 종파불교의 존재를 인정한 것이다. 또한 고려시대부터 종파불교를 인정하여 신라의 경우 학파불교를 내세우고 있는 허흥식(1983)의 경우에도 신라의 화엄종과 법상종의 명칭은 그대로 쓰고 있어 역시 종파불교의 연장선상에 있다고 생각된다. 원효를 대표적 인물로 내세워 통불교를 주장한 배경에는 신라불교의 통화성과 요약성을 강조한 것이라 생각된다.

〔회〕통불교는 최남선이 '통불교'라는 용어로 원효의 불교사상을 정의한 이래 박종홍 · 조명기 · 이기영에 의해 더욱 부각되면서 별다른 비판없이 쓰여 온 용어로서, 초종파적 · 초국가적 · 범인류적인 이념을 표방하는 것으로 간주되고 있다. 이에 대해 심재룡 · 길희성의 비판이 있었고, 이봉춘 · 조은수로 이어지는 논쟁이 있었다. 이는 원효사상에서

한국적이면서도 보편적인 특성을 찾으려는 데서 온 현상으로서, 신라불교에 보이는 다양한 모습이 밝혀진다면 해결될 수 있을 것으로 보기도 한다.(조은수, 2004) 한편 종파나 학파보다는 계파라는 용어를 쓰는 것이 타당하다는 주장(김재경, 1982)도 있다.

신라 중대의 불교통제기구로 나오는 사원성전에 관한 연구에 여러 학자들이 의견을 개진하였다. 이홍직(1959)의 연구에 이어 성전사원을 중대 왕실의 원당으로 봉사(奉祀)를 수행한 관사적 기능이 강조되고(이영호, 1983), 중대 성전사원을 불교계를 통제하는 승정기구로 보기도 하였다.(채상식, 1984) 또한 사료에 나오는 정관과 정법전을 같은 기구로 이해한 이홍직·이수훈(1990)·정병삼의 견해와는 달리 서로 다른 기구라든가 혹은 계승관계에 있었다고 보는 변선웅·곽승훈(1995)·나카이(中井眞孝)·박남수(1995) 등의 주장도 있다.

또한 원성왕대에 정법전이 설치되면서, 정관인 실무관원 대사와 사를 승려로 교체한 것에 대해서는 모두 주목을 하면서도 그 의미에 대해서는 의견이 달리 나타나고 있다. 즉 신라 하대에 불교계가 확대되었으므로 국가가 승려들의 자율적인 면을 인정하여 관원을 승려로 임명한 것으로 보는 이들(이수훈, 1990 ; 박남수, 1995)과, 중대 말기 귀족들의 지방이주에 따른 잦은 불사로 인한 세력형성에 대처하기 위해 국왕이 설치한 것으로 보기도 한다.(곽승훈, 1995 ; 채상식, 1984) 곽승훈은 특히 재행있는 승려를 교학에 밝은 화엄종 계통의 승려로 보고, 정법전 승관과 황룡사 승려를 연결지어 보았다. 즉 정법전의 승관에 임명된 승려들은 주로 황룡사 출신의 승려로서 화엄교학에 조예가 깊은 승려로 본 것이다.

근래에는 신라의 국가의례와 관련하여 사원성전의 기능을 살핀 견해(윤선태, 2000)가 나와 주목을 끌고 있다. 이 견해에 의하면, 사원성전은 불교적 국가의례를 재정적으로 지원한 '봉사(奉祀)'관련 관부로 파악했다. 즉 신라 중대 왕권은 당의 정관례를 기초로 하여 오묘제 이하 대·중·소 사의 국가의례를 완성하였는데, 국가의례를 위한 관원조직이 설치되어 있었던 성전사원은 중사(中祀)와 관련된 제장(祭場)으로서의 역할을 수행 하였다고 본 것이다.

신라불교에서 신앙과 신앙결사는 민간의 신앙을 알 수 있게 해주어 중시되고 있는 부분이다. 중대에는 아미타신앙·정토신앙·미륵신앙· 관음신앙·지장신앙 등이 개인적으로 혹은 결사의 형태로 행해져 불교 의 대중화가 이루어졌다고 평가되고 있다.

신라의 아미타신앙은 안계현·김영태·문명대에 이어 김영미·김재 경 등에 의해 깊이있게 고구되었다. 이들에 의하면, 신라 중대와 하대의 아미타신앙은 종파에 관계없이 널리 행해졌으며, 특히 신앙사례가 경덕 왕대에 집중되어 있어 전제왕권과 관계가 있는 것으로 파악되기도 하 였다.〔문명대〕 또한 아미타신앙을 무열왕의 등장과 관련시켜 보기도 하였 다.〔김재경, 1982〕 아미타신앙이 민생안정을 통한 왕권강화를 추구하던 중 대왕실과 관련되어 사상적 뒷받침을 해준 것으로 파악한 김영미(1993)는 이어, 불성론을 아미타신앙과 연관지어 일반민들도 성불할 수 있다는 가능성이 열리면서 이를 쉽게 성취할 수 있는 방법으로 정토왕생이 권 유된 것으로 보았다. 그는 원효·법위·의상·의적 등이 일반인에게 아 미타신앙을 권유하면서 성불 가능성과 극락왕생을 강조하여 통일기 신 라의 변화에 사상적으로 영향을 준 것으로 보고 있다. 또한 승려들의 인간관·현실인식 등에까지 관심을 확대시켰으며, 인과응보와 윤회사 상은 현실의 신분제도를 합리화한 것으로 보았다.

신라의 관음신앙은 신분에 관계없이 두루 나타나며, 현세이익 위주의 현실적 성격이 강한 것으로 보고 있다.〔정병삼〕특히 의상 이후 크게 확산된 것으로 보아 그의 「백화도량발원문」이 주목되어 그 진위에 대한 논란이 있기도 하다.

신라에서의 신앙결사로 만일결사 등 수행단체가 결성된 것에 주목하여 신라인의 신앙형태가 연구되었다. 민간의 신앙형태가 왕실에까지 이어져 사경·독경과 같은 화엄결사 등이 성행하였다. 그리고 산동의 적산법화원에서의 법회 모습이 밝혀져 해외에서의 신행형태가 알려지기도 하였다.

신라의 법상종에 대해서는 문명대에 이어 김남윤·김복순이 주목한 바 있다. 법상종·유가종·유가계 등 그 표현이 다르기는 하지만, 도증〔문명대, 1974〕·태현〔김남윤, 1984〕·진표〔김복순〕·순경〔김상현〕·의적〔최연식, 2003a〕등을 법상종의 종조로 내세운 의견들이 개진되어 있다. 신라 중대 법상종 승려들이 미륵신앙과 깊은 관련을 가지고 있음은 오형근·김남윤 등에 의해 천착되었다. 인도의 무착과 세친에 의해 확립된 유가유식사상은 현장이 들여와 역출해 낸『유가사지론』·『성유식론』등의 신유식과 이전에 들어와 있던『섭대승론』의 구유식이 신라에 지속적으로 유입되었으므로, 신라승들은 이들을 모두 섭렵하여 광범한 연구를 수행하였고 많은 주석서를 내었다. 이들은 서명학파 내지 자은학파로 분류되기도 하는데, 원효처럼 독자적인 견해를 가지고 현장 등 중국 불교학자를 비판하여 동아시아 불교계의 한 획을 그은 이도 있었다고 보고 있다.

최근 최연식〔2003a〕은 의적을 현장의 문인으로 보고, 의적이『성유식론』에 대한 주석서를 남김으로써 신라 법상종 형성에 중요한 역할을 하였다고 보았다. 즉 그의 저술은 원효와 태현을 연결하는 신라 법상종의 중심적 맥에 있으며, 금산사에 주석하여 진표의 법상종에 유식학적 측면에서 영향을 주었다고 보았다.

이렇게 법상종의 종조로 도증·신방·의적·태현·진표가 등장하는 것은 원측의 서명학파(西明學派)와 규기의 자은학파(慈恩學派)를 비롯한 유가 유식계통의 불교가 원측의 제자인 도증의 귀국과 함께 지속적으로 신라에 유입되면서 일가를 이룬 이들이 많았음을 의미한다고 생각된다. 그것은 이들이 남겼다는 많은 저술이 입증하는 바로서 근래 이들의 일실된 저술에 관심을 갖고 이를 해명한 논고들이 보고되고 있다.[김상현 ; 이만, 1990~1992] 이에 경덕왕대에 이르러 태현은 이론적인 측면에서 유가의 조, 진표는 실천적인 측면에서 법상종의 조로 추앙받음으로써, 신라의 법상종은 태현과 진표 단계에 이르러 비로소 신라에 뿌리내리게 된 것이 아닐까 한다.

신라의 계율에 관한 연구는 최원식[1996]에 의한 범망경보살계를 중심으로 한 연구가 돋보인다. 승장·의적·태현·원효의 보살계관을 꾸준히 규명한 최원식은 이를 근거로 성격과 의의를 밝히고 있다. 원효가 현장(玄奘)의 불교에 민감했던 점을 감안한다면, 중국에서 새로이 주목받게 된 유가계와 수·당대에 널리 연구되고 있던 범망계와의 조화·융회를 어떻게 도모할 것인가를 시대적 과제로 인식하여, 최초로 보살계에 대한 체계적이고도 종합적인 검토를 통해 보살계사상을 본격적으로 신라 사회에 수용 정착시키는 데 이바지하였다고 보고 있다.

한편 신라 승려들의 범망보살계를 보는 시각은 『유가론』에 의지하여 유가계에 토대를 두고 『범망경』을 이해한 승장·의적·태현과 특정 경론에 의지하지 않으면서 주석한 원효로 나누고 있다. 이러한 보살계는 일반사회에 널리 유통되었고, 실제 보살계를 받은 재가신자도 많았다. 보살계사상은 국왕과 집권자들에게는 왕권의 합리화와 안정에 이용할 수 있었고 선정을 유도하는 역할도 하였다. 또한 골품제사회에서 일반 민중들에게 평등의식을 고취하고 정신적 위안을 주었을 뿐 아니라 유불의 조화와 효순사상이 강조된 것으로 보았다.

신라의 밀교는 명랑 이래 혜통·혜초에 이어 의림·불가사의·혜일 등에 의하여 애장왕대까지 당으로부터 지속적으로 전래되었다. 『관정경』·『금광명경』·『대일경』이 밀접히 관련되어 있었으며, 새로이 역출된 밀교경전들이 속속 신라에 유입된 상황이 문명대(1976)·고익진·홍윤식·정병삼(2005) 등의 논고로 밝혀졌다. 그리고 신라불교 전반에 나타나고 있는 밀교적 성격은 여타의 종파, 신앙과 뒤섞여서 나타나고 있어 명확히 언급하기 어려운 점이 있다. 그러나 호국과 관련되어 주로 탑에 경을 봉안한 다라니신앙과 치병과 관련된 약사신앙, 화엄 신중신앙 등이 유행했다.

특히 오대산의 신앙결사는 불공(不空)에 의한 밀교의 전개와 징관이 밀교의 금강만다라의 세계관을 근거로 교의를 확립한 이후에 생겨난 것이므로 신라에 청량(淸涼)·징관(澄觀)의 『화엄경소(華嚴經疏)』가 전해진 799년 이후 오대산의 화엄결사가 이루어졌다고 보기도 하고〔김복순·김두진〕, 자장의 문수신앙을 근거로 성덕왕대에 이루어진 것으로 보기도 한다. 〔신종원·정병삼〕

신라 중대 유학승으로 많은 저술을 남기고 있으면서도 그의 생애에 불분명한 부분으로 논쟁이 일고 있는 인물은 원측이다. 원측에 대해서는 조명기·박종홍·오형근·신현숙·고익진·정영근·고영섭 등 주로 불교학자에 의해 그의 유식사상이 심도있게 고구되었다. 역사학 쪽에서는 김남윤〔1984〕이 신라의 법상종 성립과정에서 고찰하였고, 남무희·권덕영에 의해 그의 씨족연원과 신분, 저술활동과 역경 참여 그리고 입당과 귀국 등이 다루어진 바 있다. 원측은 대개 신라 왕족일 것으로 이해되어 왔으나, 최치원의 「고번경증의대덕원측화상휘일문(故翻経證義大德圓測和尙諱日文)」에 무게를 두어 신라 서울의 모량부 사람으로 6두품 내지 5두품을 가진 손씨일 것으로 추측한 견해가 있으나〔권덕영, 1992〕, 최근 원측을 북연출자의식(北燕出自意識)을 표방한 모량부 박씨 왕족의 후손이었을 것으로 본 견해도 도출되어 있다.〔남무희, 1999〕 또한 불국사의 삼성강원에 나오는 원측의 존재로 3인의 원측을 상정한 견해〔김영태, 1994〕도 있으므로 세밀한 검토를 요한다고 하겠다.

한·중 불교문화의 교류로 신라승들의 유학지와 장안의 종남산에 대한 내용이 변인석·진경부(陳景富) 등에 의해 많이 밝혀졌으며, 특히 적산법화원의 내용이 『입당구법순례행기』와 관련하여 신라소·신라방과 같은 교민사회와 구법유학승에 대한 관심과 함께 고조되었다고 할 수 있다.

입당구법승 전반에 대해 살펴보고, 특히 고국에 돌아오지 않은 혜초·무상·지장·무루 등 성덕왕대부터 경덕왕대까지 활동했던 승려들에 주목한 여성구(1990)는, 그 가운데 무루를 성덕왕의 아들로 추정하고, 당 장안 백초곡에서 밀교계통의 보승불을 칭념하며 수행하다가 숙종의 꿈에 나타난 것을 계기로 그의 행궁에 머물다 입적한 것을 밝히고 있다. 혜초에 대한 관심도 높아져 그의 저술에 대한 역주〔정수일〕도 나오고, 고병익의 고전적 연구에 이어, 그의 불교사상을 알 수 있는 논고들이 새롭게 조명된 바 있다.〔정병삼, 2005〕

신라 하대의 선종연구는 최병헌·김두진에 의해 오랫동안 이어졌으며 그 기초가 쌓여졌다고 해도 과언이 아니다. 이들은 기본적으로 불교와 권력이 연관되어 있다는 전제하에 주로 하대의 선승들과 호족과의 관계를 논하는 내용의 논고들을 양산하였다. 즉 신라 하대 선사들을 대개 지방호족과 연결시켜 개혁성향을 지닌 육두품과 함께 신라말 고려초의 변혁세력으로 이해한 것이다. 이후 한기두·김영태·고익진·추만호 등에 의해 선사상에 대한 내용이 지속적으로 연구되었다. 특히 중국 선종의 성립사를 연구한 정성본은 신라 선종을 형성문제와 선사상·참구설·정중무상·위앙종선풍 등 다양한 각도에서 고찰함으로써 신라 선종연구에 깊이를 더해 주었다.

그러나 선종과 권력과의 관련 문제에 대해서는 서로 다른 견해가 나와 있다. 선종의 승려들이 중국에서 귀국하여 연계된 세력이 과연 누구인가 하는 문제로서 초기에는 호족 일변도로 설명되어 왔다. 즉 최병헌에 의해 주장된 성주사 개창의 기반인 김흔이 김양 세력과 연계된 것 등이다. 그러나 선승들의 비문에 의하면, 선승들과 호족과의 관계뿐만 아니라 왕실과의 관계도 여러 사례가 보이므로 이를 관계시킨 논고도 나오게 되었다.〔고익진, 1984 ; 한기문〕 최근에는 선사들은 선종의 홍포를 목적으로, 왕실은 인심수람의 차원에서 서로간에 탄력적으로 연결되어 있었던 것으로 이해하기도 하였다.〔조범환〕 한편 선종 9산문을 13산문 정도가 되는 것으로 비판한 논고도 있었다.〔허흥식, 1983〕 한편 선사들의 신분에 주목하여 낭혜의 득난조를 고구한 논고도 있다.〔남동신〕

신라 하대의 선종은 자료가 풍부한만큼 개별 산문에 대한 연구가 이루어지기도 하였다. 낭혜와 성주사, 순지·도선·범일과 굴산사·혜소·동리산문·가지산문·사자산문·봉림산문·희양산문 등이 최병헌·이개표·박정주·최인표·조범환·김영태·김복순 등에 의해 연구되었다. 이 가운데 낭혜와 성주사가 가장 많이 연구되었는데, 양조의 국사로서 활약한 낭혜의 위치와 비문내용의 풍부성 등이 작용한 때문이라 생각된다.

선종은 사자상승이라는 독특한 전법형식 때문에 법계를 중시하는 경향이 있다. 그런데 희양산파인 도헌의 비문과 그의 법손인 체징의 비문이 기록한 법맥이 북종선과 남종선으로 달리 기록되어 있어, 체징에 이르러 법맥을 고친 것으로 보고 있는데〔김영태, 1979〕, 이는 신라에서 북종선이 남종선에 합쳐져 가는 현상을 이렇게 표현된 것이 아닐까 한다. 이에 대해 선사들의 계보인식에 대한 전반적인 변조사실에 주목한 견해〔김영미〕도 있다.

그리고 9~10세기 신라 유학승들의 중국 유학 당시의 동선을 추적하여, 초기에는 이들이 오대산과 종남산으로 나아갔으나 점차 남종선의 선사들을 찾아 강서 내지 호남으로 나아가는 경향을 고구하였고, 종조인 석가모니의 권위를 찾아 인도를 순례하였던 경향이 조사로 그 권위가 대치되면서 6조 혜능의 탑이 있던 소주 조계산을 찾게 된 상황을 선사들의 동선을 통해 확인하였다.〔김복순〕

이상의 특징은 선사 개인의 생애와 사상뿐 아니라 그와 연관된 정치경제적 배경과 주변적인 상황까지 함께 살펴봄으로써 신라 하대 역사 일반에까지 그 영역을 넓힐 수 있었다고 하겠다.

신라 하대의 불교에 대해서는 선종 일변도의 연구에서 벗어나 화엄종·법상종·미륵신앙·밀교 등 다방면으로 관심이 확대되었다. 화엄종은 선종이 교학불교를 비판하면서 버렸던 것으로 이해한 데에서〔최병헌, 1972〕, 선과 교가 융섭하여 병립 내지 양립한 것으로 밝혀졌다. 즉 기존의 교종과 새로 유입된 선종이 모두 왕실의 존숭과 신행의 대상이 되고 있어, 중대 이래 화엄종은 화엄결사와 화엄사찰의 건립 등을 통해 그 세가 지속되었으며, 해인사가 그 중심에 있었다고 보고 있다.〔고익진·최원식·김복순·김상현·추만호·조경시〕

특히 화엄결사로 60화엄과 40화엄이 사경되고 선교일치적인 교판관을 가진 청량 징관의『화엄경소』가 799년에 신라에 유입됨으로써 선사

들도 화엄교학의 수학을 중요시하였다고 보고 있다.〔조경시, 1989 ; 김복순〕
결국 신라 하대 선종과 화엄종의 관계는 선종이 화엄종에 영향을 주어
화엄교학 내에 선종의 종지를 포용하는 단계에서 선종이 화엄의 동일
성 교학을 채용하는 융회의 단계로 발전하고 있다고 본 것이다.

신라 하대의 법상종은 당시 불안한 정세와 곤궁한 현실세계를 벗어
나 이상세계의 도래를 염원하는 기층민들의 미륵하생신앙의 대두로 교
학위주의 중대와는 다른 모습을 보였다고 생각된다. 진표가 법상종의
조로 추대된 것은 하대의 이러한 정세와 관련되어 실천적인 수행이 인
정된 결과라 생각된다. 이와 관련하여 신라의 미륵신앙은 진표의 미륵
신앙에 관심이 쏠려 있다. 그의 미륵신앙이 어떠한 사회적 성격을 가지
고 있는가 하는 것으로, 이기백 · 김혜완 · 김남윤 · 윤여성 · 김재경 · 조
인성 등의 논고가 있다. 이들의 주장은 진표와 경덕왕 등 지배층과의
관련을 강조해서 보는 입장〔김남윤, 1984〕과 참법을 강조하여 계법(戒法)을
하층민에까지 널리 편 것을 중요하게 보는 입장〔이기백〕의 차이가 있다.

그러나 이에 그치지 않고 진표의 출신을 중시하여 그를 백제 유민
의 후예로 보고 백제부흥운동과 관련시켜 신라 하대 농민반란의 사상
적 배경으로 보고 있다는 점이다.〔조인성, 1996〕 그러나 경덕왕대의 진표로
부터 진성여왕대의 농민반란까지의 150여 년에 걸친 시기를 바로 직결
시켜 인식한다는 것은 무리가 있어 보인다. 이러한 문제점을 인식하여
신라 하대 후기의 미륵신앙 성행에 주목한 논고는 법상종〔도피안사 비로자
나불조상기〕· 화엄종〔삼화사 철불좌상명문〕· 선종〔장안사 비로자나불배석각〕의 내용
을 들어 지방세력가와 하층민들이 말법사상과 결합된 미륵하생신앙에
의해 비로자나불을 조성한 것으로 이해하였다.〔곽승훈, 2000〕

북한에서의 신라불교 연구는 최봉익에 의해 고구된 「봉건시기 우리

나라에서의 불교철학의 전파와 그 해독성」을 주교재로 하여 살핀 논고가 있다.〔김복순〕이에 의하면 통일신라의 불교사조로 해동종·화엄종·유가종·선종·인명학을 들고 있다.

원효의 해동종 불교철학과 의상의 화엄종 불교철학, 대현의 유가종 철학을 3대 철학조류로 설명하고, 9세기에 이르러 다른 특색을 가지고 있는 선종불교철학이 연구되고 유포되었다고 보았다. 인명학에 대해서는 관념철학으로 인식하면서도 원측·원효·대현·둔륜 등이 종·인·유의 3지식론에 의해 사상을 전개하였고, 인류지식의 내원을 현량(現量)과 비량(非量)으로 인식하였으며, 부정의 긍정판단과 부정판단인 차전법(車戰法)에 주목하였다. 발해에는 수론사상·율종사상·선종사상이 있었고, 승원·지범·법정·도정·무명·도유 등의 승이 언급되고 있다.

이러한 북한의 불교 연구경향은 불교로 인해 역사적으로 입었던 해독성의 강조와 유물론을 보강해 줄 수 있는 부분의 긍정적 서술, 불교유물을 만든 장인에 대한 긍정적 평가로 요약될 수 있을 것이다.

4. 다면적 접근과 총체적 인식을 위하여

신라사에서 불교는 정치·경제·사회·문화 전반에 걸쳐 깊숙이 관여되어 있으므로 그 중요성에 대해서는 더 이상 언급할 필요가 없을 것이다. 때문에 불교가 지배층 내지는 권력과 밀착되었다고 보고 그 사상적 배경으로서의 천착이 이루어지고 있다고 생각된다. 이는 신라의 불교가 국교였다는 점에서 수긍할 수 있는 태도라고 생각되지만, 사실을 적정하게 언급했을 때 역사적 가치가 있는 것이라고 생각된다.

신라에도 종파불교가 있었다는 주장과 이를 회통시켜 통불교적이었다고 보는 견해가 도출되어 있는데, 역사학자와 불교학자들 사이에 서로 의견을 나누는 장으로 종교학연구회 내지는 불교학연구회가 만들어지기도 하였으나 미흡한 상태로서 향후 이에 대한 논의가 있어야 할 것으로 생각된다.

신라불교에 대한 연구가 양적으로 질적으로 팽창되면서 역사적으로 시기구분이 된 부분이 나오기도 하였다. 중고기 불교수용을 두고 전래기-과도기-수용기로 구분한 것이 그것이다. 또한 중고기의 국가불교, 중대의 교학불교와 수행, 하대의 선종으로 구분을 하고 있지만, 좀더 세분된 신앙형태 내지는 교학적인 구분도 필요하다고 생각된다.

1990년대 이후 신라불교사 연구에서는 금석문을 적극적으로 활용하여 기존의 해석을 확대해 나간 특징도 보인다. 금석문이 갖는 한계도 있지만, 당대의 현실감을 역사에 적용하여 더욱 생동감있는 서술이 되었다는 점을 지적할 수 있다. 따라서 향후 금석문은 한층 활용가치가 높으리라 생각된다.

고대의 불교연구는 중국과 한국·일본을 통해 교류가 활발하였으므로 이 삼국의 불교를 비교해서 고찰해 본다면 정치적으로 해명할 수 있는 부분이 있으리라 생각된다. 특히 왕권과 관련된 사상적인 측면은 좀더 분명히 밝혀질 수 있으리라 생각된다.

근래 주목되는 내용으로는 생명사상과 관련하여 한국 고대의 타계관·생사관·신체관·영혼관·죽음관·천문관 같은 연구가 많이 나와 있다. 이와 함께 불교적 관점에서 보는 내용이 좀더 세밀히 고찰될 필요가 있다. 그리고 여성의 성불과 관련하여 오애설·변성남자설과 같은

이론들이 등장하는데, 이를 여성사의 입장에서뿐 아니라 일반사회사로
확대해서 살펴보는 것도 의미가 있다고 생각된다.

김복순

‖ 참고문헌 ‖

高翊晉, 1984, 「新羅 下代 禪傳來」, 『韓國禪思想研究』, 동국대 불교문화연구원.

郭丞勳, 1995, 「新羅 元聖王의 政法典 整備와 그 意義」, 『震檀學報』 80.

_____, 2000, 「新羅 下代 後期 彌勒下生信仰의 盛行과 그 意義」, 『韓國思想史學』 15.

權惠永, 1992, 「圓測의 入唐과 歸國問題」, 『水邨朴永錫教授華甲紀念 韓國史學論叢』 上.

金南允, 1984, 「新羅 中代 法相宗의 成立과 信仰」, 『韓國史論』 11.

金杜珍, 1973, 「朗慧와 그의 禪思想」, 『歷史學報』 57.

_____, 1992, 「義湘의 生涯와 政治的 立場」, 『韓國學論叢』 14.

金文經, 1976, 「三國・新羅時代의 佛教 信仰結社」, 『史學志』 10.

金福順, 1988, 「新羅 中代 華嚴宗과 王權」, 『韓國史研究』 63.

_____, 2005, 「신라 중대의 불교」, 『新羅文化』 25.

金相鉉, 1984, 「新羅 中代 專制王權과 華嚴宗」, 『東方學志』 44.

_____, 1988, 「新羅 誓幢和上碑의 再檢討」, 『美術史學論叢』.

_____, 1995, 「元曉 和諍思想의 研究史的 檢討」, 『佛教研究』 11・12.

金英美, 1993, 「新羅 阿彌陀信仰과 新羅人의 現實認識」, 『國史館論叢』 42.

_____, 1998, 「삼국 및 통일신라 불교사연구의 현황과 과제」, 『韓國史論』 28.

金煐泰, 1979, 「義陽山禪派의 成立과 그 法系에 대하여」, 『韓國佛教學』 4.

_____, 1994, 「佛國寺의 華嚴法師 圓測에 대하여」, 『韓國佛教學』 19.

金在庚, 1982, 「新羅 阿彌陀信仰의 성립과 그 배경」, 『韓國學報』 29.

金惠婉, 1988, 「新羅 中代의 彌勒信仰」, 『溪村閔丙河教授停年紀念史學論叢』.

南東信, 1996, 「의상(義相) 화엄사상의 역사적 이해」, 『역사와 현실』 20.

_____, 1998, 「신라 중대 불교의 성립에 관한 연구」, 『한국문화』 21.

南武熙, 1999, 「圓測의 氏族淵源과 身分」, 『北岳史論』 6.

文明大, 1974, 「新羅 法相宗의 成立과 그 美術」上, 下『歷史學報』62·63.

_____, 1976, 「新羅 神印宗의 研究-新羅 密教와 統一新羅社會」, 『震檀學報』41.

朴南守, 1995, 「新羅 僧官制에 관한 再檢討」, 『伽山學報』4.

申東河, 2000, 「新羅 佛國土思想의 展開樣相과 歷史的 意義」, 서울대 박사학위논문.

安啓賢, 1961, 「元曉의 彌陀淨土往生思想」上, 下『歷史學報』16·21.

呂聖九, 1990, 「新羅 中代 留學僧의 地盤과 그 活動」, 『사학연구』41.

尹善泰, 2000, 「新羅의 成典寺院과 衿荷臣」, 『韓國史研究』108.

李基白, 1972, 「新羅 五嶽의 成立과 그 意義」, 『震檀學報』33.

_____, 1986, 「新羅時代의 佛敎와 國家」, 『歷史學報』111.

李 萬, 1990-92, 「法相 關係 論疏와 新羅人의 撰述書」, 『佛教學報』27·28·29.

李銖勳, 1990, 「新羅 僧官制의 성립과 기능」, 『釜大史學』14.

李永鎬, 1983, 「新羅 中代 王室寺院의 官寺的 機能」, 『韓國史研究』43.

李弘稙, 1959, 「新羅 僧官制와 佛敎政策의 諸問題」, 『白性郁博士頌壽記念 佛教學論文集』.

全海住, 1988, 「一乘法界圖에 나타난 義湘의 性起思想」, 『韓國佛敎學』13.

鄭炳三, 1991, 「義相 傳記의 諸問題」, 『韓國學研究』1.

_____, 2005, 「慧超의 活動과 8세기 新羅密教」, 『한국고대사연구』37.

鄭性本, 1990, 「唐土의 新羅僧 無相禪師의 生涯와 思想」, 『韓國思想史學』3.

曹庚時, 1989, 「新羅 下代 華嚴宗의 構造와 傾向」, 『釜大史學』13.

曹凡煥, 1998, 「朗慧 無染과 聖住寺 創建」, 『韓國古代史研究』14.

조은수, 2004 겨울, 「'통불교'담론을 통해 본 한국불교사 인식」, 『불교평론』21(6-4).

趙仁成, 1996, 「彌勒信仰과 新羅社會-眞表의 彌勒信仰과 新羅末 農民蜂起와의 관련성을 중심으로」, 『震檀學報』82.

蔡尙植, 1984, 「新羅 統一期의 成典寺院의 構造와 機能」, 『釜山史學』8.

崔柄憲, 1972, 「新羅 下代 禪宗九山派의 成立」, 『韓國史研究』7.

崔鉛植, 2003a, 「義寂의 思想傾向과 海東法相宗에서의 位相」, 『佛教學研究』6.

_____, 2003b, 「일본 고대화엄과 신라 불교」, 『한국사상사학』21.

崔源植, 1996, 「新羅 菩薩戒思想의 性格과 歷史的 意義」, 『佛教史研究』창간호, 중앙승가대학교 불교사학연구소.

秋萬鎬, 1994, 「나말려초 선사들의 선교양종 인식과 세계관」, 『國史館論叢』52.

許興植, 1983, 「韓國佛敎의 宗派形成에 대한 試論」, 『金哲埈博士華甲紀念 史學論叢』.

신라의 대외관계와 무역

1. 머리말

신라 후기는 정치·문화·사회의 여러 면에서 안정과 융성의 시기였다. 이러한 사회의 번영은 당과 일본과의 전쟁이 없었던 것도 큰 요인의 하나이다. 신라 후기 초반의 당과의 충돌을 제외하면, 7~8세기는 대외관계의 황금기였다. 무엇보다도 강력한 왕권의 확립, 민족문화의 창달, 그리고 신라(新羅)·당(唐)·일(日)의 친선으로 유지된 미증유의 평화기였다. 이후 신라는 9~10세기에 들어서면서 정치·경제·사회에서 여러 모순을 노출하며 쇠퇴기에 접어들게 되었다. 안정된 정치상황을 통한 유통망의 확보와 정치혼란기를 틈탄 지방세력의 대두는 신라 나아가 당·일본 등 동아시아 각국의 무역을 발달시키는 데 기여하였다.

신라의 대외관계와 무역에 관한 연구동향도 크게 이상과 같은 흐름속에 전개되어 왔다. 인류학자 레비스트로스가 "교환이라는 것은 평화적으로 해결된 전쟁이고, 전쟁이라는 것은 교환이 실패로 끝난 결과이다"라고 했듯이, 전쟁과 교역은 연속된 것이다. 증여나 교환을 넓은 의미로 교역이라고 본다면 교역과 정치는 별개의 논리가 아니라 하나인 것이 분명하다. 오히려 발생론적으로 본다면 교역은 우월한 정치적인 행위이다.

한국학계의 신라의 대외관계와 무역에 관한 연구의 주된 관심은 크게 조공책봉관계, 문화적인 교류, 경제적인 교류(무역) 등으로 나누어 볼 수 있다. 이 가운데 문화적인 교류는 조공책봉관계나 무역에 관련된 경우에 한해서만 언급하도록 하겠다. 아래에서는 기존 연구동향을 편의상 대중국(唐)관계·대일본관계·대서역관계·무역으로 나누어 검토해 보고자 한다.

2. 대외관계사 연구의 흐름

1) 대중국(唐)관계

신라가 당(唐)과 처음으로 외교관계를 맺은 때는 진평왕 43년(621)이었다. 이후 나당전쟁을 거치면서 소원했던 양국의 관계는 성덕왕대(702~737)에 정상화되어, 당이 멸망한 뒤에도 계속 유지되었다. 신라는 통일 이후 기간인 260여 년간 120여 회의 조공사를 파견했는데, 2년에 한번 정도로 조공사를 보낸 셈이 된다.

신라의 대중국(唐)관계 연구도 국내외 사서에 가장 많이 남아 있는 외교사절단의 왕래에 초점이 두어졌다. 1960~70년대까지는 조공책봉관계의 의미와 외교사절단이 끼친 영향 등에 대한 연구가 주종을 이루었다. 1980년대 특히 1990년대 이후로는 연구기관과 연구자의 양적·질적 확대에 따라, 문자(文字)나 경제적인 영향 등으로 연구주제가 다양화·세분화하고 있는 추세다.

2) 대일본관계

신라가 백제를 멸망시키자, 왜국은 백제의 부흥운동에 군사원조를 하여 신라·당의 연합군과 전쟁을 하였으나 백강구 전투에서 패배하였다. 그러나 문무왕 8년(668)에는 신라와 왜국간의 국교가 성립되어 이후 양국은 8세기 후반까지 사신을 교환하고 있으며, 9세기에는 신라상인과 해적들이 활약하여 양국간에 사적인 교류가 이루어졌다.

국내에서의 고대한일관계사에 대한 연구는, 1980년 전후를 기점으로 그 시기가 양분될 정도로 확연한 차이를 보이고 있다. 1980년 이전의 연구는 일부 한국고대사 연구자의 개인적 관심에 의해 극히 제한된 범위 내에서 그것도 일방적으로 한국측 시각에서 본 한일관계가 주를 이루었다고 말할 수 있다.

그러다 1980년대에 들어서자 상황이 크게 변하였다. 경상남북도 일원의 가야문화권에 대한 광범위한 고고학적 지표조사가 행해져 가야문화가 그 실체를 드러내기 시작하면서, 이 지역과 교류가 깊었던 일본과의 관계가 재론되는 계기가 마련되었다. 이로 인해 가야관계 기사가 풍부하게 기록되어 있는 『일본서기』가 적극적으로 이용되기 시작했다. 그때까지만 해도 『일본서기』의 사료적 이용은 연구자의 필요에 따라 부분적으로 발췌하는 수준에 머물렀으나, 사료 전반에 대한 적극적인 활용

단계에 들어선 것이다. 이러한 연구경향은 한국고대사뿐만 아니라 고대한일관계사에 대한 다양한 연구가 진행되는 계기가 되었다.

1990년대에 들어서면 1980년대 중반 이후 일본에 유학한 유학생들이 귀국하면서 그간의 연구성과를 학계에 보고하기 시작하였다. 이들의 귀국은 국내의 고대한일관계 연구를 활성화시키는 데 견인차 역할을 했으며, 현재 이 분야의 주도그룹을 형성하고 있다. 이들은 과거 한국사의 시각에서만 바라보았던 한일관계를 일본측의 시각에서 동시에 바라볼 수 있는 연구의 객관화에 노력하였으며, 연구시기와 분야도 종전의 4~6세기 임나(任那)문제로 한정하지 않고 고대한일관계 전 시기로 확장하고 다양한 주제를 다루었다.

3) 대서역관계

신라의 대외관계에서 특기해야 할 일은 아라비아·페르시아 등 이른바 이슬람교권 상인들과의 관계다. 이들과의 관계는 당이란 '거대한 호수'를 통하여 간접적으로 시종(始終)한 것은 아니다. 한국이나 중국측 문헌에서 신라와 이슬람 여러 나라와의 직접무역에 관한 기사는 찾아볼 수 없다. 그러나 『삼국사기』를 비롯한 몇몇 문헌에는 아랍·무슬림 상인들의 신라 내왕이나 신라 견문(見聞)에 관한 기술과 함께 신라로부터 수입한 상품에 관한 기사도 실려 있다.

신라의 대서역관계에 관한 연구도 우선 『삼국사기』 잡지(雜志)에 나오는 기록의 검토를 기반으로 출발해서 1990년대 이후 질적으로 우수한 성과가 나오고 있는 상황이다. 하지만 아직까지 대체적인 윤곽만이

그려져 있을 뿐 실제 내용에 대해서는 그다지 많은 검토가 행해진 것은
아니다.

4) 무 역

　교역이란 좁은 의미로는 물물교환을 뜻하지만 넓게는 상거래와 물
물교환을 포함하는 무역과 같은 뜻으로 사용하기도 한다. 교역이 이루
어지는 것은 각 지역별로 생산되는 자원과 물품, 기술이 서로 다르기
때문이며 교역활동은 일정한 조직을 배경으로 전개된다.
　우리 역사에서 대외교역이 나타나는 시기는 이미 고조선 단계로까
지 올라간다. 그러나 본격적인 교역은 고대국가가 성립한 이후 국가의
주도로 조공무역이 이루어지면서부터였다고 할 수 있다. 이러한 국가
주도의 조공무역에서 남북국시대에는 사무역이 성행하게 된다. 이 시
기의 이와 같은 해상무역의 성행은 한국 전근대사를 통틀어 매우 특이
한 양상이며 또한 정치세력의 변동과도 깊은 관계가 있는 문제다. 또한
이 시기는 유럽에서 동아시아에 이르기까지 해상과 육상을 통한 중세
의 세계무역이 형성되기 시작하는 시기로서 발해와 신라도 세계무역의
한 부분을 담당하고 있었다.〔윤재운, 2002〕
　처음으로 남북국시대의 해상활동에 주목하였던 것은 1920년대 일본
인 학자들이었다. 일본인들이 특히 이 주제에 관심을 갖게 된 것은, 두
가지로 정리할 수 있다. 첫째로는 일본에서는 메이지(明治)시기 이래 대
외팽창 분위기와 관련하여 대외관계사 연구가 활성화되어 있었다는 것
과, 또 하나는 일본 승려 엔닌(圓仁)의 9세기 전반기의 여행기로 유명한

『입당구법순례행기(入唐求法巡禮行記)』가 전해지고 있었던 때문이 아니었을까 한다.

이 시기 이들의 연구는 대체로 신라 말기 신라인들의, 중국·일본을 무대로 한 활발한 해상활동에 대해 단편적인 사실들을 지적하는 정도에 머물고 있다. 그러나 당시 신라의 항해술·조선술 등이 일본에 비해 월등하였음을 인정하고 있다.

이후 장보고를 중심으로 하여 신라 후기의 무역에 대해 본격적으로 연구가 되기 시작한 시기는 1980년대 중반 이후부터이다. 특히 1990년대 (재)해상왕장보고기념사업회, 2000년대 해군사관학교 해양연구소, 해양대학교 장보고연구소 등의 가세 이후로는 양적·질적인 면에서 절정에 다다르고 있다는 느낌이 든다.

3. 대외관계 연구의 주요 논점

1) 조공과 인적 교류-신라와 당의 경우

신라의 대외관계에 관한 연구성과는 주로 조공관계를 위주로 하며, 상인·구법승(求法僧)·유학생관계가 큰 비중을 차지하고 있다.

조공에 대한 최초의 본격적인 연구는 본래 장보고를 중심으로 한 해상발전의 모습을 규명하는 것이지만, 여기에서 조공의 의의를 밝히고 있다. 즉 조공은 고대중국의 정치적 이상인 "현명한 군주가 덕을 베푸니, 사방의 오랑캐가 모두 조공하러 온다[明王愼德 四夷咸賓]"[『書經』]의 왕도사상에서 나온 대외정책의 한 형식이며, 국가간의 물적 교환이 중대한 동인(動因)이라고 보았다. 따라서 조공의 근본의의를 선진문화의 수입이라는 문화교류에서 찾았으며, 부대적으로 경제적인 무역을 강조하였고, 특히 통일신라 이후에서 그 발달을 찾고 있었다.〔김상기, 1933, 1934〕

　이러한 조공에 대한 통념에 반대하고 조공을 정치적인 면으로 본 연구도 있다. 첫째는 조공관계를 원칙상 종주국〔중국〕과 종속국과의 관계로 보면서, 『동문휘고(同文彙考)』의 세목(細目)에 준하여 경제적 관계〔공물과 회사〕, 의례적 관계, 군사적 관계〔請兵〕 및 정치적 관계〔연호·曆의 채용〕로 나누었으며, 준조공관계는 정치적·경제적·문화적인 관계로 대별(大別)될 수 있다고 보았다. 둘째는 조공은 항속적이며, 평화적인 대등관계로서 4세기 이후에 성립되어 7세기에 이르러 그 윤곽이 잡히게 되었다는 것이다. 셋째로 조공은 한중 양국에 경제적인 도움이 없었으며, 중국문화 수입의 관문은 되었으나, 문화적인 의의는 어디까지나 조공의 본질이 아닌 부산물이다. 따라서 조공은 우리 입장에서 볼 때 굴욕적인 면이 있는 정치적인 의미가 있으며, 한국의 정치·문화적인 독자성의 발전이 저해되었다는 것이다.〔전해종, 1966〕

　다음은 신형식의 「나당간의 조공에 대하여」를 들 수 있다. 이 논문은 당 이전의 삼국과 중국과의 관계와, 당과 통일신라의 외교관계를 정리한 것이다. 여기서 조공의 발생과 발전이 곧 고대국가의 성장과 일치한다는 점, 양국의 공적인 교섭은 조공을 반드시 통해야 한다는 점, 그리고 조공사(朝貢使)가 왕족을 포함한 고위층에 한하였음을 보았다. 나아가서 진공물(進貢物)이 처음에는 특산물이나 원료품이었으나, 통일 후에는 오히려 금은의 세공품이 중심이 되었다는 사실과 8세기에 이미 조공사행의 제도적 완비가 이룩되었음을 밝히고 있다.〔신형식, 1967〕

　신라의 대당관계에 나타난 숙위에 대한 연구가 신형식과 변인석에 의해 이루어졌다. 전자는 숙위를 막연한 인질적인 통념을 벗어나 신라 외교의 발전적인 형태로 보아 조공·인질·국학 요구 등의 결합체로 보았다.〔신형식, 1966〕 이에 대해 후자는 전자가 신라입장을 위주로 한 것과는 달리, 중국〔唐〕의 입장에서 외인숙위(外人宿衛)의 일환으로 파악하려는 것이었다. 여기서는 숙위가 황실의 의장대에 충임(充任)된 주변제국의 시자(侍子)이며, 정치적 담보물인 질자적(質子的)인 성격이 있었음을 지적하였으며, 중국 주변국가의 영토안녕의 위탁과 문화섭취에 따른 자청(自請)에 기인한 것으로 보고 피지(彼地)의 정세를 살필 수 있는 피지상신(彼地相信)의 기미정책(羈縻政策)으로 파악하였다.〔변인석, 1966〕

통일전쟁에 대해서는 통일전쟁과 대당 항쟁과정에서 신라가 수행한 정책과 전쟁의 진행상황을 검토한 연구〔노태돈, 1997〕와, 문무왕대의 대외관계에 대한 연구가 주목된다. 그 중 김인문의 존재와 활동을 통해 나당관계의 변화상을 고찰한 연구는, 종래 김인문을 친당파 인물로 설정한 견해를 비판하고 오히려 신라 지배세력의 분열을 꾀하려는 당의 정책을 거부할 정도로 신라의 국익을 위해 활동한 인물이었음을 밝혔다. 삼국통일전쟁과 나당전쟁에서 보여준 그의 공로 때문에 문무왕은 재위 말년에 그의 석방과 귀국을 위해 노력하였으며, 그 다음 신문왕 말년에 가서야 그의 귀국이 이루어지게 되었는데, 이는 나당관계 개선을 위한 타협의 소산이라 하였다.〔김수태, 1999〕 이외에 대외관계사의 분야에서 당과의 관계를 다룬 것으로 권덕영〔권덕영, 1997〕·조이옥〔조이옥, 1990〕·최근영〔최근영, 1992〕 등의 연구가 있다.

나당간의 대외관계에서는 대개 양국의 교섭사에만 역점이 두어 졌으나, 당에서의 신라인 촌락과 그 생활을 해부하여 체당(滯唐) 신라인의 모습을 파헤치기도 했다. 즉 신라인의 취락이 초주·연수 등의 회하·

황하 하구 일대와 문등현을 중심으로 한 산동반도 연해 일대에 걸쳐 형성되었으며, 이 일대의 신라인들은 염업(鹽業)·수송·무역·조선·생산업 등에 종사했다는 것이다.

나아가서 이들 신라인이 무역업자·피기아자(避飢餓者)·직업선원들을 중심으로 구성되었으며, 이들은 일종의 두령(頭領)−촌보(村保)−판두(板頭) 등의 관리를 중심으로 자치생활을 영위하였다는 사실이다. 그리고 이들은 장보고의 비호와 법화원을 정신적 위안처로 삼았으나, 법화원의 훼손과 장보고의 몰락으로 신라적인 것을 잃게 되었다는 것이다.
〔김문경, 1969〕

이후 재당 신라인사회에 대한 보다 심화된 연구에서는, 당나라에서 신라인사회가 형성될 수 있었던 국제적 여건과 형성과정, 운용실태 및 내부구조에 대해 연구를 진행하였다. 이를 통해 당의 개방성과 고구려, 백제 유민과 연결된 신라인의 후속 이주로 황해 연안 일대에 자연적인 신라촌과 인위적 신라방이 구성되었다고 보았다. 그리고 이 곳을 중심으로 농업 및 활발한 상업이 진행되고 독립적인 행정체계가 당의 통제 하에 유지된 것으로 보았다.〔권덕영, 2001a〕

또 더욱 구체적으로 8세기 이후 신라인의 중국진출에 대한 검토에서 중심지역은 산동지방과 강회지역으로, 특히 산동의 경우 포구를 낀 농촌지역에 거주하였으며, 법화원(法花院)은 이 같은 기반으로 성립되어 당의 회창폐불(會昌廢弗)에 따라 폐사된 후 복원되지 못했으나 재당 신라인사회의 구심체로서의 의미를 재강조하였다.〔권덕영, 2001b〕

신라 말의 대외관계에 관한 연구성과로는, 우선 장보고 사후의 대중국교섭의 실태를 다룬 연구를 들 수 있다. 이 논문은 대개 장보고 몰락후에도 상당기간 동안 당의 신라소(新羅所)에는 압아(押衙)·장사(長史)·지후관(知後官) 등의 관리를 두어 자치행정이 계속되었다는 점과 천주절도 사(泉州節度使) 왕봉규(王逢規)의 대중통교(對中通交)를 포함한 나말(羅末)의 지방세력이 경쟁적으로 중국에 접근하려는 사실을 밝힌 것이다. 이것 은 신라나 고려·후백제 등이 빈번한 대중통교를 유지하고 있었음이 경 제적인 목적이 아니라, 정치적 외교적인 의미가 컸으며 동시에 문화적 인 목적도 있었을 것임을 상기시키고 있다.〔김상기, 1960〕

대중관계의 거시적 측면의 접근을 시도한 연구에서는, 나말여초의 변혁이 한국사의 내재적 발전과정의 결과라는 이해 아래, 후백제·고려 가 오월국(吳越國)·남당(南唐) 등과 수행한 교섭의 의미를 파악하고자 하 였다. 특히 남중국과의 교류는 9세기 장보고의 활동 이후 활성화되어 나말여초 고려청자나 불교〔法眼宗〕를 비롯한 문화적 교류의 의미도 상당 하지만, 해상교역로를 이용한 민간 교역부문의 확대에 더 커다란 의미 가 있음을 주목하고 있다.〔이기동, 1997〕

대당관계 연구 가운데 특수한 분야의 주제를 다룬 것으로 우선『삼 국사기』의 기록과 중국문헌〔『자치통감』·『신·구당서』〕의 내용을 비교·검토하 여 중국측의 고의적인 기록누락과 상내약하(詳內略下)의 이면을 당 외교 정책에서 찾아보려는 연구를 들 수 있다. 즉 삼국통일전쟁에 주역을 맡 았던 설인귀(薛仁貴)를 비롯하여 고간(高侃)·유인궤(劉仁軌)·양방(楊昉)·이 필(李弼)·이근행(李謹行) 등의 중국측 기록에서 신라와의 전쟁 관계기록 이 삭제되었음을 주목하고, 신라의 자주적인 결의에 따른 외교와 김부 식의 편찬자세나 그 기록이 자주적이었음을 밝혀, 중국사서의 상내약하 의 결함을 훌륭히 교정해 주었다는 것이다. 여기서 우리는 당의 외교정 책이 침략에서 방임으로 전환하게 되는 언간의 실정을 파악할 수가 있 다는 것이다.〔Jameson, J. C., 1969〕

둘째는 당관제(唐官制)의 신라에 대한 영향을 살펴본 연구다. 여기서는 문산계(文散階)의 도입여부에 대해서는 개연성을 인정하면서도 분명한 결론을 내리지 못했다. 어대제(魚袋制)는 신라 조정에 의해 채택되었을 가능성에 비중을 두었다. 아울러 신라 말기에 보이는 국왕 근시기구(近侍機構) 및 문한기구(文翰機構)의 활동확대가 가지는 의미에 대해서 국왕권의 강화라는 측면보다는 진골귀족들의 입부(立府)를 적지 않게 허용함으로써 국왕이 직접 관장하는 왕궁(王宮)을 상대화한 결과를 초래하는 경향이 있었음을 지적하였다.[하일식, 2003]

2) 정치와 경제의 분리–신라와 일본의 경우

먼저 신라 후기의 대일관계를 개괄적으로 서술한 연구를 살펴보면, '통일신라의 대일본관계연구'에서는 고대동아시아 세계의 국제적 환경을 재조명하여 신라와 일본의 관계를 구명하려고 했다.[홍순창, 1992] 그러나 그 시대범위가 신라국가의 형성기로부터 9~10세기에 이르는 광범위한 시기에 걸치고 있고, 사신의 왕래 횟수에 초점이 맞춰져 있어 논자가 의도한 방향과는 달리 평면적 서술에 그치고 만 느낌이다. 이후 신라국가 형성기로부터 통일신라에 이르는 시기의 양국관계를 『삼국사기』를 주요사료로 하여 분석하여, 상대 신라인의 대왜관(對倭觀)과 역사적 성격, 문화전파 등을 개괄적으로 서술한 연구도 있었다.[신형식, 1990]

이에 대해 8세기의 신라와 일본 관계의 기존연구를 재검토하여 일본이 신라를 하위에 두려는 태도와는 별도로 신라 역시 일본을 번국으로 인식하고 있었음을 주장한 논고도 있다. 즉 나일관계에서는 정치와 교역을 분리하지 말고 하나로 묶어서 파악해야 하며, 752년 김태렴 일행의 도일(渡日)을 교역과 외교를 겸한 사절이라고 파악할 것을 지적한다. 공식적인 양국관계가 단절된 8세기 후반 이후에는 재일신라인이 바탕이 되어 대재부(大宰府)를 중심으로 하는 사적인 국제교역이 행해졌음을 논하고 있다.〔이병로, 1996〕

한편 8세기의 나일관계를 다룬 논고에서 일본의 대신라외교는 신라 문물의 수입이라는 면을 강조하고, 신라는 일본측이 조공국으로 보는 외교적인 형식에 구속됨이 없이 현실적인 이익, 즉 경제적 목적을 위해 사신을 파견하였으며, 이를 위해 일본의 율령체제적 외교형식을 이용하였음을 논하고 있는 연구도 있다.〔김은숙, 1991〕 이 논고는 7세기 후반부터 8세기에 걸쳐 시기별 양국관계의 특징을 잘 설명하고 있는데, 앞으로 시기별 주요 사건에 대한 깊이있는 개별연구를 기대한다.

8세기 신라 중대의 대일관계가 당시 동아시아의 정치정세와 집정자적 위치에 있던 진골귀족들의 외교노선의 성향에 따라 규제되고 있음을 지적하고, 대일외교의 변화과정과 추이를 고찰한 성과도 있다.〔전덕재, 1997〕 진골귀족의 대일외교 성향에 초점을 맞춘 것은 종전에 제기되지 않은 새로운 시각으로서 흥미롭다.

이와 관련하여 640년대로부터 8세기에 걸친 신라의 대일관계의 역사적 추이를 구명한 연구도 있다.〔심경미, 1999〕 급변하는 동아시아의 정세 속에서 양국 모두 자국의 권력집중과 정치적 안정을 위해 상호 교류, 협력하는 외교적 양상을 설명하고 있다. 양국의 정치적 상황과 입장에 대한 분석에서는 기존의 연구성과가 잘 반영되어 있다. 다만 근년에 강조되고 있는 교역적인 측면이 결여되어 있고, 『속일본기』의 방대한 신라관계 사료의 깊이있는 분석과 비판적 검토가 필요하다.

9세기대 신라의 대일교역, 정치적 관계에 관한 연구로는 '9세기 초기의 환(環)지나해무역권의 고찰'과 '고대일본열도의 신라상인에 대한 고찰'이 있다. 전자는 신라·일본·당에 걸쳐서 형성된 교역질서를 '환지나해무역권'으로 개념화하면서 국가간의 교류가 아닌 사적교류의 실태를 장보고란 인물을 통해 고찰하고, 그의 암살 후 나일관계의 변화와 일본 귀족층의 대응자세를 구명하였다.〔이병로, 1993〕 후자는 장보고 사후 신라인과 신라상인의 행적의 변화과정과 일본의 지배세력과의 교섭관계를 논하였다. 장보고 사후 한반도의 해상세력은 해체되었으나 재당 신라인을 중심으로 교역은 계속되었으며, 870년대에 이르러 일본의 대한배외정책(對韓排外政策)에 의해 환지나해무역권은 해체되고 중국상인의 일본진출이 본격화됨을 밝히고 있다.〔이병로, 1996〕

9세기 후반에서 10세기 초반의 대일관계를 다룬 연구로는, '9세기 후반에 발생한 신라인 모반사건의 재검토'·'관평기(寬平期 : 890년대) 일본의 대외관계에 관한 일고찰'·'일본측 사료로 본 10세기의 한일관계' 등이 있다.

첫째 논고는 869년에 일어난 이른바 '신라인 모반사건'을 재검토한 것이다. 이 사건은 일본 지배층이 신라인과 신라상인을 배제할 목적으로 조작한 사건으로, 이를 계기로 대재부(大宰府)를 중심으로 한 규슈(九州)의 호족을 제거하여 신라·일본 사이의 지역적 교섭을 차단하고 중앙정부의 독점적 대외교역을 수립하고자 했다고 한다.〔이병로, 1996b〕

둘째는 60년 만에 부활된 관평기의 견당사 파견이 중지된 이유를 새롭게 재조명하고, 890년대 일본의 대외관계를 규제한 요인으로 신라인의 해적사건을 들고 있다. 당시 견당사 파견은 현실적 위험성을 많이 안고 있었기 때문에 이를 기피하기 위한 수단으로서 해적사건을 전면에 내세우게 되었으며, 그 결과 관련기록이 많이 남게 되었다고 한다.〔이병로, 1996c〕

셋째는 8~9세기 일본 지배층의 신라관의 변화가 정책결정에 어떤 영향을 주었는지를 4단계로 추구하였다. 율령국가 초기에는 중국적 화이사상에 의해 신라를 번국으로 취급했지만, 8세기 중엽부터는 국가체제에 위협을 느껴 관념적으로 모방한 중화사상을 포기하였고, 9세기에 들어서는 신라의 국정불안으로 신라인이 대거 입국하면서 신라를 인국(隣國)으로 인식하고 실리를 추구하였으며, 9세기 중엽 이후에는 규슈(九州)의 호족들이 신라상인과 지역적인 교섭을 행하였고, 신라해적의 습격으로 신라에 대한 편견을 갖게 되었고, 이것이 이후 일본인의 대한사상(對韓思想)의 형성에 영향을 주었음을 논하고 있다.〔이병로, 1999〕

정창원(正倉院) 소장의 '매신라물해(買新羅物解)'와 물품에 부착된 첩포기(貼布記)의 분석을 통해 신라의 대일교역의 목적과 성격을 구명한 성과도 있다. 신라는 일본과의 외교상의 대립에도 불구하고 752년 김태렴을 수석으로 하는 대규모 사절단을 보냈는데, 이는 대일교역의 정지로 누적된 상업적 손실을 타개하기 위해 일본의 천하관의 수용을 감수하면서까지 강행한 것으로 본다. 첩포기의 '염물(念物 : 신라물)을 얻으오'라는 문구는 이를 상징적으로 말해 준다고 한다.〔윤선태, 1997〕

8~9세기 신라·발해·당 등 동아시아 제국과의 관계에서 일본으로 유입된 물품인 신물(信物)의 사례를 통하여, 반입된 물품이 어떤 절차와 의례를 거쳐 재분배되고 있는가를 분석하기도 하였다. 천황은 이 신물의 일차적인 소유자임과 동시에 이를 받아들이는 빈례(賓禮)과정의 외교대표자로서, 이를 특정 관인계층에게 배분함으로써 천황권의 권위를 내외에 과시하는 효과를 거두었다고 보았다.〔박석순, 2000〕

한편 신라 혜공왕 15년(779)에 일본 외교사절단 일원으로 파견된 대판관 설중업(薛仲業)이 이듬해 일본궁중의 연회에서 만난 진인(眞人)이 당대 일본의 문호였던 담해진인삼선(淡海眞人三船)이었음을 밝힌 연구도 있다. 담해삼선(淡海三船)은 설중업이 그가 그토록 흠모하던 원효의 손자임을 알고 기쁨의 정을 나눴다고 한다.〔이기동, 1992〕

　　최근에 신라 후기의 대 일본관계의 전개과정과 의미를 분석한 연구도 주목된다. 즉 일본에게 신라는 문화적으로는 동경의 대상이었지만, 정치적으로는 숙명적인 경쟁국이었다. 8세기를 기점으로 일본은 고양된 국가의식을 바탕으로 신라에 대한 우월적 이데올로기를 만들어냈다. 이러한 일본의 의도는 대부분 신라에 의해 거부되었고, 외교사절의 접견을 불허하는 조치가 내려졌다. 그럼에도 불구하고 양국의 교류는 계속되었다. 730년대 발해와 당 관계의 악화로 신라의 대당관계가 급속히 진전되는 가운데 상대적으로 발해와 일본 관계가 긴밀화되어도 신라와 일본의 관계는 중단되지 않았다. 이 시기 신라와 일본은 대립과 갈등도 존재했지만 정치・외교상의 충돌과는 달리 문물의 교류는 상대적으로 증가일로에 있었다. 결국 일본본위의 중화사상은 점차 공허해지고 일본측의 외교논리를 묵살해도 신라를 제어할 아무런 방도가 없었다. 현실을 무시하고 외교의 장에서 중화의 이념을 실현하려 한 일본의 외교는 실효성을 발휘하지 못한 채 신라물(新羅物)의 위력 앞에 용해되어 간다고 한다.〔연민수, 2003〕

3) 신라와 서역[이슬람]

　　신라 후기의 대 서역관계에서 특기할 만한 연구는 「처용설화의 일고찰—당대(唐代) 이슬람상인과 신라인」과 「삼국사기에 보이는 이슬람상인의 무역품」이다. 전자는 처용이 이슬람상인이었다는 주장을 논증한 것으로, 9세기 이후 신라 사회의 문란과 경제적 파탄을 구제해 보려는 과정에서 처용의 이재술(理財術)이 필요했다는 것이다. 처용이 당의 양주항에 체류하다 도래한 아라비아상인일 가능성이 크며, 이를 신라가 받아들인 이면에는 경제적 재건책으로서의 서역의 이재술이 필요했을 것이라고 풀이하였다.〔이용범, 1969a〕

후자는『삼국사기』잡지 2의 색복(色服)·거기(車騎)·기용(器用)·옥사(屋舍) 등에 나타난 외래사치품의 명칭과 용도에 주목하여 신라 말 귀족생활의 단면과 기형적인 경주 도시문화의 병폐를 파헤친 것이다. 즉 슬슬(瑟瑟)·구수(毬毹)·비취모(翡翠毛)·대모(玳瑁)·자단(紫檀)·침향(沈香) 등 외래사치품이 왕실·귀족층에 널리 유행됨으로써 사치성 소비의 증대, 그에 따른 경제파탄 그리고 평민층의 출혈과 도시와 농촌의 격심한 차이 등이 조장되어 결국 신라의 국가적 멸망원인이 되었다는 것이다.〔이용범, 1969b〕

이후 오랫동안 답보상태에 있던 대 서역관계 연구는 체계적으로 정리되기에 이르렀다. 즉 서역(西域)과 대식(大食) 및 회회(回回)의 기본개념 정립, 신라에 관한 중세 아랍문헌의 여러 가지 기술내용 분석, 교역품의 분석, 처용·혜초·고선지 등의 인물 분석, 실크로드 등을 언급하였다.〔무함마드 깐수, 1992〕 최근에 신라와 서역간 관계자료가 일목요연하게 정리되기도 하였다.〔신형식, 2002〕

4) 장보고와 신라의 경제교류

한국학계에서 최초로 신라 후기의 무역에 관해 연구를 한 것은 김상기(金庠基)였다. 그에 의해 신라 말의 해상무역 발전의 원인과 성격이 종합적으로 분석되었다.〔김상기, 1933〕 그의 원인분석은 대단히 적확한 것이라 할 수 있지만, 신라 통일 이후 사회적 생산력 발전의 내용을 밝힐수 있는 농업·수공업·국내 상업 등에 대한 연구가 전무하다시피 하였던 당시의 연구수준에서는 피상적인 지적에 그칠 수밖에 없었다.

이후 『입당구법순례행기(入唐求法巡禮行記)』의 체계적인 분석이 이루어졌다. 이 연구에 의하면, 9세기 전반기는 세계 해상무역시대의 초기단계로서 신라인들의 해상활동은 그들이 바로 이러한 세계 해상무역에참가하고 있음을 의미한다고 한다. 즉 당 후반기 중국의 2대 무역항인양주(揚州)와 광동(廣東)에는 이슬람 무역상인의 대규모 사회가 존재하고있었다. 이 당시 세계무역을 주도했던 이슬람상인들은 인도·말레이반도 등을 거쳐 중국의 남부인 양주에까지는 도달하였지만, 중국동부·신라·일본간의 무역은 대부분 신라인들에 의해 장악된 것으로 보았다.당시 세계무역에서 신라인들이 행한 역할은 지중해연안에서 유럽상인들이 그 주변 영역에서 했던 것과 같은 것이었다고 한다.〔Reischauer, 1955〕

김상기의 연구가 무역발전의 내재적 요인 및 해상세력과의 정치적관계 등 일국사적(一國史的) 관점에 기초해 있다면, 이 연구는 신라무역사를 세계 중세무역사의 한 부분으로 위치지운 것으로 새롭게 의미를 부여한 것이라고 할 수 있다.

국가간 교역의 성격을 구명하는 데 필요한 것 중의 하나가 무역품이 어떠한 것이었는가 하는 것이다. 무역품의 종류나 시기별 특징은 무역의 성격을 구명하는 데 중요하기 때문이다. 여기에 대해서는, 조공은그 자체가 관무역(官貿易)의 일종이므로 조공품(朝貢品)·회사품(回賜品)과민간무역에서의 수출입품과는 일치하는 것이 많을 것이라는 가정하에,중국과 한국 사이의 조공품·회사품을 중심으로 무역품을 분석한 성과가 있다.

그 결과 수출품은 대부분 자국산이었지만 중국에서의 수입품 가운데는 중계무역을 통해 남해품(南海品)이 들어오고 있음을 알 수 있다고 한다.〔日野開三郎, 1960·1961〕수출품·수입품은 대부분 생필품과는 거리가 먼 사치품이 주종을 이루고 있는 특색을 보이고 있다. 이 점은 생필품이 무역에서 중요한 비중을 차지하고 있던 중세유럽과 비교해 볼 때, 무역이 경제 전반에서 가지는 비중이나, 무역을 통한 상인층의 정치사회적 성장이라는 측면 등에서 자연히 상당한 한계를 가질 수밖에 없었을 것으로 생각된다.

남북국시대 무역사에서 가장 풍부한 연구주제가 장보고 관련 연구이다. 그에 관해서는 그의 출신성분·성장과정·청해진의 설치·중앙정계로의 진출과 몰락이라는, 이 시기 등장하는 새로운 정치세력의 한 유형으로서의 성격을 구명하는 정치사적 접근과, 그가 행한 무역의 성격은 어떠한 것인가 하는 경제사적 접근이 행해지고 있다.

우선 정치사적인 의미에 주목하여, 그의 출신신분에 대해서는 김상기가 해도(海島)출신으로 완도가 고향이었을 것이라는 견해를 피력한 이래 대부분의 연구자들이 이 견해를 따르고 있다.〔김상기, 1933〕그러나 김광수는 장보고가 가진 출중한 무예라든지 장씨(張氏)족보 등을 근거로 이 지역의 토호로서 대중국무역에 참여하여 온 가계출신으로 보고 있다.〔김광수, 1985〕해도출신의 평민이든 토호든지 간에 신라의 골품제사회에서는 새로운 유형의 정치세력이었던 것만은 분명하다.

진(鎭)을 설치한 목적에 대해서는 해적의 소탕과 해적에 의한 노예약매방지(奴隷掠賣防止)였지만 중국과 일본의 교통의 요충지였던 완도에 진을 설치한 것은 중국과 일본과의 무역에 유리하였기 때문이라는 견해[藤間生大, 1966]와, 해적은 서남해 연안지대나 혹은 도서지역에 기반을 둔 해상세력으로서 이들 신라 현지의 군소 해상세력가의 무역활동은 재당 신라인의 해상활동에 방해가 되었고, 장보고는 이들 군소 해상세력을 자신의 통제 아래 두는 한편 재당 신라인사회와 유기적인 연결을 꾀함으로써 나·당·일 삼국무역을 장악하려는 포부였다는 견해가 있다.[이기동, 1985]

한편 청해진 설진과 관련하여, 치청절도사(淄靑節度使)의 추천이 있었을 것이라는 최근의 견해가 있다. 즉 해운압신라발해양번사(海運押新羅渤海兩蕃使)는 황해 해상무역을 원활하게 수행해서 교역규모가 커지면 커질수록 그를 통한 세수(稅收)가 증대되어 재정이 튼튼해지므로 황해 해상무역을 적극적으로 전개하기 위하여 나·당·일 삼국항로의 주요거점에 무역기지를 둘 필요성을 느꼈을 것이다. 이런 필요성 때문에 신라정부는 당에서 활동 중이던 장보고가 신라로 진출하여 청해진을 중심으로 무역기지를 확보하는 데 어떤 형태로든지 지원을 아끼지 않았을 것이라는 것이다.[민성규·최재수, 2001]

장보고의 세력기반은 크게 두 가지로 나눌 수 있다. 중국·일본에 이주하여 활동하고 있었던 신라사람들과 국내에서는 신라조정이 주었다고 하는 '병졸만인[卒萬人]'이다. '병졸만인'은 장보고 지배하의 청해진 인근 도민(島民)을 의미하는 것으로 보인다. 한편 장보고에게 주어진 '대사(大使)'라는 직함의 성격에 대해서는 당의 절도사와 같은 의미로, 당의 절도사와 같은 군사적 조직체계를 갖추었던 것 같고, '병졸만인'도 민병적(民兵的) 조직으로 보아야 한다는 주장이 있다.

청해진의 성격에 대해서는 무역을 목적으로 하고 있다는 설과 군사적인 성격을 강조한 설로 나누어 볼 수 있다. 그런데 사실상 장보고는 상인·군인·정치가라는 복합적인 성격을 띠고 있다. 그의 이러한 복합적인 성격은 당시 시대상황으로 보아 당연한 것으로 보인다. 당시 동북아시아의 왕조들이 붕괴되어 가는 상황에서 지방사회에 대한 통제력을 상실하여 해양에서는 많은 해적들이 날뛰고 있었다.

그러므로 무역 경영자는 독자적인 무장을 통해 무역의 조건을 스스로 마련하여야만 하였고, 또한 잉여생산물이나 수공업 생산자의 대부분이 지배권력층에 집중되어 있는 사회경제구조하에 있었다. 따라서 무역품을 확보하기 위하여 정치권력에 접근하거나 정치세력화하는 현상이 나타나는 것은 어쩌면 당연하다고 할 수 있다. 그러므로 그가 상인인가 아니면 군인·정치가인가를 둘러싼 논란 자체가 무의미하다고 생각된다. 이와 관련하여 청해진의 성격을 청해진 설치 이전과 이후로 나누어 중국 번진(藩鎭)과의 성격을 비교 검토하기도 하였다.〔윤재운, 1999b〕

장보고의 몰락에 대해서는 장보고가 당시의 골품제사회에서 새로운 유형의 인물이었고, 그 점이 한편으로는 그를 몰락시킨 원인이었다는 것에 대부분의 연구자가 동의하고 있다. 이외에 장보고의 몰락은 골품체제를 유지하고자 하였던 보수적인 중앙귀족과 장보고의 독점적 해상세력권에 반발하던 무주지방의 호족들에 의한 합작, 또는 골품제의 배타성과 잠재적 군사력에 뒷받침된 장보고의 독립적인 국제해상무역의 독점에 대한 중앙정부의 반감과 장보고 세력 자체 내의 분열로 보기도 한다.

다음으로 경제사적 의미에서 장보고가 행한 무역의 성격은 어떠한 것이었나 하는 점인데, 현재까지의 연구를 통해서 살펴보면, 그의 교역범위는 중국의 산동반도(山東半島)에서 회남(淮南)까지, 일본의 대재부(大宰府)를 포함하는 것으로 동아시아를 상대로 신라 자국의 물품만이 아니라 일본과 중국의 물품도 중계하였던 것으로 보인다. 또한 신라귀족들이 사용한 남해품(南海品)도 장보고의 무역에 의한 것이 아닌가 하는 견해도 있는데, 남해무역을 주도했던 이슬람상인들이 대거 남중국에 진출해 있던 상황에서 장보고가 직접 남해품을 구입하여 무역할 수 있는 소지는 얼마든지 있었다 하겠다.

신라 말에는 중앙정부의 지방사회에 대한 통제력이 약화되고 사무역이 성행하면서 각 연해안에는 무역을 통한 크고 작은 해상세력들이 존재하고 있었다. 특히 청해진 혁파 후 각지에서 독자적인 지배권을 확보할 정도로 성장하고 있었던 것으로 보인다. 신라 말의 해상세력을 다룬 연구성과는 대부분 지방세력들의 정치적 성장배경을 무역에서 찾는, 즉 정치사적 입장에서의 접근이기 때문에 실제 그들이 행한 무역의 구체적 성격은 어떠한 것이었는지는 알 수 없다.

이밖에 무역형태와 관련한 연구는 도마 세이타(藤間生大)와 클라크(Clark, H. R.)를 들 수 있다. 도마(藤間生大)는 동아시아세계 형성의 지표로서의 나말무역사를 검토하였다. 즉 동아시아세계의 통상무역은 당사국 간의 우연적인 통상무역으로 끝나는 것이 아니라 동아시아에 일정한 국제질서와 불가분의 관계가 전개되면서 그것을 무대로 상업자본을 형성시키고 또한 그것을 통하여 동아시아세계를 일환으로 하는 유기적인 관계를 형성해 나갔던 것이라 한다.〔藤間生大, 1966〕 이러한 시각은 이기동에 의해 받아들여지고 있다.

한편 클라크는 중세 세계무역사의 일환으로서의 나말무역사를 검토하였다. 8~10세기 당시 세계 중세무역사에서 남해무역과 동북아시아의 북해무역의 연결자로서의 신라무역사를 부각시키고 있다.〔Clark, 1993〕 이와 관련하여 한국 고대의 무역형태를 사신왕래를 통한 공무역, 사절단으로 간 사람들에 의해 행해지는 것과 해상세력이나 지방세력에 의한 사무역 등으로 나누어 본 연구도 있다.〔윤재운, 1999a〕

4. 새로운 대외관계사를 꿈꾸며

첫째, 무역사도 대외관계사의 일환이므로 대외관계사에 대한 이론의 정립이 필요하다. 최근 들어 국제관계를 단순한 교섭의 역사라는 차원을 벗어나 새로운 시각에서 이론을 정립해야 한다는 주장들이 나오고는 있지만 아직까지 구체적인 성과가 제시된 단계는 아니다.

둘째, 교섭사실의 나열보다는 분석과 상호관계 또는 영향 등을 항상 고려해야 할 것이다. 즉 사행(使行)이나 무역, 문물교류가 어떤 상호작용과 의의를 갖고 있나 하는 문제를 항상 염두에 두어야 할 것이다.

셋째, 연구의 기초역량 강화이다. 예컨대 해외에 있는 한국사 관련 유적·유물 등에 관한 기초자료의 집대성이 절대적으로 필요하다고 생각한다. 특히 우리의 관심을 끄는 것은 일본 정창원(正倉院)에 소장되어 있는 문물에 대한 연구다. 한국계 유물에 대한 조사와 확인은 한국 고대 문물사·수공업사·유통사 등 사회경제적인 측면에서 많은 부분을 구명해 줄 수 있다는 점에서 중요한 연구대상이다. 역사학에서뿐만 아니라 미술사 등 예능사 분야에서도 적극적인 관심과 참여가 이루어지기를 기대한다. 아울러 『일본서기』·『속일본기』 등 일본측 문헌에는 국내 사서에 보이지 않았던 수많은 음악·미술 등 예능방면 기록이 산견된다. 이들 문헌도 역사학의 입장에서 유효하게 활용할 수 있는 것들이다.

넷째, 학제간 연구의 활성화이다. 세번째 문제와 연관되는 것이지만, 한국 고대사 연구를 하면서 누구나 느끼는 가장 큰 문제는 자료의 부족이다. 특히 1980년대 이후 연구주제가 세분화·다양화되고 있는 추세이기는 하나, 이렇게 될 경우 나무만 보고 숲을 놓칠 우려가 있다고 생각된다. 고고학·인류학·미술사·자연과학·민속학 등 협력 가능한 모든 분야와의 협동연구를 통해 연구의 시각을 다양화·체계화시킬 필요가 있다고 본다.

윤재운

‖ 참고문헌 ‖

權惠永, 1997, 『古代韓中外交史』, 一潮閣.

_____, 2001a, 「재당 신라인사회와 적산 법화원」, 『사학연구』 62.

_____, 2001b, 「在唐 新羅人 社會의 形成과 그 實態」, 『國史館論叢』 95.

김광수, 1985, 「장보고의 정치사적 위치」, 『장보고의 신연구』, 완도문화원.

金文經, 1969, 「在唐 新羅人의 集落과 그 構造」, 『李弘稙博士回甲紀念韓國史學論叢』.

金庠基, 1933·1934, 「古代의 貿易形態와 羅末의 海上發展에 就하야-清海鎭大使 張保皐를 主로 하야(1·2)」, 『震檀學報』 1·2.

_____, 1960, 「新羅末에 있어서의 地方群雄의 對中通交」, 『黃義敦博士古稀紀念史學論叢』; 1974, 『東方史論叢』.

金壽泰, 1999, 「羅唐關係의 變化와 金仁問」, 『白山學報』 52.

金恩淑, 1991, 「8세기의 신라와 일본의 관계」, 『國史館論叢』 29.

盧泰敦, 1997, 「대당전쟁기(669~676) 新羅의 對外關係와 軍事活動」, 『軍史』 34.

무함마드 깐수, 1992, 『新羅·西域交流史』, 단국대출판부.

민성규·최재수, 2001, 「해상왕 장보고의 해상활동과 무역의 의의」, 『해상왕장보고의 국제무역활동과 물류』, 해상왕장보고기념사업회.

朴昔順, 2000, 「信物에 관한 一考」, 『東아시아 古代學』 1.

卞麟錫, 1966, 「당 숙위제도에서 본 나당관계-당대 외인숙소의 연구」, 『史叢』 11.

申瀅植, 1966, 「신라의 對唐交涉上에 나타난 宿衛에 대한 일고찰」, 『歷史敎育』 9.

_____, 1967, 「나당간의 조공에 대하여」, 『歷史敎育』 10.

_____, 1990, 「신라의 대일관계사 연구」, 『고대한일문화교류연구』, 한국정신문화연구원.

_____, 2002, 「신라와 서역과의 관계」, 『신라인의 실크로드』, 백산자료원.

沈京美, 1999, 「新羅 中代 對日關係에 관한 연구」, 『白山學報』 52.

延敏洙, 2003, 「統一期 新羅와 日本關係-公的 交流를 중심으로」, 『강좌 한국고대사』 4-고대국가의 대외관계, 가락국사적개발원.

윤선태, 1997, 「752년 신라의 대일교역과 '바이시라기모쯔게(買新羅物解)'」, 『역사와 현실』 24.

尹載云, 1999a, 「韓國 古代의 貿易形態」, 『先史와 古代』 12.

_____, 1999b, 「新羅下代 鎭의 再檢討」, 『史學硏究』 58·59.

_____, 2002, 「南北國時代 貿易硏究」, 고려대 박사학위논문.

李基東, 1985, 「장보고와 그의 해상왕국」, 『장보고의 신연구』, 완도문화원.

_____, 1992, 「薛仲業과 淡海三船의 交歡-통일기 신라와 일본과의 문화적 교섭의 일단면」, 『歷史學報』 134.

_____, 1997, 「羅末麗初 南中國 여러 나라와의 교섭」, 『歷史學報』 155.

李炳魯, 1996a, 「고대 일본열도의 신라상인에 대한 고찰-장보고 사후를 중심으로」, 『일본학』 15.

_____, 1996b, 「九世紀 後半에 발생한 新羅人 謀反事件의 재검토」, 『日本學誌』 37.

_____, 1996c, 「寬平期(890년대) 일본의 대외관계에 관한 일고찰」, 『日本學誌』 16.

_____, 1999, 「일본측 사료에서 본 10세기의 한일관계-견훤과 왕건의 견일본사에 대한 대응을 중심으로」, 『大邱史學』 57.

李龍範, 1969a, 「處容說話의 一考察-唐代 이슬람 商人과 新羅人」, 『震檀學報』 32.

_____, 1969b, 「삼국사기에 보이는 이슬람상인의 무역품」, 『이홍직박사회갑기념 한국사학논총』.

全德在, 1997, 「新羅 中代 對日外交의 推移와 眞骨貴族의 動向」, 『韓國史論』 37.

全海宗, 1966, 「韓中朝貢關係考」, 『東洋史學硏究』 1 ; 1974, 『韓中關係史硏究』, 一潮閣.

趙二玉, 1990, 「신라 聖德王代 대당외교정책연구」, 『이화사학연구』 19 ; 2001, 『統一新羅의 北方進出 硏究』, 서경문화사.

최근영, 1992, 「9세기 신라의 대당진출에 대한 일고」, 『수촌박영석교수화갑기념논총』.

河日植, 2003, 「통일신라기 羅唐 교류와 唐 官制의 수용」, 『강좌 한국고대사』 4-고대의
　　　대외관계, 가락국사적개발연구원.

洪淳昶, 1992, 「통일신라의 對日本관계연구」, 『國史館論叢』 31.

藤間生大, 1966, 『東アジア世界の形成』, 春秋社.

李炳魯, 1993, 「9世紀初期における環ジナ海貿易圈の考察-張保皐と對日交易を中心と
　　　して」, 『神戶大學史學年報』 8 ; 1995, 『日本學誌』 15.

日野開三郎, 1960·61, 「羅末三國の鼎立と對大陸海上交通貿易」, 『朝鮮學報』 16·17·19·20.

Edwin O. Reischauer, 1955, Ennin's Travels in T'ang China, New York, The Ronald
　　　Press Co ; 조성을 옮김, 1991, 『중국 중세사회로의 여행』, 한울

Hugh R. Clark, 1993, 「8~10세기 한반도와 남중국간의 무역과 국제관계」, 『장보고 해양
　　　경영사연구』, 이진.

John C. Jameson, 1969, 「나제동맹의 와해」, 『歷史學報』 44.

발해의 성립과 발전

1. 발해사의 전개

발해는 고구려가 멸망한 지 30년 만인 698년에 건국한 왕조로서 고왕 (高王) 대조영(大祚榮)으로부터 마지막 왕 대인선(大諲譔)에 이르기까지 15대 왕이 재위하였다. 영토가 가장 넓었던 때의 발해는 지금의 북한지역과 중국의 길림성, 흑룡강성 및 요령성 일부에 걸쳐 있었는데, 그 크기는 고구려보다 1.5배, 그리고 신라보다 3배 내지 4배나 되었다.〔송기호, 1996〕

발해의 국가조직은 2대 무왕 대무예대(大武藝代, 719~737)부터 본격적으로 정비되기 시작하여 3대 문왕 대흠무대(大欽茂代, 737~793)에 완비되고, 이후 10대 선왕 대인수대(大仁秀代, 818~830)와 13대 대현석대(大玄錫代, 871~894?)에 완성되었다. 발해의 초대왕이었던 고왕 대조영은 국가의 안위를 위하여 돌궐 및 신라 등에 사신을 파견하여 건국의 명분을 대외에 과시하였다. 그러나 당시는 군사적인 면에 집중한 나머지 정치에서는 조직을 정비할 여유를 갖지 못하였다. 이 때는 내정의 안정과 당의 공격에 대비하기 위한 외교적인 노력 등에 힘을 기울이고 있었다.

　고왕의 뒤를 이은 무왕은 안으로 국가의 통치체제를 정비하고, 밖으로는 주변의 여러 부락들을 복속시킴으로써 영토를 크게 넓혔다. 무왕의 뒤를 이은 문왕도 안록산의 난(755~763)을 계기로 요동지역을 차지하고 대외발전에 힘을 썼다. 그러나 당시는 수도를 2차례나 옮길 정도로 내정에 힘을 기울인 시기였다. 수도를 중경현덕부(中京顯德府)로부터 상경용천부(上京龍泉府)로 옮겼다가, 다시 동경용원부(東京龍原府)로 옮긴 것은 왕권강화를 위해 대내적으로 제도를 정비하고 정치발전을 이루는 과정에서 나온 것이었다.

　문왕대에 비로소 발해는 당으로부터 책봉작위를 '발해군왕(渤海郡王)'에서 '발해국왕(渤海國王)'으로 인정받았다. 당나라가 '발해국(渤海國)'을 '발해군(渤海郡)'으로 불렀던 것은, 당의 일방적인 조처에 불과한 것이었으나 발해의 국세와 국제적 지위가 높아지고, 안사의 난 등으로 인하여 궁지에 몰리자 발해의 도움이 필요했기 때문이었다.

　문왕 이후에는 여러 왕이 즉위하자마자 곧 죽은 것으로 되어 있다. 이것은 당시 발해의 귀족층이었던 '국인(國人)'들의 권력쟁탈전이 빈번하였기 때문이다. 그러다가 발해는 고왕의 동생인 대야발(大野勃)의 4세손으로 알려지고 있는 10대 선왕이 즉위하면서, 다시 왕권이 안정되고 중흥기를 맞게 되었다. 이 때부터 해북(海北)의 제 부(部)가 토벌되어 영토가 크게 확대되었다고 하는데, 전국을 5경(京)·15부(府)·62주(州)의 행정구역으로 나누어 통치체제를 완성시킨 시기도 이 때였다. 13대 대현석대(大玄錫代)에는 '해동성국(海東盛國)'이란 칭호를 듣기까지 하였다. 그러나 발해의 지방조직이 이 때에 완성되었는지는 아직 확실하지 않다.

　발해의 중앙정치제도는 발해왕이 장자상속제를 시행하고 있었다든지, 발해가 고왕대부터 줄곧 독자적인 연호와 시호를 사용하고 있었던 사실을 통해서, 전제적이고 자주적이었다고 할 수 있다. 중앙정치는 정당성(政堂省)·선조성(宣詔省)·중대성(中臺省)의 3성체제를 중심으로 6부(府) 1대(臺) 7시(寺) 1원(院) 1감(監) 1국(局)으로, 그리고 지방은 5경(京) 15부(府) 62주(州)와 3백여 군현(郡縣)으로 편제되어 있었다.

그러나 해동성국 발해도 제15대 대인선에 이르러 거란의 침략을 받고 멸망하였으며(926), 그들의 역사와 문화는 대부분 거란과 여진의 역사로 계승하게 되었다.

2. 연구동향

발해국의 역사에 대해서는 한국과 중국 그리고 러시아 학계의 주장이 각기 다르다. 그 근본적인 이유는 발해사에 대한 기록이 부재에서 비롯한다. 발해인이나 그 후손이 쓴 정사(正史)류의 기록이 없는 점이 발해사 연구를 가장 어렵게 하고 있다. 발해사 연구의 장애요인으로 기록 외에 가장 큰 영향은 아무래도 현대사의 국가적 이해관계를 빼놓을 수 없다. 발해 영역이었던 지역이 현재 중국과 북한·러시아의 연해주를 망라하고 있기 때문이다. 이렇기에 발해사의 민족사적 귀속문제가 지금에도 문제가 되고 있는 것이 현실이다.

남북한의 기본적인 발해사관은 고구려를 계승한 독립국가로서 황제국이라는 것이다.[박시형, 1962 ; 한규철, 1994 ; 송기호, 1995 ; 장국종, 1998 ; 임상선, 1999] 그러나 중국은 발해의 자주성을 부인하고 책봉과 조공기록에 근거하여 '당나라의 지방정권'인 '홀한주도독부(忽汗州都督府)' 내지 '발해군(渤海郡)'으로 간주하고, 그 건국의 주체에 대해서도 고구려유민과 다른 '말갈'이라고 한다. 즉 발해사는 당나라의 지방정권인 중국사였다는 것이다. 이러한 중국의 발해사 연구는 고구려사보다 한결 자신있는 입장에 있는데, 『신당서』 등 중국중심적 기록에 힘입은 바가 크다고 하겠다.

이와 같은 중국의 발해사 연구에 대하여 가장 큰 견해차를 보이고 있는 것은 남북한이다. 본래 발해사의 민족사적 귀속문제에 대해 1980년대 이전에는 학문적으로 적극적인 언급이 없었다고 할 수 있다. 정치적인 측면에서 고구려나 발해를 중국사로 편입하려는 움직임은 중국 공산당 정권이 성립되면서부터 일각에서 주장되었던 것으로 당시 주은래(周恩來) 총리의 발언으로 확인할 수 있다.〔周恩來, 1963〕『삼국사기』와 같이 기록이 분명한 고구려사보다 기록이 불분명한 발해사의 경우가 더욱 그러했던 것이 아닌가 한다.

그러나 주은래 총리는 고구려는 물론이고 발해사도 '조선사'의 범주에 있음을 분명히 하였다. 그리고 이러한 그의 생각은 지금으로서는 도저히 생각할 수 없는 북한과 중국의 발해유적 공동발굴을 가능하게 하였다.

발해사에 대해 중국학계가 학문적으로 당나라의 지방정권이라고 본격적으로 주장한 시기는 문화대혁명이 지나고 '통일적 다민족국가' 정책이 국가이념으로 정착되는 1980년대부터였다. 그 이전에는 18세기 유득공(柳得恭, 1749~1807)이 그의 『발해고(渤海考)』(1784) 서문에서 '남북국시대'로 규정한 것이 가장 앞선 것이었다. 한국사에서 실학자와 민족주의 사학자들이 이러한 생각을 이어받았으나 근대적 발해사 연구는 일본의 영향을 받아서 형성되었다. '지배층은 고구려유민, 피지배층은 말갈'이라는 견해가 바로 그것이다. 그러나 한규철과 북한학자들은 약간의 견해 차이는 있지만, 지배층과 피지배층을 막론하고 고구려유민이었다는 견해를 유지하고 있다. 발해의 자주성은 왕조의 '사사로운' 연호와 시호 사용 및 전쟁을 일으킬 정도의 외교행위 등에서 알 수 있다.〔한규철, 1994〕

남북한이 발해국의 자주성에 대해서는 이론이 없으나, 남북국의 성격에 대해서는 적잖이 차이를 보이고 있다. 북한은 발해와 양립하였던 신라에 대해서 '후기신라'라는 인식 아래 신라의 삼국통일을 인정하지 않는 점이 특징이다. 이러한 생각이 우리와 결코 다르다고 할 수 없는 것은, 필자의 경우 발해가 건국되고 난 이후의 신라는 '통일신라'일 수 없다는 생각을 하고 있기 때문이다. 이 점은 북측과 공통점을 갖는다. 단지, 북측은 신라의 삼국통일을 근본적으로 부정하고 있는 데 반해 필자는 이것을 제한적이나마 인정해야 된다는 입장이다. 즉, 신라 통일기는 고구려가 멸망하고 발해가 건국되는 668년에서 698년의 30년에 불과하였다고 보는 것이 타당하다고 생각한다.

발해가 고구려 계승국가였음에도 불구하고, 이에 대한 인식이 소홀했던 원인들에 대해서도 생각해볼 필요가 있다. 근본적으로는 발해사에 관한 기록부재로 인한 것이기도 하고, 있는 기록이라고 해도 발해인들의 것이 아니기에 한국과 중국·러시아의 발해사 인식이 더욱 혼란스럽게 되었다. 그러나 한국사에서는 여기에 또 다른 문제가 부가되어 있다. 즉, 신라정통론의 농도와 고구려 고토회복 의식의 농도에 따라 그 인식이 다르다는 것이다.

기록의 혼란으로 인해 한국사는 시대에 따라 발해국을 자국사로 인식하면서도 발해를 말갈의 국가로 인식하기도 하였다. 이것은 잘 알려져 있는 바와 같이, 발해의 종족계통을 보여주는 중국측의 기록들이 각

각 그 내용상 혼란을 갖고 있기 때문이다. 즉, 발해의 건국자인 대조영의 출신을 언급하면서 발해의 멸망시기와 가장 가까운 시기에 편찬된 『구당서』[후진, 945]는 발해를 '고구려 별종'으로 서술하고 있는가 하면, 이보다 115년 늦게 나온 『신당서』[송, 1060]는 고구려와 다른 듯한 '속말말갈인으로 고구려에 부속된 자'로 서술하고 있기 때문이다.

이러한 사정이 결국 후세인들로 하여금 발해를 고구려인들이 세운 국가로 보기도 하고 또는 고구려인과 계통을 달리하는 말갈인들이 세운 국가로 보기도 함으로써, 한국사에서 발해의 자국사 논쟁이 벌어지게 한 원인이 되었다. 그러나 대조영의 본래 모습은 '고구려의 속말[송화강]지역 사람'이었다고 생각한다.

또한 한국사에서 발해에 대한 인식은 시대마다 차이가 있었다. 이것은 발해에 대한 인식이 꼭 '말갈'의 문제에만 있었던 것이 아니라는 반증이다. 다시 말해 한국사에서 삼한[마한] 및 통일신라에 대한 정통의식의 농도와 시대마다의 북방관, 이를테면 고토회복 의식의 농도에 따라서도 발해사에 대한 자국사로서의 인식 정도가 달랐다는 것이다. 전자의 정통의식에서는 발해를 고구려를 계승한 왕조로 인정하면서도 신라사의 한 인접국 정도로 기록함으로써 항상 신라사, 특히 신라의 삼국통일관과 밀접한 관련을 갖고 있었다. 또한 후자의 경우는 발해를 고구려와 종족적 계통을 달리하는 말갈의 후손 왕조로 생각하면서도 한국사의 체계에 넣기도 하였다.

한편 발해의 동북부 일변을 차지하고 있는 러시아에서도 발해사에 대한 연구가 활발하다. 연해주 확보와 함께 근대적 고고학 연구 등이 19세기 말부터 이루어진 것은 정치적 배려가 컸기 때문이었다고 할 수 있다. 고고학적 탐사와 발굴에 의해 일찍이 발해유적을 확인한 러시아는 발해사를 지금의 중국 견해와 달리 당나라 지방정권이 아닌 자주적 왕조였음을 인정하고, 다만 고구려유민과 다른 말갈인들에 의해 건설된 왕조라는 견해를 유지하고 있다. 따라서 민족사적 귀속문제에서는 발해가 한국사나 중국사 어느 곳에도 속하지 않는 독립국 '말갈사'였다는 것이다. 그러나 발해의 고구려적 성격을 비교적 긍정적으로 인정하고 있으며, 변방문화의 다양성을 확인한 성과를 가져와 돌궐 및 중앙아시아 계통의 문화를 가장 많이 밝혀냈다고 할 수 있다.

일본의 발해사 연구는 일제의 만주침략으로부터 본격화되었다. 동기는 순수하지 못하였다고 하더라도, 발해유적 발굴과 함께 진행된 일본의 연구는 근대 발해사 연구의 획기적 발전을 이룩하게 하였다. 특히 오늘날 발해사의 성격과 민족사적 귀속문제가 쟁점이 되어 있는 시점에서 당시의 유적발굴 결과는 지금에도 그 빛을 잃지 않고 있다. 발해의 계승관계를 알 수 있는 많은 유적과 유물이 공개되지 않고 있고, 유적지 접근마저 어려운 현실은 당시의 발굴이 갖는 의미를 더해 주고 있다고 하겠다. 문헌적인 면에서도 많은 양의 연구가 쏟아져 나왔는데, 지금에도 그 가치는 떨어지지 않고 있다. 상경용천부 유적을 비롯한 발해유적 발굴이 대체로.일본에 의해 시작되었고, 기록에 없던 발해사를 메울 수 있게 한 것도 일본학계의 공헌이 컸다고 인정된다.

일제시기 일본의 발해사 연구는 도리야마(鳥山喜一)와 시라토리(白鳥庫吉) 등에 의해 주도되었다. 당시 발해연구를 주도함으로써 '발해왕'으로 불렸던 도리야마는 중국측 기록을 주로 분석하여 발해는 대체로 말갈족의 국가였다고 주장하였다. 이에 반해 발해사신들에 관한 기록이 많은 일본측 기록을 분석한 시라토리는, 발해의 이원적 주민구성설인 지배층은 고구려유민, 피지배층은 말갈이라는 설을 제기하여 오늘날 한국학

[표] 각국의 발해사 연구자 현황 및 추이

나라	구분\집필	1851~1900	1901~1950	1951~1960	1961~1970	1971~1980	1981~1990	1991~2000	計	총집필자 중복제외
한국	발표논저	0	10	5	17	42	166	379	619	260
	집필자수	0	9	3	13	22	71	198	316	
	집필자누계	0	10	4	16	35	110	280	455	
중국	발표논저	0	25	14	17	69	588	463	1,176	415
	집필자수	0	13	11	15	28	218	175	460	
	집필자누계	0	21	11	17	50	421	459	979	
일본	발표논저	1	152	29	45	56	126	268	677	261
	집필자수	1	56	16	28	32	72	121	326	
	집필자누계	1	117	28	40	48	103	197	534	
러시아	발표논저	10	18	22	25	50	102	106	333	68
	집필자수	6	11	10	7	13	29	22	98	
	집필자누계	10	14	18	18	35	63	52	210	
계	발표논저	11	205	70	104	217	982	1,216	2,805	1024
	집필자수	7	89	40	63	95	390	516	1,200	
	집필자누계	11	162	61	91	168	697	988	2,178	

* 집필자 : 기간 내 여러 편의 글을 집필하였을 경우에도, 1집필자로 계산[기간 내 중복 제외].
　해외교포의 집필은 현지 연구성과로 계산함. 기관출판도 1집필자로 계산함.
* 집필자 누계 : 기간 내 연도별 집필자 누계[기간 내 중복 포함].
* 한국은 남북한, 중국은 대만이 포함된 수치임.
* 러시아는 1998년까지의 통계를 기준으로 하고, 그 이후의 추산 논저 35편이 추가되었음.

계의 통설이 되게 하였으며, 초기 북한의 박시형설이 이루어지는 데 결정적인 역할을 하였다.

　아무튼 발해사 연구에서 제3자적 입장에 있다고 할 수 있는 일본이 민족사적 계승문제에서만큼은 오늘날 한국학계와 가장 가까운 견해를 갖고 있는 것은 주목할 점이라고 할 수 있다. 일본에서 발간된 한국사 개설서인 『조선의 역사(朝鮮の歷史)』(1974)가 '통일신라'와 함께 '발해'를 한국사의 한 부분으로 서술하고 있는 것이 그 좋은 예다. 다만 한국과 일본학계가 지금까지도 의견이 다른 점은 발해와 일본의 정치·외교적 관

계에 대한 부분이다. 즉, 일본은 그들의 기록인『속일본기』에 입각하여 발해를 일본의 '번국(蕃國)'이었다고 하는 점을 아직도 상당수의 학자들이 고수하고 있다. 발해가 일본의 '조공국'이었다는 시각이다. 그리고 이 것은 최근 발해와 일본의 교역 해상이었던 이른바 '환일본해권(環日本海圈)'에서의 일본의 역할을 규명하는 데 상당한 연구비가 투자되는 것과 맥을 같이 하고 있는 것이 아닌가 한다.

이와 같이 발해사 연구는 국내 학자들만의 문제가 아니라, 동아시아 국가들과의 문제이다. 우선 2000년까지 각국의 연구자와 논저 편수만을 따져 본다면, 전체 2천805여 편의 글과 1천24명의 사람과 기관이 참여했는데, 남북한에서 619편의 글과 260명의 학자들이, 그리고 중국〔대만 포함〕에서 1천176편의 글을 415명이, 일본에서 677편의 글을 261명이, 러시아에서 333편 정도의 글을 68명이 발표하고 있다.

3. 발해의 주민구성

발해사의 쟁점 가운데 발해가 과연 고구려 계승왕조였는가, 고구려 와 다른 말갈왕조였는가 하는 문제는 발해국의 역사귀속 문제와 함께 여전히 뜨거운 쟁점이다. 이 분야는 한국 및 일본 등에서 특히 관심을 갖고 연구되었다고 할 수 있다. 발해국의 책봉과 조공에 따른 왕조의 자주성 문제가 정치적이고 이념적인 성격이 강하다면, 주민구성 문제는 좀더 실증적이고 학문적인 문제에 가까웠던 것이 아닌가 한다. 발해사의 성격을 알 수 있을 정도의 기록을 발해인들이 남기지 않았던 것이 가장 큰 이유였을 것이다. 발해의 주민구성 문제는 발해가 고구려를 계승한 왕조인가 고구려와 다른 말갈의 왕조였는가 하는 문제로 요약할 수 있다. 말갈이 고구려와 다른 독자적 종족이었다면, 만주지역에서 부여와 고구려에 이어 또 다른 종족에 의한 왕조의 개창을 의미한다.

발해의 주민구성과 관련된 기록은 『구당서』와 『신당서』가 약간의 차이점을 갖고 있다. 『구당서』는 발해건국자인 대조영에 대하여 "발해말갈(渤海靺鞨)의 대조영은 본래 고구려의 별종[高麗別種]이다"[卷199 下 北狄, 渤海靺鞨]는 내용을 담고 있어 발해의 고구려 계승관계를 뒷받침하고 있다. 반면에 『신당서』는 건국자 대조영을 "[발해는] 본래 속말말갈(粟末靺鞨)로서 고구려에 부속된 자이니, 성은 대씨(大氏)이다[卷219, 北狄, 渤海]"고 하여 대조영 집단이 정치적으로는 고구려에 부속된 무리였으나, 종족적으로는 마치 고구려와 다른 '속말말갈'인 것으로 전하고 있다. 전자는 남북한학자들에 의해 발해의 고구려 계승성을 입증하는 유력한 전거로 이용되고 있고, 후자는 중국학자를 비롯한 말갈 지지자들에 의해 신뢰를 받고 있는 사료로 이용되고 있다.

한편 발해를 다민족국가로 규정하고 지배층은 고구려유민, 피지배층은 고구려계와 다른 말갈인이라는 시각도 제기되어 있다. 그런데 이러한 이원적 발해주민구성론이라면 발해사는 고구려유민사가 아닌 말갈사, 즉 만주사로 봄이 더 합리적일 수 있다는 지적이 있다.[한규철, 1996] 이러한 발해지배층의 고구려유민설은 시라토리가 '[발해의] 왕조 및 상류사회를 조직한 자가 고구려인'이라는 점을 주장하고부터였다.[白鳥庫吉, 1933] 그의 논거는 발해에서 일본에 보낸 외교문서에 "[발해는] 옛 고구려의 땅을 다시 찾아 거(居)하고 있다"라든가 "고구려국왕 대흠무가 말하다"라는 기록과, 일본에 보낸 85명의 발해 정사(正使) 중에서 26명이나 옛 고구려의 성과 같은 고씨(高氏)였다는 점, 그리고 당시 일본이 발해를 고구려(高句麗, 高麗)라고도 하였다는 점 등을 들고 있다.

반면에 도리야마는 발해건국자 대조영을 말갈족 출신으로 인식하여 발해의 말갈족설을 제시하기도 하였다. 다만 속말말갈 및 백산말갈이 정치적으로는 고구려에 복속되어 있었다고 하고, 대조영을 '백산말갈(白 山靺鞨)' 출신이라 하여 『신당서』의 '속말말갈'설을 부정하기도 하였다. 그 는 시라토리의 고구려계 지배층설에 관한 신설(新說)에도 관심을 갖고 있었으나, 그의 종래 학설을 수정하지는 않았다.[鳥山喜一, 1968] 오늘날 일 본학계의 일반론은 시라토리의 설이 더 우세하다고 여겨진다. 이후 발 해 지배층의 고구려인설은 박시형·미카미(三上次男) 등에 의해서도 수용 되어 오늘날 한국 및 일본학계의 강력한 지지를 받고 있다.

그러나 발해의 주민구성이 다원적이 아닌 대부분 고구려인이나 말 갈인 어느 한쪽의 일원적이었다는 견해도 강력하다. 중국과 러시아의 말 갈설과 한규철과 북한학계가 주장하는 고구려설이 그것이다. 물론 발 해의 고구려유민설에서, 흑수부(黑水部, 黑水靺鞨)의 이질성은 인정한다. 한 규철은 1988년부터 발표한 주민구성에 관한 논문을 통해 지배층과 피 지배층을 막론하고 발해는 고구려유민을 중심으로 이루어진 사회였음 을 논증하였다.[1988a, 1988b]

북한에서도 초기에는 박시형 등을 중심으로 초기에는 시라토리의 영 향 아래 다수가 말갈인설을 유지하였다. 그러나 1990년대에 들어서면서 장국종 등 사회과학원 력사연구소 발해사연구실을 중심으로 옛 고구려 인들이 살았던 이른바 '발해본토'인들은 대부분 고구려의 후손인 고구 려인들이었다고 하여 오늘날 북한학계의 통설이 되었다. 결국 필자의 생각과 결론은 같아졌다고 할 수 있다. 상식적으로 7백여 년 동안 고구려왕조의 통치를 받았던 사람들은 고구려인이었고, 이들이 발해인이 되었다는 것이다.

한편 발해국을 고구려유민과 말갈로 구성된 왕조로 보는 이원적 주민구성론은 아직도 한국과 일본학계의 일반적인 통설이라 하겠다.〔송기호, 1995 ; 임상선, 1999〕 이는 이른바 『유취국사(類聚國史)』의 '토인(土人)' 기사에 근거하고 있다. 그러나 이것이 '토인'이 아니라, 동경대 소장본과 같이 '사인(土人)'으로 보아야 하며, 이 기록은 소수였던 사인의 지배층과 다수였던 말갈로 불리는 피지배층을 언급하는 것일 뿐이라고 주장한 견해도 있다.〔한규철, 1996〕 일부 중국학자도 '사인'임을 인정하였지만 이는 어디까지나 발해의 말갈설을 기본으로 하고 있다.〔張博泉·鄭妮娜, 1982〕

발해사를 복원하는 데 주민구성 문제의 키는 '말갈'의 존재를 어떻게 보느냐에 달려 있다. 말갈이 스스로 자칭한 종족이었는가 아니면 남이 불러준 타칭의 종족명이었는가에 따라 말갈의 실체가 달라진다는 것이다. 말갈이란 종족명은 여진 등과 함께 타칭의 범칭(汎稱)·통칭(通稱)으로 보는 손진기(孫進己)·시라토리·히노(日野開三郞) 그리고 한규철의 견해는 국가를 초월하고 있다.

그렇다고 발해사를 보는 시각이 같은 것은 아니다. 손진기는 고구려 이후의 발해를 발해족으로 인식하면서 족원의 다원성을 인정한다. 이와 함께 그는 역사의 영토계승적 입장을 중요시 여김으로써 발해사의 고구려 계승성을 일정하게 인정하는 점이 다르다. 일본학자들은 말갈의 범칭적 성격을 인정하지만, 말갈의 실체를 고구려와 다른 종족으로 인식하는 것이 대세이다. 그러나 한규철은 '말갈'이란 범칭일 뿐만 아니라, 고구려 변방주민들의 비칭(卑稱)이었기에 이들은 예맥과 부여의 후손이며 고구려 주민이었다고 본다. 때문에 '말갈'로 불리는 대부분의 사람들은 흑수말갈을 지칭하거나 고구려 변방인이었다고 보아 발해의 고구려유민설을 주장한다.〔한규철, 1988b, 1994〕

4. 발해의 영역과 위치

발해의 위치에 관해 첫 도읍지인 구국(舊國)과 동모산(東牟山)의 위치에 대해서는 상당한 의견 접근을 보았다고 할 수 있다. 구국이 길림성 돈화시(敦化市)의 영승유적(永勝遺蹟)이었다든지, 동모산을 돈화시 성산자산성(城山子山城)으로 보고 있는 것 등이 그러하다. 그러나 최근 동모산을 연변지역에서 찾고 있는 의견이 개진되어 새로운 쟁점을 제공해 주고 있다.〔王禹浪·都永浩, 2000〕 또한 발해가 건국하는 과정에서 언급된 천문령(天門嶺)이 어디였는가 등의 문제도 아직 미해결의 과제라고 할 수 있다. 천문령의 위치는 장광재령설(張廣才嶺說, 丁謙), 승덕현 서경설(承德縣 西境說, 滿洲源流考), 휘발하(輝發河)와 혼하(渾河)의 분수령인 장령자 부근설(長嶺子 附近說, 松井等) 등이 있다.〔張昌熙, 1983〕 이는 발해 건국과정에 대한 명확한 검증이 기록의 한계 등으로 아직 분명하지 못한 원인과도 관련이 있을 것이다.

그러나 무엇보다 중요하면서도 쟁점이 되고 있는 부분은 발해국의 영역에 관한 문제이다. 발해국의 영역에 대해서는 아직도 완전하지 않은데, 이것은 기록의 문제도 있겠지만 전근대의 국경개념이 갖는 한계도 무시할 수 없을 것 같다. 우선 발해국의 서변에 대한 문제가 가장 논란이 뜨겁다. 요동지역이 과연 발해영역이었는가 하는 문제이다. 가장 넓었던 시기의 발해 서변을 어디까지로 보아야 하는가가 큰 쟁점이다.

발해의 서쪽 국경을 요동에서 찾을 수 있는지에 대해서는 아직도 의견이 일치되어 있지 않다. 중국측의 전통적인 견해는 압록강 하류의 박작구(泊汋口)와 신성(新城 : 撫順)을 경계로 하고 있었다는 의견이 지배적이기 때문이다. 이 견해는 담기양(譚其驤) 주편의 『중국역사지도집(中國歷史地圖集)』에 반영되어 정설이 되어 있다시피 하다. 그러나 몇몇 중국학자를 비롯하여 많은 남북한과 일본학자들은 해동성국이었던 전성기 발해국의 서쪽은 요동을 포함하고 있었다고 주장하고 있다.〔孫進己, 1982 ; 魏國忠, 1985〕 그 중요한 논거는 월희부(越喜部)가 요동에 있었다는 것이다.

발해의 요동영유설을 더욱 적극적이고 체계적으로 주장하는 견해는 북한에서 나오고 있다. 8세기 발해와 당나라의 전쟁에서, 발해는 해상과 육로를 통해 당나라를 공격하였다든지, 10세기 초 발해와 거란의 전쟁을 통해 볼 때도 발해의 서쪽 경계가 요동이었다는 주장이다.〔손영종, 1980 ; 채태형, 1992〕

발해는 지방을 효과적으로 통치하기 위해 5경 15부 62주라는 행정조직을 운영하였고, 5경 중에서 상경과 중경, 동경을 수도로 이용하였다. 5경의 위치에 대해서는 상경용천부가 지금의 중국 흑룡강성 영안현 발해진이고, 중경현덕부가 중국 길림성 화룡현 서고성자, 남경은 북한 함경도 북청 등으로 의견의 일치가 되어 있다고 할 수 있다.〔채태형, 1991〕. 다만 서경압록부와 동경용원부는 이견이 노출되어 있다. 동경은 중국 길림성 혼춘시 팔련성(八連城)으로 보는 것이 대체적인 견해이나 북한에서 청진 부거리설이 제시되어 있기도 하다.〔채태형, 1998〕

가장 팽팽한 의견차를 보이고 있는 도성은 서경이다. 그 위치에 대해서는 길림성 임강설(臨江說)과 집안설(集安說)로 요약할 수 있다. 이 두 견해는 이미 일제의 만주침략 시기부터 논쟁이 되어 왔던 부분이다. 집 안(集安)으로 보아왔던 견해는 19세기 조선의 한진서(韓鎭書)를 비롯해서 마쓰이(松井浪八)·나가(那珂通世)·도리야마(鳥山喜一)·이나바(稻葉岩吉) 등이 며, 모아산(帽兒山), 즉 임강(臨江)으로 보는 견해는 야나이(箭內瓦)·나이토 (內藤虎次郞)·쓰다(津田左右吉)·마쓰이(松井等)·이케우치(池內宏)·김육불(金 毓黻)·시라토리(白鳥庫吉)·모리다(森田鐵次)·와다(和田淸) 등이었다.

최근에는 주로 중국학계에서 임강시(臨江市)설을 지지하고 있으며, 한 국과 일본에서도 이 견해를 암묵적으로 가장 많이 지지하고 있다고 할 수 있다. 다만 북한은 박시형이 지지하였던 임강설을 철회하고 집안설을 내세우며 한규철도 집안설의 타당성을 일정하게 수용하고 있다.

집안설의 요점은 과거 집안〔洞溝 : 國內城〕이 고구려의 정치중심지였고, 비록 고구려유적이지만 유적내용이 모아산보다 훨씬 풍부하다는 이야 기다. 그러나 임강설은『도리기(道里記)』의 내용으로 미루어 보아, 압록부 의 수주(首州)가 신주(神州)임에 틀림없다고 간주하고, 수주는 "박작구(泊 汋口)로부터 5백 리를 올라가서 환도현성(丸都縣城)이자 옛 고구려의 왕도 에 이르고, 여기서 동북으로 2백 리를 가면 신주에 도착한다"는 기록에 근거한 견해라고 할 수 있다. 신주가 서경이 있던 곳이고, 박작구에서 5백 리를 올라가서 다시 2백 리를 올라가야 신주에 도착한다면 서경은 임강진이 되는 것이 합리적이라는 것이다.

임강설은 1976년 이후의 고고(考古)·조사(調査)에 의해 더욱 굳어졌다 고 할 수 있다. 종래 도리야마 등에 의해 임강설의 가장 큰 약점으로 지 적되어 오던 발해유물들이 일부 확인되었기 때문이다. 임강에서의 발 해 유적과 유물에 대한 조사는 1976년에 이어 1982년과 1983년 그리고

1984년에 계속 이루어졌다고 한다. 특히, 1976년 봄에 임강진의 백화점 창고 기초공사 도중에 발견된 석사자(石獅子)는 임강의 서경설을 뒷받침하는 데 이용되고 있다. 불완전한 것이지만, 50근 내외의 이 석사자는 정혜공주묘에서도 발굴된 것과 비슷한 것이라는 데서 그 의미가 크다는 것이다.

그리고 이 지역에서 1984년 발해시대의 것으로 보이는 이질회도(泥質灰陶)와, 무늬없는 수키와 및 속은 포문(布紋)이고 겉은 승문(繩紋)이거나 무늬없는 암키와들이 채집되기도 하였다. 또한 『임강현지(臨江縣志)』에는 아직도 '고려성자(高(句)麗城子)'라 부르는 조그마한 성이 있는데, 이 성은 '당대(唐代 : 高句麗代)'에 축조되어 발해시기에도 연용(沿用)되었다고 하며, 현(縣) 부근에서 '당대장군지인(唐大將軍之印)'이라는 동인(銅印)도 출토되었다고 하여 발해시기에 이 곳이 신주였을 것이라고 간주한다.〔한규철, 1998〕

한편 임강설과 가장 가까운 견해를 처음 제시한 사람은 정약용(丁若鏞, 1762~1836)이다. 그는 신주에 서경이 있었다고 단정하고, 그 위치는 자성(慈城 : 현 자강도 자성군) 북쪽 대안(對岸)이 되어야 한다고 하여, 지금의 임강시와 가장 가까운 곳을 지목하기도 하였다. 이와 같이 조선시대 학자들도 서경의 위치에 대해서는 정확한 견해를 갖고 있지 못하였다.

서경의 평양설도 있으나 집안설이 좀더 의미있는 것으로 평가되고 있다. 고구려시기의 것이 주축을 이루고 있으나, 집안은 바로 고구려의 수도였던 정치중심지이자 교통의 요지였다. 고구려가 수도를 평양으로 옮긴 후를 비롯해서 발해시기에도 이 곳은 군사-외교적으로 주요한 도시로 이용되었다. 특히, 발해건국 초기에는 압록강에서 이 곳의 활용도가 다른 어느 곳보다도 중요한 곳이었다. 무왕대 발해가 당나라 등주를 공격하였을 때에는 더욱 그러하였을 것이다. 그리고 발해시기에도 사용되었을 것으로 여겨지는 국내성 유적과 환도성(丸都城)이 근처에 엄존하고 있다는 점을 들고 있다.

아울러 국내성 유적에 버금가는 것이 임강지역에 없다는 것도 집안설을 주장하는 큰 이유가 되고 있다. 발해유물이 집안지역에서 다른 도성에 비해 그렇게 많이 출토·채집되고 있지 않지만, 고분에서 발해기와가 확인되고 있는가 하면, 민주육대유지(民主六隊遺址)와 승리촌고건축유지(勝利村古建築遺址) 등에서도 발해유물이 확인된 바 있다.〔길림성문물지 편위회. 1984〕때문에 신주가 설령 압록부의 수주로서 지금의 임강시였다고 할지라도, 이 곳은 5경제가 실시되고 일정한 시간이 흐른 후에 비로소 수주가 되었을 것이라고 추측하기도 한다.〔한규철. 1998〕

한편 동북경계에 대해서는 단순하게 흑룡강 중하류 등과 같이 자연경계로 언급하고 있지만 이것이 고고학 등에 의해 입증된 견해라고는 할 수 없다. 이것은 흑수말갈 지역, 즉 흑수부라는 흑룡강 지역을 염두에 두고 막연하게 생각하고 있었던 동북경(東北境)이라 할 수 있다. 연해주 고고학을 담당하고 있는 러시아 극동역사고고연구소를 비롯한 여러 지역의 고고학자들의 노력에도 불구하고, 아무르강 하류 유역에 대한 고고학적 성과는 편년을 논하기에는 기대에 못 미치지 않나 한다.

특히 말갈과 고구려·발해문화에 대한 뚜렷한 구분기준도 애매하다는 느낌을 금할 수 없다. 이를테면 돌림판 사용여부를 두고 말갈토기를 구분하는 것 등이 그렇다. 변방문화와 중앙문화의 차이를 곧 종족적 차이로 규정하려는 태도는 사실에서 너무나도 벗어날 수 있다는 지적을 받을 수 있기 때문이다.

러시아 고고학의 지금까지의 상황은 발해의 북변을 아무르강에 훨씬 못 미쳤던 것으로 파악하고 있다. 그러나 북한에서 인식한 동북경(東

北境)은 아무르강 하류에까지 이르렀던 것으로 본다.〔채태형, 1998〕

5. 발해의 고고학적 문화유산 - 고분과 토기의 주인공

발해와 고구려와의 문화사적 계승관계도 의견이 일치하지 않고 있다. 이와 같은 의견차는 고분과 토기를 보는 관점의 문제와 문헌사료를 보는 역사관과 해석상의 문제에서 비롯한 것으로 여겨진다. 먼저 문화적 보수성이 강한 고분에서 가장 많이 비교가 되고 있다. 정혜공주묘 및 정효공주묘(貞孝公主墓)·삼령분(三靈墳) 등 발해의 왕릉 및 지배층의 석실분은 고구려의 전통을 계승한 것으로 알려져 있다.

그런데 중국학계에서는 고구려의 석실분은 한(漢)계 전실분(塼室墳)의 전통을 이어받았다든지〔孫仁杰, 2001〕, 말갈의 전통을 이어받았다고 하여 고구려의 고유성을 부정한다. 이러한 입장에서 고구려계로 일반화되어 있는 석실분의 기원도 말갈의 토광묘(土壙墓 : 土坑竪穴封土墓)에서 왔다고까지 한다.〔魏存成, 1990〕

말갈의 전형적인 묘제는 『구당서』 말갈전에 입각하여 토광묘로 보는 것이 일반적이다. 이에 따라 중국과 러시아 및 한국에서까지 상당수 많은 사람들이 토광묘하면 곧 말갈문화로 간주하려는 견해를 갖고 있다. 다만 중국과 달리 많은 한국과 일본학자들은 석묘계통의 매장문화는 고구려계로 분류하고 있다.

심지어 중국학계는 석묘계통의 것도 한계나 말갈계에서 연유한다고 주장하고 있다. 그러나 토광묘는 인류보편의 매장방식으로 어느 특정 종족을 지칭한 매장문화라고 보기 어렵다는 것을 전제로, 고구려인들의 대부분도 토광묘를 사용했다는 것이고, 이를 고구려와 다른 종족의 말갈인들의 묘제로만 보는 것은 잘못이라고 지적한다.〔한규철, 1999〕 이러한 사실은 말갈 묘제로 유명한 길림 영길(永吉) 양둔(楊屯)의 대해맹 고묘군(大海猛 古墓群), 길림 영길 사리파(査理巴), 유수 노하심 고묘군(楡樹 老河深 古墓群)에서도 석광묘(石壙墓)가 나오는가 하면, 토광묘〔土坑墓〕도 육정산(六頂山) 발해귀족 고묘군과 혼춘의 북대 고묘군(北大 古墓群), 화룡 용해 고묘군(和龍 龍海 古墓群), 안도 동청 고묘군(安圖 東淸 古墓群)들에서도 발굴되고 있다는 점을 들고 있다.

또한 발해가 당나라 문화의 영향을 받았던 점은 인정하지만, 발해 고분의 벽돌무덤에 대해서 이것을 오직 한풍(漢風) 내지 당풍(唐風)이라고만 해서는 안되고, 자연-환경적으로 돌보다 흙이 많은 곳에서 나올 수 있었던 고분문화로도 생각해야 한다고 주장한다.

삼령분(三靈墳)과 같은 발해 상경용천부의 고분은 현무암이 많이 사용될 수 있었고, 대단위 고분군에서는 흙이 많은 주변의 환경으로 인해 벽돌이 많이 사용되었다는 것이다. 정효공주묘와 같이 벽돌로 축조한 발해고분이라 하더라도, 천장 마감방법 등을 비롯한 고분 축조양식은 여전히 고구려 양식을 모델로 하고 있었다고 보는 것이다.〔채희국, 1988〕 말갈의 전형적인 묘제로 보는 토광묘는 고구려와 발해의 피지배주민들이 일반적으로 사용하던 묘제였다는 것이다.

발해문화의 특징으로 꼽고 있는 이른바 말갈관(靺鞨罐)을 어떻게 볼 것인가 하는 문제도 변방문화라는 입장에서 접근하기도 한다. 발해 내지 고구려와 말갈토기의 구분은 대체로 돌림판〔輪制〕을 쓴 것인가 그렇지 않은 것인가, 또는 굽는 온도의 차이 등을 기준으로 하고 있다. 그렇지만 발해삼채(渤海三彩)와 피지배층의 이른바 말갈관은 귀족문화와 변방문화의 차이일 뿐이라고 한다. 지배층과 피지배층 문화를 이민족으로 구별하려는 자세는 옳지 않다는 것이다.

또한 문화적인 보수성이 강한 것으로는 고분과 함께 주거문화의 대표적인 온돌문화에 대해서도 한·중 사이에 첨예한 의견대립을 보이고 있다. 『구당서』〔권199상, 동이 고려〕에 "〔고구려〕 일반인의 생활은 대부분 가난하고 겨울철에는 구덩이를 길게 파서 밑에다 숯불을 지펴 방을 따뜻하게 한다"라는 내용이 나온다. 그리고 이 기록에 근거하여 한국학계에서는 온돌의 기원을 고구려로 언급하는 것이 일반적이라고 할 수 있다. 〔정찬영, 1966〕

그런데 이러한 온돌은 실제로 고구려와 발해유적의 여러 곳에서 확인되고 있다. 북한과 중국 그리고 연해주 여러 곳에서 온돌유지는 발견되고 있다는 것이다. 최근 집안과 오녀산성 등의 고구려유적에서도 온돌이 대거 발굴되었다. 온돌은 발해의 상경용천부의 궁성 서쪽 '침전터'나 북한의 함남 신포시 오매리 발해유적 등에서도 발견되었다.

이에 대해 중국의 장태상(張太湘)은 1977년 흑룡강성 동녕현(東寧縣) 단결유지(團結遺址)의 온돌을 발견하면서 이 곳을 '지화룡(地火龍 : 땅고래)'으로 표현하고 이것이 발전하여 벽난로와 온돌이 되었다고 하는가 하면, 구들 '항(炕)'자가 중국에서 온 여진어라고 하여 중원과 이 곳의 문화교류를 보여주는 증거라고도 한다.〔張太湘, 1983〕 온돌문화도 동북지역의 일반적인 주거문화의 한 형태이지 고구려만의 것이라고 할 수 없다는 것이고, 이는 고구려와 발해의 문화적 계승성을 결코 인정할 수 없다는 논리이다. 중국학계가 이 곳 유지들을 중국문화의 영향으로 보는 시각은 발해의 만주지역 고고 유지에 대한 일반적인 경향이라고 할 수 있다.

6. 맺음말

발해의 성립과 발전과정에는 또 다른 문제들도 상존하고 있다. 고려후국(高麗侯國) 또는 소고구려국의 문제, 발해국의 사회성격과 발전과정, 그리고 발해멸망 원인과 발해유민 등에 관한 것이다. 기록의 한계가 있기는 하나 발해유민에 대한 연구도 상당하였다. 그러나 후발해국의 존속시기와 위치문제를 비롯해서 후(後)발해와 올야국(兀惹國)의 관계, 흥료국(興遼國)과 대발해국 등의 부흥운동에 대한 내용도 그 근거자료의 발굴을 기다리고 있는 터이다.

아울러 발해멸망의 원인이 화산폭발이었다는 주장도 제기되었으나 문헌사학적으로는 부정적일 수밖에 없었다. 나름대로 발해멸망에 대한 기록과 거란과 발해의 전쟁들이 상존하기 때문이다. 그렇더라도 발해멸망 과정과 그 유민과 역사계승 문제 등은 앞으로 풀어야 할 과제로 남게 되었다.

한편 발해사 연구는 민족사적 귀속문제와 주민구성 문제 등에 많은 정력을 들이는 반면, 막상 사회성격과 시대구분 등에 대한 내용에서는 소홀하였던 면이 있었다. 초기의 의견이긴 하였지만, 중국학계에서는 발해를 노예제적 사회로 보았던 견해도 없지 않았다. 이후 발해묘제를 순장이 아닌 추가장적(追加葬的) 성격으로 파악하면서 이에 대한 의견이 나오고 있지 않지만, 그렇다고 중세문화를 향유했던 발해로 규정한 논문도 그렇게 눈에 띄지 않고 있다. 러시아나 한국학계는 같은 시기의 왕조들과 함께 발해도 중세시기였던 것으로 보려는 자세인 것 같다.

다만 한국학계는 왕조사관적 입장에서 편의적으로 신라와 발해를 아직도 고대사회로 규정하고 있다고 할 수 있다. 그러나 이 방면에 대한 논의가 보다 치밀하게 이루어질 필요가 있다고 생각한다. 실증적 연구가 쌓이면 쌓일수록 시대성격과 시대구분에 대한 논의가 더욱 활발해질 것으로 예상된다.

아울러 앞으로 계속 진행될 고고학적 성과 또한 기대된다고 하겠다. 이는 시대성격의 문제와 함께 기록에 없는 발해문화의 내용이 한층 분명해질 것이기 때문이다. 발해유적에 대한 발굴은 중국뿐만 아니라, 북한과 러시아에서도 이루어질 것이다. 중국은 발해유적의 세계문화유산 등재를 위해 더욱 박차를 가해 고고·발굴에 집중할 것으로 예상된다. 거의 비공개리에 행해지고 있는 중국의 고고·발굴에 대해 얼마나 신뢰할 수 있을지는 의문이지만 좋은 성과가 있기를 기대한다.

한규철

‖ 참고문헌 ‖

리대희, 1998, 『발해사—역사지리 1』 5, 사회과학출판사.

박시형, 1962, 「발해사연구를 위하여」, 『력사과학』, 1962-1.

손영종, 1980, 「발해의 서변에 대하여 1·2」, 『력사과학』, 1980-2·3.

宋基豪, 1995, 『渤海政治史硏究』, 一潮閣.

_____, 1996, 「渤海의 盛衰와 疆域」, 『白山學報』 47.

林相先, 1999, 『渤海의 支配勢力 硏究』, 신서원.

장국종, 1998, 『발해사』 1·2, 사회과학출판사.

정찬영, 1966, 「우리 나라 구들의 유래와 발전」, 『고고민속』.

채태형, 1991, 「발해 남경남해부의 위치에 대하여」, 『력사과학』 1991-3.

_____, 1992, 「료동반도는 발해국의 령토」, 『력사과학』.

_____, 1998, 『발해사-역사지리 3』 7, 사회과학출판사.

채희국, 1988, 「발해의 정혜공주묘와 정효공주묘에 대하여」, 『조선고고연구』.

韓圭哲, 1988a, 「肅愼·挹婁硏究」, 『白山學報』 35.

_____, 1988b, 「高句麗時代 靺鞨硏究」, 『釜山史學』 14·15合.

_____, 1994, 『발해의 대외관계사-남북국의 형성과 전개』, 신서원.

_____, 1996, 「渤海國의 住民構成」, 『韓國史學報』 創刊號.

_____, 1998, 「발해의 서경압록부 연구」, 『한국고대사연구』 14.

_____, 1999, 「古墳文化를 통해 본 渤海國」, 『國史館論叢』 85.

吉林省文物志編委會 編, 1984, 『集安縣文物志』.

孫仁杰, 2001, 「高句麗石室墓의 起源」, 『高句麗硏究』 12, 高句麗硏究會.

孫進己, 1982, 『渤海疆域考』, 『北方論叢』, 1982-4.

王禹浪·都永浩, 2000, 「渤海東牟山考辨」, 『黑龍江民族叢刊』.

魏國忠, 1985, 「渤海王國据有遼東考」, 『龍江史苑』, 1985-1.

魏存成, 1990, 「高句麗渤海墓葬比較」, 『古民俗硏究』, 吉林文史出版社.

張博泉·鄭妮娜, 1982, 「渤海的社會性格」, 『學習與探索』, 1982-5.

張昌熙, 1983, 「天門嶺地理位置之我見」, 『延邊大學學報』, 1983-3.

張太湘, 1983, 「東寧考古拾零」, 『黑龍江文物集刊』, 1983-1.

周恩來, 19630, 「周恩來總理談中朝關係」, 『外事工作通報』, 1963-10.

白鳥庫吉, 1933, 「渤海國に就いて」, 『史學雜誌』 44-12.

鳥山喜一 著·船木勝馬 編, 1968, 『渤海史上の諸問題』, 風間書房.

발해의 대외관계와 무역

1. 머리말

발해가 교섭하였던 주변 왕조는 당과 일본, 그리고 신라·돌궐(突厥) 등이었다고 할 수 있다. 기록을 중심으로 보자면, 발해와 당나라는 130여 회, 즉 발해에서 당으로 1백 회[後梁·後唐 10회 포함], 당에서 발해로 30회나 왕래하였던 것으로 나타나고 있다.[朱國忱·魏國忠, 1984] 일본과의 관계도 발해에서 일본으로 34회, 그리고 일본에서 발해로 14회 왕래하여 48회나 접촉이 있었다.[酒寄雅志, 2001 ; 石井正敏, 2001] 한편 인접하였던 신라와의 관계는 발해에서 신라로 두 차례, 그리고 신라에서 발해로 두 차례 사신을 파견하였다고 전한다.[한규철, 1983]

지금까지의 기록에 의하면 당나라와 가장 빈번한 접촉이 있었고, 다음으로는 일본, 그리고 신라와는 가장 소원한 관계를 유지하였던 것으로 나타나고 있다. 물론 기록을 중심으로 본 결과이지만, 적어도 왕조적인 차원의 교섭면에서는 실질적으로 신라가 가장 소원했다고 인정해도 좋을 듯하다. 다만 발해와 신라가 민간차원에서는 그렇지 않았다고 여

겨진다. 발해와 신라 사이에 있었던 '신라도(新羅道)'가 결코 왕조적 차원
의 공식루트만은 아니었다고 생각되기 때문이다.

발해와 신라의 관계를 '남북국시대(南北國時代)'로 보는 한국학계의 의
견에 대해 중국 등은 대체로 부정적이다. '조선사개설서(朝鮮史槪說書)'에
서 '통일신라와 발해'를 기술하고 있는 일본에서도 이러한 분위기는 마
찬가지인 것 같다. 이러한 생각은 발해와 신라의 관계를 중시하는 한국
학계의 견해와 차이가 있을 뿐만 아니라, 그들의 연구·서술 비중에 있
어서도 양국관계는 거의 무시·소홀시되고 있다고 할 수 있다. 그러나
양국 관계는 기록의 불비(不備)에 문제가 있을 뿐이지, 발해의 당 공격에
서 보이는 신라의 태도라든지, 신라도 등이 실재했다는 점 등은 결코 소
홀히 다룰 수 없는 관계였다고 할 수 있다.

발해는 돌궐 및 서역과도 교섭하였다. 돌궐과는 정치·외교적 관계
도 깊었던 것으로 나타나고 있지만, 서역과의 관계는 돈황(敦煌)자료 등
매우 제한적인 면에서 유추되는 부분이기도 하다. 앞으로 발해가 돌궐
및 서역과도 교섭하였다는 사실은 더 확인될 개연성이 크다고 하겠다.
아직 밝혀져야 할 부분이 많지만, 몇몇 자료에 의해 서역의 물건이었을
것으로 짐작되는 발해시기의 문물이 출토되고 있다는 것은 매우 주목
되는 사실임에 틀림없다.

2. 발해와 신라-남북국시대의 문제

발해의 대외관계에서 신라와의 관계가 조명을 받기 시작한 지는 얼

마 되지 않는다. 조선시대 유득공이 신라와 발해가 양립하던 시기를 '남북국시대'로 규정하였지만, 막상 양국관계에 대한 구체적인 연구가 진행된 것은 1980년대 이후였다고 할 수 있다. 이와 같은 이유는 양국간의 기록의 부재가 가장 큰 요인이었지만, 이에 못지않게 신라사 중심의 한국사 인식이나, 당나라 중심의 국제질서관이 더 큰 장애요인이었다고 할 수 있다.

양국관계에 대한 기록이 없다고 해서 남북의 교섭과 대립이 없었던 것은 아니었다. 아울러 기록이 없었던 것을 대결만이 존재했던 것으로 파악하는 것도 잘못된 분석일 개연성이 높다. 왜냐하면 『신당서(新唐書)』〔卷219〕는 발해에서 신라로 통하는 '신라도(新羅道)'가 있었다고 분명히 밝히고 있는가 하면, 『삼국사기』〔卷37〕 역시 신라 천정군(泉井郡:咸南 德源)에서 발해의 책성부(柵城府:間島 琿春)까지 걸친 39개의 역(驛)과 함께 양국의 관문인 탄항관문(炭項關門)이 설치되어 있던 사실도 확인해 주기 때문이다.

양국간의 관계가 상쟁(相爭:'抗爭')이 아닌 상생적 대결만으로 지속되었다고 하더라도 이 또한 역사적 의미를 갖는다. 고구려·백제·신라의 삼국관계에서도 보았듯이 삼국간의 상쟁(相爭)이 곧 삼국으로 하여금 『삼국사기』의 주인공이 될 수 있게 한 근거가 되었듯이, 신라와 발해 양국이 상생적 대결상으로 고착화되었던 것은 발해사가 한국사에서 멀어지게 된 원인으로 분석될 수도 있기 때문이다.

아무튼 신라에서 두 차례에 걸쳐 발해〔北國〕로 사신을 파견하였다든지, 발해가 건국과 멸망의 시점에 신라에 사신을 파견하여 도움을 청한 사실 등은 양국간의 역사적 관계가 유기적이었다는 사실을 반증하는 것이다. 한편 후삼국시기에도 발해의 멸망을 전후로 하여, 후삼국간의 관계가 변화하고 있다든지, 거란과 고려의 관계도 크게 영향을 받고 있는 것 등은 발해와 신라의 관계를 무의미하게 여기거나 소홀히 다룰 수 없게 되는 이유이기도 하다.[한규철, 1983, 1994]

228년 동안 지속되었던 남북국의 관계는 교섭과 대립이라는 측면에서 대개 다섯 시기로 나누어 볼 수 있다. ① 발해가 건국하는 과정에서 20여 년간의 남북교섭기(698~713), ② 발해의 정복사업 추진기로서 제2대 무왕(武王)과 제3대 문왕(文王) 집권 중기까지 60여 년간의 남북대립기(713~785), ③ 원성왕(元聖王)과 헌덕왕(憲德王)의 정변이 중요한 계기가 되어 형성된 30여 년간의 남북교섭기(785~818), ④ 발해국의 고구려땅 회복 정책과 신(新)·당(唐)의 밀착으로 전개되기 시작한 남북대립기(818~905), ⑤ 멸망위기에서 전개되는 발해 멸망기의 남북교섭기(906~926)가 그것이다.

한국사에서 신라와 발해의 관계를 '남북국시대'로 설정하는 문제는 큰 논쟁거리다. 우리 민족의 민족사적 얼개가 걸려 있는 문제이기도 하다. 그렇기에 발해와 신라의 관계는 한국학계에서 가장 관심을 갖고 논의·연구해 왔다. 중국과 일본 등에서는 주로 발해의, 당과 일본과의 교섭에 관심이 집중되어 왔다고 할 수 있다. 특히 중국학계는 발해와 신라의 관계를 논급하는 것 자체를 터부시하고 있는 입장이다. 그렇지만 발해국의 인접국이자 발해의 대외관계에서 중요한 변수역할을 하였던 신라와의 관계를 도외시하고 당나라와 일본과의 관계만을 논급한다는 것은 당시의 역사상을 왜곡하기 쉽다.

한국을 제외한 다른 나라에서는 '남북국시대'에 대하여 매우 부정적이다. 신라와 발해가 고구려·백제·신라와 같이 통일국가를 이루기 위한 노력도 없었다는 것 등이 부정적인 의견의 대표적인 것이라면[李成市, 1988], 다른 한편으로는 유득공의 '남북국시대'를 '허망사념(虛妄邪念)'한 것으로 치부해 버리는 주장까지 나오고 있다.[孫玉良, 1986 ; 王健群, 1995] 아무튼 한국 밖에서, 발해사를 한국사의 일부로 간주하고 있는 일본에서도 신라와 발해를 '남북국'으로 설정하는 데는 부정적이다. 다만 '통일신라와 발해'로 인식하는 선에서 한국사 속에서 발해를 서술하고 있을 정도이다. 그러나 신라와 발해가 삼국과 같이 통일을 이룩하기 위한 정치적·군사적 노력을 하지 않았거나, 미미하였다고 할지라도 양국관계를 남북국시대로 보는 것은 몇 가지 이유로 생각되고 있다.

무엇보다도 가장 큰 이유는 발해가 고구려를 계승했다는 점이다. 문화적으로 발해인들이 고구려문화를 계승하고 있었고, 고구려·백제·신라의 삼국이 서로 상쟁하며 통일을 꾀했던 역사시기를 '삼국시대'로 부를 수 있다면, 고구려를 계승한 발해와 백제 및 신라의 후신인 대신라(大新羅 : 統一新羅)의 관계를 남북국시대로 부르는 데 문제가 없다는 것이다. 비록 고구려계와 다른 흑수인(黑水人 : 黑水靺鞨)들이 발해인으로 흡수되었지만, 이는 발해국의 중심세력이었던 속말인(粟末人 : 粟末靺鞨)과 백산인(白山人 : 白山靺鞨)들의 비중에 비해서는 미미하다 할 것이다. 문화적인 측면에서도, 비록 고구려문화와 거리가 있는 흑수인의 문화가 흡수되었다고 하더라도, 발해문화를 소수의 〔흑수〕말갈문화로 이해함으로써 남북국시대 설정을 부정적으로 볼 수는 없다는 것이다.

3. 발해와 당 - 발해의 민족사적 귀속문제

발해는 다른 어느 나라보다 당과 빈번하게 접촉했다. 발해는 신라와 5차례, 일본과는 왕복 48차례 교섭이 있었지만, 당과는 무려 1백여 차례가 넘는 교섭기록을 갖고 있다. 이것은 기록만을 좇아본 것이고 주로 발해사신이 당에 파견되었던 내용이 중심이지만, 양국의 관계는 신라나 일본과 달리 깊은 관계였다고 보아야 할 것 같다. 양국은 전쟁을 포함해서, '조공'외교로 표현되는 정치적·경제적·문화적 교섭을 빈번히 하였기 때문이다. 물론 왕조간의 교섭의미를 횟수만으로 따질 수는 없다. 그러나 빈번한 접촉은 곧 두 왕조간의 이해관계가 긴밀했었다는 방증이기도 하다.

발해국의 대외관계에서 가장 중요한 사실은 발해가 당나라에 대해서 자주적이었는가 하는 문제다. 발해가 당나라의 지방정권이었다면 발해의 대외관계란 큰 의미가 없다. 당나라 외교에 종속적일 수밖에 없기 때문이다. 그러나 발해는 자주적인 왕조였다. 당시의 국제질서가 당나라 중심이었음은 인정되는 바이나, 발해가 당나라의 지방정권은 아니었다.

발해사의 민족사적 귀속문제, 즉 발해가 한국사에 속하느냐 중국사에 속하느냐의 문제는 한국과 중국이 첨예한 대립을 보이고 있다. '귀속(歸屬)'이라는 단어도 중국에서 먼저 사용한 용어이지만, 영토가 아닌 역사의 귀속문제를 이처럼 강조하는 예는 그렇게 흔한 일은 아니다. 한국 및 일본을 비롯한 동아시아 학계는 중국이 현대의 영토관에 따라서 이를 고대의 역사에 소급하여 적용하려는 데는 정치적 의도가 있다고 우려한다.

우선 왕조의 자주성 여부와 관련해서 전통적으로 중국학계가 가장 중심을 두고 있는 것은 책봉과 조공 관계다. 이를 근거로 발해왕조의 자주성을 부인하고 '당나라의 지방정권설'을 강조하고 있다.〔嚴聖欽, 1981 ; 楊昭全, 1982〕 그렇다면 발해가 고구려를 계승했건 그들과 다른 말갈을 계승했건 문제가 되지 않는다. 모두가 당나라의 지방정권이자 중국사이기 때문이다. 한국학계와 첨예한 의견차이를 보이고 있는 것처럼, 발해가 고구려와 다른 말갈왕조라고 해도 발해는 중국사일 것이고, 그들의 후예라고 하는 '만주족(滿洲族)'의 청나라도 중국사이다. 중국이 생각하고 있는 민족의 역사귀속 논리는 현대의 정치적 의미를 갖는 '속지주의적(屬地主義的)' 입장이다. 현재 중국의 영토에서 존속하였던 모든 고대로부터의 역사는 중국의 지방정권, 즉 중국사라는 것이다.

위와 같은 논리라면 한국사도 그 정당성을 주장할 수 있다. 중국학계는 고구려사와 같이 일사양용적(一史兩用的) 입장에 있어야 한다. 함경도와 평안도 지역이 모두 과거 발해영역이었고, 이 곳이 고려와 조선을 거쳐 지금에 이르고 있기 때문이다. 정통성의 계승이라는 입장에서 보자면, 오히려 한국사가 발해의 후손을 자처할 자격이 있다. 만주를 무대로 한 요·금과 함께 청을 중국의 정통왕조로 여기게 된 것은 이른바 '통일적 다민족국가'라는 정치논리가 역사이념화되고부터였다. 본래 이들 왕조들은 당 왕조의 정통성을 계승한 왕조가 아니었다. 그러나 한국사는 고려나 조선 모두가 한국사의 정통왕조로, 중국도 인정하는 터라, 발해사의 정통성을 계승하고 있다고 할 수 있다. 아울러 『삼국사기』에서 고구려본기를 명시하여 한국사의 고구려계승이 입증되고, 발해가 지역적으로나 왕조적 성격으로 보아도 고구려를 계승했기에 발해사는 당연히 한국사의 범주에서 다룰 수 있다. 적어도 일부 중국학자가 고구려사를 일사양용적 입장에서 다루고 있다면, 발해사도 이와 같은 맥락에 있어야 한다.

중국이 발해의 자주성을 부인해 왔음에도 불구하고, 한국과 일본 및 러시아학계는 발해국의 자주성을 인정하여 왔다. 물론 이러한 견해라 하더라도 당 중심의 국제질서를 부정하는 것은 아니다. 그렇다고 발해를 당나라의 지방정권으로 볼 수는 없다는 것이다. 오히려 발해가 독자적 연호와 시호를 사용하였던 점은 당시 다른 어느 왕조보다 자주적 성격이 강했음을 의미하기도 한다.

당 중심의 국제질서 아래에서 신라 등도 당나라의 연호를 사용하였다. 그러나 주변 왕조가 당나라 연호를 사용하였다고 하더라도 이를 곧 당나라의 지방정권으로 볼 수 없다는 것은 상식이다. 하물며 발해왕조는 그들의 독자적 연호를 거의 대부분의 시기에 사용하였다. 아울러 자주성을 부인하는 중요한 기준으로 제기되는 책봉과 조공이 갖는 의미도 당 중심으로 지나치게 확대해석하고 있다는 것이 중국학계 이외의 견해이다. 당시 당나라 중심의 국제질서 속에서 이루어진 '책봉'은 당나라와의 외교적 승인형식으로 관행화한 것이었고, '조공'은 관영무역(官營貿易)의 형태였다는 것이다.

발해국이 황제국을 자칭하였던 사실도 발해가 자주적이었다는 중요한 근거이다. 정효공주묘(貞孝公主墓)의 묘지(墓誌)를 통해 볼 때, 발해는 '황상(皇上)', 즉 '황제(皇帝)'를 자칭했다는 것이다.〔송기호, 1995 ; 장국종, 1998〕 또한 발해의 국호사용도 자주적이었다. 상당수 견해가 지적하는 것처럼 713년 당으로부터 '발해'라는 국호를 사여(賜與)받은 것이 아니라, 당나라가 말갈이라 비칭(卑稱)하던 국호를 713년에 비로소 자칭하던 발해로 고쳐 불렀다.〔한규철, 1994〕

역사귀속 문제에서 비중이 두어지는 시각차는 한국과 중국이 약간 다르다. 중국은 발해국이 '당나라의 지방정권'이었던 '홀한주 도독부(忽汗州 都督府)'였다는 정치적 문제에 집중되어 있고, 한국학계를 비롯한 중국 이외에서는 과연 발해가 고구려계승국인가 고구려와 다른 말갈국인

가 하는 역사계승 관계에 더 비중을 두고 있다. 이러한 분위기의 일환
으로 한국학계는 발해의 문화사적 계승성과 역사계승 의식에 관심이
크다.

즉 한국은 발해가 일본에 보낸 문서에서 부여와 고구려를 계승한
왕조로 인식하고 있었다든지, 고구려와 풍속이 같았다는 『구당서』 등의
기록을 주목하고 있다. 나아가 한국은 그 계승관계가 오늘날에도 이어
지고 있으며, 세계에서 유일하게 고구려와 발해의 후손을 자처하는 사
람들은 한국인이라고 강조하고 있다. 한국의 협계태씨(陜溪太氏)와 영순
태씨(永順太氏)가 발해 대조영의 후손임을 자처하고 있다든지, 고구려 ·
발해인들이 사용하던 온돌문화를 한국인들이 가장 잘 계승하고 있다는
점을 강조하고 있다.〔한규철, 1994〕

4. 발해와 일본

발해와 일본 사이에는 동경용원부(東京龍原府)의 한 곳에서 일본까지를
잇는 일본도(日本道)가 있었다고 『신당서』에 기록될 정도로 공식적인 교
역로가 있었다.

남북국시대에 발해와 일본의 관계는 신라보다 더 빈번한 접촉이 있
었던 것으로 나타나고 있다. 즉 발해가 일본에 34차례 그리고 일본이
발해에 13차례에 걸쳐 사신을 파견한 것으로 『속일본기(續日本紀)』에 기
록되고 있기 때문이다. 이것은 『삼국사기』가 신라 1천 년 역사를 기록하
면서 10차례도 일본에 사신을 파견하지 않은 것으로 기록한 것과는 매

우 대조적이다. 물론, 일본측의 『속일본기』 등은 이보다 많은 기록을 남기고 있다. 신라가 일본에 24차례, 일본이 신라에 24차례 교섭을 하였던 것으로 나타나고 있기 때문이다. 물론 일본측의 신라와의 교섭은 발해와 일본처럼 왕조 대 왕조의 공식기록이라기보다 민간차원의 교섭내용까지 담고 있는 것이어서, 왕조간의 교섭으로 보자면, 228년간의 남북국시대의 발해와 일본은 신라보다 긴밀한 접촉을 하였던 것으로 간주할 수 있다.〔한규철, 2003〕

발해가 일본에 처음 사신을 파견하였던 시기는 발해 2대 대무예(大武藝) 무왕(武王, 719~737) 인안(仁安) 9년(727)이었다. 발해사신 영원장군 낭장(寧遠將軍 郎將) 고인(高仁 : 高仁義)과 고제덕(高齊德) 등 24인이 일본에 파견되었다. 이들은 비록 바다에서 폭풍을 만나 하이(蝦夷)에 표류하여 도착하였다가 고인 등이 해를 당하고 다만 고제덕 등 8인만이 살아남았으나, 같은 해 9월에는 배를 돌려 출우국(出羽國)에 상륙하여 12월에는 일본 수도 나라(奈良)에 도달하였고, 이듬해 정월에는 성무천황(聖武天皇)을 만나 발해의 국서(國書)와 신물(信物)을 전할 수 있었다.

고제덕 등은 일본방문에 대한 답으로 일본 천황으로부터 정육위상(正六位上)이라는 일본 관작을 받았으며, 비단류의 백(帛)·능(綾)·시(絁)·면(綿) 등도 받았다. 또한 이들은 초대되어 아악(雅樂)을 듣기도 하였으며, 4월에 귀국할 때는 히키다(引田蟲麻呂)로부터 발해까지 전송을 받기도 하였다. 발해와 일본과의 관계는 이로부터 시작되었다. 그런데 발해가 일본에 사신을 파견한 것은 신라를 견제하기 위한 것이었다.〔한규철, 1994〕

발해가 두번째로 사신을 파견한 것은 일본과의 첫 교섭으로부터 12년이 지난 때였다. 제3대 문왕은 그의 시호에서도 알 수 있듯이, 무왕과는 달리 문치를 통해 발해의 질서를 유지하려던 왕이다. 발해가 일본으로 다시 사신을 파견하기 시작한 것은 문왕의 대외적 유화정책과 함께 수행된 것이었다. 당과의 관계에 적극성을 보였던 것과 아울러 일본과의 관계에도 다시 관심을 보이기 시작하였던 것이다.

발해의 일본에 대한 세번째 사신은 문왕 대흥16년(752)에 보국대장군 모시몽(輔國大將軍 慕施蒙)과 일행 75명이었다. 두번째 파견으로부터 13년째가 되던 해였다. 그러나 당시 발해의 대일 교섭태도는 전례와 다른 면이 있었다. 발해왕의 국서를 갖고 가지 않아, 일본조정으로부터 억류될 뻔한 사건도 있었다. 그러나 다음해 6월 일본의 전송사신 없이 그들만 귀국할 수 있었다. 양국간에 최초로 불편한 외교관계의 모습을 보였던 시기였다.

발해의 대일 사신파견으로 전개되기 시작한 양국간의 외교는 한동안 소원하였다. 이러한 관계를 깨뜨리고 두 나라가 적극적인 외교를 하게 되었던 계기는 일본의 신라공격계획 때문이었다. 이른바 일본의 '신라정토계획(新羅征討計劃, 758?~764)'을 실천하기 위해 발해를 끌어들이기 위한 양국간의 교섭이 있었다는 것이다. 문왕 대흥 22년〔758, 일본 天平寶字 2〕, 양국간에 사신이 왕래하였다. 그 때, 발해에 온 일본사신은 과거 신라에 파견되어 신라왕도 보지 못하고 돌아갔던 오노(小野田守)였다. 일본은 발해와 신라의 대립관계를 이용하여 그들의 신라정벌을 성공시키려 하였다.〔이하 한규철 1994, 2003〕

발해가 일본에 사신을 파견하였던 횟수는 727년부터 919년까지 34차례였다. 그런데 발해가 먼저 일본에 사신을 파견하였던 횟수는 30차례였고, 불과 4차례가 일본에서 먼저 발해로 사신을 파견했고, 그 중 3차례 또한 바로 일본의 신라정벌계획이 있었던 시기에 나왔다.(758·759·761) 또한 이 시기에 일본은 발해의 답방에 대해 두 차례나 전송사신까지 파견하는 적극성을 보이고 있었다.(760·763) 이렇게 보자면, 758~764 년까지의 양국 외교는 일본의 필요에 의한 것이었고, 그 목적은 발해를 신라정벌에 끌어들이기 위한 것이었다고 할 수 있다.

일본이 발해에 대한 적극외교를 벌이게 되었던 또 다른 배경은 '안사(安史)의 난(755~763)'에 대한 관심 때문이었다고도 한다. 그 이유는 오노(小野田守)가 일본조정에 당에서 일어났던 안사의 난에 대해 보고하였는가 하면, 이에 대해 일본의 순인(淳仁)천황이 관심을 갖고 조신(朝臣)들에게 그에 대한 방비책을 준비하도록 명령한 데서 비롯되었다는 것이다. 그리고 이러한 점은 759년 순인천황이 고원도(高元度)를 영입당사(迎入唐使)로 삼아 당 장안에서 견당사 후지와라(藤原河淸)를 맞이하도록 하였다는 점으로 알 수 있다고 한다. 그러나 안사의 난에 대한 소식은 일본이 발해에 사신을 파견하고 난 이후의 부수적인 수확에 불과하였다. 발해에 사신을 파견한 목적이 당의 내정을 살피기 위한 것이었다고 볼 수 없기 때문이다.

일본의 발해에 대한 사신파견의 일차적 목적은 일본의 신라정벌에 발해의 도움을 요청하는 것이었다. 그러나 발해의 대일 관계는 근본적으로 한계를 가질 수밖에 없었다. 발해는 안사의 난 이후 요동지역 등 변방에 대한 통제력 강화와 영역확대에 관심을 기울이고 있었기 때문이다. 그러나 일본의 제안에 대해 발해도 초기에는 많은 관심을 갖고 있었다. 이것은 발해가 758년과 759년 군사전문가인 무관을 일본에 파견함으로써 적극적인 의지를 보였다고 볼 수 있기 때문이다.

일본이 신라정벌을 계획하였던 것은 신라조정으로부터 받은 '무례'가 명분이었지만, 현실적으로는 그들의 정치적 위기를 밖으로 이전시키려는 의도였다고 할 수 있다. 에미(惠美押勝)가 그의 정치적 전제화를 위해 비판적 관심을 나라 밖으로 돌리기 위해 신라정벌을 꾀하려 하였다는 것이다. 신라를 정벌하겠다는 계획이 당시 혼미에 빠져 있던 후지와라(藤原仲麻呂)정권과 관련이 있었다고 보기 때문이다.

당시 일본은 신라를 치기 위해 군사를 낼 만한 상황이 못되었다. 왜냐하면, 동방문제[對蝦夷問題]에 더 큰 힘을 쏟고 있었기 때문이다.[岸俊男, 1969] 그럼에도 불구하고, 신라정벌을 계획하였던 것은 바로 그들 정권의 정치적 위기를 밖으로 이전시키려는 전략에서 신라공격을 계획하였다는 것이다. 당시에는 후지와라가 정치에 깊이 간여하여 권력을 독단하여 왔고, 에미노시카쓰(惠美押勝)라는 별명을 받기까지(758) 한 상황이었기에 이에 대한 반발세력도 무시할 수 없었다.

일본과 발해의 신라협공계획은 발해의 도중하차와 당을 중심으로 한 국제정세 및 일본 내부의 사정으로 그 계획이 무산되었다. 발해는 당의 안사의 난을 계기로 변방의 요동, 이른바 '소고구려' 지역에 신경을 쓰고 있는 입장이어서 일본의 신라 공격제안에 대해서 끝까지 도울 수 있는 입장이 아니었다. 발해의 계획 포기가 있게 된 또 다른 원인은 발해와 당의 관계개선이었다. 당과 발해의 완충지역에서 일어난 안사의 난은 당이 결코 발해와 신라의 대립을 즐길 수 없게 하였다는 것이다. 당은 발해의 도움이 필요했고, 발해의 도움을 위해서는 양국의 평화관계가 또한 필수적이었기 때문이다.

이러한 발해측의 변화에도 불구하고, 일본은 끝까지 신라공격계획을 포기하지 않았다. 그 계획의 중심인물이었던 에미가 건재하였기 때문이다. 그러나 일본도 효겸(孝謙)천황과 순인(淳仁)천황의 제권 분열이 심화되어 순인천황의 배경이자 신라정벌계획의 입안자이기도 하였던 에미가 764년 반란을 일으켜 패사하면서[岸俊男, 1969], 신라정벌계획을 포기할 수밖에 없었다.

그러나 이후의 양국 교섭은 모두 발해가 일본에 먼저 사신을 파견하였던 것으로 나타나 건국 초기와 같은 형식이 되었다고 할 수 있다. 그러나 건국 초기의 목적이 정치적·군사적인 면이 강했다면, 그 이후의 것은 경제적·문화적인 면이 강했다고 할 수 있다.

5. 돌궐 및 서역과의 관계

돌궐은 6세기 중엽부터 약 2백 년 동안 몽골고원을 중심으로 활약한 투르크계 민족으로서, 동돌궐과 서돌궐로 나뉘며, 고구려 및 발해와의 관계는 주로 동돌궐이었다. 발해유적에서 돌궐과의 교섭물로 보이는 유물들이 발견되고 있고, 서역의 창구역할을 하였던 돈황유적에서도 고구려와 발해인들로 보이는 사람들의 이름이 보이는 것도 이러한 사정들을 반영하고 있다.〔노태돈, 1989〕 고구려 및 발해의 돌궐과의 교섭은 서역과의 간접교섭이었다는 의미도 갖는다. 돌궐과 당나라가 대립적이었다는 점을 감안한다면, 발해의 서역과의 관계는 오히려 돌궐과의 관계를 통해서 더 활발했다고 하는 편이 옳을 것이다.

동돌궐은 당나라에 위협이 될 정도로 세력이 커졌지만, 결국 당나라의 공격과 철륵(鐵勒) 제 부족의 독립 등으로 630년 멸망하고 당나라의 간접 지배를 받았다. 그러나 682년 다시 몽골고원에 독립국가를 세워 카파간가한〔黙綴可汗〕·빌케가한〔毗伽可汗〕 등이 등장하였는데, 발해와의 관계는 이들로부터 이루어졌다.

발해는 건국 초기 당으로부터 건국이 위협받고 있는 상황에서 돌궐에 사신을 파견한 것으로 유명하다. 그리고 8세기 초엽 발해 무왕대에 돌궐은 단기간이지만 당시 발해의 배후에 있던 흑수말갈에 지방관인 토둔(吐屯)을 파견하기도 하였다.〔『舊唐書』 卷199下, 北狄 渤海靺鞨〕 그 무렵 돌궐은 카파간가한 때로서, 그 영내에는 668년 고구려가 멸망한 이후 몽골고원으로 이주해 간 고구려 유민들이 여러 집단을 이루어 살고 있었는데, 그 중 한 집단의 우두머리인 고문간(高文簡)은 막리지(莫離支)라 칭하였으며 카파간가한의 사위가 되기도 하였다.〔『新唐書』 卷215 突厥 上〕

발해가 서역과 교섭하였을 것으로 짐작하게 하는 자료는 돈황문서이다.〔P.1283 吐蕃文書」〕 모라야스(森安孝夫)는 이 기록을 통해 중국 감숙성 회랑지대에서 투르판에 이르는 지역의 어느 곳에 있었던 비 티베트계 나라였다고 할 수 있는 호르국(Hor國)이 740년대 후반 이후 어느 시기에 그 북방에 있던 나라들에 대한 정보를 기술하여 두었는데, 그 뒤 8세기 말 토번(吐蕃)이 흥성해져서 호르국을 병탄하고 북방으로 팽창해 나갈 때 북방 여러 나라의 상황을 파악하기 위해서 호르국인의 기록과 그밖의 자료나 전문(轉聞)을 참조하여 티베트어로 문서를 작성하였다고 한다.〔森安孝夫, 1977〕

위의 돈황문서를 통해 보자면 8세기경에 서역인들은 발해라는 존재를 고려라는 이름으로 알고 있었으며, 그들은 여전히 발해와 고구려를 구별하지 않고 있었다. 이 자료는 발해가 고구려를 계승했다는 한 방증이 될 뿐만 아니라, 발해와 돌궐 및 서역과의 교류를 알 수 있게 하는 한 근거가 되기도 하였다. 이 자료만 가지고 발해와 서역과의 교류를 단정하기란 쉽지 않다. 다만 그들과 발해인들이 교류하였다는 것은 서역제품으로 생각되는 유물들이 있어 주목되고 있다.

우선 러시아의 샤브쿠노프에 의해 제기된 이른바, '흑초(黑貂)의 길' 또는 '담비길'설에 의해 발해의 돌궐 및 서역과의 교류가 확인되고 있다. 〔샤브쿠노프, 1985, 1988〕 즉 그는 연해주지방, 우수리강 지류의 아르세니예프강 유역의 노보고르데예프카에서 발견된 보하라의 화폐를 모방한 아바스조(Abbas朝) 시대의 은화 등에 의거하여, 8~10세기에 중앙아시아의 소그드인 또는 보하라인이 교역을 행하고 옛 솔빈부의 땅에 이민온 사람들에 의한 콜로니〔集落〕를 형성하고 있었다고 상정하고 있다. 실크로드와 별도로 중앙아시아에서 극동에 이르는 이 교역·교류의 길, 즉 '담비길'을 상정하는 부분에 대해서는 아직 그 구체적인 자료가 미비하다고 할지라도, 적어도 발해와 서역의 교류 사실을 고고학적 자료를 통해 처음으로 밝혀냈다는 데 의미가 크다고 할 수 있다.

또한 러시아 연해주의 아브리코스 사원지에서 출토된 도제(陶製)의 네스토리우스교의 십자가가 새겨진 타원형 판(板)이나, 돌궐문자인지는 확실치 않지만, 남우스리스크 성터 내에서 출토된 석편(石片)의 글자가 옛 돌궐문자라고 주장되고 있는 것 등도 발해와 서역 사이 교류의 한 단면으로 보인다.〔한규철, 2003〕

6. 발해의 대외무역

발해는 1백 차례가 넘는 견당사를 통해서 경제적 이익을 취해 나갔다. '조공'무역으로 일컬어지는 이러한 관계는 ① 조공사절이 나라의 특산물 등을 '헌상(獻上)'하고, 회사(回賜)로서 헌상품보다 몇 배 내지 등가의 물품이 지불되는 교역 그리고 사절의 수행원과 홍려관(鴻臚館)에서 행해지는 교역, ② 산동지역의 청주(靑州)·등주(登州)에서 행한 호시교역(互市交易), ③ 사절단에 수반한 무역을 목적으로 하는 수령그룹이 입항지(入港地)에서 행하는 교역의 형태를 띠고 있었다.〔이하 馬一虹, 1999〕

당은 발해 등 주변국으로부터의 조공물에 대해 "가격을 따져 답례품을 보내고, 대우를 후하게 하는 데 힘쓰라〔計價酬答 務求優厚〕"〔『책부원귀』 권168〕라고 규정하여 후대하였는데, 발해사절단은 이외에도 '취시교역(就市交易)'을 청구하기도 하였다. 호시(互市)의 설치와 운영은 황제의 허가에 의해 소재지 정부나 관인의 관리와 감독하에 행해졌으며, 일반적으로 호시에서 교환되는 것은 말이나 소·낙타 등이었다. 당나라가 주는 것은 발해 지배층이 필요로 하는 견(絹)·백(帛) 등의 직물이 있어서 소위 '견마무역(絹馬貿易)'이라고도 하였다.

수령들을 대표로 하는 발해의 대당교역도 활발히 진행되었는데, 이것은 동아시아라는 넓은 범위에서 행해진 해상교역과 아울러 청자교역과도 관련이 있었던 것으로 여겨지고 있다.

발해를 대표하는 상인들은 배를 타고 남하하여 교역을 전개하였다. 그들이 신라·동남아시아 그리고 먼 나라에서 온 상인과 마찬가지로 지참한 물품을 현지의 자기(磁器)나 직물(織物) 등과 교환하였을 것이다. 이러한 교역에 종사한 발해상인들의 양상은 잘 알려져 있지 않지만, 입당 구법승 원진(圓珍)을 포함한 일본사료에 나오는 이연효(李延孝)가 주목되고 있기도 하다.〔馬一虹, 1999〕

그는 주로 태주(台州)와 복주(福州)를 근거지로 발해 특산물을 현지의 자기 등과 교역하고, 당시 인기상품인 도자기를 가지고 일본의 견·백을 입수하였던 것으로 분석되고 있다. 이 단계의 대당교역이나 무역에 종사한 상인들은 국제적 색채를 띠게 되었던 것을 의미한다. 당의 동남 연안지역에서 행해진 발해인의 교역활동은 같은 시기 당에서 활약한 신라인이나 이슬람 등 소위 호상(胡商)과 같이 본국과 여러 관련을 가지면서, 많은 집락—신라방이나 호인방(胡人坊)— 등을 근거지로 근본적으로는 독립된 상업활동을 행하였다.

한편 발해와 일본이 경제적인 면에서 교류하였다는 사실은, 발해에서 일본으로 가는 '일본도(日本道)'가 있었고, 발해 사절단에 다수의 수령(首領)들이 포함되어 있는 사실들을 통해서 이미 확인된 바였다. 또한 이러한 사실은 1988년 일본 나라의 평성경(平城京) 장옥왕(長屋王) 저택에서 출토된 '발해사(使)'와 '교역(交易)'이라는 목간명(木簡銘)을 통해서도 더욱 확실해졌다. 이 목간은 종래 발해와 일본의 교섭이 정치적 '조공'관계의 과정으로 인식되어 왔던 점으로부터[鳥山喜一, 1938], 경제적 목적인 '교역'에 무게를 두는 한 증거로도 볼 수 있어서 주목되는 것이었다.

발해사신들이 일본에 온 목적이 정치적·군사적인 면보다 오히려 경제적·문화적인 측면에 비중이 더 컸을 것으로 생각되는 점은 수령의 역할을 통해서도 이해할 수 있다. 일본에 파견되었던 사신들 중에서 지방수령이 상당한 역할을 하였을 것이라는 점은 이미 알려진 바다. 바로 이 수령들이 목적하였던 바는 일본과의 경제적인 교류였고, 발해조정은 이 수령들에게 일본과의 교역을 주선해 줌으로써, 지방세력을 정치적으로 더욱 용이하게 지배할 수 있는 정치적 효과를 얻을 수 있었다는 것이다.[鈴木靖民, 1979]

다시 말해 내정의 연장선상에서 일본과의 교섭인 외정이 적극적으로 추진되었다는 것이다. 발해는 일본과의 정치·외교적 교섭에 더 비중이 있었던 것이 아니라, 경제적 목적이 우선하였다고 할 수 있고, 정치적·군사적 목적이라는 면에서는 오히려 발해 내부의 수령과의 관계가 중요했다는 것이다. 물론 발해는 흑수말갈과 당나라가 접근하던 727년 무렵에 파견되었던 제1차 이후의 사신파견은 정치적·군사적 목적이 더 큰 비중을 차지하였다고 할 수 있다. 때문에 사신의 대표도 무신이 중심이었다. 그러나 762년 그 사신들이 무관에서 문관으로 교체되었던 시점부터는 경제적 교역이 더 큰 비중을 가지고 있었다.

발해와 일본이 더더욱 왕성한 교역을 하였던 시기는 일만복(壹萬福)이 일본에 파견되었던 771년 이후였다. 17척의 배에 분승하여 325명이나 되는 사절단이 이 때에 파견되고 있기 때문이다.〔이하『續日本紀』사료〕일행은 그 때까지 없었던 대규모 사절단으로서 그 가운데는 정치적 외교사절 이외에 경제적 목적을 갖는 다수의 교역담당자도 포함되어 있었다고 보아야 할 것이다. 즉 사절단 중에 다수였을 것으로 보이는 수령들의 역할이 바로 경제적 교역담당자들이었다. 사신 파견의 목적을 달성키 위해, 일만복 등은 발해 국서가 '천손(天孫)'을 칭하였다고 무례를 꾸짖는 일본조정에 '허물을 깊이 뉘우치고 왕을 대신하여 사죄'하기까지 하였다.

발해와의 교역으로 인해 일본은 상당한 부담이 되었던 것 같다. 일본에서 이른바 '6년일공(六年一貢)', 즉 6년에 한 번이라든지, '일기일공(一紀一貢)', 즉 12년에 한 번만 발해사신을 파견하라는 제도를 만들기까지 하였던 사실은 이러한 점을 반증하고 있다.〔『類聚國史』卷193, 殊俗 渤海上〕796년 제6대 대숭린(大嵩璘)은 외교사절의 일본 파견간격을 제정해 줄 것을 요구하였고, 이에 일본은 798년 '6년일공(六年一貢)'을 발해에 통보하였으나, 일본귀족과 발해수령들의 현실적 요구 때문에 이 제도는 실천될 수 없었다.

발해사신 파견은 제한이 없었던 9세기 전반 809~827년까지 9회를 헤아렸지만, 824년에 빈번히 내항하는 발해사를 대응하였던 우대신(右大臣) 후지와라 오쓰구(藤原緒嗣)가 '실로 이것은 상려(商旅)'라고 하여 발해사신의 본질이 간파된 이후는 파견시기가 12년에 한 번으로 제한받기도 하였다. 그러나 발해수령과 일본귀족들의 바람으로 발해사신단에 대한 제한은 모두 실현되지 않았다. 가장 크게는 발해 수령들의 요구를 발해조정이 묵과할 수 없어 일본과의 교류를 강력히 희망했었고, 일본귀족들 역시 법에 의해 제한받을 정도로 발해와의 교역에 흥미를 갖고 있었던 것으로 알려지고 있다.

발해의 교역품은 발해에서 생산되는 것과 당과의 교역에서 얻은 것을 일본에 전했다고 할 수 있다.『속일본기』등은 809년 이후 여러 차례 파견된 발해사신들이 지방특산물인 '방물(方物)'과 선물인 '신물(信物)' 등을 일본에 '공신물(貢〔獻·奉〕信物)'·'헌방물(獻〔貢〕方物)'로 전하였다고 전한다. 이들이 일본에 전(傳:貢·奉·獻)한 것들로는 담비〔貂〕·바다표범〔豹〕·곰〔熊〕·호랑이〔虎〕 등의 모피와 인삼과 꿀〔蜂蜜〕 등의 약재(藥材), 고래〔鯨〕의 안구(眼球)·우황(牛黃)·개·마노(瑪瑙) 등의 천연특산물 등이 있었다. 아울러 당나라로부터 들여와서 수출한 것들로서는 당나라 남방산의 바다거북인 대모(玳瑁)를 가공하여 만든 술잔〔酒杯〕과 당나라 남서부의 고원에서 얻은 사향(麝香) 등도 있었다. 또한『신당서』발해전에서 발해의 명산물로 지적한 곤포(昆布)·말〔馬〕·포(布)·금(錦)·주(紬)·철(鐵) 등도 수출하였을 것으로 짐작된다.

수령들을 중심으로 이루어졌다고 할 수 있는 발해와 일본의 공사무역은 수령들의 관할지역에서 획득한 모피 등의 수륙 특산물들을 일본의 헤이죠쿄(平城京:京都)와 헤이안쿄(平安京:奈良)의 홍려관(鴻臚館) 등에서 이루어졌다.

발해가 일본에서 들여온 물건들로서는 면(綿)·시(絁)·사(糸)·나(羅) 등과 같은 섬유가공품이 주된 것이었지만, 때에 따라서는 황금·해석류유(海石榴油)·수정염주(水晶念珠)·빈랑수선(檳榔樹扇)·금칠(金漆) 등의 특산물도 있었다. '회사품'으로 받아온 이들 물건들은 대부분 수령의 손에 들어가는 것이 제도적으로 보장되어 있었다. 〔鈴木靖民, 1999〕

한편, 일본의 황족·귀족들에게 발해사신이 가지고 온 호사스러운 모피 등은 강렬한 인상을 주었으며 갈망의 대상이었다. 헤이안(平安)시대 한여름에 일본에 온 발해사신을 환대하는 연회에서 다이고천황(醍醐天皇)의 황자〔重明親王〕가 담비의 모피〔裘〕를 여덟 장이나 껴입고 나타나서 사신들을 놀라게 한 에피소드는 잘 알려져 있다. 헤이안시대의 의식서『내리식(內裏式)』의 칠일회식(七日會式)에는 발해사신이 참가할 때는 풍락원(豊樂院)에 일부러 큰 곰〔羆〕의 털가죽을 깔아두는 것이 정해질 정도로 모피야말로 발해의 상징물이었다.

최근 일본에서 확인된 상당수의 유물들이 발해산일 것으로 추정되고 있는 것은 주목되는 바다. 선박에 싣고 온 물자로 8세기 말~9세기 초, 나라시의 정창원에서 출납되었을 것으로 전해오는 채화용(彩畵用)이나 약료(藥料)인 납밀(臘蜜)과 약용인 인삼(人蔘) 등을 꼽을 수 있다. 사카타테라(坂田寺)의 옛터에서 출토된 삼채호(三彩壺), 그리고 큰 쟁반과 짐승다리의 파편은 표면의 유약이나 덧띠모양에서 발해삼채(渤海三彩)로 인정되고 있다. 헤이죠쿄(平城宮)·헤이안쿄(平城京) 유적에서도 발해계통이라고 볼 수 있는 토기류가 다섯 군데에서 출토되고 있다고 한다.

나아가 실물은 아니지만, 나가야(長屋)왕가 유적출토의 목간 중에는 '표범가죽〔豹皮〕'를 사기 위한 돈의 부찰(付札)이 있는데, 기록에서 739년과 872년 등에 발해사신들이 '표범가죽'을 갖고 들어왔다는 것으로 보아 발해와의 교역과정에서 남겨진 것이었다고 한다. 같은 목간 가운데에는 727년의 사신들을 가리킨다고 보이는 '渤海使'·'交易' 등의 글자가 씌어 있는 예도 있으므로 발해와의 교역과정에서 만들어졌을 가능성이 높다.〔酒寄雅志, 1998〕

발해의 대당·대일 교역품[小嶋芳孝, 1999]

	발해→일본	발해→당
수출품	貂皮·大虫皮·熊皮·人蔘·契丹大狗·犬·玳瑁酒杯·金銅香爐	馬·羊·鷹鶻·海豹皮·貂鼠皮·白兎皮·熊皮·虎皮·海東靑皮·麝香·髮·革·人蔘·白附子·黃明·白密·松子·瑪瑙杯·紫瓷盆·布·細布·㲲六·金製佛像·銀製佛像·熟銅·魚·乾文魚·鯔魚·鯨鯢·昆布
	일본→발해	당→발해
수입품	綵帛·綾·絁·綿·絹·錦·羅·絲·黃金·水銀·金漆·海石榴油·水精念珠·檳榔樹扇	帛·絹·粟·金銀器·金帶·銀帶·魚帶

7. 맺음말

신당서는 발해에 압록조공도·신라도·일본도·거란도·영주도 등의 대외교통 5개 루트가 있었음을 전하고 있다. 발해가 조공도와 같이 당과의 관계를 중시하면서도 일본·신라·거란 등과도 빈번한 접촉을 하였다는 것이다. 아울러 발해는 '영주도'에서 볼 수 있는 바와 같이 당나라 중앙조정뿐만 아니라 지방과의 관계도 소홀히 하지 않았고, '담비길'에서와 같이 돌궐 및 서역과의 관계도 빈번하였다.

　지금까지 발해의 대외관계는 주로 당과 일본에 치우쳐 있었다고 할수 있다. 이는 주로 남겨진 기록을 따라 연구되었기 때문이다. 그러나 발해는 당과 일본 기록들의 편린 속에서도 당이나 일본뿐만 아니라 다른 왕조와의 교섭도 있었음이 확인되었고, 『삼국사기』나 고고학적 자료들을 통해서 신라나 '담비길'을 상정할 만한 대외교역도 있었음을 알게되었다. 새로운 시각의 자료검증과 고고학적 발굴에 기대하는 바가 여기에 있다. 특히 '신라도'가 엄존했음에도 신라와의 관계가 분명히 밝혀지고 있지 못한 것은 신라중심적 기록에 대한 분석을 게을리 했던 점도 지적하지 않을 수 없다.

　발해의 정치·외교적 대외관계는 경제·무역관계와 함께 이루어졌다. 일본과의 외교·무역에 대한 실상을 복원하는 과정에서 발해 수령 및 지방세력의 역할이 보다 자세하게 밝혀졌던 것은 큰 성과라 할 수 있다. 앞으로 고고학적 발굴과 유물분석 등을 통해 그 실상이 밝혀지기를 기대한다.

한규철

‖ 참고문헌 ‖

盧泰敦, 1989, 「高句麗·渤海人과 內陸아시아 住民과의 交涉에 관한 一考察」, 『大東文化研究』 23.

샤브꾸노프 에.붸., 1985, 「발해인과 여진인 문화에 보이는 소그드-이란적 요소」, 『시베리아 고대문화의 제문제』 학술논총(러시아문).

　　　　　　　　, 1988, 「8-10세기 연해주의 소그드인 식민지」, 『중세 소련 극동 민족의

민족 문화 교류에 관한 자료』(러시아문).

宋基豪, 1989, 『渤海政治史研究』, 一潮閣.

장국종, 1998, 『발해사』 1·2, 사회과학출판사.

韓圭哲, 1983, 「新羅와 渤海의 政治的 交涉過程-南北國의 사신파견을 중심으로」, 『韓國 史研究』 43.

_____, 1994, 『발해의 대외관계사-남북국의 형성과 전개』, 신서원.

_____, 2003, 「발해국의 대외관계」, 『강좌한국고대사4』, 가락국사적개발연구원.

森安孝夫, 1977, 「チバット語史料中に現われる北方民族-DruguとHor」, 『アジア·アフ リカ言語文化研究』 14.

石井正敏, 2001, 『日本渤海關係史の研究』, 吉川弘文館.

小嶋芳孝, 1999, 「渤海の産業と物流」, 『アジア遊學』 6.

岸俊男, 1969, 『藤原仲麻呂』, 吉川弘文館.

鈴木靖民, 1979, 「渤海の首領に關する豫備的考察」, 『朝鮮歷史論集』(上).

_____, 1999, 「渤海國家の構造と特質-首領·生産·交易」, 『朝鮮學報』 170.

李成市, 1988, 「渤海史研究における國家と民族-「南北國時代」論の檢討を中心に」, 『朝 鮮史研究會論文集』 25.

_____, 1997, 『東アジアの王權と交易』, 靑木書店.

鳥山喜一, 1938, 「渤海來貢の眞相」, 『地學雜誌』 201.

酒寄雅志, 1998, 「平城京出土の渤海木簡」, 『しにか』.

_____, 2001, 『渤海と古代の日本』, 校倉書房.

馬一虹, 1999, 「渤海と唐の關係」, 『アジア遊學』 6.

孫玉良, 1986-6, 「柳得恭與『渤海考』」, 『學習與探索』.

楊昭全, 1982-2, 「渤海是我國唐王朝轄屬的小數族地方政權」, 『求是學刊』.

嚴聖欽, 1981-2, 「渤海國是我國少數民族建立的一個地方政權」, 『社會科學集刊』.

王健群, 1995-2, 「"南北國時代論"糾謬」, 『社會科學戰線』.

朱國忱·魏國忠, 1984, 「渤海同唐遣使往來簡表」, 『渤海史稿』, 黑龍江省文物出版編輯室.

신라 하대의 사회변동

1. 머리말

한국사의 시대구분을 두고 신라와 고려의 교체기를 고대(古代)와 중세(中世)의 경계로 삼고 있는가 하면, 최근에는 신라의 삼국병합을 전후로 파악하는 경향도 적지 않은 듯하다. 이렇게 크게 대별되는 두 가지 입장 가운데 어떠한 입장에서 시대를 바라보느냐의 관점은 차치하더라도 나말여초(羅末麗初)라는 시기를 주목하는 이유는 약 1천 년의 역사를 지닌 신라가 붕괴되고 새로운 왕조가 개창되면서 또 다른 새로운 세계를 형성하였다는 점이다. 이것은 한국의 역사에서 왕조의 교체가 가지는 의미를 절대 소홀히 취급할 수 없는 부분이기 때문이다.

혜공왕 말년의 정변을 통해 등극한 선덕왕 때부터 시작된 신라 하대 약 150년 동안은 신라 역사상 하나의 격동의 시대 혹은 전환의 시대로 파악할 수 있다. 신라 하대는 단순하게 왕통(王統)의 변화뿐만 아니라 정치·사회체제가 동요하고, 신라가 쇠퇴의 길로 들어서는 변화를 의미하고 있다. 즉 중대(中代)에 왕권의 강화를 통해 안정된 사회와 번영을 누렸던 신라가 하대에는 정치적·사회적 혼란을 통제할 힘을 상실하면서, 지방세력인 호족이 할거하는 지방분권적 분열기가 계속되고 이어 후삼국의 정립을 맞이하게 되었던 것이다. 그 속에는 신라가 나름대로 사회유지를 위해 몸부림쳤던 흔적들이 보이기는 하지만, 그 노력들은 미약하였고 당시의 시대적 요구와는 상충되는 것이었으므로 신라는 완전히 붕괴되고 말았던 것이다.

여기서는 삼국병합 이후 신라왕실의 강화된 왕권이 여러 가지 요인으로 인하여 약화되고 사회경제적 혼란이 가중되었으며, 새로운 사상의 유입과 함께 기존의 기득권 세력과 대항할 수 있는 새로운 세력의 형성으로 인해 발생된 신라 하대의 사회변동의 여러 양상과 그 변동의 요인들에 대하여 살펴보고자 한다.

2. 신라 하대의 사회변동에 대한 이해

신라사 가운데 하대의 역사는 신라가 멸망되었다는 역사적 사실로 인하여 당시의 사회상에 나타난 모순점을 부각시키고 아울러 멸망에 이르기까지 신라 사회의 변동양상과 변동요인을 설명하고자 하는 연구가 대다수를 차지하고 있다. 이를 크게 나누어 본다면, 우선 정치·사회 사적 측면에서 귀족세력 내부의 분열과 왕위계승의 양상에 관한 연구, 해상세력 및 군진(軍鎭)세력을 포함한 지방세력〔호족세력〕의 대두와 역할에 관한 연구, 골품제의 한계를 극복하려는 도당유학생을 중심으로 한 육두품 지식인의 동향과 고려 개창에서의 육두품의 역할을 다룬 연구 등이 중심을 이루고 있다.

　사회-경제사적 측면에서는 수취체제의 모순과 전장(田莊)을 비롯한 대토지 소유에 관한 연구, 농민층의 피폐에 따른 농민항쟁에 관한 연구가 대다수를 점유하고 있으며, 사상사적 측면에서는 신라불교계의 전반적인 동향과 구산선문(九山禪門)으로 대표되는 선종의 성행에 관한 연구, 풍수지리 및 도참(圖讖)사상에 관한 연구가 주류를 이루고 있다고 할 수 있다.

1) 정치사회사적 연구

귀족세력 내부의 분열과 왕위계승의 양상에 관한 연구

　신라 하대가 중대와는 근본적으로 다른 부분 중의 하나는 왕계의 변화에 있다. 따라서 중대를 이끌어오던 무열왕계가 하대에 들어서면서 부활내물왕계 내지 원성왕계가 왕위를 차지하는 왕계의 변화가 가장 먼저 주목되었다.〔末松保和, 1949〕이러한 왕계의 변화와 함께 혜공왕대의 대공(大恭)의 난을 시작으로 전국의 96각간(角干)이 서로 싸우는 대란 끝에 혜공왕까지 살해되고, 선덕왕이 즉위하는 일련의 정치적인 변혁과정이 조명되었다.〔이기백, 1958a〕

　이러한 신라 하대의 정치적인 변화와 함께 변화를 가져오게 한 원인을 귀족상호간의 정권탈취를 위한 전쟁의 기반이 되는 사병양성에 두기도 하고〔이기백, 1957〕, 왕위계승 서열상에서 상대등(上大等)의 위상변화에서 찾기도 하며〔이기백, 1962〕, 신라의 재상제도가 갖는 권력집중의 기능에서 파악하기도 했다.[木村誠, 1977] 또한 애장왕, 김언승[헌덕왕], 김주원의 아들인 김헌창의 난, 김헌창의 아들인 김범문의 난을 통해 신라 하대 왕위계승의 혼란상이 주목되었고[이기동, 1980], 홍덕왕 사후 김균정·김제 륭[희강왕]·김명[민애왕]·김우징[신무왕]·김경응[문성왕]으로 이어지는 왕위 쟁탈의 문제가 개별적으로 고찰되기도 하였다.[井上秀雄, 1962; 윤병희, 1982]

이러한 연구를 통해 진골귀족들 내에서의 권력투쟁과 왕위계승이 정치적 실력과 무장력의 우열로 결정되는 사실들이 검토되었다. 또한 하대 진성여왕대를 전후하여 왕실지배층과 지식인층의 갈등유발과 함께 정국이 최악의 상황으로 치달아가는 과정이 조명되었고[전기웅, 1989, 1994], 최근에는 최고지배층인 왕과 왕족을 중심으로 한 신라 하대의 왕 위계승 과정과 방법의 실체를 파악하여 당시 정치적·사회적 변동과 변 화의 측면이 종합적으로 고찰되기도 하였다.[김창겸, 2003]

한편 신라 하대 정치의 혼란상의 원인을 귀족 내의 분립적 경향으로 파악하기도 하고[旗田巍, 1951], 오묘(五廟)를 위시한 묘제(墓制)의 변천에 두기 도 했다.[변태섭, 1964] 또한 하대의 분쟁을 이해하는 데 그 분쟁의 단위에 대해서는 왕족 내의 분립된 대가족으로 설정하기도 하였다.[이기백, 1974] 이러한 일련의 연구를 통해 골품제도의 모순에 기반하여 진골귀족들이 분열 대립하게 되면서 사회가 동요하고 있었다는 사실이 지적되고 있다.

지방세력의 대두와 역할에 관한 연구

신라 하대의 혼란은 지방세력들이 성장할 수 있는 계기로 작용하였 다. 대체로 이 시기에 새롭게 등장한 세력을 호족으로 정의하고 있는데, 1930년대 이래 한국사 연구자들에 의해 사용되어 왔고, 1950년대까지는 호족은 대체로 나말여초에 지방에서 대두한 새로운 사회세력이라는 의미로 인식되었다.

그 후 1960년대 초에 호족에 대한 전문적인 연구성과들이 발표되면서 호족의 개념에 대한 명확한 정의가 이루어졌다. 즉 초기에 호족을 정의한 연구들에 따르면, 호족들은 주로 촌주(村主)층에서 성장하여 성주(城主)·장군(將軍)을 일컫는 부류와 해상세력·군진세력 등으로 나뉜다. 하지만 호족이라는 개념을 명료하게 정의하지 않은 결과, 호족이라는 용어가 언제부터 어떤 개념으로 사용되어 왔는지를 연구사적으로 검토하는 작업이 시도되었다.〔이순근, 1987〕 아울러 호족의 개념을 신라 골품귀족이나 고려 문벌귀족과는 구별되는 나말여초의 정치적 지배세력으로 규정하기도 하였다.〔신호철, 1993〕

해상세력에 대해서는 먼저 신라 말의 해상무역 발전을 언급하면서 그 중심에 있었던 장보고에 주목하였다.〔김상기, 1934, 1935〕 이를 시작으로 『입당구법순례행기(入唐求法巡禮行記)』를 중심으로 당나라에 존재했던 신라인들의 집락과 구조를 통해 해상세력인 장보고가 집중적으로 조명되었고〔김문경, 1969〕, 강주 지방에서 독립적 세력을 누리면서 후당(後唐)과 통교했던 왕봉규〔김상기, 1960〕, 송악지방에 근거를 두고 활동했던 왕건〔박한설, 1965〕 등도 주목되었다. 군진세력에 관해서는 주로 고려왕조의 성립과 연관하여 평산에 둔 패강진을 비롯한 패서지역의 호족에 관하여 고찰되었고〔이기동, 1976 ; 김광수, 1977〕 지방세력가들에게 군사적인 힘을 제공하는 근거지에 주목하여 완도의 청해진, 남양의 당성진, 강화의 혈구진이 검토되기도 하였다.〔이기백, 1958b〕

특히 청해진과 장보고의 해상활동과 관련하여 최근까지 거의 수십 편에 가까운 연구성과가 보이는데, 이는 신라 하대 해상세력 혹은 군진세력과 관련하여 장보고의 역사적 위치를 가늠하게 한다. 또한 진성여왕대 이후 두드러지게 나타나는 성주·장군에 대해서도 그들의 재지사회에서의 자립과 함께 이들 사이의 권력관계[대호족과 중소호족의 관계]가 조명되기도 하였다.[윤희면, 1982] 이후 청주·충주·나주·김해·명주·평산 등 개별 지방 각각의 호족세력과 그들의 활동에 대해 조명한 연구가 다수 있고, 근래에는 나말여초의 호족세력에 대해 종합적으로 정리된 연구도 있었다.[정청주, 1996]

이러한 연구를 통해 나말여초의 호족은 전국 각처에서 일정한 지역을 점거하고 그 곳에 자신들의 세력을 펴고 있는 독립된 존재였으며, 나아가 이들은 반정부세력과 제휴할 수 있는 자유로운 입장에 있었기 때문에 이들이 신라 하대의 사회변동에서 차지하는 비중이 상당하였음을 알 수 있다.

신라 하대 육두품 지식인의 활동에 관한 연구

신라의 골품제도상에서 육두품은 주어진 신분적 한계 안에서 일정한 지위를 누렸지만, 하대에 들어와 골품제 자체를 타파하려는 움직임을 보인다. 이러한 육두품 신분에 대한 연구는 관심에 비해 실제로 많지 않다. 그것은 문헌사료가 부족한 것에 일차적인 이유가 있다고 볼 수 있다.

먼저 신라 육두품에 대한 연구가 전반적으로 정리되면서[이기백, 1971] 이후 최치원·최승우·최언위로 대표되는 신라 숙위학생(宿衛學生)과 이들의 동향에 관심이 증대되었고[신형식, 1969], 당나라의 빈공과 급제자의 분석을 통해 그들의 출신성분이 파악되었으며[이기동, 1979], 육두품을 중심으로 신분상승을 위해 당나라 유학을 택하였던 도당유학생(渡唐留學生)들을 종합적으로 고찰하기도 하였다[김세윤, 1982]. 신라 하대 육두품 지식인의 사상과 활동사항이 정리되었고[전기웅, 1994], 나아가 육두품을 대표하는 최치원의 사회사상과 활동을 상세하게 고찰하기도 하였다[장일규, 2001].

　이러한 연구는 신라 하대에 육두품 지식인들은 신분을 초월하여 학문실력에 기준을 두고 인재를 등용하는 제도를 갈망하였고, 신라 말기에는 골품제 자체를 타파하려는 움직임이 싹트게 되었으며, 이들은 곧 고려왕조의 개창과 운영에 중요한 역할을 하였음을 밝히고 있다.

2) 사회경제사적 연구

수취체제의 모순과 대토지 소유에 관한 연구

　신라 중대까지의 토지지배 관계가 하대의 정치적 혼란과 더불어 크게 문란해지면서 수취체제의 모순 및 귀족들과 사원의 대토지 소유가 발생하게 된다. 이런 대토지 소유를 가능하게 했던 신라귀족들의 기반에 대한 검토가 있었고[김철준, 1962], 선종의 유행과 함께 막대한 양의 전장(田莊)을 소유했던 사원에 대해서도 조명이 이루어졌다.[최병헌, 1972] 또한 왕실·귀족관료·사원의 대토지 소유와 경영을 조명하면서 그것을 신라쇠망의 유력한 원인으로 보기도 하였다.[이기동, 1981] 한편 전장의 구조와 경영형태를 중심으로 신라 하대 전장의 발달과정이 검토되기도 했다.[김창석, 1991]

　이러한 일련의 연구는 녹읍(祿邑)부활 이후의 토지제도 문란과 이에 기반한 수취체제의 모순, 그리고 일부 세력들에 의한 대토지 소유로 발생한 신라 내부의 사회경제적 문제로 인해 결국은 신라가 멸망에까지 이르게 되었다는 결론을 내리고 있다.

농민층의 피폐에 따른 농민항쟁에 관한 연구

　귀족들의 농장경영이 전개되는 가운데 자립적인 소농층이 몰락해 간

것은 필연적인 추세였다. 신라 하대의 전국적인 농민항쟁은 신라의 정치적·사회적·경제적 모순과 그로 인한 혼란에서 농민들은 몰락하고 정부도 그에 대처할 수 없었다는 사실을 지적하고, 이러한 혼란상이 진성여왕대에 과도한 공부(貢賦)독촉으로 인해 폭발했다는 견해가 제시되었다.〔이기동, 1981〕 이러한 신라 하대의 농민항쟁이 결국 후삼국으로의 분열과 고려의 통일에 직접적인 계기가 되었다는 지적이 있었다.〔홍승기, 1989〕

한편 기존의 농민항쟁에 대한 연구가 지나치게 단편적이라는 시각에서 농민항쟁의 구체적인 사례를 통해 신라 하대의 농민항쟁의 역사적 성격을 밝히고자 하였다.〔전덕재, 1994〕 이후 신라 하대의 농민항쟁의 배경을 단순하게 정치·사회·경제적 문제 이외로 시야를 넓혀 농민들의 변화된 세계관에서 찾기도 하였는데, 신라 하대 농민들의 사상적인 측면에서 말세의식과 미륵신앙에 대해 주목하기도 하였다.〔조인성, 1994〕 이러한 연구는 신라 하대의 농민항쟁의 영향이 새로운 왕조개창에 이를 만큼 적지 않았음을 지적하고 있다.

3) 사상사적 연구

신라 하대의 불교와 선종의 성행에 관한 연구

신라 전통의 교종에 대한 반발과 극복에서 일어난 선종은 신라 하대에 교종과 경쟁할 수 있는 위치를 점할 수 있었다. 이러한 선종에 관하여 선종의 교리나 경향이 불교적인 입장에서 설명되었고〔김영수, 1938〕, 최치원의 사산비명(四山碑銘)을 근거로 선종구산파(禪宗九山派)의 성립과 그 성격이 고찰되었다.〔최병헌, 1972, 1975a〕 이후 선종계 승려와 그들의 사상에 관한 개별 연구에서 선종과 호족의 결합을 통해 선종의 개인주의적 경향이 중앙집권체제에 반항하여 일어난 호족들에게 독립할 수 있는 사상적 근거가 되었고, 따라서 호족들은 선종을 지원하였다고 이해하고 있다. 그러나 선종 구산문에 대해서는 그 성립시기를 고려시대로 파악한 견해[허흥식, 1983]가 제시되면서 선종 구산선문의 성립에 대해서는 논란의 여지가 있다.

한편 신라불교 전반에 대해서는 불교를 신라멸망의 한 요인으로 파악하기도 하고[이기동, 1981], 신라 하대 말세사상의 만연이 당시의 분위기를 반증하고 있다고 해석되기도 하였다.[김영미, 1994] 특히 신라 하대 불교가 교학불교의 부정적인 면에 집중된 점을 비판하고, 신라 하대 화엄종도 선종과 마찬가지로 새로운 논리를 지닌 사회사상으로 역할을 하면서 세력을 확대하였다는 견해는 주목된다.[김복순, 1994]

이와 함께 사상적으로 한국고대의 미륵신앙 전반에 대해 검토한다거나[장지훈, 1997] 통일신라시대의 정치변동과 불교를 연결하여 미륵하생신앙이 주목되기도 하였다.[곽승훈, 2002] 이러한 고찰을 통해 신라 하대 불교는 당시의 현실사회의 문제에 직면하게 됨으로써 현세위주의 사상적 기반으로서 미륵신앙이 유행하였음을 지적하고 있다.

풍수지리 및 도참사상에 관한 연구

신라 말 선종의 유행과 함께 널리 전파된 사상으로 풍수지리설과 도참사상이 있다. 이는 모두 신라 말의 승려인 도선과 밀접한 관련이 있다. 그러므로 이에 대한 연구 또한 대부분 도선과의 연관성을 전제로 서술되고 있는데, 풍수지리설을 선양한 도선의 생애와 선종과 풍수지리설의 관계가 고찰된[최병헌, 1975b] 이후, 도선과 그의 사상을 밀교의 영향으로 파악하기도 하고[서윤길, 1975], 왕건의 성장이 도선과 밀접한 관련이 있다는 지적도 있었다[이용범, 1988]. 한편으로는 풍수지리를 유식[법상종]사상과 관련시켜 동리산문(銅裏山門)의 사상풍토에서 설명하기도 한다.[김두진, 1988] 이러한 연구를 통해 당시의 풍수지리설이 선종과 함께 호족세력과 결부되어 사회전환의 추진력이 되고 있었다는 점을 살펴볼 수 있다.

3. 신라 하대 사회변동의 내용

1) 정치사회사

신라의 중대와 하대는 혜공왕 말년의 정변을 기준으로 새로운 왕통의 등장과 궤를 같이 하고 있다. 신라는 삼국병합 이후 중앙집권화되고 안정된 정치·사회체제를 유지하였지만 하대 이후에는 사회적 모순이 누적되면서 신라 사회는 혼란기에 접어들게 되었다.

선덕왕 때부터 시작된 하대에 들어 원성왕 계통의 진골귀족의 왕위 쟁탈전으로부터 정치적인 시련은 시작되었다. 특히 혜공왕 때는 김주원·김양상[선덕왕]·김경신[원성왕]이 각축을 벌여, 혜공왕 16년의 정변을 통해 혜공왕이 피살되고 반왕파(反王派)로 일컬어지는 김양상이 선덕왕으로 등극하였다. 그러나 김양상은 나물왕의 10세손으로 넓은 의미로는 무열왕계라고 파악되지만 방계혈족이었고, 재위기간이 1대에 그친 고작 5년이었기 때문에 실질적인 하대의 개막은 원성왕 때부터라고 볼 수 있다. 따라서 신라 하대는 원성왕 후손에 의해 주요관직이 독점되었고 왕통도 배타적으로 계승되었다.

신라 중고시대에 확립된 전통으로 볼 때, 상대등은 태자(太子)와 같은 정당한 왕위계승자가 없을 경우 왕이 될 수 있는 제1의 후보자였다. 그러나 실제로 상대등이 왕으로 즉위한 예는 김양상이 처음으로 하대의 출발 자체가 하나의 이변이었다. 이후 하대에는 태자가 없을 경우 상대등이 왕으로 즉위하는 것이 거의 일반적인 관례처럼 되었다.

선덕왕 사후 상대등직에 있었던 김경신이 즉위하게 되었는데, 이 때도 실제로 왕위계승상의 문제가 있었던 것이 사실이다. 상재상(上宰相) 김주원을 추대했으나 폭우가 내려 김주원이 왕궁에 이를 수 없게 되자, 김경신을 다시 왕으로 추대하였다는 것이다. 김경신이 비록 상대등이었으나 당시의 서열로는 차재상(次宰相)이었다. 당시 정황으로 보아 김주원을 배제한 김경신의 즉위에 모종의 계략이 작용했을 것이다.〔이기백, 1962〕김주원이 강릉에서 은퇴생활을 한 것이라든지, 아들인 김헌창이 반란을 일으킨 것을 보더라도 충분히 짐작된다.

원성왕 이후의 왕위계승도 순조롭지 못하였다. 원성왕은 즉위와 동시에 아들이었던 인겸·예영을 차례로 태자로 책봉하였지만 모두 일찍 죽자 인겸의 아들인 준옹을 태자로 책봉하게 된다. 하지만 준옹〔소성왕〕도 왕이 된 지 1년 반 만에 죽고, 태자였던 청명〔애장왕〕이 즉위하지만 숙부인 김언승이 섭정하게 된다. 김언승은 섭정하면서 경덕왕과 마찬가지로 일종의 한화(漢化)정책을 통해 국왕으로의 권력집중을 시도했다. 특히 오묘(五廟)제도에서 영세불변(永世不變)의 묘주(廟主)로 되어 있던 태종대왕과 문무대왕을 제외하고 고조까지의 직계존속을 대치하는 오묘의 개혁이 단행되기도 하였다.

이로써 왕위계승에서 직계상속은 무엇보다 중요한 것으로 인식되었고 방계와의 차별성이 강조되었다. 즉 내물왕계 혹은 무열왕계라고 하는 광범위한 씨족 연대의식을 약화시키게 됨은 물론 원성왕계 내부의 혈족집단 자체를 점차 가족규모의 단위로 분지화시킨 것이다. 9세기에 발생하는 왕위쟁탈전의 원인은 여기에 있었다고 할 수 있다.〔이기동, 1980〕

한편 하대의 권력구조와 정치과정을 살펴볼 때, 특징적인 현상은 왕실에 의한 정치권력의 독점현상이다. 원성왕 이후 태자를 정점으로 근친왕족들이 상대등을 비롯한 병부령(兵部令)·재상(宰相)·어룡성사신(御龍省私臣)·시중(侍中) 등 요직을 독점하였다. 실로 이러한 요직은 모두 재상제도의 테두리 속에 포괄되는 것으로 재상제도가 갖는 권력집중의 기능은 원성왕 때 확립되었다고 볼 수 있다.〔木村誠, 1977〕

애장왕 때부터 정치적 실권을 행사했던 김언승은 김수종과 함께 왕을 시해하고 왕〔헌덕왕〕으로 즉위하게 된다. 헌덕왕 때의 식량기근과 초적발생 등 사회경제적 상황의 악화는 김헌창의 난으로 이어졌다. 아버지인 김주원의 왕위계승 실패에 불만을 품고 일으킨 반란은 김수종의 활약으로 진압되지만, 김헌창의 아들인 범문이 또 다시 반란을 일으키게 된다. 이 두 차례의 대규모 반란은 모두 실패하였지만 호족세력이 성장하는 촉매제 역할을 하였고, 830년대 원성왕계 내부의 왕위쟁탈전을 유발하는 요인으로 작용하기도 하였다.

헌덕왕 사후 동생이었던 김수종〔흥덕왕〕이 부군(副君)으로 있다가 즉위하였다. 흥덕왕은 예영계와 인겸태자계·무열왕계 인물까지 기용하는 범진골(凡眞骨) 화합책을 단행했다. 그러나 흥덕왕 10년 동생이면서 왕위계승 제1후보자였던 김충공이 사망하면서 세력균형에 다소 문제가 발생하기 시작하였다. 김충공 사후 인겸태자 계통에서는 충공의 아들 김명이 있었지만 연령과 관록이 부족하여, 사촌동생이면서 예영계 인물인 김균정을 상대등으로 기용하고, 김명을 시중으로 임명하여 일종의 견제를 꾀했다.

흥덕왕이 후계문제에 대한 언급없이 사망한 후 김균정의 아들인 김우징과 김예징, 무열왕계인 김양 등이 옹립한 김균정과 김명·이홍 등이 중심이 되어 추대한 김제륭 사이의 왕위계승전은 무력대결로까지 발전했다. 이 과정에서 김균정이 살해되어 김제륭을 옹립한 일파의 승리로 제륭이 즉위하여 희강왕이 되었다. 그러나 희강왕 3년 김명과 이홍이 희강왕을 몰아내고, 김명이 왕으로 등극하게 되었는데, 이가 곧 민애왕이다.

민애왕도 1년 만에 청해진의 장보고 세력의 힘을 빌린 김우징과 김양이 주도가 된 일파에 의해 피살되고, 김우징이 신무왕으로 즉위하게 되지만 반년 만에 사망하고, 태자였던 경응(문성왕)이 즉위하게 된다. 문성왕대 초에는 장보고와의 납비(納妃)문제·노예무역 문제를 둘러싸고 마찰이 생겼지만 염장으로 하여금 장보고를 죽이게 함으로써 일단 조정은 안정되었으나 그 후로도 반역사건은 끊이지 않았다.

문성왕은 재위 19년 9월 숙부인 상대등 의정(헌안왕)을 다음 왕으로 지목하여 제륭의 아버지인 김헌정과 김균정 양계가 타협점을 찾기도 하였다. 문성왕의 여동생과 희강왕의 아들 김계명의 혼인 이후, 김계명의 아들인 김응렴이 경문왕으로 즉위하게 된다. 경문왕의 즉위로 왕통은 균정계에서 헌정계로 넘어갔는데, 경문왕대에도 역모사건은 그치지 않았다. 이처럼 원성왕에서 경문왕에 이르는 원성왕계 내부의 왕위쟁탈전은 치열하게 진행되었다.

헌강왕과 정강왕을 지나 진성여왕대에 이르면 공부(貢賦)독촉에 시달린 농민들이 봉기하는 농민항쟁이 이어진다. 진성여왕은 신라 하대 유일한 여왕으로 정강왕과는 남매간이며, 남편은 위홍으로 추정된다. 진성여왕대에 기록된 각종 실정과 진성여왕 개인의 문란한 생활 등은 신라 사회가 직면한 문제들을 바르게 해결할 수 있는 능력의 상실을 가져왔고, 신라인들은 위홍 사후 정치적 한계성이 노출됨에 따라 왕실에 대한 불만을 표출하였다.〔전기웅, 1994〕이것은 결국 신라 하대 혼란상의 한 단면을 보여주는 것으로서 신라를 종국으로 치닫게 하는 결정적인 계기가 되었다고 할 수 있다.

진성여왕대 이후 대두하였던 지방세력은 흔히 호족으로 불리는데, 호족은 군사력을 보유하고 일정한 지역에 대한 행정적·경제적·군사적 지배권을 행사하고 있던 독자적인 지방세력으로서 나말여초의 사회변동을 주도한 세력으로 정의되어 왔다. 그러나 최근에는 신라 말기에 새로운 사회세력으로 등장하였고, 그 세력기반을 중앙이 아닌 지방사회에 두고, 일정한 영역에 대해 독자적인 지배권을 행사하고 있었으며, 신라의 골품체제로부터 벗어나려는 경향을 가진 신라 골품귀족이나 고려 문벌귀족과는 대비되는 나말여초의 정치적 지배세력으로 규정하고 있다.〔신호철, 1993〕

한편으로 호족의 토착성 내지는 지방성을 참작하여 호족을 사료상에 나타난 장군(將軍)·성주(城主)·웅호(雄豪)·호걸(豪傑)·호족(豪族) 등으로 표현된 세력 가운데서 지방에 재지적 기반이 없는 초적(草賊)이나 군도(群盜) 등을 제외한 지방세력도 호족의 범위에 포함할 수 있다.

호족은 진성여왕대부터 지방사회의 실질적인 지배자로 등장하게 된다. 이러한 호족등장의 배경에는 여러 가지가 있겠으나 진골귀족의 관직진출의 포화상태로 왕실 및 진골귀족의 가계가 분지화(分枝化)되고, 자기도태에 의해 몰락한 진골귀족의 가계는 중앙을 떠나 지방의 연고지로 가서 지방세력으로 전환한 데 일차적인 원인이 있었다. 또한 골품제라는 신분제적 틀을 유지하고 있었던 신라에서 중앙으로 진출하기 어려운 지방세력들은 대를 이어가면서 토착세력이 되는 길 이외에 마땅한 출구가 없었다는 점도 원인 가운데 하나라고 할 수 있겠다.〔정청주, 1996〕

신라 하대의 혼란은 바로 이러한 호족들이 성장할 수 있는 기회가 되었는데, 촌주·낙향귀족·해상세력·군진세력 등에서 호족들이 성립되었다. 보통 이들은 성을 쌓고 성주를 칭하였고, 또 그 성을 중심으로 조직된 사병의 지휘자였으므로 자칭·타칭 장군이라고도 불렸다. 촌락의 행정을 담당하던 촌주들은 정부의 통제력이 약화되고 초적들이 봉기하자, 성을 쌓고 무장조직을 갖추고 점차 주위의 촌락들을 복속시켜 대호족으로 성장하였다.

또한 경제력이 지방사회로 분산되면서 각 지역의 해상세력, 즉 완도의 청해진, 남양의 당성진, 강화의 혈구진 등이 대두하였다. 장보고와 같은 해상세력가는 무역을 통해 얻은 경제력과 군사력을 바탕으로 하여 중앙정계에까지 진출하였다. 장보고의 해상세력은 신라 하대 사회의 지방세력 형성에 커다란 자극이 되었다고 할 수 있다. 신라 하대는 이러한 호족들이 발호한 가운데 이들은 반정부세력과 어느 때라도 제휴할 가능성이 있는 존재였고, 결국은 대호족이 성장하여 후삼국시대를 맞게 되는 것이다.

골품제에 입각한 신라 사회에서 가장 특권을 누렸던 것은 진골이었다. 그러나 신라 하대에는 진골귀족의 수적 증가와 함께 진골귀족 집단 내부에서 혈족관념의 분지화로 인해 가계가 하나의 기초단위가 됨으로써 제각기 독립적인 가계의식을 갖고 있었다. 5소경(五小京)제도가 확립되면서 지방으로 옮긴 진골귀족의 수도 크게 증가하였다. 진골귀족들도 관계진출에 제약을 받기 시작한 것이다.

한편 육두품도 관계진출에 더욱 많은 제약을 받고 있었으므로 그들 중에는 일찍부터 종교나 학문과 같은 길을 가고자 하는 경향이 강하였다. 주로 국학(國學)을 이용하여 관직에 진출하였던 이들 육두품을 비롯한 신라인들은 9세기에 들어서면서 출세를 위해 중국유학에 대한 많은 기대와 그에 따른 시도가 있었다. 많은 육두품 출신들이 당에 유학하고 돌아왔는데, 당에서 외국인을 상대로 시행한 빈공과에서 급제한 최치원·박인범·최승우·최언위를 위시한 유학생들이 등장하기 시작하였다. 〔신형식, 1969 ; 김세윤, 1982〕 이들은 흔히 숙위학생으로 일컬어지는데, 귀국 후에 문한(文翰)기관 혹은 중앙관부에서 유교적 정치이념의 고취에 노력하면서 정치적·사회적 역량을 확대해 나갔고 정치개혁도 시도하였지만, 신분적 한계는 어쩔 수 없는 일이었다. 결국 그들은 신분을 초월하여 학문실력에 기준을 두고 인재를 등용하는 제도를 원하였고, 신라 하대의 혼란한 사회상을 극복하기 위해 개혁안을 제시하는 등의 노력을 보이지만 이러한 노력은 결국 좌절되고 말았다.

이들은 골품제 자체를 타파하려는 움직임을 나타내는데, 이 점은 도당유학생들에게서 두드러지게 확인된다. 신분적 한계와 개혁시도에 좌절을 맞게 된 이들은 결국 반신라적으로 변하게 되고 신왕조 개창에 앞장서게 되었던 것이다. 이 같은 상황에서 신라가 유지해 오던 골품제의 동요는 더욱 가속화될 수밖에 없었고, 그에 따라 새 왕조개창의 분위기가 조성되어 갔던 것이다.

2) 사회경제사

경덕왕대의 녹읍부활 이후 곧 하대가 개막되었고, 전반적으로 국가권력이 쇠퇴하기 시작하면서 진골귀족들은 점차 대토지를 소유하게 되었다. 『신당서』 신라전에 의하면 "재상집에는 녹(祿)이 끊이지 않고 노동(奴童)이 3천 명이며, 갑병(甲兵)과 소·말·돼지 등도 이와 맞먹는다. 가축은 해중(海中)의 산에 방목을 했다가 필요할 때면 활을 쏘아서 잡는다"라는 기록이 있는데, 이 기록을 통해 당시 진골귀족들의 농장경영 실태를 알 수 있다.

일본 승려 원인(圓仁)의 『입당구법순례행기(入唐求法巡禮行記)』의 기록을 통해 보더라도 신라 제삼재상(第三宰相)의 방목처(放牧處)가 무주의 남쪽 경계인 황모도에 있을 정도로 진골귀족의 목장은 전국에 걸쳐 존재했다고 볼 수 있겠다. 이러한 대토지 경영은 비단 진골귀족에만 국한된 것이 아니라 지방에서 성장하고 있었던 호족세력이나 사원들도 마찬가지였다. 『삼국유사』 탑상(塔像)편을 살펴보면 당시 사원들의 토지관리 실태를 살펴볼 수 있는데, 사원들은 여러 곳에 흩어져 있는 토지를 관리하기 위해 장사(莊舍)를 설치하고 관리인으로 지장(知莊)을 두었던 것으로 나타나고 있다. 사원들은 왕실과 귀족들의 비호를 받고 많은 토지와 노비를 기증받음으로써 사원경제는 점점 비대해져 갔다.

신라 하대에는 전장(田莊)이 발달할 수 있는 여러 가지 조건이 마련되고 있었다. 우선 전장 소유자층인 귀족과 사원이 전장을 확대하기 위해서 적극적으로 나서고 있는 모습을 발견할 수 있다. 토지의 매입을 통해 전장을 확대하거나 고리대를 통해 농민들의 토지를 빼앗고 채무노비를 획득하여 노동력을 확보해 나갔던 것이다. 이렇듯 대토지로 일컬어지는 전장이 형성된 데에는 조상대대로 물려받은 소유지에다가 국가로부터 받은 사전(賜田)이나 신간지의 개척뿐만 아니라 권력에 의한 농민 토지의 강점과 약탈 등의 방법이 동원되었다고 볼 수 있겠다. 이러한 전장에는 전지(田地)와 장사(莊舍)는 물론이고 시지(柴地)와 과수원이나 염전 등의 기타 부속지가 포함되어 있다고 볼 수 있다.〔김창석, 1991〕

전장이 원래부터 조세에 대한 특권을 가진 것은 아니었으나, 중앙의 통제력이 점차 약해지면서 불법적으로 조세부담을 하지 않아 국가재정을 고갈시키는 한 요인이 되었고, 농민층은 더 많은 조세를 감당해야 했다. 더욱이 9세기에 들어서면서 자연재해로 인해 농민들의 생활은 더욱 곤궁해졌고, 토지를 상실한 농민은 전장에 흡수되어 전호(田戶)가 되거나 거주지를 떠나 유망하였으며, 유망민 가운데 일부는 초적이 되기도 하였다. 이에 따라 국가의 수취기반이 심각한 상황에 이를 수밖에 없었다. 사원전(寺院田)은 면세혜택을 받은 것으로 보이므로 말할 것도 없지만, 귀족들도 민(民)을 노비화하여 국가의 수취에서 벗어나고 있었다.

신라 하대에는 이와 같이 당시의 사회경제적 변화에 기반하여 전장의 소유자층과 규모가 확대되었고, 전장주의 지배권도 더욱 강화되었으며 전장이 신라 사회에서 차지하는 비중도 점차 커져 갔다. 이러한 상황에서 농민들의 부담이 더욱 가중됨으로써 가장 적극적인 행위인 농민항쟁에까지 이르게 되었다. 즉 왕실·귀족·사원·호족 등이 여러 명목으로 대토지를 소유함으로써 농민층이 몰락했고, 하대에 들어 지배체제가 흔들림으로써 농민들의 몰락을 효과적으로 방지하거나 그에 대처할 수 없었던 것이다.

진성여왕대의 공부독촉을 계기로 농민항쟁은 본격화되었다. 지금까지 누적되어 온 신라의 정치적·사회적·경제적 모순과 그로 인한 혼란이 이 때에 이르러 일시에 폭발하고 만 것이었다.[이기동, 1981] 실로 그것은 신라의 존망을 가름하는 중대한 사건이었다. 널리 인정되고 있는 바와 같이 후삼국의 분열과 고려의 통일로 이어지는 대변동의 직접적인 계기가 된 것이 바로 신라 말의 농민항쟁이었던 것이다.[홍승기, 1989]

신라 하대 농민항쟁은 신라 하대 지배구조의 모순과 귀족지배층의 과도한 수취가 직접적인 원인이었다. 신라 하대의 농민항쟁은 처음에는 단순히 초적이나 도적 수준이었으나 9세기 후반에 들어서면서 농민항쟁으로 발전하게 된다. 소규모의 도적집단에서 전국 각지로 확산된 농민항쟁은 조직을 갖춘 대규모 농민군으로 질적인 변화를 보이게 되고, 정부군도 무기력하게 대응할 정도로 성장하게 된다. 상주의 원종과 애노의 반란 이후 죽주의 기훤, 북원의 양길 그리고 견훤·궁예·유긍 순·능창·왕건 등은 급속하게 세력을 확산해 나갔다.

이처럼 신라 하대의 농민항쟁은 농민층의 유망에서 농민층이 도적화되고, 이들 도적이 봉기한 후 농민항쟁으로 발전하다가 후삼국(後三國) 시대에 들어서면서 국내의 전쟁으로 발전하였다고 볼 수 있다. 그러나 신라 하대의 변혁운동에서 최종적으로 주도권을 장악한 이들은 농민층이 아니라 성주·장군을 비롯한 지방세력이었다. 농민들의 전국적인 항쟁으로 신라의 지배체제가 붕괴되자, 그들은 골품제에 기반한 신라국가의 지배질서를 점차 부정하면서 농민들의 투쟁을 그들의 정치력 강화에 적극적으로 이용하고자 했고, 10세기에 들어서는 정치적 변혁의 주체로서 확고한 위치를 차지하였던 것이다.

농민들의 투쟁은 불합리한 지배구조에 대한 저항의 성격이 짙었기 때문에 그러한 지배구조를 용인하고 있는 신라국가를 멸망시키려고 하는 지방세력에게 그들이 의탁하는 것은 당연한 귀결이었던 것이며, 지배구조의 폐기가 이루어지면 자연적으로 투쟁의 열기가 식을 수밖에 없었다.〔전덕재, 1994〕

3) 사상사

화엄종으로 대표되는 신라의 교종은 왕실불교 혹은 귀족불교로서의 성격이 강하였다. 그러나 신라 하대에는 신라 전통의 교학불교의 부패에 대한 반발로 이를 대체하는 새로운 사상으로서 선종이 도입되어 유행하게 되었다.〔최병헌, 1972〕 이와는 달리 신라 하대의 교학불교가 대단히 번성했음을 지적하고〔김상현, 1991〕 신라 하대 선종에 대한 대체적인 연구 경향이 지나치게 부정적으로 평가된 것은 문제가 있다고 보기도 한다. 〔김복순, 1994〕 신라 하대에 선종과 화엄종은 불가분의 관계임에도 불구하고 대체로 이들의 관계를 서로 대립적으로 이해하고 있다.

선종은, 혜공왕 때 신행이 당에서 북종선(北宗禪)을 들여온 이래 9세기 초 헌덕왕 때 도의가 가지산문을 개창하면서 유행하기 시작하였다. 선종은 불립문자(不立文字)·견성오도(見性悟道)를 내세우며, 복잡한 교리를 떠나 좌선을 통해 심성을 도야함으로써 각자의 마음속에 있는 불성을 깨닫도록 하였다. 선종은 교종의 논리를 초월하려는 것으로서 교종 자체에 대한 부정은 아니었다. 대체로 초기의 선사들은 화엄사상에 심취했다가 그 논리의 한계를 깨닫고 선종수행으로 가는 경향이 강하였다. 물론 신라 하대에도 화엄종 승려들의 활동이 계속 이어져 갔다. 화엄종과 더불어 법상종 승려들도 계속 활동했으나 그 활동은 중대에 비해 상대적으로 위축되었다.

신라 하대에는 새로운 지배세력인 호족이 등장한 사회적 분위기 속에서 선종이 유행하게 되는데, 경전을 부정하면서 불성을 자기 내에서 찾으려는 선종사상은 개인주의적 경향을 지녀서, 당시 지방의 독자적 세력기반을 구축하려던 호족과 연결되기 쉬운 점이 있었다. 그러므로 선종은 호족세력의 비호를 받으면서 성장하게 되었다. 또한 선종 승려들도 대부분이 중앙의 지배층에서 몰락한 육두품 이하의 하급귀족이거나 지방호족 출신들로 파악된다.

도의의 가지산문을 필두로 홍척의 실상산문, 혜철의 동리산문, 도윤의 사자산문, 낭혜의 성주산문, 범일의 굴산문, 도헌의 희양산문, 현욱의 봉림산문, 이엄의 수미산문 등은 당시 선종을 대표하는 9산문으로 유명하다. 이들 9산문이 성립된 시기에 대해서는 논란이 있지만 신라 하대에 전국적으로 산재한 9산문은 막대한 경제력과 지방세력의 후원으로 번창하게 되었다. 이러한 9산문 외에도 혜소[쌍계사]·순지[서운사]·보양[운문사] 등도 확인되고 있어 선종산문이 널리 유행하고 있었음을 알 수 있다.[김두진, 1996] 나말여초에는 이들이 조계종으로 불리었으며, 실제적으로 선종 9산문이 성립된 것은 고려시대라고 파악하기도 한다.[허흥식, 1983]

한편 신라 하대의 정치변동으로 인하여 불교계의 각 종파에서 미륵신앙을 수용하는 모습에는 조금씩 차이가 있지만, 중대에 광범위한 신자층을 형성한 정토신앙이 하대에는 미륵신앙으로 바뀌게 되었다. 미륵신앙은 현세적 관념이 강조되면서 현실사회를 개선하고자 하는 경향으로 바뀌어, 결국은 견훤·궁예 등이 자립할 수 있는 사상적 기반이 되기도 하였다.[곽승훈, 2002]

신라 하대에 널리 전파된, 또 하나의 사상으로 풍수지리설을 들 수 있다. 풍수지리설은 음양론과 오행설을 기반으로 산세(山勢)와 수세(水勢)를 살펴 도읍·주택·능묘(陵墓) 등을 선정하는 일종의 상지학으로, 묘지와 관련된 음택(陰宅)과 주택 및 도읍과 관련된 양택(陽宅) 풍수로 나눌 수 있다. 명당을 택하여 주택이나 능묘를 잡으면 국가나 개인이 행복을 누릴 수 있는 반면, 그렇지 못한 곳에 자리잡으면 불행을 가져다준다고 보았다.

신라 하대에 풍수지리설을 선양한 사람은 도선이다. 그는 선종 9산 가운데 하나인 동리산파에 속한 승려였는데, 풍수에 조예가 깊어 왕건 가문과 연결되기도 하였다. 그런 면에서 풍수지리설은 나말 선승들의 일반적인 사상경향으로 볼 수도 있는데, 이런 경향은 선사들이 여러 사원을 두루 찾아다닌 수행경험에서 나타난 현상으로 이해할 수 있다.[최병헌, 1975b] 이와는 달리 풍수지리설을 밀교의 영향으로 파악하기도 하고

[서윤길, 1975], 불교의 법상종 사상과 연결시키기도 하지만[김두진, 1988] 신라 하대 풍수지리설의 기원에 대해서는 정확하게 판단하기 어렵다.

각 지방의 호족들은 풍수지리설에 입각해서 저마다 자기의 근거지를 명당으로 생각하고, 그 곳을 국토의 중심부로까지 설정함으로써 자신들의 존재를 합리화한 것으로 보인다. 이러한 풍수지리설과 함께 장래의 일, 특히 인간생활의 길흉화복과 성쇠·득실에 대한 예언을 중시하는 도참사상이 풍미하게 된다. 도참사상은 풍수지리설과 연결되는 한편 왕조의 흥망성쇠는 물론 새로운 왕조개창의 빌미로 정치세력이 이용하게 되면서 민간에서도 유행하게 되었다. 결국 이러한 사상은 나말여초의 혼란했던 정치적·사회적 분위기와 함께 사상적으로 안정되지 못한 당시의 현실을 반영하고 있는 것으로 볼 수 있겠다.

4. 맺음말

신라 하대 사회변동과 관련한 연구가 상대적으로 다른 연구에 비해 활발하게 이루어진 것은 아니다. 그리고 이 시기에 관한 연구들에서는 차별화된 쟁점이 다른 시기의 연구에 비해 상대적으로 적다는 점도 발견할 수 있다. 우선 정치·사회사적인 측면에서는 신라 하대의 왕위계승에 다소의 견해차가 있다. 신라 하대의 왕위계승을 혈족 혹은 친족원리, 즉 혈연관계를 중시하느냐 아니면 당시의 정치적 관계를 중시하느냐의 문제가 있을 수 있겠다. 대체적인 연구경향이 혈연관계를 우선시하면서 정치적 관계는 부수적으로 삼고 있는 데 비해, 개별적으로 특정

시기에는 정치적 관계가 더욱 중요하다는 점이 지적되고 있기 때문이다.

이와 관련하여 신라 하대의 왕위계승 원칙과 그 원칙을 유지하는 원리는 무엇인가 하는 점은 추후 계속적으로 연구되어야 할 필요가 있다. 그리고 왕위계승 쟁탈전에 동원된 군사력의 실체에 대해서도 밝혀져야 할 것이다. 이 점은 단지 귀족들의 족병(族兵) 혹은 사병(私兵)으로 기술하기에는 애매한 점이 없지 않은바, 당시 신라의 병제(兵制)와도 연관지어 이해해야 할 듯하다.

아울러 농민항쟁의 직접적인 계기이면서 동시에 후삼국 정립에 결정적인 영향을 미친 진성여왕대의 정치적·사회적 상황에 대해서도 재검토할 필요가 있다. 진성여왕대는 지나치게 부정적으로 묘사된 측면이 많고, 실제 연구도 그런 경향성을 띠고 있다. 그러나 진성여왕대는 그 이전의 모순이 일시에 분출된 시점이었기 때문에, 진성여왕대에도 원년(元年)에 여러 주군(州郡)의 조세를 1년간 면제해주고 황룡사에서 백고좌회(百高座會)를 열었던 것, 2년에 삼대목(三代目)을 편찬한 것, 8년에 최치원의 시무(時務) 10여 조를 수락하고 그를 아찬으로 삼은 것, 11년에 국정의 책임을 지고 왕위를 양보한 것 등 진성여왕에 대해 재평가할 부분도 충분히 있다. 공부독촉 사건, 왕거인 사건, 미소년과의 간통 등을 통해 진성여왕대가 지나치게 부정 일면으로만 그려진 점은 재고의 여지가 있다고 하겠다.

신라 말의 육두품에 대해서는 주로 국학생과 도당유학생을 중심으로 그들의 사상과 활동에 대해 분석되고 있는 듯하다. 그러나 실제로 신라 사회에서의 육두품 자체에 대한 분석은 매우 드물다고 할 것이다. 여러 가지 사정이 있었겠지만 신라시대 전반에 걸쳐 육두품 인물들을 분석해야 할 필요가 있다. 특히 신라 하대 육두품의 활동에 대해 단지 최씨가문의 몇 사람에 대한 분석으로 육두품 전체의 성향을 대변한다는 것은 문제가 있기 때문에, 이 점을 충분히 고찰한다면 신라 골품제 연구도 한층 가속화될 것으로 보인다.

신라 하대의 경제사에 관한 연구는 주로 귀족의 경제기반에 관한 것, 녹읍과 관료전에 관한 것, 식읍(食邑)에 관한 것, 사원의 경제기반에 관한 것으로서 주로 토지제도사에 한정되었다고 볼 수 있다. 국가권력과 민과의 구조적 연관문제는 사실상 배제된 측면이 없지 않다. 또한 신라 하대의 농민항쟁의 배경을 귀족과 국가의 수탈로만 설명하는 점에서도 연구의 폭을 확대할 필요가 있다. 그런 점에서 농민층의 사상적 배경이나 국가관의 변화와 같은 부분에 관한 고찰도 이 시기 농민항쟁을 이해하는 측면에서 유용한 방법일 것이다.

사상사적인 측면에서 살펴보면, 신라 선종 9산문의 성립시기에 대한 논쟁은 여전히 유효하다. 신라 하대 선종의 유행에 대한 연구가 자칫하면 교학불교를 지나치게 폄하할 수 있다는 지적과 같이 신라불교 전반에 대한 종합적인 이해가 필요할 것으로 보인다. 즉 교종과 선종 모두 신라 하대 사회변동에 중요한 세력이었기 때문에 불교계의 변화를 교종·선종의 각 종파의 입장에서 자세하게 살펴볼 필요가 있다.

그리고 선종과 함께 유행한 풍수지리설이 어떻게 발생하여 어떤 경로로 유행하게 되었는지에 관해서도 세밀한 검토를 요한다. 풍수지리설은 도참사상과 연결되어 호족들에게 사상적 기반을 제공했음은 물론 민(民)들에게 유포되어 새로운 왕조개창의 사상에까지 이르게 되었는데, 그러한 일련의 과정은 이 시기에 나타난 새로운 현상이면서 지금까지 이어져 오고 있다는 점에서 주목할 만한 일이다. 그런 점에서 풍수지리설의 기원문제는 풍수지리설의 사상적 근원을 찾을 수 있다는 점에서 중요하며, 앞으로 다양한 계통의 사상적 맥락과 풍수지리설이 어떻게 연결되는지에 대한 구체적인 연구가 필요할 것이다.

정호섭

‖참고문헌‖

郭丞勳, 2002, 『통일신라시대의 정치변동과 불교』, 국학자료원.

金光洙, 1977, 「高麗 建國期의 浿西豪族과 對女眞關係」, 『史叢』 21·22.

_____, 1979, 「羅末麗初의 豪族과 官班」, 『韓國史硏究』 23.

金杜珍, 1988, 「羅末麗初 桐裏山門의 成立과 그 思想」, 『동방학지』 57.

_____, 1996, 「사상계의 변동」, 『한국사』 11, 국사편찬위원회.

金文經, 1969, 「在唐新羅人의 集落과 그 構造」, 『李弘稙博士回甲紀念韓國史學論叢』.

金福順, 1994, 「新羅 下代 佛教界의 動向」, 『新羅文化』 10·11合輯.

金庠基, 1934·1935, 「古代의 貿易形態와 羅末의 海上發展에 就하야 (1)」, 『震檀學報』 1·2.

_____, 1960, 「羅末 地方群雄의 對中通交」, 『海圓黃義敦先生古稀記念史學論叢』.

金相鉉, 1991, 『新羅華嚴思想史硏究』, 民族社.

金世潤, 1982, 「新羅下代의 渡唐留學生에 대하여」, 『韓國史硏究』 37.

金英美, 1994, 「新羅 阿彌陀信仰과 新羅人의 現實認識」, 『新羅佛敎思想史硏究』, 民族社.

金映遂, 1938, 「曹溪禪宗에 就하야」, 『震檀學報』 9.

金昌謙, 2003, 『신라 하대 왕위계승 연구』, 경인문화사.

金昌錫, 1991, 「통일신라기 田莊에 관한 연구」, 『한국사론』 25, 서울대 국사학과.

金哲埈, 1962, 「新羅 貴族勢力의 基盤」, 『人文科學』 7, 연세대학교 문과대학.

朴漢卨, 1965, 「王建世系의 貿易活動에 對하여」, 『史叢』 10.

邊太燮, 1964, 「廟制의 變遷을 통하여 본 新羅社會의 發展過程」, 『歷史敎育』 8

徐閏吉, 1975, 「道詵과 그의 裨補思想」, 『韓國佛敎學』 1.

申瀅植, 1969, 「宿衛學生考」, 『歷史敎育』 11·12합.

申虎澈, 1993, 「후삼국시대 호족연합정치」, 『한국사상의 정치형태』, 일조각.

_____, 1994, 「豪族勢力의 成長과 後三國의 鼎立」, 『韓國古代史硏究』 7.

尹炳喜, 1982, 「新羅 下代 均貞系의 王位繼承과 金陽」, 『歷史學報』 96.

尹熙勉, 1982, 「新羅下代의 城主·將軍」, 『韓國史研究』 39.

李基東, 1976, 「新羅 下代의 浿江鎭」, 『韓國學報』 4.

_____, 1979, 「新羅 下代 賓貢及第者의 出現과 羅唐文人의 交驩」, 『全海宗博士華甲紀念史學論叢』, 一潮閣.

_____, 1980, 「新羅 下代의 王位繼承과 政治過程」, 『歷史學報』 85.

_____, 1981, 「新羅衰亡史觀의 槪要」, 『韓㳓劤博士停年紀念史學論叢』, 지식산업사.

_____, 1996, 「신라 하대의 사회변화」, 『한국사』 11, 국사편찬위원회.

李基白, 1957, 「新羅 私兵考」, 『歷史學報』 9.

_____, 1958a, 「高麗 太祖時의 鎭에 대하여」, 『歷史學報』 10.

_____, 1958b, 「新羅 惠恭王代의 政治的 變革」, 『社會科學』 2, 韓國社會科學研究會.

_____, 1962, 「上大等考」, 『歷史學報』 19

_____, 1971, 「新羅 六頭品 研究」, 『성곡논총』 2.

_____, 1974, 「新羅 下代의 執事省」, 『新羅政治社會史研究』, 一潮閣.

李龍範, 1988, 「道詵의 地理說과 唐僧 一行禪師」, 『先覺國師道詵의 新研究』, 영암군.

李純根, 1987, 「羅末麗初「豪族」용어에 대한 연구사적 검토」, 『논문집』 19, 성심여자대학교.

張日圭, 2001, 『崔致遠의 社會思想 研究』, 國民大 博士學位論文.

張志勳, 1997, 『韓國 古代 彌勒信仰研究』, 집문당.

全基雄, 1989, 「新羅 下代末의 政治社會와 景文王家」, 『부산사학』 16.

_____, 1994, 「新羅末期 政治 社會의 動搖와 六頭品知識人」, 『韓國古代史研究』 7.

전덕재, 1994, 「신라 하대의 농민항쟁」, 『한국사』 4, 한길사.

鄭淸柱, 1996, 『新羅末·高麗初 豪族研究』, 一潮閣.

趙仁成, 1994, 「新羅末 農民反亂의 背景에 대한 一試論」, 『韓國古代史研究』 7.

崔炳憲, 1972, 「新羅 下代 禪宗九山派의 成立」, 『韓國史研究』 7.

_____, 1975a, 「羅末麗初 禪宗의 社會的 性格」, 『史學研究』 25.

_____, 1975b, 「道詵의 生涯와 羅末麗初의 風水地理說」, 『韓國史研究』 11.

許興植, 1983, 「禪宗九山門과 禪門禮懺文의 問題點」, 『歷史教育論集』 5.

洪承基, 1989, 「後三國의 분열과 王建에 의한 통일」, 『한국사시민강좌』 5.

旗田巍, 1951, 『朝鮮史』, 岩波書店.

末松保和, 1949, 「新羅三代考」, 『史學雜誌』 57-5·6合輯 ; 1954, 『新羅史의 諸問題』

木村誠, 1977, 「新羅의 宰相制度」, 『人文學報』 118, 都立大.

井上秀雄, 1962, 「新羅政治體制의 變遷過程」, 『古代史講座』 4.

후백제와 태봉

1. 머리말

후삼국시대는 9세기 말 신라 하대의 혼란이 격화되면서 나타난 사회 붕괴 현상, 즉 헌강왕 · 진성여왕대의 사치 · 향락에 따른 정치적 분열 그리고 농민수탈 강화에 의한 농민의 이반이 결국 대규모 조직적인 농민반란으로 연결됨으로써 도출되었다. 즉 북원의 양길, 철원의 궁예, 죽주의 기훤, 완산의 견훤으로 대표되는 이 같은 농민반란은 신라 하대의 총체적 문제점을 극복하지 못한 신라 사회의 해체를 촉진하여, 40여 년에 걸친 후삼국시대라는 분열로 귀결되었다. 특히 무력에 의한 신라의 통일은 고구려 · 백제의 부활을 내세운 지역거점 세력에 의해 분열되고, 새로운 과거 역사체의 재현이란 구심력에 의해 분열과 대립은 가속화되었다.

이 같은 상황을 주도한 존재는 견훤 · 궁예 · 왕건이었다. 견훤은 백제의 남쪽지역 호족과 농민들을 무진주〔광주〕에서 규합해〔892〕 백제를 다시 일으켜 세운다는 명분으로 전주를 거점으로 후백제를 건국했다. (900)

궁예는 권력투쟁에서 밀려난 왕족출신 승려로서 고구려영역을 근거로 반신라적 세력을 규합하여 송악·철원을 근거로 태봉(泰封)을 세우고(896), 후고구려(後高句麗, 901)·마진(摩震, 904) 등으로 국가명칭을 바꾸었다. 궁예의 세력은 곧 왕건에게 이양되어 국호를 고려로 바꾸면서 다시 삼국의 쟁패상황이 재현됨으로써 후삼국시대가 전개되었다.

이들 후삼국은 각각 국가체를 구성하고 대외관계를 강화하면서 대립과 경쟁을 통해 새로운 통일을 지향하였다. 견훤은 후백제를 세운 뒤 외교관계에 치중하며 영토확장을 도모하였는데, 특히 신라에 대한 압박을 강화하여 경주를 점령하고 경순왕을 옹립함으로써 후삼국의 주도세력으로 부각되었다. 고려의 왕건은 개성지방 호족세력으로 예성강을 중심으로 성장한 해상세력을 장악하고, 친신라정책과 후백제와의 대결구도를 통해 결국 내분으로 분열된 후백제를 복속하고, 거란에 의해 붕괴된 발해를 포용함으로써 민족의 재통일을 이룩하였다.(936)

이 같은 후삼국시기의 주요 연구과제로 견훤의 출신지와 외교관계, 태봉·고려의 정교일치적 국가운영 및 관련 국가기구의 특성 등이 다루어지고 있다.

2. 후백제와 태봉에의 연구사적 접근

1) 1980년대 이전 연구

후삼국시기에 관한 초기연구는 식민지시대 일본학자인 쓰다(津田左右吉)의 연구가 최초로서 후백제 영역에 대한 역사지리적 검토가 진행되었다.〔津田左右吉, 1913〕 그러나 일본인 학자에 의한 연구는 후백제와 고려의 일본과의 관계에 대한 일부 논문이 존재하며, 개별 논문은 거의 확인되지 않고 있다. 궁예와 관련하여서는 구라사와(倉澤藤三郎)의 논문이 유일하게 파악되고 있다.〔倉澤藤三郎, 1926〕

이후 김철준의 논고〔김철준, 1963, 1964〕에서 궁예·견훤·왕건의 정치적 성격에 대한 비교 검토가 진행되었고, 김상기는 견훤의 출신지를 두고 상주설에 대하여 광주설을 제기하였다.〔김상기, 1966〕 한편 박한설은 견훤의 장자인 신검과 넷째아들인 금강이 동일인물일 가능성을 제기하였고 〔박한설, 1973〕 궁예가 고구려계승을 표방하였음을 제기하였다.〔박한설, 1974〕 송상규는 견훤의 도읍지가 전주가 아닌 익산지역일 가능성을 제시하였다.〔송상규, 1979〕 이밖에 후백제와 고려의 관계에 대한 자료정리적 차원의 논고가 일부 진행되었으나, 후삼국에 대한 본격적 연구는 미미하였다.

2) 1980년대 이후 연구

후백제와 견훤에 대한 연구

초기 후삼국에 관한 연구를 바탕으로 후백제 및 견훤에 대한 일련의 연구가 진행되어 체계적인 검토가 제시되었다.〔신호철, 1991〕 이 연구에서는 견훤의 출신과 사회적 진출과정, 후백제국의 성립과 발전과정, 지방 호족과의 관계, 대외정책, 멸망원인 등 후백제에 대한 종합적인 이해를 추구하였다.

후백제와 관련된 연구는 후백제의 왕도인 전주에 구성된 '후백제문화사업회'와 함께 견훤릉이 존재하는 논산시의 지원을 통해 활성화되었

다. 특히 전주의 경우 3차례에 걸친 국제학술대회를 통해 다양한 연구
성과를 이뤄냈으며, 이들 결과물을 학술총서 개념으로 연결시켜 후백제
를 체계적으로 정리하였다.

먼저 충남대 백제연구소는 후백제 견훤왕에 대한 역사적 평가, 건국
과정에 대한 이해, 견훤정권의 이념적 기반으로서의 불교, 군사적 기반
과 외교활동 등이 논의되었다. 또한 후백제 도성의 방어체계와 견훤왕
릉 위치비정, 견훤전설과 관련된 설화적 연구 등이 진행되어 견훤과 후
백제에 대한 객관적 평가를 진행하였다.〔백제연구소, 2000〕

한편 전주에서 진행된 연구〔전북전통문화연구소, 2001〕는 최근 후백제에 대
한 지역사적 관심에서 벗어나 후삼국시기 역사상을 독립적인 한 시대로
설정하여 검토하는 경향을 반영하고 있다. 동고산성에서 진행된 왕궁터
에 대한 발굴조사 내용과 관련기록을 정리하여, 이 곳이 견훤왕의 왕궁성
임을 재차 확인하였다.〔전영래, 2001〕 이와 함께 견훤의 전주천도와 익산 금
마산의 강조는 미륵불-전륜성왕 이념을 통한 전제적 신성왕 이데올로기
와 미륵메시아 신앙을 강조하기 위함이었을 것으로 보았다.〔강봉룡, 2001〕

견훤은 신라 중앙정부 군인출신으로서 체계적이고 전문적인 군사조
직을 갖추고 있었는데, 이 같은 군사력을 바탕으로 호족에 대한 지배를
관철하였으며, 낙동강지역의 경우 인민이나 곡식을 약탈하는 방식으로
장악하여 결국 호족과 인민의 반발과 이탈을 초래하였다는 연구도 진
행되었다.〔정청주, 2001〕

또한 후백제의 해상활동과 대외교류를 당시 국제환경과 신라 하대라
는 역사적 상황 그리고 해양질서·해양환경을 토대로 검토하여, 오월국·
후당·거란·일본 등과의 외교교섭 및 교역을 연구했는데, 영산강유역 장
악에 실패한 견훤은 전주지역을 중심으로 금강·만경강·동진강의 전북

해안지역을 활용하여 대외교류를 했을 가능성을 제기했다.〔윤명철, 2001〕

한편 견훤은 후백제의 역사적 정통성을 고조선 준왕의 계통을 이은 존재로서 마한을 강조하고, 그 실체를 금마산과 연결지어 마한-백제 역사계승인식을 이은 존재가 후백제임을 강조하였음을 검토하고, 이를 통해 견훤은 고려 왕건에 대한 우위와 신라 장악에 대한 역사적 명분과 근거를 강조하였음이 제기되었다.〔조법종, 1999〕

견훤의 출생과 함께 견훤의 성격을 선인·악인·추인이란 인물설정과 연결지어 파악하기도 하였으며, 견훤의 실제 명칭이 『증보문헌비고』등에 의할 때 그 발음이 진(眞)으로 나타나고 있으므로 '진훤'이 맞으며, 이를 근거로 『삼국유사』의 출생설화인 지렁이교감설과의 상관성이 강조되기도 하였다.〔이도학, 2000〕 한편 2004년 말 간행된 『후백제의 대외교류와 문화』에서는 후백제가 백제의 해양국가적 성격을 계승하여 동북아 해상왕국으로 성장하기 위한 목적과 정치적 위상강화를 위해 진행한 대외교류 및 후삼국 통일을 염원하며 통일수도로서 전주를 구성하기 위한 도시 수호관념과 후백제에 대한 역사인식을 다룬 논문을 수록하여 후백제에 대한 올바른 역사관 형성을 추구하였다.

태봉과 궁예에 대한 연구

궁예는 진성여왕 8년(894) 명주(溟州)에서 자립하였다가 공식적으로 나라를 세운 것은 진성여왕 10년(896) 철원에 도읍을 정하고 왕을 자칭하면서부터다. 궁예는 신라왕실 출신으로 헌안왕의 서자인지 경문왕의 아들인지 논란이 있음이 기록되고 있는데, 신라에 대한 반란의 당위성을 부각하려는 궁예에 의해 조작되었을 가능성이 제기되기도 하였다.〔홍순창, 1982〕 이 같은 맥락에서 궁예를 포괄적인 의미에서 왕위계승전에서 희

생된 왕족으로 파악하거나[최규성, 1987] 몰락한 진골귀족의 후예로 파악하기도 한다.[조인성, 1990]

그러나 고려 건국을 합리화하는 과정에서 궁예가 폄하되었다는 점을 고려하면, 신라왕실과 관련된 궁예의 출생설을 조작된 것으로 볼 수만은 없다고 파악하는 견해를 근거로, 특히 고려시기에 이 같은 인식이 그대로 『삼국사기』에 유지되고 있다는 점에서 궁예는 왕위계승과 관련된 모반사건으로 희생된 왕자출신으로 파악하기도 한다.[정선용, 1997] 그리고 구체적으로 헌안왕이 아들이 없어 사위에게 왕위를 물려주었다는 점과 경문왕의 경우 정비에게서 두 아들이 있었다는 점으로 볼 때 경문왕의 아들일 가능성이 높다.[신호철, 1982]

궁예가 철원을 중심으로 후고구려를 세우고 송악으로 천도하였다가 다시 철원으로 천도하는 과정에 대해 궁예의 세력기반과 그 형성과정을 보여주는 것으로, 철원정도와 송악천도를 철원지역민의 미륵신앙적 말세의식과 왕건가 및 패서세력의 군사적·경제적 기반을 활용하기 위한 것이란 견해[조인성, 1993], 그리고 송악천도에서 철원환도의 과정을 호족연합과 전제정치의 추구와 관련시키는 견해가 있다.[신호철, 1993] 한편 양길의 위협을 의식하여 송악으로 천도하였다는 견해[정청주, 1995]도 있으며, 궁예정권의 변천과정을 송악 이전시대와 송악시대, 그리고 철원시대로 구분하여 설명하기도 한다.[이정신, 1984]

신라왕실에서 쫓겨난 궁예가 선종(善宗)이란 법명으로 세달사(世達寺)에 출가한 사실을 근거로 궁예의 초기 세력기반을 불교사상에 기초한 사원세력으로 보거나[신호철, 1982] 사원 내의 하층세력인 수원승도와 결합하여 사원세력을 쉽게 규합한 것으로 본다.[이재범, 1988] 한편 궁예가 자신의 외가세력과 연결되는 지역에서 양육되었으므로 그 곳을 세달사가 있는 영월지방으로 보고, 외가세력을 기반으로 세력을 형성하였다고 보기도 하였다.[정청주, 1996] 그러나 도피자인 궁예의 상황이 외가와 연결될 수 있는지는 명확하지 않다.

궁예는 세달사에 있는 동안 승률(僧律)에 구애받지 않았다는 점에서 궁예가 전문승려가 아닌 사원의 각종 노동에 종사한 수원승도였을 가능성[이재범, 1992]도 제기되었다. 그런데 궁예는 경문 20여 권을 자술하였다는 점에서 승려로서 전문적인 수행을 하였을 가능성이 파악된다.

궁예는 초기에 기훤에게 의탁하였다가 양길에게 귀부하여 점차 세력을 확장하였다. 이 과정에서 기훤은 궁예를 냉대한 반면, 북원의 양길은 그를 환대하고 일을 위임하였다. 이 상황에 대해서는 초기 궁예의 세력이 약하였기 때문으로 보거나, 궁예의 세력이 사원세력과 적당세력으로 불리는 유민들을 기반으로 하였기 때문으로 보기도 한다.[이정신, 1984] 그러나 일반적으로 이 시기 궁예의 세력은 미미하였던 것으로 파악되고 있다.

양길 휘하에 있던 궁예는 894년 명주(溟州)에서 장군을 칭하며 자립하였다. 이 때 궁예는 핵심세력을 사상(舍上)으로 임명하였는데, 이들의 성격은 명주출신의 농민군 반란자이거나[조인성, 1990] 명주출신이 아닌 평창이나 제천출신으로 보기도 한다[정청주, 1996]. 그런데 궁예가 896년 명주를 떠나 철원을 중심으로 자립한 것은 양길세력과의 대결을 피한 조치로 파악된다. 철원에 도읍한 궁예는 송악의 귀부를 받고 898년 송악으로 도읍을 옮겼다. 이는 예성강과 한강 하류에 인접하여 조세운송 및 해상수송의 요충으로서 송악의 중요성과 송악세력의 협력 등이 고려된 것으로 보인다.

송악천도를 전후하여 궁예는 패서도와 한산주 일대, 한강 하류지역을 확보하였다. 그리고 899년 양길과의 대결을 통해 청주 일대까지 장악하였다. 양길세력 장악 이후 궁예는 고구려계승을 강조하면서 반신라 정책을 피력하였고, 천복 원년(901)에 왕을 자칭하였다.

후삼국시대의 경쟁이 본격화된 상황에서 궁예는 천우(天祐) 2년(905) 철원으로 다시 환도하였다. 이것은 신라에 대한 본격적인 공격목적과 견훤의 위협을 막는 효과를 염두에 둔 조치로 파악되고 있다. 특히 천도과정에서 궁예는 청주세력을 대거 사민시켜 이들을 중요시하였는데, 이는 청주지역을 궁예의 군사적 기반으로 파악하거나 이 시기 송악세력에서 청주세력으로 궁예정권의 핵심이 바뀐 것으로 보기도 한다.〔홍승기, 1989〕 이에 대해 청주인 사민정책을 집단인질적 성격으로 파악하기도 하는데〔김갑동, 1985〕, 기본적으로 이 지역의 반신라적 성향이 고려되었다고 본다.

그러나 철원환도로 나타난 궁예의 정책은 왕건의 반발로 연결되었는데, 이러한 갈등의 원인을 탈고구려주의를 표방하고 고구려계 호족을 견제하는 궁예의 조치에 대한 반발로 이해하기도 한다.〔이재범, 1995〕 이같은 상황에서 궁예는 미륵관심법을 통해 전제왕권을 행사한 것으로 파악되고 있다.

3. 후백제·태봉의 쟁점검토

1) 견훤의 출신지 및 신분 문제.

후삼국의 본격적 출발은 후백제의 건국과 연결된다. 889년(진성왕 3년) 견훤은 궁예에 앞서 신라에 반기를 들고, 892년(진성왕 6년)에 사실상 후백제를 세웠다. 신라 하대 서남방면 지방민의 반란과 연계되어 농민을 규합하여 새로운 지배자로 등장한 견훤(甄萱)과 관련된 연구는 출신지 및 신분에 대한 논의를 중심으로 이루어졌다.

견훤의 신분문제는 일반적으로 가난한 농민의 아들로 묘사되었는데, 견훤의 아버지인 아자개(阿慈介)는 농업으로 생활하다 후에 장군이 되었다는 기록으로 볼 때 부유한 농민출신에서 성장한 장수로서 호족이었다. 이런 기반을 바탕으로 견훤은 신라의 경군이 되고, 서남해 방수(防戍)로서 비장으로 출세하였다. 이 같은 견훤과 관련된 논의 가운데 핵심적 부분은 출생지와 관련하여 경상도 상주설과 전라도 광주설로 대별되어 나타나고 있다.

먼저 상주설 관련 견훤의 출생·성장과 관련된 기록은 다음과 같다.

견훤(甄萱)은 상주(尙州) 가은현(加恩縣) 사람으로 본성은 이(李)인데 후에 견(甄)으로 성씨를 삼았다. 부는 아자개(阿慈介)인데 농사로 자활(自活)하다가 후에 집을 일으켜 장군(將軍)이 되었다. 처음에 견훤이 태어나 아직 강보에 싸여 있을 때 아버지가 들에 나가 밭을 갈고 어머니는 식사를 가져오고자 하여 어린 견훤을 나무 아래에 두었는데 호랑이가 와서 젖을 먹였으므로 마을 사람들이 이를 듣고 신이(神異)하게 생각하였다. 견훤이 장성하면서 체모(體貌)가 웅대 기이(奇異)하고 지기(志氣)가 활달하며 비범하였다. 종군(從軍)하여 왕도에 들어 왔다가 서남해 방수(防戍)에 부임하여 창을 메고 대적하였다. 그 용기가 다른 병사에 앞섰기 때문에 그 공로로 비장(裨將)이 되었다. [『삼국사기』 권50. 견훤전]

삼국사 본전에 이르기를 "견훤은 상주 가은현 사람으로 함통 8년(867)에 태어났으며 본래의 성은 이(李)였는데 후에 견(甄)으로 성을 삼았다. 아버지 아자개는 농사로 자활하다가 광계(光啓) 연간(885~889)에 사불성(沙弗城)에 자리를 잡고 스스로 장군이라 하였다." [『삼국유사』 권2. 기이 후백제 견훤]

이들 기록에 의하면 견훤은 상주지방 출신이며, 그의 아버지는 농업에 종사하는 농부였다. 그는 후에 집을 일으켜 장군이 되었다. 아자개는 상주 가은현의 부농이었다고 한다. 견훤은 성장하여 군인이 되었다. 견훤이 군인이 되어 입경한 것이 그의 부 아자개가 중앙권력과 관계를 맺고자 한 데서인지, 아니면 군역을 지게 되어 왕경에 들어갔는지 알 수 없다. 견훤이 군인이 되어 입경하였다는 사실은 중앙군에 편입되었다는 것을 의미한다고 여겨진다. 그는 곧 서남해 방면에 파견되어 방수를 맡았다. 그가 방수하였던 곳은 전남의 서남부, 즉 나주 일대였을 것이라는 견해도 있다.

한편 아자개를 태조 원년(918) 9월 고려에 귀부하였던 아자개와 동일인물로 본다면, 견훤의 부는 견훤의 적인 고려 태조 왕건에게 귀부한 셈이다. 또 견훤은 903년 상주 사화진을 공격하였는데, 사화진은 사불성으로 아자개가 점령하여 장군이 된 곳이었다. 사불성은 아자개가 자립한 지역으로서, 견훤은 그의 부 아자개의 세력근거지를 공격한 셈이 된다. 이에 아자개는 견훤의 군사와 싸웠다. 이 때 왕건은 군사 3천명을 거느리고 사화진에 가 견훤의 군사를 맞아싸워 견훤을 격퇴하였다. 견훤과 아자개는 서로 적대세력으로 세력확대를 위해 전투를 하였던 것이다. 또 929년 견훤은 가은현을 포위공격했으나 함락시키지 못하였다. 이러한 사실로 미루어 안정복은 이를 동명이인에 대한 기록으로 보았으며, 견훤과 아자개는 부자간이 아니며, 견훤의 부는 고려에 귀부한 아자개와 전혀 무관한 인물로 이해하고 있다.〔김상기, 1966〕

『삼국사기』의 기록과 달리 『삼국유사』에는 견훤의 출신이 상주(尙州)가 아니라 광주(光州)라는 기록도 있다. 관련된 기록을 살펴보면 다음과 같다.

옛날에 광주(光州) 북촌(北村)에 어떤 부자가 살았는데 한 딸이 있어 용모가 단정하였다. 그녀가 아버지에게 말하기를 "매일 밤마다 자색옷을 입은 남자가 침실에 찾아와 교혼한다"라고 말하였다. 이에 아버지는 "긴 실을 바늘에 꿰어 그의 옷에 찔러 놓아라"고 딸에게 말하였다. 딸이 그 말대로 한 다음, 날이 밝아 그 실을 찾아보니 북쪽 담장 아래에서 큰 지렁이의 허리에 꽂혀 있었다. 이로 인하여 임신하여 남아를 낳았는데 나이 15살이 되자 스스로 견훤이라 하였다. [『삼국유사』 권2, 기이 후백제 견훤]

『삼국유사』의 『고기』 기록에 의하면, 견훤은 광주 출신으로, 그의 부(父)는 자색옷을 입은 남자이고, 그의 어머니는 광주 북촌의 부잣집 딸이었다. 그런데 『삼국유사』의 기록에 의하면, 그의 부는 곧 지렁이였다. 이는 구인교혼설화(蚯蚓交婚說話)로서 견훤 부모의 혼인이 아니라 견훤이 무진주(武珍州)에 들어온 이후, 무진주 토호의 딸과 혼인하는 모습을 보여준 것으로 파악하기도 한다. [신호철, 1993] 이것은 견훤이 무진주에서 자립하고, 그 곳에서 그의 세력이 급속히 성장한 배경을 이해하는 과정에서 나온 견해이다.

그런데 『삼국유사』에 기재된 『고기』의 내용이 견훤의 출생담이라면, 구인교혼설화에서 자색옷을 입은 그의 부는 신라시대 상당한 신분의 소유자였을 것이다. 『삼국유사』에는 「이비가기(李碑家記)」의 가계를 인용하여 견훤을 신라 진흥왕의 후손으로 기록하였다. 이 기록은 견훤의 가계가 진골귀족이라는 사실을 강조하기 위하여 「이비가기」를 인용함으로써 견훤이 무진주 출생이기에 중앙귀족의 후예라는 사실을 강조하려고 했던 것으로 파악된다. 이러한 점들은 견훤이 무진주에서 자립할 때 쉽게 세력을 형성하는 데 도움이 되었을 것이다.

따라서 견훤은 상주 출신으로 광주지역에서 성장하였고, 이 때 혼인을 통해 지역세력과 연합하였을 가능성이 크다고 파악된다.

2) 견훤·궁예의 세력형성

견훤의 세력

견훤의 성장에서 주목되는 것은 서남해 방면에서 방수(防戍)의 근무를 할 때, 지방의 농민반란을 적절히 이용한 점이다.

> 당 소종(昭宗) 경복(景福) 원년(892)… 이에 더하여 기근이 들어 백성이 유리하고 도적떼가 벌처럼 일어났다. 이에 견훤이 넘겨다보는 마음이 있어 무리를 불러모아 서울의 서남쪽 주현을 가서 공격하였다. 이르는 곳에서 호응을 받아 열흘이나 한달 만(旬月之間)에 무리가 5천 명에 이르렀다.〔『삼국사기』 권50, 견훤전〕

견훤은 진성여왕대 정치기강의 문란으로 사회혼란이 가중되고 굶주린 농민들이 유리하여 농민의 봉기가 연이을 때 무리를 불러모았다. 그가 불러모은 무리는 굶주린 농민과 도적떼였다. 물론 그는 서남 방면의 비장(裨將)이어서 그가 지휘한 군사도 그의 무리에 포함되었을 것이다. 견훤의 초기세력은 이 같은 농민과 자신 휘하의 정규군세력을 바탕으로 개인적인 무용과 정치적 안목을 발휘하여 세력확장을 진행하고 자신을 보좌할 수 있는 유학생 및 유학승을 서남해안 지역장악을 통해 연계지었다.〔이도학, 2001〕 이 때의 견훤의 핵심측근은 사위인 무진주의 성주 지훤, 순천출신 사위 박영규, 어가행차 담당인 인가별감 김총 등 순천출신으로 결국 이 지역은 견훤의 초기 방수지역과 연결된다.

견훤은 서남방면의 주현을 습격하여 그의 세력을 확대하였다. 그의 세력확대 과정에서 주목되는 것은, 그가 공격한 주현의 주민들이 그에게 대항한 것이 아니라 적극적으로 호응하였다는 점이다. 그가 공격한 서남의 주현은 자신이 비장으로 방수하던 인근지방이었을 것이다. 그곳은 현 전라도 지방이며 신라에 의해 멸망한 백제의 고토였다. 이 지역은 신라 하대 농민반란이 연이어 발생하였던 곳이며 기근과 흉년 등으로 심한 고통을 받았다. 이러한 현실에도 불구하고 신라 중앙정부의 적극적인 구휼을 받지 못하였다고 여겨진다. 주민들은 생활의 어려움에 더하여 가혹한 조세의 수취와 역역징발에 고통을 받았을 것이다. 따라서 서남지방의 주민들은 신라왕실과 귀족들에 대해 불만과 비판적인 태도를 가졌을 것이다. 견훤이 새로운 세력을 형성하고 신라에 대해 저항적인 자세를 취할 때, 그 지방 사람들은 그에게 호감과 새로운 사회에 대한 기대를 가졌다고 여겨진다.

견훤의 세력확장은 전주(全州)지역으로 천도하여 진행되었다. 이에 대해 견훤이 처음부터 서남해지역 호족세력 장악에 실패하였기 때문으로 보거나[정청주, 1996], 견훤에 복속했던 서남해지방 호족이 이반했기 때문이라는 입장[신호철, 1983]이 있다. 또한 완산주에 십정·만보당·완산주서·완산정 등 다수의 군사조직이 존재하였기 때문에 군사적 기반확충을 위해 천도가 진행되었다는 입장[김수태, 1999]과 영토확장의 측면, 즉 전주를 중심으로 무주[전남]와 공주[충청]의 옛 백제지역을 아우르고 더 나아가 통일국가를 완성하려는 의도가 강하다는 견해[강봉룡, 2001]가 제시되고 있다.

한편 견훤은 일정한 세력을 형성하고 주민들로부터 신망을 얻게 되자 도읍을 완산주[전주]에 정하고 후백제왕이라 칭하였다. 그는 건국의 의미를 의자왕의 원한을 씻어내는 데 두었다. 물론 이것만이 그가 국가를 세운 이유는 아니었다. 그는 주현을 공격하며 가는 곳마다 당시 사회의 실상을 이야기하고 인심을 얻으려는 노력을 하였을 것이다. 이 과정에서 자연스럽게 견훤 자신이 신라 하대의 사회혼란을 극복하고 새로운 사회를 건설하겠다는 주장을 반복하였다고 생각된다. 이러한 그의 자세가 주민들로부터 신뢰를 얻고 세력을 형성하는 데 수월하였을 것이다. 견훤은 892년 무진주에서 자립하고 그 인근지방의 재지세력과 주민들로부터 호응을 얻었으며, 마침내 900년에 전주를 도읍으로 정하고 국호를 칭하였으며 자신을 왕이라 하였다.

먼저 견훤은 백제부흥을 선언할 때 역사적 근거로서 고조선−마한−백제계승인식을 강하게 표방하였다. 『삼국사기』에 보이듯이 견훤은 "내가 생각해 보니 마한이 먼저 일어났고 혁거세가 후에 일어났다"라는 말을 통해 후대 실학자들이 제기한 것처럼 마한정통론적 인식을 강조하였다.[김정배, 1976] 즉 고조선 준왕(準王)의 금마(金馬)지역 망명과 이를 계승한 마한 그리고 이를 다시 계승한 백제라는 역사인식을 피력함으로써, 자신이 부흥하고 계승한 백제가 우리 역사의 정통성을 갖고 있으며, 바로 자신이 후삼국의 분립상황에서 가장 역사적 정통성이 있는 존재라는 사실을 강조하였다.[조법종, 1999]

두번째로 견훤은 의자왕의 숙분(宿憤)을 풀겠다는 입장을 천명하였다. 즉 견훤은 우리 역사의 정통성을 보유한 백제가 당과 신라의 공격에 의해 붕괴되었으나 이제 그 백제의 터전인 전주에서 다시 백제를 부흥시켜 의자왕의 묵은 원한을 풀겠다는 의지의 천명이다. 이 같은 신라와의 대결구도가 후백제 건국의 명분이었다는 점은 이후 신라와의 갈등을 설명하는 기본요소로 파악된다.

세번째로 견훤은 후삼국 통일의지를 강하게 천명하였다. 즉 고려 왕건과의 서신교환에서 "나의 기약하는 바는 활을 평양루에 걸고 〔나의〕 말에게 패강(浿江 : 大同江) 물을 마시게 하는 것이다"라는 표현을 사용하여 강한 통일의지를 천명하였다. 특히 주목되는 것은 고려의 수도인 송악〔개성〕지역을 장악하겠다는 의지가 아니라 고구려의 수도 평양지역으로 상징되는 고구려영역까지 장악하겠다는 표현이다. 이는 견훤의 강력한 후삼국통일 의지의 표명으로, 앞서 지적된 것처럼 고구려 영역뿐만 아니라 이를 확대한 고조선 영역까지의 통일의지가 극명하게 표현된 내용으로 이해된다.

견훤은 지방군의 비장출신이고, 궁예는 몰락한 왕족출신이었다. 그들이 지방세력으로 성장하는 데는 농민들과 초적의 무리들이 중요한 군사적 기반이 되었다. 이들은 모두 농민군을 규합하여 강력한 세력을 형성한 다음 스스로 장군이나 왕이라 칭하고, 이어서 각각 백제·고구려 부흥과 신라타도를 내외에 천명하면서 후백제와 태봉을 건국한 것이 공통적이다.

견훤이나 궁예가 특별히 강력한 지방세력으로 성장하고 국가를 형성할 수 있었던 데는 옛 백제와 고구려 유민들이 이들 세력에게 합세한 측면에서 힘입은 바가 적지 않다. 그들에게는 변방수비나 조세·공물의 운반부담이 가중되어 원신라지역에 비해 상대적으로 사회경제적 모순이 더욱 심하게 전가되었고, 때문에 그 지역민들의 반신라감정이 극도로 팽배해 있었던 분위기도 크게 작용하였음에 틀림없었다. 견훤과 궁예는 그러한 분위기를 백제·고구려 부흥운동과 결합시켜 그 지역민의 호응을 얻을 수 있었다.

특히 견훤의 군사력은 신라왕조의 공병조직을 흡수 재편한 것으로 견훤과 고락을 같이한 서남해 방수군은 견훤의 친위세력으로, 무주정·완산정·강주정 등 주정의 군사력은 견훤정권의 정규상비군으로, 미다부리정과 거사물정의 기병조직은 견훤의 기병부대로 전환된 것으로 파악된다.[이문기, 2000]

궁예의 세력

궁예는 『삼국사기』 권50, 열전 10 궁예전에 의하면 신라 제47대 헌안왕(憲安王) 혹은 경문왕(景文王)의 서자(庶子)로 기술되고 있다. 이는 견훤이나 왕건의 신분적 계보와는 달리 직접 신라왕과 연결된 출신성분을 보여주고 있다는 점에서 경쟁자들과 다른 출신성분을 보여주고 있다. 궁예는 신라왕족 또는 진골귀족 출신이나 왕위쟁탈전의 와중에서 극적으로 살아난 존재로 묘사되고 있으며, 따라서 상대적으로 반신라적 성향을 태생적으로 갖고 있는 존재였다. 한편 영월의 세달사에 출가하였다는 점에서도 호족 및 사원세력과 연결되지 않고 개별적 존재인 승려로서 시작하여 세력을 확장했음을 보여주고 있다. 특히, 승려시기에 수학한 불교적 지식은 후에 자신을 미륵불로 자칭하고, 20여 권의 경전을 저술하고 강설하였다는 사실을 설명하는 중요한 토대로서 주목된다.[조인성, 1991]

궁예는 출가하면서 스스로 선종(善宗)이라 자칭하였다. 장성한 후 신라 말 전국에서 도적들이 봉기하자, 그는 먼저 죽주(竹州: 지금의 충북 죽산) 기훤의 농민군 휘하에 들어갔으나 기훤이 홀대하자, 북원의 농민군 지도자인 양길에게 의탁하였다. 양길은 자신의 농민군 일부를 궁예에게 떼어주고 강원도지역을 공략하게 하였다. 이 때 궁예는 강원도지역뿐만 아니라 패서지역까지 진격하여 장악하였다. 이 지역은 앞서 진표가 지방농민을 기반으로 미륵신앙을 중심으로 반신라적 이상국가 건설을 추구하였던 곳으로서, 이 같은 환경을 궁예가 이용하여 대국왕이자 미륵불로서의 역할을 자임하였을 가능성이 제기되었다.〔이기백, 1986〕

『삼국사기』에 의하면 궁예는 894년(진성여왕 8년) 명주에서 장군이라 칭하고 이어 895년에 강원도와 패서지역의 농민군이나 토착세력들이 합세하자 무리가 많으므로 개국할 만하다고 하여 군(君 : 임금)을 자칭하고 내외의 관직을 설치하기 시작하였다. 이 때 궁예를 후원한 세력은 신라말 명주일대에서 세력을 장악하고 있었던 굴산산문(崛山山門)과 김주원계 호족세력의 지원이 있었음이 유의된다.〔김두진, 1986〕

명주를 기점으로 궁예는 895년 철원을 장악하고, 896년 철원에 도읍하였다. 또한 군사력이 강한 패서의 호족세력을 포섭하였고, 896년 송악의 해상무역을 통해 경제력이 풍부한 왕륭세력을 수용함으로써 군사와 경제력의 확대를 진행하였다. 또 궁예는 896년 승령(僧嶺 : 지금의 연천)·임강(臨江 : 지금의 장단)지역을 점령하였고, 이듬해에는 인물현(人物縣 : 지금의 경기도 풍덕)을 병합하였다. 898년에는 경기도 양주지역까지 흡수하고 송악에 도읍을 정한 뒤, 계속해서 공암(孔巖 : 지금의 덕수)·검포(黔浦 : 지금의 김포)·혈구(穴口 : 지금의 강화) 등의 성을 공격하였다. 그리고 899년에는 양길의 농민군을 비뇌성전투에서 격파하고, 충주·청주·괴산 등지를 차지하였다.

이렇게 지배영역이 확대되고 통치력이 강화되자, 901년에 궁예는 국호를 고려라 칭하였고, 자신을 왕으로 부르게 하였다. 그는 그 지역민들의 반신라감정을 고구려부흥운동과 결합시켜 세력을 확대하였다. 이어 904년(효공왕 8년) 마진(摩震)으로 국호를 바꾸고 연호를 처음으로 제정하여 무태(武泰)라고 하였으며, 또 신라의 관제를 폐기하고 태봉 고유의 관제를 정비하였는데, 광평성(廣評省)을 비롯한 관제는 이 때에 정비된 것이었다. 궁예는 905년(효공왕 9년)에 이르러 도읍을 철원으로 옮기고 연호를 성책(聖冊)이라 고쳤으며, 911년에는 다시 연호를 고쳐 수덕만세(水德萬歲)라 하고, 국호를 태봉(泰封)으로 변경하였다.

한편 궁예는 정교일치적 전제주의를 실행하여 독특한 통치양태를 보여주었다. 궁예는 미륵불(彌勒佛)을 자칭하고 두 아들을 청광보살(靑光菩薩)과 신광보살(神光菩薩)로 삼아 자신 및 아들까지 신격화하였다. 또 머리에는 금책(金幘)을 쓰고 몸에는 방포를 입고 외출시에는 백마를 탔는데, 채단으로 갈기와 꼬리를 장식하였으며, 동남·동녀로 하여금 번개(幡盖)와 향화를 받들고 승려 2백여 명이 범패를 부르며 따르게 하여 미륵이 하강한 것으로 하였다. 미륵불은 전륜성왕이 세상을 다스릴 때 하생하는 것이라는 점에서 미륵신앙이 궁예의 왕권전제화를 뒷받침하는 사상으로 가장 중요시되었음을 보여준다.

전륜성왕이자 미륵불로서 정교일치적 전제주의를 추구한 궁예는 미륵관심법이라는 비법을 강조하여 계율을 중시함으로써 율령에 의한 법가적 지배와 종교적 계율의 엄수를 강조하는 통치방법을 부각하였다. 이 같은 궁예를 지지하였던 세력은 궁예와 같은 종교적 성향을 지닌 승려세력과 전문적인 군인세력 및 청주인 집단인데, 청주의 민호 1천을 철원에 사민하여 도읍구성의 중심으로 삼았던 점에서 청주세력이 지지세력이었을 가능성이 높다. (홍승기 1992)

3) 후백제의 해외교섭

후백제는 전주 정도 이후 활발한 해외교섭을 진행하였다. 즉 거란·

후당·오월 및 일본을 포괄하는 동북아시아 각국과 긴밀한 연결망 구축을 추진하였다.

후백제는 먼저 서남해에서 해상교역을 장악하고 있던 중국 강남의 오월과 긴밀한 외교관계를 유지하였다. 견훤은 무진주에서 정치적 독립을 진행할 때부터 오월과 연결되었을 가능성이 높은데, 국내에서 정치적 변화가 있을 때마다 오월에 사신을 파견하여 외교적 담보를 확보하였다. 900년에 전주에 입도하면서 칭백제왕과 함께 설관분직한 시기에 사신을 파견한 것이나, 918년 왕건이 고려를 건국한 시기 그리고 927년 신라 경애왕을 제거한 후 오월국 반상서가 후백제에 파견된 사건 등은 이 같은 후삼국의 정치적 격변상황에 오월국의 외교적 역량을 활용하기 위한 견훤의 의지가 구체적으로 나타난 내용으로 보인다.〔신호철, 1993〕오월국은 당시 동북아 해양교류의 중심거점으로서, 견훤은 과거 백제-장보고로 연결되는 해양교역망을 재확보하기 위한 외교관계를 충실하게 수행하였음을 알 수 있다. 『오월비사(吳越備史)』등 중국측 자료에 의하면, 후백제는 지속적인 외교·교역 활동을 통하여 활발한 경제교류도 진행하였다. 이는 과거 신라방 등으로 유지되었던 중국지역 상권망을 견훤이 확보하고 이를 확대하려 했음을 추론하게 한다.

또한 후백제는 후당과의 교섭을 통해(925·936년) 고려·신라와 대등한 국제적 위상을 갖추고자 하였고, 후당으로부터 백제왕을 승인받아 왕권안정을 추구하였다. 오월에 비해 상대적으로 횟수는 적지만 다방면의 국제적 연계망을 확보하려 한 견훤의 의지가 잘 나타나고 있다. 한편 거란과의 군사적 제휴를 추진하여 고려에 대한 견제를 시도하였다. 천성 2년(927) 거란이 파견한 35인의 사신이 후백제에 왔을 때 장군으로 하여금 이들을 호송하여 귀국하게 하였는데, 이들이 후당에 표류하여 그들에게 살육됨으로써 후속적인 관계발전은 이뤄지지 않았으나, 상호 간에 고려를 견제하기 위한 방안 차원의 협력관계가 모색되었다.

일본과의 관계에서는 신라에 대한 적대감을 활용하여 후백제가 옛 백제의 진정한 계승국임을 부각시키기 위한 전략적 교류를 시도하였다. 그러나 일본은 신라와의 관계를 고려하여 후백제를 인정하려 하지 않았다. 대마도에 후백제 상선이 표류하였을 때에 대마도주의 환송조치에 대한 답사를 파견하고 일본정부와 적극적 통교를 원하였으나, 일본은 신라와의 단일통교권만을 주장하면서 후백제와의 통교를 회피했다.

이미 앞서 대마도주는 전주에 사절을 파견하고 "전주왕 견훤(甄萱)이 수십 주를 격파하여 대왕이라고 칭하고 있다"는 보고를 통해 볼 때, 대마도주 등 실질적 교류관계에 있었던 세력은 후백제의 실상을 파악하고 교류를 추구하려 하였으나, 일본 본국정부는 외교적 공박을 우려하여 기존 질서를 유지하며 후삼국의 분열상황을 관망하였던 것으로 파악된다.

그런데 이들 교류는 대부분 만족할 만한 성과를 이루지 못하였다고 평가된다.〔권덕영, 2000〕오월 및 후당·일본과의 교류에서 후백제왕으로 표현되기도 하지만, 신라의 도통 또는 지방관으로서의 지위를 나타낸 표현이 공존하고 있어 대외적 독립성이 상대적으로 크게 부각되지 못하였다. 이는 후삼국 쟁패과정에서 확정되지 않은 세력관계에 기인하는 것으로, 후백제의 내외적 정치력의 한계를 반영한 부분으로 파악된다.

4) 후백제와 불교

견훤은 익산 금마산을 강조한 역사계승인식을 보여주었는데, 이는 백제 무왕·의자왕대에 익산 금마산에 미륵사를 창건하면서 추구하였던 미륵불-전륜성왕의 이념을 되살려내어 전제적 신성왕 이데올로기를 극대화하였을 가능성이 제기되기도 하였다. 또한 견훤은 진표의 금산사 중심의 미륵신앙을 중시하여 난세에서 도탄에 빠져 있던 농민층에게 그들을 구원할 메시아가 하생하리라는 '미륵메시아신앙'을 고취시켜 미륵-전륜성왕 이념 및 미륵메시아신앙을 통해 후백제의 정통성과 전제적 왕권강화를 추구하였다.〔강봉룡, 2001〕

견훤은 불교와 관련하여 다양한 사상을 활용한 것으로도 파악되고 있다. 즉 금산사 및 미륵사를 중심으로 한 미륵신앙에 대한 관심과 함께 동리산문의 통진대사 경보에게 제자의 예를 갖추어, 그를 전주 남악선원에서 국사로 모심으로써 선종과 밀접히 연결되었다. 이는 법상종인 진표의 미륵신앙을 동리산문의 선사상을 바탕으로 융합하려 했을 가능성을 보여주는 것으로 견훤의 불교정책의 변화를 보여준다. 이와 함께 화엄종에 대한 관심은 왕권강화의 성격을 반영하는 것으로, 이는 견훤이 호족연합정권에서 전제군주로 모습을 갖추고자 한 목적과 연결된 상황으로 파악된다.〔김수태, 2000〕

따라서 후백제 불교의 전반적 추이를 정리하면, 첫째로 견훤정권에 영향을 미친 불교는 미륵신앙과 화엄종 및 선종계통이다. 둘째로 미륵신앙은 처음에 금산사를 중심으로 한 진표계와의 밀접한 관계를 유지하다가 익산 미륵사탑의 개탑(開塔)을 통해 알 수 있듯이 후대에는 익산 미륵사를 중심으로 한 백제 미륵신앙의 부활을 도모하였다. 셋째로 화엄종과의 교류가 있었다. 넷째로 선종세력과의 교류는 동리산문의 경보를 국사로 책봉하여 밀접한 관련을 맺었는데, 지역적으로 상주출신인 견훤의 상주산문과 희양산문과의 관련성을 추정할 수 있으며, 전라

남도권 지역과 관련하여 가지산문과 동리산문 및 전라북도권의 실상산문과의 관련을 추정할 수 있다. 그런데 후삼국시기 형성된 선종산문에 속한 선승들의 입당 관련사료를 검토해 보면, 이들 산문의 선승들은 후백제와의 관련성이 높다는 점에서 향후의 검토과제로서 부각되는 부분이다.

5) 궁예의 정치조직 개편

궁예는 896년 철원을 도읍으로 설정하고 나름의 관직을 설치함으로써 태봉을 세웠고, 904년(효공왕 8년) 송악으로 천도하면서 마진(摩震)으로 국호를 바꾸고 연호를 처음으로 제정하여 무태(武泰)라고 하였다. 또 신라의 관제를 폐기하고 태봉 고유의 관제를 정비하였는데, 이 때 설치한 관부는 최고정무기관인 광평성(廣評省)을 비롯하여 병부(兵部)·대룡부(大龍部)·수춘부(壽春部)·봉빈부(奉賓部)·의형대(義刑臺)·납화부(納貨府)·조위부(調位部)·내봉성(內奉省)·금서성(禁書省)·남상단(南廂壇)·수단(水壇)·원봉성(元鳳省)·비룡성(飛龍省)·물장성(物藏省)·사대(史臺)·식화부(植貨府)·장선부(障繕府)·주도성(珠淘省) 등이었다. 그리고 광평성에는 수상인 광치나(匡治奈)와 서사(徐事)·외서(外書) 같은 관직을 두었다. 이와 함께 정광(正匡)·원보(元輔)·대상(大相)·원윤(元尹)·좌윤(佐尹)·정조(正朝)·보윤(甫尹)·군윤(軍尹)·중윤(中尹) 등 9등급의 품직(品職)을 정했다.〔조인성, 1991〕
이들 기구의 특징은 우선 강력한 왕권을 위한 기구조직이라는 점을 들 수 있다. 우선, 광평성은 제1의 행정관부로서 왕의 통치를 직접 수행하는 신라의 집사부에 대응한다. 그러나 광평성의 장관 광치나(匡

治奈)가 고려의 시중(侍中)에 대응한다는『고려사』주기에 따르자면, 이는 또한 신라 화백의 전통도 반영하는 기구였다. 즉 왕권강화를 위한 기구이자 호족연합적 정권의 성격이 반영된 기구로서 나타나고 있다. 한편 내봉성은 신라의 위화부에 해당하는 관서로서 궁예의 측근에서 인사명령을 받드는 근시기구로 호족통제의 성격을 갖고 있다고 파악된다. 이와 함께 신라의 문한기구에 해당하는 원봉성과 궁내부에 속하는 물장성의 독립화는, 신라에서도 왕권강화와 함께 부각되었던 사실을 연결해 보면, 왕권강화를 위한 조직의 성격을 잘 반영하고 있다.〔조인성, 1996〕

궁예는 905년(효공왕 9년)에 이르러 도읍을 다시 철원으로 옮기고 연호를 성책(聖冊)이라 고쳤으며, 911년에는 연호를 다시 고쳐 수덕만세(水德萬歲)라 하고, 국호를 태봉(泰封)으로 변경하였다. 914년에 연호를 다시 정개(政開)라 했다. 이 사이에 관제를 더욱 정비하였는데, 918년 고려 태조 왕건이 즉위 후 6일 만에 실시한 인사조치에 나타난 관제 및 관부의 서열양상을 통해 추론할 수 있다. 이 때 나타난 내용을 보면 광평성을 정점으로 내봉성·순군부(徇軍部)·병부·창부(倉部)·의형대·도항사(都航司)·물장성·내천부(內泉部)·진각성(珍閣省)·백서성(白書省)·내군(內軍) 등을 두고, 수상인 광치나는 시중(侍中)으로, 광평성의 서사는 시랑(侍郞), 외서는 원외랑(員外郞)으로 고쳤으며, 각 관부에는 장관인 영(令)과 차관인 경(卿)을 두었을 뿐만 아니라 9등급의 품직도 개편했다.

이 변화에서 주목되는 것은 먼저 순군부(徇軍部)와 내군(內軍)의 신설이다. 이는 앞서 병부에서 일반적 군사업무인 군정(軍政)과 군사지휘권인 군령을 장악하였던 상황에서 병권, 즉 군령권을 분리하여 순군부가 담당하게 한 것으로, 이는 효과적 전쟁수행과 관련한 지휘권강화와 병부의 군사권 분할을 통한 왕권강화를 동시에 목적한 것으로 보인다. 또한 내군은 궁예의 경호를 맡은 친위군으로서 군부의 반란 등을 적발하여 통제함으로써 궁예의 왕권을 강화시키는 역할을 수행하였다.

한편 서열 9위였던 내봉성이 서열 2위로 상승한 점은 본격적인 인사권 장악이 시작되었음을 의미하며, 소속 관직 가운데 감·이결·평찰 등은 신라의 내사정전과 마찬가지로 관리들에 대한 감찰업무를 수행한 것으로 파악된다. 이는 관리에 대한 통제가 시행되었음을 보여주어 강화된 왕권을 확인하게 한다. 이 같은 체제개편은 궁예의 왕권강화라는 측면을 잘 반영하고 있다.

그러나 궁예는 신라와는 다른 관제를 마련함으로써 신라의 골품제를 일단 부정했지만, 일반민에 대한 약탈적인 수취방식에서 벗어나지 못함으로써 후삼국의 혼란을 수습하고 새로운 통치체제를 건설할 수 있는 이념을 제시하는 데는 이르지 못했다.

4. 맺음말

후삼국시기 연구에서 최근 제기된 문제는 후백제 및 태봉의 도성구성에 대한 논의다. 먼저 후백제 왕도는 후백제 도성이었던 전주성의 도시공간 좌향(坐向) 및 성격에 대한 논의가 진행되어 도시방향이 서북향이었다는 점과 이 공간구성이 고려에 의해 붕괴된 이후 남향으로 조정되었을 것이란 입장이 제기되었다. 또한 도시수호 관념으로서 사신신앙과 연결되는 사령(四靈)신앙에 입각한 도시공간 구성이 진행되었을 가능성이 제기되어 향후 관련 성지 및 평지성 부분에 대한 조사와 검토가 요청되고 있다.

궁예의 철원도성은 현재 휴전선 중앙에 위치한 관계로 전혀 학술적 조사가 이뤄지지 못하였다는 점에서 향후 이에 대한 검토와 함께 후삼국시기 도성 구성방식과 이를 뒷받침하는 사상적 검토까지 포함하여 체계적 연구가 요청되는 부분이다.

견훤 및 궁예가 표방한 미륵신앙의 성격과 내용에 대한 체계적인 검토가 필요하다. 백제지역의 기존 미륵신앙과 대비되어 진표계 미륵 점찰경에 입각한 미륵신앙은, 그 성격이 나뉘어 전륜성왕을 강조하는 미륵신앙과 미륵하생에 의한 새로운 세계를 창조하는 미륵신앙이 혼재되어 설명되고 있다. 이는 시기적 종파적 차이를 두고 설명되고 있으나 이들 미륵신앙이 이 같은 성격으로 단순대비되어 구분될 수 있는지 한 층 깊이 있는 검토가 요청된다.

대외관계에서 후백제는 오월 및 후당 등과 적극적인 교류를 추진하였는데, 최근 중국측 자료에서 기왕의 사서에 등장하지 않는 교류기록이 확인되고 있어 활발한 교류가 존재하였음을 보여주고 있다. 이는 과거 백제-장보고로 연결되는 해양교류 활동의 연속성을 확보하기 위한 노력의 일환으로 파악되며, 이와 관련된 선승들의 활동공간과의 연결성 등을 감안할 때 후삼국시기 중국과의 교류, 특히 해상교류 활동에 대한 체계적인 자료검토와 현지 자료확인이 요청된다.

끝으로 939년 후당 절도사 마희범에 의해 중국 절강성 아래 광서장족자치주에 전주(全州)가 설치되는데, 그 지역에 완산·기린산·금산사 등 후백제시기 전주지역과 관련된 명칭이 공존하고 있는 점이 주목된다. 후백제 붕괴 후 3년 뒤에 중국에 전주라는 지명이 생겼고, 그 지역이 후백제의 교역루트와 장강을 통해 연결된다는 점에서 후백제 유민 집단의 이주 가능성이 제기되고 있다. 따라서 상호 관계성에 대한 체계적인 조사와 검토가 요청된다고 하겠다.

조법종

‖ 참고문헌 ‖

강봉룡, 2001, 「견훤의 세력기반 확대와 전주정도」, 『후백제 견훤정권과 전주』.

_____, 2002, 「후백제 견훤과 해상세력 -왕건과 해상쟁패를 중심으로」, 『역사교육』 83, 역사교육연구회.

권덕영, 2000, 「후백제의 해외교섭 활동」, 『후백제와 견훤』.

김갑동, 1985, 「고려건국기의 청주세력과 왕건」, 『한국사연구』 48.

_____, 2002, 「후백제의 멸망과 견훤」, 『한국사학보』 12, 고려사학회.

김상기, 1966, 「견훤의 가향에 대하여」, 『가람이병기박사송수논문집』.

김성균, 1965, 「좌절된 태봉왕의 꿈 궁예」, 『인물한국사 : 창업의 거상』 인물한국사편찬회 : 박우사.

김수태, 1999, 「후백제 견훤정권의 성립과 농민」, 『백제연구』 29.

_____, 2000, 「견훤정권과 불교」, 『후백제와 견훤』.

김주성, 2000, 「930년대 후백제 정권 내부의 동향」, 『경북사학』 23, 경북사학회.

김철준 1964, 「후백제 지배세력의 성격」.

_____, 1963, 「궁예와 견훤」, 『사학회지』, 연세대학교 사학연구회.

_____, 1964, 「후삼국시대의 지배세력의 성격에 대하여」, 『이상백박사 회갑기념논총』.

류영철, 2000, 「조물성싸움을 둘러싼 고려와 후백제」, 『국사관논총』 92, 국사편찬위원회.

박순발, 2000, 「견훤왕릉고」, 『후백제와 견훤』.

박한설, 1973, 「후백제 금강에 관하여」, 『대구사학』 7·8.

_____, 1974, 「궁예성명고-고구려계승표방과 관련하여」, 『한국학논총-하성 이선근박사 고희기념 논문집』.

백제연구소편, 2000, 『후백제와 견훤』, 서경문화사.

신호철, 1991, 「후백제와 관련된 여러 이설들의 종합적 검토」, 『국사관논총』 29, 국사편
　　　찬위원회.

_____, 1993, 『후백제견훤정권연구』, 일조각.

유영철, 1998, 『고려와 후백제의 쟁패과정 연구』, 영남대 대학원 사학과 박사학위논문.

윤명철, 2001, 「후백제의 해양활동과 대외교류」, 『후백제 견훤정권과 전주』.

이도학, 2000, 『궁예 진훤 왕건과 열정의 시대』, 김영사.

_____, 2002, 「후백제 견훤 정권의 몰락과정에서 본 그 사상적 동향」, 『한국사상사학』
　　　18, 한국사상사학회.

이문기, 2000, 「견훤정권의 군사적 기반 ―특히 신라 공병조직의 재편과 관련하여」, 『후
　　　백제와 견훤』.

이재범, 1999 『후삼국시대 궁예정권의 연구』, 성균관대학교 대학원 박사학위논문.

이정신, 1984, 「궁예정권의 성립과 변천」, 『남사 정재각박사 고희기념 동양학논총』.

전영래, 2001, 「후백제와 전주」, 『후백제 견훤정권과 전주』, 주류성.

정선용, 1997, 「궁예의 세력형성 과정과 도읍 선정」, 『한국사연구』 97, 한국사연구회.

정청주, 1986, 「궁예의 호족세력」, 『전북사학』, 전북대학교 사학회.

_____, 1995, 「신라말·고려초 지배세력의 사회적 성격: 후삼국 건국자와 호족」, 『전남
　　　사학』 9, 전남사학회.

_____, 2001, 「견훤과 호족세력」, 『후백제 견훤정권과 전주』.

조법종, 1999, 「후백제 견훤의 역사계승인식」, 『사학연구』 58·59합집―내운최근영박사정
　　　년기념론문집, 한국사학회.

_____, 2003, 「후백제 '전주'와 중국 '전주'의 관계」, 『백산학보』 65, 백산학회.

조인성, 1991, 『태봉의 궁예정권 연구』, 서강대학교 대학원 박사학위논문.

_____, 1993, 「궁예의 세력형성과 건국」, 『진단학보』 진단학회.

_____, 2002, 「궁예의 세력 형성과 미륵신앙」, 『한국사론』, 국사편찬위원회.

최규성, 1987, 「궁예정권의 성격과 국호의 변경」, 『상명여대논문집』 19.

최성은, 1994, 「후백제지역 불교조각 연구」, 『미술사학연구』 204, 한국미술사학회.

홍순창, 1982, 「변동기의 정치와 종교―후삼국시대를 중심으로」, 『인문학연구』 2, 영남대
　　　학교.

홍승기, 1992, 「궁예왕의 전제적 왕권의 추구」, 『허선도선생정년기념 한국사학논총』, 일
　　　조각.

_____, 1989, 「후삼국의 분열과 왕건에 의한 통일」, 『한국사시민강좌』 5.

후백제문화사업회, 2004, 『후백제의 대외교류와 문화』, 신아출판사.

津田左右吉, 1913, 「後百濟疆域考」, 『朝鮮歷史地理』 1.

倉澤藤三郎, 1926, 「弓裔の古趾を訪ねて」, 『文敎の朝鮮』, 朝鮮敎育會.

『삼국사기』와 한국고대사

1. 『삼국사기』의 위상

『삼국사기』는 고려 인종 23년(1145)에 편찬된 기전체 정사이다. 그러므로 『삼국사기』는 12세기 고려의 지적 산물인 셈이다. 또한 『삼국사기』는 우리 고대 삼국의 역사를 가장 균형있게 포괄하고 있다. 따라서 삼국의 현장에 접근하기 위한 가장 유효한 통로이기도 하다. 결국 『삼국사기』는 한국고대사 연구의 중심 토대이면서 12세기 고려사회의 역량과 관점에 충실한 저작이라고 하겠다. 연구자들은 『삼국사기』를 매개로 하여 비로소 삼국의 실상을 헤아리게 된다. 이에 동의할 때 『삼국사기』의 위상과 관련한 두 가지 주요 논점을 발견한다.

우선 『삼국사기』는 삼국시대사 연구의 기본 사료라는 점을 다시 주의할 필요가 있다. 엄밀히 말해 『삼국사기』를 배제한 삼국시대사 연구는 완결성을 지닐 수 없다. 140여 년 뒤에 출현한 일연의 『삼국유사』는 찬자가 자부한 것처럼 삼국의 '유사(遺事)'일 뿐이다. 물론 두 책의 편찬

토대로 작용한 시대적 배경과 그에 따른 현실인식의 차별성 및 편찬상의 주요 착안점의 분화를 외면해서는 안 된다. 그러므로 『삼국유사』는 실로 '본사(本史)'로서의 『삼국사기』를 전제할 때 비로소 착근의 지점을 확정할 수 있는 것이다.

한편 『삼국지』를 비롯한 중국의 사서는 해당 시대의 세계사적 구조를 겨냥하고 있다는 점에서, 우리 고대사에 대한 정보를 일부 공유하게 된다. 그러나 그것들은 또한 중국중심적 주변인식의 한계에 더하여, 질과 양에서 우리 고대역사의 내용을 적실하게 반영하지 못한다는 것은 더 말할 필요가 없겠다. 이 점은 『일본서기』의 경우에도 다르지 않다.

요컨대 『삼국사기』는 현존하는 문헌 환경에서 말할 때 삼국 관련 기억과 전승을 가장 폭넓게 아우른 귀결점이었다. 나아가 이후의 삼국 관련 역사물의 범위가 『삼국사기』를 의미있게 벗어나지 못하였기 때문에, 그것은 기존 자료의 수렴인 동시에 새로운 인식의 원천이기도 하다.

그럼에도 불구하고 『삼국사기』가 제시하는 삼국의 역사란 끝내 12세기 고려의 지적 여과를 경유한 것이라는 데 또 하나의 논점이 자리한다. 다시 말해 그것은 편찬 당대의 시대맥락에서 유리될 수 없으며, 편찬주체의 인식관점이 개입하는 것을 차단하지 못한다. 다만 김부식 등 편찬자들의 고유한 지향과 조건들은 그들의 사유기반인 12세기의 현실에 의해 규정되는 것이므로, 고려 중기의 지적 역량과 정치적 현안에 우선할 수는 없다. 그렇다면 김부식이 역사가 이전에 정치가였던 것처럼, 『삼국사기』는 삼국의 근본 역사에 국한하지 않는 시대적 산물이요 정치적 대안의 위상을 지닌다고 해야 옳다.

이 때 삼국의 구체적 역사는 고려 중기 현실문제에 대한 사유의 재료 역할을 한다. 이것은 결국 사실(史實)과 사론(史論)을 이른다. 두 영역은 명백히 유기적 구조를 이루어 교호하나, 본질에 있어 구분되어 마땅하다. 편찬자의 경험과 의도가 결코 삼국의 역사정보를 변질하는 지경에까지 개입한 것은 아니되, 구체적 사실들은 편찬자의 인식틀에 부응하는 형태로 주목되었을 것이다. 이 미세한 교접을 준별하지 못할 경우 『삼국사기』의 사서적 위상에 대한 혼선을 피하지 못하게 된다.

이와 같이 『삼국사기』는 사실의 영역과 사론의 영역에서 각각 기존 전승의 정제된 결산이며 편찬 당대의 현실에 대한 대안인 한편 두 영역은 긴밀하게 교섭한다고 할 때, 『삼국사기』에 대한 평가와 비판의 기조는 시대와 주체에 따라 필연적으로 다양하게 표출될 수밖에 없다. 『삼국사기』가 내건 '명분'이 특정 시대와 관점이 요구하는 '실제'에 두루 적용되기 어려운 까닭이다.

『삼국사기』 편찬이 겨냥한 명분은 세 가지로 정리될 수 있다. 첫째는 문장에서 고문의 회복이요, 둘째, 관련 기록의 충실한 보입, 그리고 셋째는 현실에 대한 권계에 합당할 것이 그것이다. 이 가운데 주로 둘째와 셋째 영역에 그 동안 논의가 집중되었으며, 그것은 곧 사실과 사론의 문제였다.

2. 『삼국사기』 비판의 맥락

『삼국사기』가 찬진된 지 두 달 후 인종은 사거하였다. 그러므로 인종묘에 배향된 김부식이 주도한 『삼국사기』가 인종조의 정치현실에 핍진한 함의를 지녔을 것은 의심의 여지가 없겠지만, 그 유포는 필시 의

종대에 이루어졌을 것으로 보는 것이 온당하다. 그런데 의종 11년(1157) 이후 머지않은 시기에『편년통록(編年通錄)』을 진상한 김관의(金寬毅)는 그의 다른 저술『왕대종록(王代宗錄)』에서『삼국사기』에 보이는 고려 왕실과 신라 왕실간의 혈연관계에 심각한 이견을 제출하였다.

의종의 정치적 목표에 부합되도록 갖가지 민간신앙 요소를 총동원하여 왕건 조상의 사적을 윤색하고 신비화한 것으로 보이는 그의 저술은『삼국사기』의 인식과 정면 배치되는 것이었다. 만약『삼국사기』의 유통을 전제로 한다면 이는『삼국사기』및 그의 편찬자들에 대한 심각한 훼절이 아닐 수 없다.

이규보(李奎報)는 명종 23년(1193)에 이른바『구삼국사』를 접하고, 김부식의『삼국사기』가 고구려 동명왕의 사적을 적지 않게 절삭한 사실을 지적했다.「동명왕편」의 문맥에 따라 가감없이 이해한다면『구삼국사』는『삼국사기』에 선행하는 삼국관련 역사자료이다. '중찬'된『삼국사기』는 이른바 '신삼국사'이며, 그에 대응하는 미지의 자료가 '구삼국사'라고 하겠다. 이규보의 지적은『삼국사기』가 결코 삼국의 역사를 겨냥한 초유의 저술이 아니며, 편찬과정에서 선행하는 다양한 국내외 삼국관련 자료의 원형이 변용되었을 가능성을 암시한다.

김부식이 인종에게 고백한 바, "멋대로 추려 재단한 점을 용서해 주시고, 함부로 지은 죄를 벗겨주소서"라고 한 것은 단순한 수사가 아니었던 것이다. 여하튼『삼국사기』에 익숙했던 이규보가『구삼국사』를 접하고 동명왕에 대한 서사시를 짓고자 고무되었다면, 그것은 적어도 동명왕과 같은 민족 영웅담에 있어서『삼국사기』가 설득력과 감동을 전하는 데 얼마간 결함이 있다는 것을 인정해야 할 부분이다.

유사한 맥락에서『삼국유사』는 13세기 후반 이민족의 폭압 아래 크게 왜곡된 민족사의 현실에서 체득한 각성을 배경으로 하고 있는바, 비록 『삼국사기』에 대해 '유사'를 자처했다 하나 그것은 필시 '비판적' 보완을 자임하고 있는 터일 것이다. 무엇보다도 단군의 조선에서 비롯되는 유기적 역사 전개 방식은 오직 삼국에 긴박되어 있는 『삼국사기』의 협애한 역사 공간을 벗어나 민족사의 지평을 넓힌 의의가 다대하다 해야겠다. 아울러 김관의의 문제 제기가 사실의 차원에 머문 것이고, 이규보의 그것이 사실에 대한 취사의 태도 문제로 확대된 것이라면, 일연에 이르러서는 한 발 더 나아가 그와 같은 태도의 차이에서 초래되는 현실 세계와 전대 역사에 대한 인식의 차원에까지 논의가 본격화되고 있음을 놓치지 않아야겠다.

조선건국 주체의 『삼국사기』 비판은 그 영역과 방식에서 모두 새로운 형태로 나타났다. 편년체 통사를 주로 편찬하던 조선 초 식자들의 눈에는 『삼국사기』의 번다하기만 한 형식적 체제가 우선 비판의 과녁이 되었다. 고려의 '일통'을 위해 후삼국을 이른바 '전삼국'의 연장으로 설정해야 했던 『삼국사기』 찬자들의 배려는 이제 더 이상 필요하지 않았다. 한 예로 『동국통감』 찬자들에 의하면, 고려 태조는 신라의 반적인 태봉의 신하일 뿐이며, 견훤이나 궁예와 별반 다를 바가 없다. 따라서 그러한 태조에 귀부한 경순왕은 절의를 잃어 취할 바가 없는 자가 되고 만다. 이렇게 볼 때 삼국의 균형있는 안배를 위해 본기별로 동일 기사를 중복 기재한 『삼국사기』의 체제는 극히 비효율적인 것이다.

물론 조선의 지식인들 역시 삼국 관련 근본 역사서로서 『삼국사기』의 비중을 인정하는 데는 이견을 가지지 않았다. 오히려 그들은 『삼국사기』의 사실보다는 김부식의 사론에 더욱 가혹한 질타를 서슴지 않았다. 다만 그것은 고려와 조선의 왕조 환경 차이에서 비롯된 것들이 대부분이라는 점에서 본질을 잠시 비켜난 것이기도 하다. 예를 들어 유교적 예의범주를 일탈했다거나 모화의식이 크게 부족하다거나, 혹은 비현실적 내용을 절제 없이 수록했다거나 하는 비난이 김부식과 『삼국사기』에 쏟아졌다. 실제 김부식의 의도가 스며든 사론의 현실 대안은 고려라는 시대환경을 떠난 순간 거의 모든 범위에서 현실성과 설득력을 상실하고 말았던 것이다.

그러나 자국사의 독자성에 대한 각성을 바탕으로 중화주의적 세계관을 타파하게 된 조선 후기의 실학자들은 이전과는 반대의 맥락에서 『삼국사기』의 세계를 수긍하지 않았다. 무엇보다도 그 곳에는 민족사에 대한 자존의식이 실종되었다고 보았다. 『삼국사기』는 오직 삼국을 대상으로 한 역사일 뿐, 고조선을 필두로 삼국 이전의 민족사가 배제되었다. 통일기 신라시대 민족사의 또 다른 줄기를 담당한 발해 역시 고려되지 않았다. 또한 가야의 사적도 정당한 대우를 받지 못했다. 이런 맥락에서 유득공(柳得恭)은 삼국의 역사와는 별도로 통일기 신라와 발해가 병존했던 '남북국사'를 편찬하지 않은 고려 사람들의 책임문제를 제기했던 것이다. 실로 『삼국사기』는 다른 대안이 없기 때문에 버리지 못하는 부실한 자료에 불과했다. 이처럼 『삼국사기』는 제대로 '모화적'이지도 '자주적'이지도 못한 채 근대적 방법론으로 무장한 식민지시대 연구자들에게 넘겨졌다.

근대 역사학은 국권을 강탈한 일제의 연구자들과 역사연구를 민족해방의 방편으로 삼은 우리 연구자들의 투쟁의 양상을 띠고 전개되었다. 그러나 『삼국사기』에 대한 평가절하는 투쟁의 대상이나 투쟁 당사자들 사이에 큰 차이가 없다. 물론 양측이 주안한 비판의 맥락은 전혀 달랐다. 『일본서기』의 토양에 선 이들에게 『삼국사기』는 우선 그 내용의 사실성을 수긍할 수 없는 책이었다. 현실의 민족국가 위상이 그 역사와 역사책에도 강요되었던 것이다. 이와는 달리 민족사관이나 유물사관에 서서 자국사를 재구성하고 이를 통해 외세에게 유린된 민족 현실을 타개하려는 이들에게『삼국사기』가 준 가장 큰 실망감은 사대성의 문제였다. 이와 함께 일부의 사실성 문제도 심도 있게 거론되었다. 연구자들은『삼국사기』의 중세적 세련보다는 그것이 손상하거나 변형시켰을 진술한 고대적 체질에 주목하게 되었던 때문이다.

해방은 곧 분단과 함께 왔다. 남북의 연구자들은 먼저 지난 시기 식민사학의 독소를 제거하는 데 주력했다. 그러나 지향을 달리한 남북의 학계도『삼국사기』에 대한 폄하에서는 여전히 상당한 일치를 보였다. 이데올로기의 대립에서 야기된 민족사의 심각한 분열상태에서도『삼국사기』의 난맥에 대한 공명이 유지된다는 것은 일견 기이하게 여겨질 수 있으나, 역으로 분단된 민족현실이야말로『삼국사기』에 대한 편견의 근본 토대일지도 모른다. 다만 오늘날 연구역량이 증대되고 고고학 성과가 축적되면서『삼국사기』의 사실성에 대한 의혹은 일부나마 정돈되는 추세에 있으며, 각 부문의 심층적인 검토결과들은 기왕의 평면적 이해의 한계를 폭넓게 극복해 가고 있다. 따라서 논의는 끝나지 않았지만, 다양한 형태로 사료의 정확성과 사서의 신빙성이 함께 제고되는 방향을 감지한다.〔이강래, 1998〕

사료로서의『삼국사기』에 대한 평의와 관련하여 숙고해야 할 사항은 전근대와 근대를 통해 반복되는 비판의 착종일 것이다. 예컨대 조선 초 지식인은 "방언과 세속의 말〔方言俚語〕들이 서로 섞여 있다"는 점을 힐난하였고, 조선 후기의 실학자는 신이한 사적을 많이 수용하고 있기 때문에 황잡하다고 못마땅해 했으며, 근래의 일부 연구자들은 오히려 고대 본연의 비속함과 고졸함이 부족하다고 비난하고 있는 것이다. 그러나 이것은 명백히 평가자의 현재적 조건의 부당한 강요일 것이다. 요컨대 전근대의 몰주체적 편견이나 근대의 국수적 편견에서 나온 상충하는 비판들은 정곡을 잃은 것들로서, 개성적 내용과 보편적 형식의 결합으로서의 『삼국사기』에 대한 협착한 이해에 지나지 않는다고 생각한다.〔임형택, 1989〕

3. 『삼국사기』론의 유형과 쟁점

1) 판각과 판본

현행 『삼국사기』는 대부분 세칭 '정덕본(正德本)'이라고 부르는 조선 중종 7년(1512)에 판각한 목판에서 인출한 것을 저본으로 한다. 이는 같은 시기에 판각작업을 한 『삼국유사』 권말에 부기한 이계복(李繼福)의 발문에 의해 확인되는 사실이다. 따라서 정덕본 『삼국사기』의 연구 텍스트로서의 위상 문제는 그것이 고려 인종조에 찬진된 『삼국사기』의 내용을 얼마나 충실히 재현하고 있느냐에 달렸다고 할 수 있다. 이를 위해 찬진 후 판각 및 유통의 전말에 대한 점검이 필요하다.

애초에 인종의 명을 받아 『삼국사기』 편찬이 발단되었으므로, 전후 정황을 미루어 인종의 관심 또한 적지 않았을 것이며, 그렇다면 바로 판각을 서둘렀음직하다. 또한 고려 중기사회는 중국의 서적을 비교적 차질 없이 수입하고 있었고, 국내의 출판 또한 자못 활발한 때였다고 평가되고 있다. 그러나 인종의 사거일시를 고려할 때 인종조에 이 거질의 판각작업이 완료되었을 가능성은 거의 없다고 하겠다. 그런데 왕응린(王應麟)의 『옥해(玉海)』에는 송 순희(淳熙) 원년(고려 명종 4, 1174) 5월 29일에 명주진사 심인(沈忞)이 『해동삼국사기(海東三國史記)』 50권을 바쳤다고 하였다. 『삼국사기』 찬진 후 꼭 30년 뒤의 일이다. 그렇다면 대강의 추세로 보아 의

종대에는 『삼국사기』 초간본이 유통되고 있었다고 보아도 좋다.

다만 미세하게 본다면, 최초의 판각개시가 진상 직후에 발단되었을 것이라는 추정에[田中俊明, 1980] 대해, 인종이 승하한 이후에 경주에서 개판(開板)이 이루어졌을 것이라는 반론이 제기되면서 논의가 구체화되었다.[천혜봉·황천오, 1981] 후자의 근거는 고구려본기 중천왕 12년조의 "위장위지(魏將尉遲)" 아래 붙인 분주 "명범장릉휘(名犯長陵諱)"에 있다. 즉 '장릉'은 바로 인종의 능호이니, 이 분주는 '해(楷)'자를 피휘하기 위한 표기이기 때문이라는 것이다. 아울러 세칭 '성암본(誠庵本)' 『삼국사기』가 최초의 원각본을 복각한 것이라고 주장하였다. 이에 대해 전자는 '성암본'을 '고려본'이라고 볼 수 없으며, 정덕본에 있는 김거두(金居斗)의 발문 및 관함을 『경주선생안(慶州先生案)』 내용과 비교 검토할 때 조선 태조대에 이루어진 판각작업 자체도 경주부에서 전담한 것이 아니라고 다시 반론하였다.

이후 논의는 『삼국사기』 권말에 있는 김부식의 관함 가운데 보이는 '수태보(守太保)'로 확대되었다. 의종대 개판을 주장하는 측에서는 이 직함이 의종 2년(1148) 12월에 가수된 것이므로 찬진본을 초간할 때 개서 판각했다고 보아야 한다고 주장한다.[천혜봉, 1982] 그러나 그 직함은 이미 인종 20년(1142)에 제수된 것이므로 초간시기를 의종대로 단정할 수 있는 적절한 논거가 되지 못하며, 인종의 능호를 사용한 분주 자체가 초간시기를 결정하는 증거로는 될 수 없는 것이라는 반박이 곧 뒤따랐다.[田中俊明, 1982a] 말하자면 '수태보' 수여가 다시 이루어진 것은 의종대에 이미 퇴직한 김부식을 『인종실록』 편수관에 임명했기 때문이라고 설명하고 있는 것이다.[정구복, 1996]

사실 인종의 능호와 『경주선생안』 문제는 일찍부터 『삼국사기』 초간 시기와 판각지를 둘러싸고 주목되어 왔다. 크게 보아 위 두 가지 다른 이해의 당사자들도 정작 초간의 시기를 탄력있게 찬진 직후부터 의종대 어간으로 보는 데에 모두 적극적인 반증을 의도한 것은 아니었다. 다시 말해 논의에 개입된 연구자들은 현행 정덕본 『삼국사기』가 고려조에서 초간된 그것의 내용과 체제를 충실히 전승하고 있다는 점에 일치된 평가를 하고 있다는 데 주의할 필요가 있는 것이다.

'성암본'이 고려 후기 판본인가의 단정을 보류한다 해도, 고려시대의 초간을 포함하여 몇 차례의 판각작업이 있었다. 다만 정덕본을 끝으로 목판 작업은 더 이상 이루어지지 않았다. 이어 1677년(숙종 3)에 『현종실록』을 출간하기 위해 새로 주자한 동활자로 찍은 주자본이 1711년(숙종 37)에 간행된 것으로 추정한다. 이것은 주자본 『삼국사기』에 "康熙五十年十月初五日"로 시작되는 수결이 있는 것을 통해 확인된 것이다.

한편 거듭된 판각과정에서 야기된 수많은 결획과 오각 등의 병리현상을 구명하기 위해서는 정덕본의 정밀한 검토와 교감이 긴요하다. 이러한 작업은 주자본 『삼국사기』 및 여타 국내외의 관련 문헌들과 비교하여 결락과 오각을 바로잡는 방법과, 정덕본 자체의 이체자를 분류 고증하여 정확한 교정을 시도하는 방법으로 나눌 수 있다. 특히 '성암본'에 포함된 부분에 대해서는 정밀한 검토가 이루어졌으며〔천혜봉, 1982 ; 유부현, 1995〕, 그와 같은 이체자의 생성 원인에 대한 논의와 정덕본 『삼국유사』를 대상으로 한 성과가 의미있는 토대로 쌓이고 있다.

2) 사료의 가치

현행본 『삼국사기』가 다수의 병리적 오류를 포함하고는 있지만, 고려

인종조 당시에 찬진되었던 내용을 비교적 충실히 반영하고 있다는 점에서 연구의 일차자료로서의 가치에 손색이 없다고 하는 평가는 개별 기사의 사료 가치여하와는 다른 맥락에 서 있는 것이다. 이 문제는 실로 한국고대사의 특정 주제와 관련한 연구에서는 거의 예외없이 거론될 수밖에 없다. 다만 다양한 문제 제기와 개별 검토가 쌓이면서, 그 동안 『삼국사기』의 사료적 가치 논의에는 적지 않은 속단과 타성적 이해가 있었다는 사실이 자각되어 가는 경향 자체에는 동의할 수 있다고 본다.

　민족사의 현실이 외세에 유린당하던 시기에 신채호의 눈에 비친 『삼국사기』의 모습은 극히 부정적이었다. 그의 판단으로는 "선유들이 말하되 3국의 문헌이 모두 병화에 없어져 김부식이 고거할 사료가 없어 부족하므로 그가 편찬한 『삼국사기』가 그렇게 소루함이라 하나, 기실은 김부식의 사대주의가 사료를 분멸한 것"이었다. 최남선 역시 『삼국사기』는 사실에 충실하기보다는 문사에 치중하였고, 원상에 따른 것이 아니라 주관에 따라 개작을 서슴지 않았다고 보았다.

　이른 시기 일본인 연구자들도 『삼국사기』의 사료가치에 회의적이었다. 신라본기의 상대 혹은 『국사』가 편찬된 진흥왕 이전의 편년기사에 강한 불신을 드러내는가 하면[前間恭作, 1925], 심지어 그 시기 신라왕계는 8세기 이후에 정리된 것으로 파악하기도 하였다. 백제본기의 경우도 일본과 중국의 관련 정보를 기준 삼아 역시 근초고왕 이전의 정보를 크게 신빙하지 않았다.[津田左右吉, 1924] 고구려본기에 대해서도 상황은 다르지 않았다. 즉 적지 않은 고유기사는 연대적으로 믿을 수 없으며 주로 신라시대나 고려시대의 사관에 의해서 만들어졌을 것으로 보거나[津田左右吉, 1922 ; 池內宏, 1940], 중국사서에서 확인되는 자료라 해도 중국인 특유의 합리화에 의한 가상적 기사 발생 가능성에 유의해야 한다는 지적을 덧

붙이고 있다.〔三品彰英, 1951〕

사실 전통시대 중국중심적 지적 교류를 감안할 때 『삼국사기』의 개별 정보의 원전을 탐구하는 논의에서 중국측 사서와의 조응관계를 주목하는 것은 우선 마땅하다고 하겠다. 그러나 삼국시대의 입체적 조망을 도외시한 채 인접왕조의 사서가 『삼국사기』 기사의 신빙성을 가늠하는 주요 지표로 설정되는 것은 한국 고대사 혹은 『삼국사기』에 대한 심각한 선입견이거나, 『일본서기』를 기본 조건으로 하는 일본 고대사 연구환경에서 말미암은 편견일 것이다.〔최재석, 1985 ; 이종욱, 1986〕

예컨대 신라본기의 상대 기사를 허구라고 할 때, 일식 기사의 대부분이 현대 천문학에서 그 정확성이 입증되며 한국 고대의 공간에서 관측이 가능한 현상들이었다는 사실 자체조차, 오히려 이들 일식 기사가 중국측 정사 등 다른 기록에서 인용한 때문이라고 결론짓고 마는 것이다.〔飯島忠夫, 1926〕 그러나 일식 현상의 주기성 및 중국기록에 비해 매우 적은 관측빈도, 그리고 수백 년의 공백 따위를 주목한다면, 『삼국사기』의 일식기록을 단지 중국 정사에서 기계적으로 보입한 결과로 보기는 힘들다.

실제 우리 기록에 보이지 않는 일식기록의 세밀한 검토와 음미가 시도되면서, 『삼국사기』의 일식관련 기사는 다른 천문현상들과 함께 고대인의 천문관을 지시하는 실질적 재료로 연구되기에 이르렀다.〔이희덕, 1980〕 아울러 일식이나 혜성이 정말로 그 때 있었느냐가 중요한 것이 아니라 오히려 왜 그 때에 그런 기록을 남겼는가를 밝히는 작업이 더 중요하다는 각성이 일었으며, 그러므로 그 정치 사상적 의미를 중국의 사례에 비기어 추구하면서도 삼국시대의 독자적인 일식 관측 기록을 적극적으로 인정하게 되는 경향을 발견하는 것이다.〔정운용, 1999〕

일본고대사와 관련하여 일찍부터 주목을 받아온 왜관계 기사도 마찬가지다. 실로 『일본서기』의 기사나 그에 입각하여 정립하게 되는 대화정권의 한반도 남부지역 지배라는 역사상에 맞추어 그 진실성을 부정하는 태도는 적절치 않다. 물론 유독 『일본서기』와의 대교가 가능한 사료에 대해서는 적극적인 의미 부여가 가해지기도 했다. 그러나 이 역시 이른바 '임나일본부'가 한반도에 존재했거나 왜인세력이 한반도에 거주했다는 것을 염두에 둔 분석인 데에서 균형을 잃었다고 본다.

그에 따라 『삼국사기』의 왜 관련 기사를 한국고대사 내부의 논리에 토대를 두고 해석하려는 적극적인 반론과, 왜국〔왜왕〕·왜인·왜병 등 용자법에 따른 재반론이 이어지기도 하였다. 이와 관련한 후속 논의는 지표적 유물분포를 포함하여 자못 무성하게 전개되었는데, 『삼국사기』 자체의 논리에 앞서 인접 왕조사의 문헌기록이나 늘 우연적 성과에 불과하다고 할 수 있는 고고학적 현황이 『삼국사기』의 정보를 판정하는 절대 기준으로 상정되는 것은 옳지 못하다. 크게 보면 이른 시기 일본 연구자들의 『삼국사기』 불신의 경향은 그 방법론이나 주요 이해의 줄기에서 국내 학자들에게 오랫동안 적지 않은 영향을 끼쳐 왔으나, 1970년대 이후로는 학계의 연구역량이 축적되는 것과 비례하여 개별 정보의 사료가치가 전향적으로 제고되는 추세에 있다고 판단한다.

여기에는 실로 고고학적 지견이 기여한 바 컸다. 특히 낙랑군 관련 고고학적 지표와 풍납토성의 발굴현황을 통해 『삼국사기』 초기기록 혹은 삼국의 건국 사정을 긍정한 성과가 크게 주목되어야 한다.〔김원용, 1967〕 이는 이후 관련 논의에 중요한 지침이 되었으며, 『삼국사기』의 전면적인 내용분석과 사학사적 검토가〔신형식, 1981〕 심도있게 전개되는 계기가 되었다.

그러한 분위기에서 종래 『삼국사기』의 사료가치를 회의하는 견해에 대한 비판적 논의가 설득력을 얻게 되었고[노태돈, 1987], 새로운 금석문연구의 가세로『삼국사기』의 사료 가치는 점차 긍정되는 추세에 있다. 아울러 최근에 거두어진『삼국사기』에 대한 종합적 연구성과물 속에서도 그 사료적 가치에 대한 제고의 경향이 한결 뚜렷해지고 있는 것을 확인할 수 있다. 또한 최근 풍납토성의 재발굴 성과를 둘러싼 논의 가운데서 『삼국사기』 정보가 전향적으로 재조명되는 추이도 주목해 두고자 한다.

3) 편찬과 기년

『삼국사기』의 편찬이 기존의 국내외 관련 자료를 토대로 한 것이면서도 삼국을 중심 서술대상으로 설정한 기전체 형태로 이루어졌기 때문에, 삼국의 본기들과 열전 및 각 편목별로 중복된 서술의 검토가 불가피하였다. 상이한 자료들을 하나의 편년체계로 정리하는 가운데 발생하는 기년의 문제 또한 상당한 논의가 축적되어 왔다. 이와 함께『삼국사기』 개별 기사 혹은 전체 내용에 대한 사료로서의 진위를 판단하기 위해 본래의 저본 자료를 추적하여 비교 확인하는 작업이 거듭되었다. 실제로 그러한 문제의식에서 일단 중국사서와의 대교를 겨냥한 연구들은 '사료의 가치'와 관련된 이른 시기의 성과들에 널리 반영되어 있기도 하다.

예컨대 국내 자료와 중국측 자료의 이용을 기준으로 하여 고구려본기에 개재된 기록의 '단층'에 유의한 시각을 들 수 있다.[三品彰英, 1953] 같은 맥락에서 백제본기에 보이는 백제와 중국의 교섭기사 채용현황을 토대로『삼국사기』 편찬의 기본방침, 즉 기존『구삼국사』의 체계를 손상시키지 않으려는 방침을 추정해낸 성과도 있다.[坂元義種, 1978] 또한『삼국사기』 찬자가 『남제서』를 이용하지 않았다는 논증이 부수되었고, 고려의 고유사료가 존중되면서도 중국사서 가운데서는 『자치통감』과 『책부원귀』가 중시되었음이 실증되었다.〔田中俊明, 1982b〕그에 이어 신라본기 편자가 중국사서를 다루는 태도 역시 크게 다르지 않았다는 면밀한 검토가 이루어졌다.〔深津行德, 1991〕

다음에 『삼국사기』 내의 편목별 비교는 먼저 백제본기 기사를 거점으로 하여 고구려 및 신라본기와의 기초적인 검토에서 발단했으며, 삼국의 교섭 기사 가운데 본기 사이에 일치하지 않는 경우는 『삼국사기』 편자의 부주의 때문이라는 견해가 제시되었다.〔中尾敏朗, 1985〕이 문제에 대한 논의의 본질은 『삼국사기』 편자가 삼국이 공유하는 기사를 관계 당사국 본기에 반드시 기재하는 것을 편찬방침으로 하였는지 아닌지에 대한 판단에 달려 있다. 즉 본기별 원전의 차이와 집필자의 차이에는 동의하지만, 삼국간의 형식적 균형을 의도한 보입을 전제하는 시각에는 찬반의 견해 차이가 확인되고 있는 것이다.

또한 사서는 기년을 기초로 한다는 점에서 『삼국사기』의 정보에 토대한 논의는 그 어느 것을 막론하고 기년에 대한 연구자 나름의 이해를 강요받고 있다. 실제로 『삼국사기』의 사료 가치, 즉 기사의 신빙성에 회의하는 거의 모든 연구자들의 입론에는 늘 기년의 문제가 중심에 있었다. 이 문제는 우선 『삼국사기』를 일관하는 기년법에 대한 부분과, 대교 가능한 인접 자료와의 차이 혹은 각 편목별 기년의 차이에 대한 부분, 그리고 일반적으로 이르는 삼국의 초기 기사의 기년에 대한 신뢰여부의 문제로 나누어 볼 수 있다.

『삼국사기』 편자는 전편에 걸친 즉위년칭원법, 즉 유월칭원법(踰月稱元法)의 적용을 하나의 범례로 삼아 제시하면서, 그 타당성 혹은 예측되는 '비례(非禮)'의 비난에 대한 변명의 근거를 밝혀 놓았다. 그 경우 전왕의 최종 치세년과 다음 왕의 즉위년은 일치하게 되며, 해가 바뀌는 시점에서 왕위가 교체될 때는 유월칭원 자체가 유년칭원과 같은 형태로 작용하게 된다. 그런데 이러한 배려에 주의하지 못한 경우가 없지 않다. 이것은 이른바 "사실이 원칙 적용의 희생이 된 것"[小田省吾, 1920]이다. 다만 『삼국사기』에 적용된 칭원년이 과연 '원칙'일 뿐인지, 아니면 '사실'에 충실한 것인지에 대해서는 주의할 여지가 있다. 예를 들어, 능산리사지 출토 사리감 명문의 백제 창왕 재위기나 광개토왕비의 기년, 그리고 『삼국사기』 자체 내 편목간 연대차이들을 환기할 수 있겠다. 따라서 오직 중국사서의 정보를 절대적 기준으로 삼아 이 문제를 논의하는 것은 적절치 않다. 광개토왕비의 현저한 기년문제도 다양한 재해석의 여지를 수긍할 필요가 있다.

그러나 기년의 문제는 무엇보다도 신라본기의 연대관을 어떻게 이해할 것인가가 관건이라고 생각한다. 물론 이른 시기 연구자들은 삼국의 건국 연대 가운데 가장 앞선 신라의 갑자년 건국 자체를 불신하고, 특정 의도의 산물이라고 보았다. 그러한 분위기는 후속 연구에서도 크게 달라지지 않고 있다. 즉 세계의 순서를 변경하거나 재위한 왕의 수를 줄임으로써 기년의 인하를 추구하여 삼성족단의 대두시기를 3세기 전반경에서 구한다거나[김철준, 1962], 아달라이사금 20년조에 보이는 왜 여왕 비미호(卑彌乎)를 정시 연간에 대방군과 교섭한 『삼국지』의 왜 여왕 비미호(卑彌呼)와 일치시켜 상대 67년의 기간을 제거한다거나[김광수, 1973], 진흥왕대의 『국사』 편찬단계에서 기년의 소급을 헤아려 '삼성친족집단' 중심의 신라 상고기년은 대체로 2세기 후반부터 출발하는 것으로 보는 견해[노명호, 1978] 등이 그것이다.

한편 신라의 상고시기 기년을 논의할 때는 또한 반드시 백제를 위주로 한 대외관계 기사의 연대문제가 함께 고려되게 마련이다. 즉 『삼국사기』에 보이는 1~3세기의 백제와 신라의 교전기사를 어떻게 이해할 것인가의 문제다. 물론 초기 연구자들은 이야말로 『삼국사기』의 해당시기 기사를 신뢰할 수 없는 주요 근거로 간주하였고, 한편 신라본기의 기년을 인하해 이해하는 연구자들의 경우는 종종 교전기사의 연대 역시 후대로 하향 조정하려는 경향을 보여 왔다.

그러나 이 기년을 나름의 방식으로 수용하여 삼국 초기사 복원에 이용하는 연구자들이 점차 대세를 형성하고 있다. 다만 "초기기록의 기년이 적어도 기년에 관한 한 사료적 가치가 높은 『삼국지』 동이전의 기록과 상충을 일으켜서는 안 된다"는 것을 조정의 조건으로 설정하는 방식을 포기하지 않는다면, 백제와의 충돌이 시작된 탈해시기가 250년대 이전으로 소급될 수 없게 되며〔강종훈, 1991〕, 가장 극단적으로는 아예 6세기 중반부터 7세기 전반 사이의 사실로 수정해 보려는 과격한 견해마저 없지 않은 것이다.

4) 원전의 추구

이규보는 「동명왕편」 서문에서 『구삼국사』의 존재를 지적하였다. 문맥에 따라 가감없이 이해한다면 『구삼국사』는 『삼국사기』에 선행하는 삼국관련 역사자료이다. 그러므로 이른바 『구삼국사』로 불린 자료는 국내 자료들 가운데 비중있는 하나로 파악하는 것이 일단 온당하다. 아울러 『구삼국사』의 실체와 대응하여 거론될 다른 문제는 김부식이 「진삼국사기표』에 밝혀둔 『고기』에 대한 논의이다. 그 경우 『고기』는 중국측의 여러 자료들에 대한 '해동'의 고유한 자료를 총칭하고 있다. 즉 『삼국사기』 편자가 제시한 국내 주요 전거가 『고기』였다면, 이규보는 동명왕의 일대기와 관련하여 유사한 위상에 있는 자료를 『구삼국사』로 지칭했던 것이다.

이에 더하여 560개에 달하는 『삼국사기』의 분주가 또한 원전의 추구에서 고려되어야 할 사항이다. 당연한 말이지만, 분주의 정보는 해당 본문의 정보와 직접 관련을 가진다. 이것은 '분주의 전제적 매개적 성격'과 '본문과 분주와의 일체성'을 근거로 한다. 따라서 분주의 빈도는 편찬 당시 확보된 관련 자료의 풍부함에 비례한다.

우선 『삼국사기』를 전제한 범용적 명칭으로서의 『구삼국사』 대신 그 고유한 서명을 추정해 보려는 시도는 비교적 이른 시기부터 나타났다. 『대각국사문집』에 보이는 『해동삼국사』를 주목하거나[荻山秀雄, 1920], 『삼국유사』 신충괘관조에 언급된 『전삼국사』를 이와 동일시하는 시각이 그것이다. 그와 같은 입장에서는 『구삼국사』의 일문을 주로 『삼국유사』에서 찾는 경향을 나타냈으며, 아울러 『구삼국사』의 편찬시기를 대체로 고려의 11세기 초 현종대 이전시기,[今西龍, 1944 ; 末松保和, 1966 ; 井上秀雄, 1980] 혹은 11세기 말 이전[김석형, 1981]에서 찾았다.

또한 지리지 말미의 "삼국에서 이름만 있고 어디인지 알 수 없는 곳 [三國有名未詳地分]"은 『삼국사기』 편자가 관계된 원전을 정리하고 그 가운데 미상지명을 적출한 것이라는 착안은 원전론의 정밀성을 한 단계 끌어올렸다.[井上秀雄, 1968] 이러한 검토에서 편찬자의 객관적 수사태도가 검증되었고, 분주에 대한 논의 역시 우선 편찬 당시의 원주, 즉 본주인가 후인에 의한 후주인가 하는 문제의식을 촉발하였다.

『삼국유사』에서 『구삼국사』의 일문을 찾는 방식에 충실하면서도 구체적인 설명은 서로 다르게 나타나기도 하였다. 예를 들어 『삼국유사』의 『국사』와 『삼국사』 따위를 모두 본기와 열전이 갖추어진 『구삼국사』의 편린으로 보면서 『삼국사기』에 보이는 『본국고기』와 일치시키는 견해〔田中俊明, 1977〕에 광범위한 동의가 이루어졌는가 하면〔강인숙, 1985 ; 홍윤식, 1987〕, 『삼국사기』 찬자는 『구삼국사』에 의존한 사실을 은폐하려 했다는 주장이 이어졌다.〔옥명심, 1993 ; 정구복, 1993〕 혹은 『고기』를 비롯한 『해동고기』나 『삼한고기』가 『구삼국사』와 관련하여 주목되기도 하였다.〔김영경, 1984〕

사실 『고기』가 원전 추구의 관점에서 정면으로 부상한 것은, 그것이 「진삼국사기표」에 언급된 기존의 국내 주요자료 명칭이라는 데서, 정당한 귀결이라고 보아야 한다. 그것은 내용적으로는 삼국에 관한 미흡한 사서이면서 중국에 대한 고려 국내의 고유 자료군에 대한 총칭의 위상을 지닌다. 따라서 『고기』는 특정의 단일한 자료가 아니라 다양한 실체들로 구성되었다고 보아야 한다. 또한 같은 조건에서 『삼국유사』의 『고기』가 음미되어야 하며, 『삼국유사』에 인용된 『국사』나 『삼국사』를 『구삼국사』로 속단하는 것도 좀더 신중을 기할 필요가 있다. 무엇보다도 『구삼국사』의 정황적 실재가 『삼국사기』에 대한 균형된 이해를 방해하는 장치가 되어서는 안 되는 것이다. 결국 다종의 『고기』 가운데 『삼국사기』 편찬에 가장 중요하게 취급된 것이 『구삼국사』일 뿐이었다.

다행히도 원전관련 논점을 종합적으로 아우른 최근 성과에는 지나치게 『구삼국사』 혹은 특정 『고기』에 한정하여 『삼국사기』의 원전을 살피는 편협함이 상당부분 극복되어 있다.〔정구복 외, 1995 ; 이강래, 1996 ; 高寬敏, 1996 ; 강경구, 1997 ; 김지용 외, 2001〕 물론 후주의 존재여하에 대한 이견이 정리되지 않고 있으며, 일부에서는 『삼국유사』를 통해 『구삼국사』의 편린을 추적 · 복원하고자 하는 대세에 충실하면서도 『삼국유사』에 인용된 『국사』만은 『삼국사기』가 아닌 동시에 『구삼국사』도 아니며 『구삼국사』와 『삼국사기』를 종합하여 편찬된 책일 가능성이 있다고 하면서, 충렬왕 12년(1286)에 오양우(吳良遇) 등이 원에 바치기 위해 편찬한 『국사』를 주목하는 등 전혀 새로운 논점 제기와 반론이 진행되기도 하였다.〔정구복. 1993〕

특히 주목해야 할 것은, 『삼국사기』가 『구삼국사』를 거의 전재했으리라고 하면서도 특정 대목에서는 김부식 등 편찬자들이 『구삼국사』의 원형을 은폐하려 한 증거가 있다고 하는 착종된 인식일 것이다. 다시 말해 '전재'를 강조하는 경우는 김부식의 자료 취합에 대한 불성실과 창의적 수사가 아니라는 것을 부각시키려는 것이며, '은폐'를 강조하는 경우는 학자적 양심이 없다거나 학문 외적인 목적, 그리고 자기 이익을 위한 자의적 사실 왜곡을 암시하고자 하는 태도가 아닌가 하는 혐의를 발견한다.

그러나 『삼국사기』의 원전은 크게 보아 결국 전쟁에서 승리한 신라인들의 손을 경유한 것이고, 따라서 통일기 신라인들의 삼국시기 역사의 정리작업에는 7세기 전쟁에서 승리한 그들의 관점이 필연적으로 투영되었을 것임을 간과할 수 없을 것이다. 그러므로 오직 『삼국유사』를 중심으로 한 『구삼국사』의 복원이라는 방법론은 그 타당성을 정밀하게 재고해야 할 것이다.

그럼에도 불구하고 최근까지도 『삼국사기』와 『삼국유사』의 내용을 짜맞추면 두 책의 원초적 자료라고 할 『구삼국사』의 틀과 내용을 복원할 수 있다고 하거나, 『삼국유사』에서 언급한 『전삼국사』야말로 『구삼국사』일 것이라는 초기 주장이 재론되는바〔이종문. 1998〕, 이러한 편향이 『삼국사기』의 원전 논의는 물론 그 사서적 위상에까지도 뜻하지 않은 난맥을 초래할까 우려한다. 만약 『구삼국사』에 이미 삼국의 본기와 열전 그리고 지와 사론은 물론 연표까지 갖추어졌으며 『삼국사기』가 이를 그대로 이용했다고 한다면, 『삼국사기』의 원전 추구는 돌연 그 의의를 상실하면서 오직 『구삼국사』를 어떻게 훼절했는가 하는 부정적 탐색만이 남게 될 것이다.

5) 찬자의 인식

『삼국사기』와 그 편찬을 주도한 김부식은 마치 서로의 대명사처럼 쓰여 왔다. 이 점은 『삼국사기』 자체의 성격 혹은 개별정보의 이해에서 종종 김부식의 정치적 처지나 개인적 취향 따위가 개입되어 온 근거이기도 하다. 이를 원전론 관련 논의에 적용해 본다면, 편찬당대의 자료 환경 및 그들을 대하는 편찬 주체 혹은 당대 지식인들 사이에 공유된 경향이 뜻하지 않게 문득 김부식 개인의 호·불호 문제로 치부되고 마는 결과를 초래하기도 한다. 물론 『삼국사기』의 역사인식이란 넓게는 고려 중기 12세기의 유교적·합리적 세계관에 입각한 것이었으며, 좁게는 찬자 김부식의 삶과 정치적 역정이 그 가운데 투영되어 있는 것이다. 그러나 만약 『삼국사기』 편찬자로서의 김부식과 고려 중기 정치가로서의 김부식을 준별해야 할 필요에 동의한다면, 『삼국사기』의 개별 정보들의 사료적 위상 및 그 원전 관련 논의는, 김부식이 한 지식인으로서 전대 역사 기록물들에서 어떤 맥락의 어떤 의미를 발견하였는가 하는 점과는 마땅히 구별되어야 할 것이다. 후자는 '사론'의 영역이다.

사론은 '역사가가 사서를 편찬할 때 기사의 내용과 구별하여 자신의 적극적인 가치 평가를 부여한 글'이다. 그런데『삼국사기』를 불신하는 근거로는 적지 않은 개별 편년기사 자체의 괴리뿐만 아니라 김부식의 사론을 통해서도 지적되었다. 만약 사론이 서술자의 자유로운 가치 개입이 보장된 영역이라 하여 사실의 변개 혹은 그에 입각한 자의적 평가가 날조된다면, '적극적인 가치 판단'은 기실 여하한 긍정적 의미도 가지지 못할 것이다.

사론에서의 사실조작 문제는 무엇보다도 신라본기 경순왕 9년 경순왕의 귀부에 부친 신라사 전체에 대한 사평의 후반 일부와 관련하여 제기되었다. 즉 고려 태조와 혼인한 신라 출신 신성왕후의 성씨와 관련하여 현종 이후 왕들의 외가혈통이 문제되는 셈인데, 일찍이 이 대목을 들어 김부식의 '날조'라 하거나〔荻山秀雄, 1920〕, 이야말로 "『삼국사기』의 감추어진 편찬 목적"이 아닐까 하는 혐의를 두었던 것이다.〔末松保和, 1966〕이에 대한 반론과 동의가 반복되는 가운데, 정작 김부식의 가계 역시 무열왕계와 경순왕계의 양론으로 나뉘어졌다. 이에 더하여『삼국사기』편찬 자체를 서경세력에 대한 사상적 제압의도에서 비롯한 것으로 파악하고, 서경세력이 표방한 제반 정책 대안에서 일반적으로 고구려 중심적 역사인식을 추정함에 따라, 김부식의 그것은 그의 출신과 관련하여 신라 정통의 성격을 지닌 것으로 대비되었다. 이처럼 김부식의 사대성과 신라계라는 출신의 문제는『삼국사기』찬진의 이유와 목적을 설명하는 데 줄곧 고려되었다.

반면에 전통적인 유교식 역사 서술에서 사료를 취급하는 맥락과 찬자 자신의 개서와 산삭의 폭에 유의한다면, 주요 문제는 편찬 당시의 제반 조건일 것이다. 즉 편찬당시의 사상적 환경과 자료의 객관적 제약에서『삼국사기』의 일부 편향을 수긍하려는 견해〔고병익, 1969〕가 있는가

하면, 그에 앞서 '정치적 목적'[김철준. 1973]이나 '정통론적 인식'[이우성. 1974]을 주목하기도 한다. 게다가 김부식은 『구삼국사』의 존재를 은폐했으며, 『삼국사기』에 신라중심적 편견과 사대주의적 관점을 적용하였고, 신라 전통의 강조를 통해 고구려 계승의식 약화를 겨냥했다고도 한다. 그러나 『삼국사기』는 개인의 저술 이전에 당시 고려사회의 소산임을 유념할 때 『구삼국사』든 『삼국사기』든 기존 기록을 토대로 한 데에는 다를 바가 없으므로, 고대적 원형의 상실을 오직 김부식에게 물을 이유는 없다고 생각한다.

물론 김부식의 관념과 지향을 편찬 당시의 지적 경향 속에 용해하여 파악해야 한다는 데 동의하더라도, 유교사관에 입각한 편찬자들의 자료 취급태도는 단순한 관련자료 부족 이상의 논의를 포함하는 것이기는 하다.[서영대. 1985] 다만 크게 보아 중국중심 역사관, 유교적 입장 강조, 자기 입장을 우위에 두기 위한 기사의 조작 등 세 가지 면으로 나누어지는 비판의 갈래 가운데, 정작 김부식이 전담해야 할 부분은 그다지 많지 않을 것이다.[鄭早苗. 1988] 그러한 비판은 오히려 고려 당시 지배세력의 국제주의적 면모와 왕조정통성의 강화라는 지향을[Shultz. 1991] 지나치게 폄하하는 것일 수 있다.

무엇보다도 『삼국사기』의 개별 기사와 그것이 함유하고 있는 사료가치의 문제는 편자 김부식의 구체적인 정치현장에서의 행태 및 그의 사론에 반영된 현실인식과 세심하게 구분해야 옳다. 더구나 『구삼국사』가 도참설로 사상적 통일을 이룩하고 있었던 책이었을 것인 반면, 『삼국사기』는 이를 인의사상에 의해 재구성하는 것이었다고 본다면[佐藤將之. 1995], 필경 왕을 비롯한 지배 계층에게 유교적 덕목을 강조하는 방식을 취할 수밖에 없게 되는 것이다. 또한 이는 현실적으로 중국문화를 바탕으로 하여 고려문화를 선진문화로 개혁하려는 문화의식의 표출로 나타났을 것이다.

이처럼 『삼국사기』에서 읽어낼 수 있는 찬자의 인식에 있어서도 다양한 분석 시각이 동원되면서 성과가 축적되는 가운데, 비교적 편찬 당대의 조건과 인식 범주를 중시하려는 온당한 경향이 짙어지고 있는 것을 알 수 있다. 예컨대 중국중심적 사유로의 경도가 곧 고유의 역사인식 포기를 의미하는 것은 아니며, 김부식의 사관과 역사 서술방법 역시 정치가이자 관료, 한문학자이자 유학자, 시인이자 문장가로서의 입장이나 의식세계와 무관할 수 없는 것임을 유의할 필요가 있는 것이다.〔최병헌, 2000〕 물론 근자에도 초기의 연구자들에게서 발견되는바 현재적 관점의 평면적 강요에서 말미암은 편견이 일소되지는 않았으므로, 이 문제를 전일하여 논정하는 것은 아직 이르다고 해야겠다. 그러나 찬자의 인식문제 역시 오직 『삼국사기』를 매개로 하는 논의 범위를 벗어날 수 없는 것이라는 조건 혹은 한계를 직시할 필요가 있다.

4. 『삼국사기』의 복권 혹은 극복

결국 『삼국사기』에 대한 제반 논의는 끝내 한국고대사 연구의 진작을 위한 방향에 충실해야 옳다고 본다. 김부식의 출신과 현실관 및 역사관에서 발견하게 되는 편향의 정황이 『삼국사기』 자체의 사서적 위상을 훼절하는 근거로 간주되는 것은 바람직하지 않다. 그보다는 편찬 당대의 고려 국내외 현실에 좀더 유의해야 하며, 『구삼국사』를 비롯하여 이른바 '잃어버린 것'에 대한 상대적 신뢰보다는 '대안 없는 원전'으로 서『삼국사기』의 내부 맥락에 대한 검토를 충실히 해야 할 것이다.

특히 12세기 고려의 왕조 현실이 낳은『삼국사기』의 세계는 마땅히 당대 동북아시아의 역사 맥락 속에서 음미될 당위가 크다. 그런 의미에서『삼국사기』찬진 이전에 고려에 입수되어 있었을『자치통감』등 중국사서에 주목할 필요가 있다. 말하자면 당시 고려에 들어와 있던 중국 사서들은『삼국사기』의 편찬 및 그 체재와 지향의 설정에 영향을 주었을 것이나, 동시에 이러한 과정에서 완정된 형태의 독자적인 사서편찬의 필요성과 의욕이 발로되기도 했다고 보아야겠다.〔윤사순, 2001〕

김부식의 비판과 같이 중국사서의 '상내략외(詳內略外)'의 결함은 실로『삼국사기』에 의해 비로소 교정된 것이었다. 게다가 유교사관에서는 일정한 주관에 따라 사실을 비판적으로 인식하고, 사료를 취사선택하여 연대순으로 배열하는 것 그 자체가 바로 역사 서술의 성격을 갖는 것이라 할 때,『삼국사기』는 유교사관에 입각하여 유교적인 역사 서술을 우리나라 전통 사학의 주류로 정착시킨 선구적인 역할을 다한 사서인 것이다.〔최영성, 1991〕

이와 관련하여『삼국사기』가 '인의(仁義)의 법칙성'을 내세워서 '천의(天意)의 법칙성'에 경도되어 있던 고려 통치층에게 유가적 가치의 중요성을 제기했다는 견해나〔佐藤將之, 1995〕 김부식의 유교정신 역시 관념적이고 편협된 것이기보다 실천적이고 합리적이었다는 주장〔이혜순, 1996〕에 주목한다. 이 실천성과 합리성은 김부식의 문학을 논의하는 데에서도 강조되고 있다. 다시 말해 김부식이 본받고자 했던 중국의 고문운동은 문학을 도를 실현하는 수단으로 보는 공리주의의 성격을 짙게 가지고 있었다.

이처럼 김부식의 작품에서 발견하게 되는 현실 경험과의 조응관계
는『삼국사기』의 사서적 위상을 논의할 때에도 유효한 시사점을 제공한
다. 김부식은 송의 신종(神宗)과 왕안석(王安石)의 대화를 사론에 인용한
바 있거니와, 당시 고려에 미쳐온 왕안석의 신법(新法)파문으로 말미암
아 왕안석과 그의 개혁정책에 대한 관료들 사이의 이해와 논의는 일반
적이었을 것이다. 나아가 고려 중기의 개혁정책이 왕안석의 신법개혁
을 염두에 둔 것이라 할 때, 왕안석에 대한 집요한 반론의 영수 사마광
(司馬光)이 김부식에 의해 주목되는 현상은 적지 않은 의미를 가진다.

즉『자치통감』의 편찬시기는 신법의 강행시기와 거의 일치하므로,
사마광의 신법에 대한 불신이『자치통감』에 어떤 형태로든 반영되었을
것은 자명하다. 그러므로 아마 김부식은『삼국사기』편찬과 특히 그 사
론을 통해 말하고자 했던 바와 그 방법에서도 사마광의『자치통감』을
하나의 전범으로 삼았을 것이다.

그러나 사마광은 왕권을 절대화한 학자였다는 일반적 이해가 김부
식에게도 가감없이 적용될 수 있는지에 대해서는 논의의 여지가 있다.
[김당택, 2001] 이것은 12세기 고려의 지적 토대와 편사의 경험이 북송의
그것을 온전히 내재화할 만한 수준에 이르지는 못했다는 말로 환치할
수도 있는 대목이다. 그럼에도 불구하고 두 왕조가 선후하여 경험하거
나 공유한 제반 현상과 지표들의 비교는 그것대로 유효하다고 생각한
다. 말하자면 12세기의 고려에서도 왕안석의 개혁이념이 설득력을 지닐
만한 토대가 조성되어 있었으며, 그에 반하는 사마광의 논리가 수용될
만한 축적이 있었다고 보는 것이다.

요컨대 김부식은 고려의 사마광을 자처했다. 왕안석의 신법이 강행
되자 퇴관을 자청한 사마광은 15년여 동안 낙양에 은거해『자치통감』의

편찬에 몰두하였으며, 김부식은 개혁론자들의 복권에 즈음하여 퇴관을 자청하고 물러나 3년 뒤『삼국사기』찬진을 마쳤다.

이와 함께 주의할 점은「진삼국사기표」에 나타난 논리일 것이다. 김부식이 간명하게 제시한『삼국사기』의 지향은 세 가지로 정리할 수 있다. 첫째는 문장에서 고문의 회복이요, 둘째, 관련 기록의 충실한 보입, 그리고 현실에 대한 권계에 합당할 것 등이 그것이다. 그런데 이는『구당서』를 비판하면서『신당서』편찬의 당위성을 토로한 증공량(曾公亮)의 논리와 흡사하다. 다시 말해 기존의 정사『구당서』가 있음에도 불구하고 구양수(歐陽修) 등 송의 지식인들이 다시『신당서』를 편찬하면서 동원한 논리는, 마찬가지로 삼국에 관한 기존 사서였던『구삼국사』가 있음에도 불구하고『삼국사기』편찬을 주도했던 김부식이 틀림없이 주목하고 활용했으리라고 믿는다.〔이강래, 2003〕

그러므로『삼국사기』의 정당한 이해를 위해서는 12세기 당시의 지적 교류 맥락에 주의하는 동시에, 무엇보다도『삼국사기』의 내부 논리에 충실할 필요가 있다. 이러한 각성은『삼국사기』의 구체적 사실정보 검증작업에서도 견지되어야 옳을 것이다. 관련 자료들이나 인접 학문 분야의 성과에 기반한『삼국사기』정보검증은 그것대로 유효한 영역이겠으나, 그에 우선하여『삼국사기』의 특정 정보가 정착하게 된 내부 논리에 대한 이해가 외면되고서는『삼국사기』의 자료적 한계 또한 옳게 극복되기 어려울 것이다.

요컨대『삼국사기』편찬은 기존 역사자료의 한계를 극복하고 삼국시대사에 대한 새로운 종합을 의도한 것이었다. 이를 위해『구삼국사』로 지칭된 자료를 위시로 한『고기』류나 금석문, 그리고 새로 입수한 중국의 사서 및 경서·문집이 활용되었다. 여기에 12세기 유교적 지식인의 관점에 충실한 의미 부여를 적절히 안배하는 작업이 아울러졌다.

　이렇게 하여 『삼국사기』는 당대 사회의 역량으로 도달한 합리적인 '본사'의 지위를 획득했다. 엄밀하게 말해 전통시대 이래의 『삼국사기』에 대한 비판은, 그 어떠한 논거도 『삼국사기』의 '본사'로서의 위상 자체를 부정하는 것은 아니다. 이 점에서 『삼국사기』는 기존의 것에 대한 극복과 종합인 동시에, 모든 새로운 삼국사 인식의 근원이자 출발점이었던 것이다.

이강래

‖ 참고문헌 ‖

姜炅求, 1997, 『三國史記 原典研究-借字表記體系的 檢討』, 學研文化社.

강인숙, 1985, 「구『삼국사』의 본기와 지」, 『력사과학』 4.

姜鍾薰, 1991, 「新羅 上古紀年의 再檢討」, 『韓國史論』 26.

高柄翊, 1969, 「三國史記에 있어서의 歷史敍述」, 『金載元博士回甲紀念論叢』, 乙酉文化社.

金光洙, 1973, 「新羅上古世系의 再構成 試圖」, 『東洋學』 3.

金塘澤, 2001, 「高麗 仁宗朝의 西京遷都·稱帝建元·金國征伐論과 金富軾의 『三國史記』 편찬」, 『歷史學報』 170.

김석형, 1981, 「구『삼국사』와 『삼국사기』」, 『력사과학』 4.

김영경, 1984, 「『삼국사기』와 『삼국유사』에 보이는 『고기』에 대하여」, 『력사과학』 2.

金元龍, 1967, 「三國時代의 開始에 關한 一考察-三國史記와 樂浪郡에 대한 再檢討」, 『東亞文化』 7.

金智勇 외, 2001, 『金富軾과 三國史記』, 慶州金氏大宗親會.

金哲俊, 1962, 「新羅上古世系와 그 紀年」, 『歷史學報』 17·18합.

＿＿＿, 1973, 「高麗中期의 文化意識과 史學의 性格」, 『韓國史研究』 9.

盧明鎬, 1978, 「新羅初期 政治組織의 性格과 上古紀年」, 서울대학교 석사학위논문.

盧泰敦, 1987, 「『三國史記』上代記事의 信憑性 문제」, 『아시아문화』 2.

徐永大, 1985, 「『三國史記』와 原始宗敎」, 『歷史學報』 105.

申瀅植, 1981, 『三國史記 硏究』, 一潮閣.

옥명심, 1993, 「『삼국사기』와 구『삼국사』의 관계에 대하여」, 『력사과학』 1.

柳富鉉, 1995, 「『三國史記』(卷44~50) 文字異同에 대한 一考」, 『新羅文化』 12.

윤사순, 2001, 「한국 유학의 흐름과 『삼국사기』」, 『정신문화연구』 82.

李康來, 1996, 『三國史記 典據論』, 民族社.

_____, 1998, 「삼국사기의 정당한 이해를 위하여」, 『역주 삼국사기』 Ⅰ, 한길사.

_____, 2003, 「三國史記論, 그 100년의 궤적」, 『강좌 한국고대사』 1, 가락국사적개발연구원.

李佑成, 1974, 「『三國史記』의 構成과 高麗王朝의 正統意識」, 『震檀學報』 38.

李鐘文, 1998, 「『三國遺事』'信忠掛冠'條의 '前三國史'에 對하여」, 『韓國古代史硏究』 14.

李鍾旭, 1986, 「百濟 初期史 硏究史料의 性格」, 『百濟硏究』 17.

이혜순, 1996, 「김부식의 여성관과 유교주의-『삼국사기』 여성 열전의 분석적 고찰」, 『古典文學硏究』 11.

李熙德, 1980, 「三國史記에 나타난 天災地變記事의 性格」, 『東方學志』 23·24합.

林熒澤, 1989, 「『三國史記·列傳』의 문학성-『金庾信傳』을 중심으로」, 『韓國漢文學硏究』 12.

鄭求福 外, 1995, 『三國史記의 原典 檢討』, 韓國精神文化硏究院.

_____, 1993, 「高麗 初期의 『三國史』編纂에 대한 一考」, 『國史館論叢』 45.

_____, 1996, 「三國史記 解題」, 『譯註 三國史記』 1, 韓國精神文化硏究院.

鄭雲龍, 1999, 「『三國史記』를 통해 본 三國時代의 天文觀」, 『史學硏究』 58·59합.

千惠鳳, 1982, 「새로 발견된 古版本 三國史記에 대하여-書誌學的 側面에서 그 考證을 중심으로」, 『大東文化硏究』 15.

千惠鳳·黃天午, 1981, 『三國史記調査報告書』.

崔柄憲, 2000, 「문학·사학·철학 통합의 방법과 사학연구(上)-金富軾의 史學과 人文學 傳統의 재인식」, 『(서울대)인문논총』 43.

최영성, 1991, 「三國史記의 歷史觀과 儒學史的 意義」, 『韓國哲學論集』 1.

崔在錫, 1985, 「『三國史記』 초기기록은 과연 造作되었는가」, 『한국학보』 38.

洪潤植, 1987, 「三國遺事에 있어 舊三國史의 諸問題」, 『韓國思想史學』 1.

高寬敏, 1996, 『『三國史記』の原典的研究』, 雄山閣.

今西龍, 1944, 「王氏高麗朝に於ける修史に就いて」, 『高麗史研究』, 國書刊行會.

末松保和, 1966, 「舊三國史と三國史記」, 『青丘史草』 2, 笠井出版社.

飯島忠夫, 1926, 「三國史記の日蝕記事について」, 『東洋學報』 15-3.

三品彰英, 1951, 「高句麗王都考-三國史記高句麗本紀の批判を中心として」, 『朝鮮學報』 1.

_____, 1953, 「三國史記高句麗本紀の原典批判」, 『大谷大學研究年報』 6.

小田省吾, 1920, 「三國史記の稱元法竝に高麗以前稱元法の研究(上)」, 『東洋學報』 10-1.

深津行德, 1991, 「『三國史記』「新羅本紀」에 보이는 中國史書의 引用에 관한 小論」, 『清溪史學』 8.

荻山秀雄, 1920, 「三國史記新羅紀結末の疑義」, 『東洋學報』 10-3.

前間恭作, 1925, 「新羅王の世次と其のに名つきて」, 『東洋學報』 15-2.

田中俊明, 1977, 「『三國史記』撰進と『舊三國史』」, 『朝鮮學報』 83.

_____, 1980, 「『三國史記』の板刻と流通」, 『東洋史研究』 39-1.

_____, 1982a, 「『三國史記』板刻考・再再論-あらためて千惠鳳氏に問う」, 『韓國文化』 38.

_____, 1982b, 「『三國史記』中國史書引用記事の再檢討-特にその成立の研究の基礎作業として」, 『朝鮮學報』 104.

井上秀雄, 1968, 「三國史記の原典をもとめて」, 『朝鮮學報』 48.

_____, 1980, 「『三國遺事』と『三國史記』-その時代的背景と構成」, 『アジア公論』 9-5.

鄭早苗, 1988, 「解題」〔井上秀雄 譯注〕, 『三國史記』 4, 平凡社.

佐藤將之, 1995, 「『三國史記』 政治思想의 研究」, 서울대학교 석사학위논문.

中尾敏朗, 1985, 「『三國史記』三國相互交涉記事の檢討-原典探究のための基礎作業として」, 『史境』 10.

池內宏, 1940, 「高句麗王家の上世の世次について」, 『東亞學』 3.

津田左右吉, 1922, 「三國史記高句麗紀の批判」, 『滿鮮地理歷史研究報告』 9.

_____, 1924, 『古事記及日本書紀の研究』, 岩波書店.

坂元義種, 1978, 『百濟史の研究』, 塙書房.

Edward J. Shultz, 1991, 「金富軾과 『三國史記』」, 『韓國史研究』 73.

『삼국유사』와 한국고대사

1. 머리말

『삼국유사』는 『삼국사기』와 쌍벽을 이루는 우리의 고대 사서(史書)요 고전이다. 고전이라 함은 역사책보다 더 많은 의미를 부여한 것으로서 거기에는 향가를 비롯한 문학과 각종 설화 그리고 불교관련 사적이 실려 있기 때문이다. 물론 책제목의 '삼국'이 말해 주듯이, 이 책에서 불교관련 사료를 제외하면 고조선을 위시하여 삼국 등 고대사가 대부분을 차지한다. 그러므로 하나의 사서로서도 전혀 손색이 없지만, 거기에 '유사(遺事)'라는 이름을 붙인 것은 이 책보다 앞서서 김부식이 기전체로 책임편찬한 『삼국사기』가(1145) 나왔기 때문에 그를 의식한 것으로 이해하고 있다.

『삼국유사』는 『삼국사기』가 소홀히 취급한 불교관계 기사를 다행히 거두어주었다는 점에서, 우리 고대사의 궐문(闕文) 혹은 보유(補遺)의 성격을 띤 책으로서 결코 여사(餘事)나 만록(漫錄)을 뜻하는 '유사(遺事)'는 아니다.[최남선, 1954] 오히려 이 책의 역사부분이라 할 수 있는 왕력과 기이편을 제외하면 그 체제는 고승전과 흡사하므로, 결국 『삼국유사』는 고대 사서의 성격과 함께 불교사 기록이라고 할 만하다.

『삼국유사』는 일연(一然) 스님(1206~1289)이 그 말년에 저술한 책이다. 일연은 속성이 김씨(金氏)요 장산군(章山郡 : 경상북도 경산) 사람이다. 아홉 살에 출가하여 오어사(吾魚寺)·인흥사(仁興寺)·운문사(雲門寺) 등을 거쳐 오늘날의 군위군 인각사(麟角寺)에서 입적하였는데 시호를 보각국존(普覺國尊)이라 하였다. 그는 멀리 목우화상 지눌(知訥)의 법을 이었고, 구산문도회(九山門都會)를 열었으며, 선종관련 저술을 남긴 것으로 보아 선승(禪僧)임에 틀림없다. 그런데도 다행히 그는 우리 고대사와 함께 교종사(敎宗史)를 불교유입으로부터 체계적으로 기술하여 자칫하면 인멸되었을지도 모르는 자료를 잘 모아놓고 있다. 하지만 그 범위는 그가 살던 지역을 중심으로 보고 들은 것을 기술한 것이었다. 따라서 신라중심, 경주중심이 될 수밖에 없었으니 고구려·백제의 역사나 문화를 소홀히 다룬점이 아쉽다.

『삼국유사』의 내용을 알아보려면 그 편목(篇目)을 보는 것이 좋다. 그 첫번째가 '왕력(王曆)'으로서 삼국과 가락국의 왕대와 연표를 정리한 것이다. 둘째는 '기이(紀異)'로서 고조선을 비롯하여 상고시대 여러 나라의 사적과 신라 역대왕의 에피소드를 적은 것이다. 셋째는 '흥법(興法)'으로서 불교가 일어나게 된 계기, 즉 삼국의 불교전래와 초기의 시련에 관한 내용이다. 넷째는 '탑상(塔像)'으로서 불교미술사에 해당된다. 다섯째는 '의해(義解)'로서 신라 고승의 전기를 옮겨놓은 것이다. 여섯째는 '신주(神呪)'로서 밀교사가 될 것이다. 일곱째는 '감통(感通)'으로서 여러 가지 불교영험을 소개한 것이다. 여덟째는 '피은(避隱)'으로서 이름 그대로 세상에 나서지 않은 고승에 관한 것이다. 아홉번째는 '효선(孝善)'으로서 효행과 미담을 적은 편목이다.

이들 편목은 서로 유기적 관계를 이루고 있다. 예를 들면 기이편의 「선덕왕지기삼사」조에서 "선덕왕이 영묘사를 창건한 것은 양지스님의 전기에 실려 있다"고 하여 관련 내용을 '의해'편의 「양지사석(良志使錫)」조로 미루고 있다. 또 기이편의 「만파식적(萬波息笛)」조에서는 부례랑이 살아서 돌아온 사건을 계기로 만파식적을 만만파파식(萬萬波波息)으로 이름을 고친 사실에 대해 "그의 전기에 상세히 보인다"고 하여 '탑상'편 「백률사」조로 넘겨두는 식이다. 이런 까닭에 『삼국유사』의 편목들은 각기 다른 사람이 편찬했을 것이라는 다수저자설(多數著者說)은 설득력이 떨어진다.

이러한 내용을 『삼국유사』는 대개 전해지는 이야기나 문체 그대로 옮겨놓아 문장이 비루하다는 평이 있기도 하지만, 오히려 전편(全篇)이 중국의 사고나 문체에 물들지 않아 그 시대 모습을 그대로 볼 수 있다는 점에서 『삼국사기』보다 더 평가를 받기도 한다.

2. 『삼국유사』 연구의 어제와 오늘

『삼국유사』는 찬술된 이후 몇 차례 인각(印刻)되었다. 그 판본으로 현재 널리 유통되는 것은 '중종임신본'인데 중종 7년 임신년, 즉 1512년에 찍은 것이다. 종래 '정덕본'이라고도 부른 것은 그 발문에 '정덕임신년(正德壬申年)'이라고 쓴 연호를 취한 것이다. 이 판본은 이계복(李繼福) 등이 경주부(慶州府)에서 당시 남아 있던 『삼국유사』를 구하여 개판(改板)한 것이다. 학계에서는 '중종임신본' 이전의 판본을 고판본(古板本)이라고 부르는데 현재 몇몇 소장자가 알려져 있다.

『삼국유사』는 그 활자본이 유통되면서부터 연구기반이 조성되었다고 할 수 있다. 먼저 일본에서의 사정을 보도록 하겠다. 그 단초는 쓰보이(坪井九馬三)·히시다(日下寬)에 의해 이루어졌는데, 『삼국유사』는 『삼국사기』와 함께 삼국의 역사서로서 중요하다고 판단하여 동경제국대학 문과대학사지총서[文科大學史誌叢書, 이하 '동대본'으로 줄임]로 1904년에 간행한 것이었다. 그 후 『대일본속장경』이 간행될 때 『삼국유사』가 수록되었는데, 그것은 '동대본'을 정정(訂正)하여 새로 짜맞춘 것에 불과하다.

또 1915년에 조선연구회에 의해 『원문화역대조 삼국유사(原文和譯對照 三國遺事)』가 간행되었는데, 그 후반부는 '동대본'을 답습한 것에 지나지 않고 전반부의 일본어역도 불충분하다고 한다.[三品彰英, 1975] 1926년에 이마니시(今西龍)는 '중종임신본'의 완본을 입수하여 경도제국대학문학부총서(京都帝國大學文學部叢書)로서 축사인행(縮寫印行)하였는데['京大本'], 그 책머리에는 이토(內藤湖南)가 1921년에 쓴 서문과 목차가 덧붙여져 있다.

조선사학회는 이것을 활자본으로 유통시키고자 하여 1928년에 국판양장(菊版洋裝)의 1책(冊)을 간행하였는데[조선사학회본], 그 교정(校正)은 원본의 소장자인 이마니시(今西龍)가 전적으로 담당하였다. 따라서 '조선사학회본'이 최선본(最善本)으로 꼽히는 것은 당연하며, 이 책에는 또한 향가가 실린 「석균여전(釋均如傳)」과 함께 이마니시가 쓴 장문(長文)의 발문(跋文)이 덧붙여져 있다.

이어서 1932년에는 '중종임신본'이 거의 실물크기로 경성(京城)의 고전간행회에 의해 나왔는데 이것을 '고전간행회본'이라고 한다. 이 '고전간행회본'을 1964년 학습원대학(學習院大學)에서 축소 영인한 바 있다. 이밖에도 히라이와(平岩佑介)가 번역한 4·6판의『삼국유사』가 대정 12년(1923)에 만선총서(滿鮮叢書)로 간행되었고, 이것은 소화 11년(1936) 조선문제연구소(朝鮮問題研究所)의 조선총서(朝鮮叢書)에 실려 다시 발행되었지만 왕력을 제외한 부분을 초역(抄譯)한 것으로서 학술적 가치는 낮게 평가되고 있다. 다시『대일본신수대장경』을 간행할 때『삼국유사』는 그 49권 사전부(史傳部)에 수록되었는데 이것은 '속장경본'과 '경대본'을 함께 참조한 것이다.

1962년에는『국역일체경(國譯一切經)』사전부(史傳部) 10에 노무라(野村輝昌)의 역(譯)으로『삼국유사(三國遺事)』가 실렸다. 1975년에는『삼국유사』역주의 집대성이라 할 수 있는『삼국유사고증(三國遺事考證)』상권이 미시나(三品彰英) 유찬(遺撰)으로 나왔으며, 하권부터는 무라카미(村上四男)의 저술로 하여 1995년에 완간되었다.

한국측에서의 연구를 보면, 최남선이 감수하여 1927년에 잡지『계명(啓明)』18호의 부록으로 실린『교정본 삼국유사』(〔계명본〕가 먼저 보인다. 특히 이 책에는 최남선이 쓴 해제가 상세하다. 이 책은「신라장적문서」등을 덧붙여 1946년에 다시『증보 삼국유사─부 색인급고문헌십삼종(附索引及古文獻十三種)』이란 제목으로 민중서관에서 나왔으며, 그 후 몇 차례 쇄(刷)를 거듭하였다.

1946년에는 사서연역회(史書衍譯會)에서『삼국유사』를 번역하여 고려문화사(高麗文化社)에서 출간하였다. 1956년에는 고전연역회(古典衍譯會)가 번역하고 학우사(學友社)에서 펴낸『완역 삼국유사』가 출판되었으며, 같은 해에 이병도에 의해『원문병역주(原文並譯註) 삼국유사』가 동국문화사에서 나왔다. 1967년에는 세계고전전집의 하나로『삼국유사』가 이재호 번역으로 나왔는데 주(註)가 붙여져 있다. 1973년에는 이동환 교감(校勘)으로 민족문화추진회에서 『교감 삼국유사(校勘 三國遺事)』를 내었고, 1983년에는 동국대학교역경원에서 『한국불교전서』 6에 여러 판본을 대조한 『삼국유사』가 실렸다. 한편 효성여자대학교 한국전통문화연구소에서도 대교(對校)작업을 진행하여 『한국전통문화연구』 창간호(1985)부터 제3집(1987)에 걸쳐 『삼국유사』 권3까지 실어주었다.

이러한 한국측 『삼국유사』 역주작업의 집대성은 한국정신문화연구원에서 펴낸 『역주 삼국유사』라 하겠다. 5명의 분야별 전문가가 수년간 참여하여 다섯 권으로 이루어졌는데 2003년에 완간되었다. 2005년에는 이범교 역해 『삼국유사의 종합적 해석』이 출간되었는데 이 책은 사진도 곁들였을 뿐만 아니라 지금까지의 『삼국유사』 논저를 소화·정리하였다. 북한에서는 리상호가 순한글로 번역하고 약간의 주(註)를 붙인 『삼국유사』가 1960년에 간행되었다.

1973년 진단학회에서는 제1회 한국고전연구 심포지엄 '삼국유사의 종합적 검토'를 『진단학보』 36에 실었다. 영남대학교 민족문화연구소에서는 1978부터 『삼국유사』 윤독회를 열어 그 결실이 『삼국유사연구』 상으로 1983년에 나왔다. 1979년에는 김영태의 『삼국유사 소전(所傳)의 신라불교사상연구』가 출간되었다. 1986년 한국정신문화연구원에서는 '삼국유사의 종합적 검토'라는 제목으로 제4회 국제학술회의를 개최하고 다음해에 책으로 간행하였다. 경주시 신라문화선양회에서는 신라문화제 학술발표회를 열어 1980년에 『삼국유사의 신연구』, 1992년에 『삼국유사의 현장적 연구』를 펴냈다.

『삼국유사』 색인으로는 한국정신문화연구원에서 1980년에 『삼국유사색인(三國遺事索引)』을 낸 바 있고, 1992년에는 김용옥에 의해 『삼국유사

인득(三國遺事引得)』이 출간되었다. 1995년에 중앙승가대학 불교사학연구소에서는 『증보 삼국유사 논저목록(增補 三國遺事 論著目錄)』을 펴냈다.

영역(英譯) 삼국유사로는 1972년에 Ha Tae-Hung & Grafton K. Mintz, *SAMGUK YUSA*가 있으며, 독일어 번역으로는 Beckers-Kim Young-Ja & Rainer E. Zimmermann, *SAMGUK YUSA*가 2005년에 나왔다.

3. 논쟁점에 대한 시각

1) 서지적(書誌的) 문제

『삼국유사』가 일연의 저작이라는 것은 누구나 알고 있지만 지은이 문제도 그리 간단치는 않다. 『삼국유사』에는 권5에만 "國尊曹溪宗迦智山下麟角寺住持圓鏡冲照大禪師一然撰"이라고 지은이를 적고 있다. 그런데 두 곳에 걸쳐 '무극기(無極記)'라 하여 다른 저자 이름이 보인다. 이 때문에 안정복의 『동사강목』 등에서 일연과 무극을 같은 사람으로 보았다. 하지만 무극은 일연의 행장(行狀)을 썼던 제자다.〔박노춘, 1980〕 원래는 권마다 지은이 일연의 이름을 써두었겠지만 언젠가 판각하는 과정에서 모두 빠지고 다행히 5권에만 남았을 것으로 보는 것이 통설이다.

그런데 『삼국유사』는 여러 사람의 공동작업이라는 주장도 적지 않다.〔권상노, 1978 ; 채상식, 1986 ; 박진태 외, 2002〕 그 주요한 근거로는 인흥사에서 4년이라는 짧은 기간에 간행한 『역대연표(歷代年表)』는 일연의 문도(門徒)들이 대거 참여하여 지은 것으로서, 『삼국유사』는 『역대연표』를 토대로 찬술된 것이며 특히 『삼국유사』 왕력편을 『역대연표』와 같은 것으로 보기 때문이다.〔채상식, 1986〕 아울러 지적되는 구절은 기이편 서문에서 "그러므로 삼국의 시조가 모두 신이한 데서 나왔다는 것이 무슨 괴이할 게 있으리오. 기이편을 이 책 첫머리에 싣는 뜻이 여기에 있다"고 한 데 반해, 현행『삼국유사』에는 왕력이 책머리에 실려 있는 점이다. 하지만『역대연표』가 일연과 그 문도들에 의해 작성되었다고 단정할 수는 없으며,『역대연표』와『삼국유사』왕력은 상당한 차이가 있으므로 받아들이기 어렵다고 한다.〔김상현, 1987〕

다음은 찬술시기에 대해 알아보도록 하겠다. 일연은 충렬왕 9년(1284) 3월에 국존이 되어 '원경충조'라는 호를 받고, 이듬해에 인각사에 주석하게 되었으니, 앞에서 든 권5의 일연 직함으로 볼 때『삼국유사』의 찬술 하한은 그의 나이 80세인 1285년부터 1289년 사이가 된다. 만약 일연 사후 누군가에 의해 완성되었다면 당연히 시호 '보각'을 썼을 것이다. 이런 정황으로 보아『삼국유사』는 일연이 오랜 기간 사료를 모았지만 집필은 만년에 했을 것으로 추측되고 있다. 그런데 왕력과 기이편의 '후백제견훤'조에 보이는 '철원(鐵原)'이라는 지명에 주목하여 이 지명이 사용되기 시작한 1310년 이후에 왕력이 작성되었고,『삼국유사』의 원고도 이 이후에 완성되었을지도 모른다는 설이 제기되었다.〔이근직, 1998〕 하지만 이것은 지명표기에 너무 집착하는 것이고, 철원은 도피안사철조비로자나불조상명기(到彼岸寺鐵造毘盧遮那佛造像銘記, 865)에 이미 철원군(鐵貝郡)으로 쓰였기 때문에 '철원'이란 이름이 1310년 이후에 나온 것으로 보기는 어렵다는 반론도 있다.〔김상현, 2003〕

『삼국유사』의 초간시기에 대해서도 크게 두 가지 설이 있다. 우선 무극이 마음대로 보족(補足)한 것을 보면『삼국유사』는 일단 원고상태로 있던 것을 무극이 덧붙여 정고(定稿)한 것이라 하겠다. 이것을 무극이 처음 간행하게 되었다고 종래 보아왔다.〔高橋亨, 1955 ; 김상현, 1987〕. 그런데 고 판본을 보면 고려의 기각본(旣刻本)을 번각(飜刻)한 것이 아니라 새로이 판각용 필서본(板刻用 筆書本)을 마련하여 조선 태조 3년(1394) 경주부에서 처음 상재(上梓)되었다는 설이 근래 많은 지지를 받고 있다.〔천혜봉, 2005 ; 하정용, 2005〕

『삼국유사』에는 무극의 부기(附記) 이외에도 후인(後人)의 첨가가 보인다는 주장이 있다. 「가락국기(駕洛國記)」같이 단순히 사료만 인용해 놓았거나 동경흥륜사금당십성(東京興輪寺金堂十聖)조같이 아무런 설명이 없는 것이 그러한 예라는 것이다.〔이기백, 1984, 1987〕 그러나 『삼국유사』에 대한 서지적인 검토를 하지 않은 채 추측한 주장이므로 무리라는 반론도 있다.〔김상현, 1985〕

『삼국유사』의 맨 첫장은 '삼국유사왕력제일(三國遺事王曆第一)'로 시작되고, 왕력이 끝나면 다시 '기이권제일(紀異卷第一)'로 시작된다. 따라서 권1에는 왕력과 기이 두 편목이 실려 있고, 권2는 권1에 이어 전체가 기이로써 마무리된다. 편목의 세번째가 '흥법제삼(興法第三)'인 것을 보면 '기이제일'은 '제이(第二)'의 잘못으로 여겨져 최남선 이래 '기이제이(紀異第二)'로 바로잡았다.

이어서 '흥법제삼(興法第三)' 다음에 나오는 편목은 '의해제오(義解第五)'다. 이마니시(今西龍)는 흥법과 의해편 사이에 '동경흥륜사금당십성(東京興輪寺金堂十聖)'조의 마지막 줄에 '탑상(塔像)' 두 글자가 있는 것에 주목하여 이것은 원래 '탑상제사(塔像第四)'였던 것으로 보았다.

항목 중에 약간의 혼란과 변화가 있다. 권1의 '우사절유택(又四節遊宅)'은 독립된 항목이 아니라 앞의 진한조(辰韓條)에 연결된 일부였을 것이다.〔三品彰英, 1975〕 이밖에도 별개의 항목이 합쳐진 것, 오·탈자(誤脫字) 등이 적지 않으나 중종임신본으로 전승되는 과정에서 잘못된 경우는 더 많아졌다.

2) 왕력편

『삼국유사』에는 왕력(王曆)이라는 편목을 서두에 두어 기전체 사서의 연표에 준하는 체제를 취하였다. 따라서 거기에는 당연히 각 왕들의 즉위년 및 졸년(卒年)이 기재된다. 이들 정보는 대체로 『삼국사기』의 본기나 연표의 기년, 즉 『삼국사기』 왕대력과 기본적으로 일치한다. 일부 치세년(治世年) 산정의 오류라든가 몇 군데 오기가 보이는데, 이것은 두 사서가 왕대력 관련 자료를 공유한 것은 사실이지만 이들 자료 또한 단일 형태가 아니었을 것이므로 취사선택하는 과정에서 생겨난 현상이라고 이해된다.〔이강래, 2005b〕

하지만 이밖에도 필요하다고 판단되는 사항을 적어두어 신이사(神異事)를 주로 적은 기이편과는 달리 현실적인 역사적 사실들을 적고 있다. 때문에 기이편과 왕력편은 서로 보완관계에 있다고 말한다.〔이기백, 1985〕 예를 들면, 신라 천년의 시대구분과 성·진골의 차이도 왕력의 제이십팔 진덕여왕(第二十八眞德女王)조에 "이상(已上)은 중고(中古)인데 성골(聖骨)이요, 이하(已下)는 하고(下古)로서 진골(眞骨)이다"는 기사가 중요한 단서가 된다. 또 법흥왕조에는 "처음으로 십재일(十齋日)에 살생을 금하고 사람들이 승니(僧尼)됨을 허락하였다"는 기사가 있다. 이것은 『삼국사기』 신라본기나 『삼국유사』 흥법편에는 보이지 않는 내용으로서 법흥왕 15년(527)조의 "처음으로 불법(佛法)을 행하였다"는 기사의 실체가 과연 불교를 공인한다

는 포고령이었을까 하는 의문의 주요 근거가 되었다.〔신종원, 1993b〕

3) 기이편

　　기이편은 『삼국유사』 전체 9편 가운데 한 편에 불과하지만 분량으로 따지면 거의 절반이 된다. 그 내용을 보면 「가락국기」에 이르기까지 58항목이다. 『삼국유사』의 각 편목들이 그러하듯 기이편 안의 각 조항들도 서로 유기적 관계를 유지하고 있다. 「북부여」조에서는 동명이 북부여를 이어 졸본부여를 세웠는데 이가 곧 고구려의 시조라고 하면서 '아래를 보라'는 분주(分註)로 마무리를 하였다. 이것은 바로 뒤에 설정된 「고구려」조를 가리킨 것이다. 실제 「고구려」조는 "고구려는 곧 졸본부여이다"라는 말로 시작하여 「북부여」조와 호응하고 있다.〔이강래, 2005a〕
　　기이편의 설정 의도나 전체의 성격에 대하여는 다음과 같은 적절한 평가가 있다.

　　기이편은 우선 신이한 일들을 적어놓은 것이다. 그리고 그 신이한 일들을 일정한 체계 속에서 서술하였는데, 그 체계란 국가의 체계요 국왕의 체계였다. 이러한 체계를 메우기 위하여 때로는 신이가 아닌 기록을 수록하기까지 하였다. 그런데 국가에 있어서는 고조선〔단군조선〕 이래 후삼국까지에 이르고 있으며, 국왕에 있어서는 거의 전적으로 신라의 왕들이었다. 국가에 있어서는 한국고대사 전체의 체계를 생각하면서도, 국왕에 있어서는 신라의 왕들만을 고려하므로 해서 종래 『삼국유사』가 신라 중심이었다고 지적되어 온 사실에 근거를 제공하는 결과가 되었다.〔이기백, 1984〕

일연의 사관은 거의가 기이편에 녹아 있다고 해도 지나친 말이 아니다. 우선 들 수 있는 것은, 「고조선」조에서 보듯이, 우리나라가 중국의 역사와 거의 같은 시기에 출발하였다고 하는 역사와 전통에 대한 자부심이다. 같은 맥락에서 왕의 죽음을 『삼국사기』에서는 제후에게 쓰는 '훙(薨)'을 쓴 데 반해, 『삼국유사』에서는 황제에게만 사용되는 '붕(崩)'이란 글자를 사용하였다. 국왕의 칭호에 대해서도 '대왕(大王)'이란 용어를 즐겨 쓴 것을 보면 역시 같은 의도가 아니었나 생각된다.

기이편 자체가 분량이 많은 만큼 그 연구 논저 또한 이루 헤아릴 수 없다. 여기에서는 기이편만을 가지고 그 가운데 어떤 테마 또는 어느 한 조항을 취급한 것을 소개하기로 한다.

무엇보다 가장 연구가 많은 것은 「고조선」조, 즉 단군 연구다. 일본 학계의 단군 연구는 그 역사가 백 년도 넘는데, 최근 그 가운데 주요한 글들을 번역한 『일본인들의 단군 연구』[2005, 한국학중앙연구원]가 출간되었다. 이들 일본인들의 연구에 자극을 받아 그것을 비판하거나 또는 독자적 연구가 남한에서 이루어졌는데, 그것을 망라한 것으로는 윤이흠 외 지음, 『단군, 그 이해와 자료』[증보판 2001, 서울대학교출판부]이다. 북한쪽의 연구로는 서영대 엮음, 『북한학계의 단군신화 연구』[1995, 백산자료원]가 있다. 이밖에도 송호정[2005]·조경철[2005] 등의 연구가 있다. 한편 일연의 부여[조법종, 2005]·주몽[김현숙, 2005]·발해[박진숙, 2005] 인식도 최근 연구된 바 있다.

「처용랑 망해사」조 또한 역사와 문학 어느 분야를 막론하고 많은 해설과 논쟁이 있었다. 그에 관한 연구모음집으로는 김경수 엮음, 『처용은 누구인가』[2005, 역락]가 있다.

편목 전체에 대한 연구모음으로는 『삼국유사 기이편의 연구』[정구복

외. 2005)가 있다. 단독 저서로는 『삼국유사 새로 읽기 (1)-기이편』(신종원. 2005)이 있다. 「사금갑(射琴匣)」·「만파식적(萬波息笛)」(신종원. 1997)·「선덕왕지기삼사(善德王知幾三事)」(신종원. 1999a)·「효소왕대 죽지랑(孝昭王代 竹旨郎)」(신종원. 1994b) 등의 조항에 대해서는 자세한 주석이 나와 있다.

4) 흥법편

제목이 말하듯이 삼국에서 불법(佛法)이 일어난 즈음의 역사를 담아놓은 부분이다. 순도(順道)가 고구려에 불교를 처음 가져왔다는 「순도조려(順道肇麗)」조, 마라난타가 백제의 불교를 열었다는 「난타벽제(難陁闢濟)」조는 외교적 루트를 통해서 두 나라가 불교를 받아들인 내용이다. 이어서 「아도기라(阿道基羅)」·「원종흥법 염촉멸신(原宗興法 猒髑滅身)」조가 나온다. 전자는 신라에 불교를 처음 전한 아도 이야기이고, 후자는 이차돈의 순교에 관한 것으로서 고구려·백제와는 불교를 받아들인 사정이 자못 달랐던 것을 짐작할 수 있다. 이들 사건에 대한 기사는 『삼국사기』나 『해동고승전』에도 나오는데 사료마다 약간씩 차이가 있고 때로는 두 사건이 겹쳐서 이야기되는 경우도 있다. 때문에 도코우(都甲玄卿. 1933)·쓰에마쓰(末松保和. 1954)·이병도(1975)·이기백(1978. 1986. 1999)·최광식(1985. 1991)·김복순(2000) 등이 다각도로 해석을 시도하였다. 신종원(1992e) 또한 이 문제를 집중적으로 추구한 바 있다.

먼저 전래 문제를 짚어보면 신라불교는 오롯이 고구려로부터 왔는가 아니면 백제를 통한 남조불교의 영향도 있었는가 하는 것이다. 더 큰 논란거리는 이차돈 순교 때 법흥왕의 태도와 입장이다. 사료를 평면적으로 이해하는 한 법흥왕은 방관자 내지 위선적 호불군주(護佛君主)밖에 되지 않는다. 하지만 앞에서 소개한 왕력편 「법흥왕」조의 기사나 흥법편에 보이는 '사신(捨身)' 관련구절은 결코 법흥왕이 사건의 변두리에 있지 않고 오히려 사건의 한가운데 있음을 알게 된다. 이러한 반성의 이면에는 그간 사료를 가볍게 보아 넘긴 부분도 있고, 다른 하나는 중국불교사에 대한 이해의 부족을 들 수 있겠다.

이어지는 기사는 「법왕금살(法王禁殺)」조로서 불교가 백제에 정착한 뒤 드디어 법왕 때에 와서는 나라에 사냥도구를 거두는 등 살생을 금하는 불교시책을 말하고 있다. 아울러 스님 30인을 득도(得度)시키고 왕흥사(王興寺)를 창건하였다. 절 이름에서 보듯이 이즈음의 백제불교도 왕실불교의 성격이 강하였다.〔조경철, 1999, 2000〕

다음 「보장봉로 보덕이암(寶藏奉老 普德移庵)」조는 고구려가 보덕왕 때 노자, 즉 도교를 숭상하여 결국 나라가 망하고 보덕 같은 스님이 신라로 망명하였다는 내용이다. 저자 일연이 국가와 불교의 관계를 어떻게 보는지를 잘 나타내주는 대목이다.

흥법편의 마지막은 「동경흥륜사금당십성(東京興輪寺金堂十聖)」조다. 아도로부터 자장(慈藏)에 이르는 열 명의 고승 이름만 써놓고 있다. 일찍이 최남선이 십성(十聖)이 이상(泥像)으로 되어 있어서인지 이 조항을 뒤로 넘겨 탑상편에 넣은 뒤로, 이재호·김영태(1974)·이기백(1987a)의 지지를 받고 있다. 하지만 탑상편의 것은 모두가 불(佛)·보살상인 데 반해 이 조항의 열 분은 고승이며, 그들 모두가 신라불교의 융성에 이바지했던 자들이므로 소속 편목까지 조정할 필요는 없다는 반론도 있다.〔김상현, 2003〕한편 흥법편의 「순도조려」〔신종원, 1994c〕·「아도기라」〔신종원, 1993a〕·「원종흥법」〔신종원, 1996b〕조에 대해서는 비교적 자세한 역주 작업이 행해진 바 있다.

5) 탑상편

『삼국유사』에 기록된 고구려·백제·신라·고려 등 각 시대의 사찰
수는 대체로 2백여 사인데, 그 가운데 탑상편에서 거론된 절은 80여 사
에 이른다.〔진홍섭, 1987〕 탑상편은 모두 30개 조로서 기이편 다음으로 분
량이 많다. 다시 내용별로는 불상에 관한 것이 21개 조, 불탑 및 사리에
관한 것이 7개 조, 창사(創寺) 2개 조, 조상(造像) 1개 조, 종(鐘) 1개 조(個
條)로서 조상(造像)관계 기록이 70퍼센트나 된다. 반면에 탑과 사리에 관
한 기사는 모두 합해서 22퍼센트에 지나지 않는데, 이런 점에서도 조상
(造像)을 중시하는 대승불교의 전통이 잘 반영되어 있다고 한다.〔문명대,
1988〕 어떻든 탑상편은 삼국 및 통일신라의 불교미술사임에 틀림없다.〔이
기백, 1987b〕

참고로 『삼국유사』에 실린 사찰이나 탑상들은 대부분 인멸되어 그
소재조차 알 수 없는데 절터로는 금곡사·석장사 등이 알려져 있으며,
탑파(塔婆)에서는 무장사(鍪藏寺)·미륵사·불국사·황복사·월정사 탑이,
불상에서는 삼화령미륵삼존·감산사석불·굴불사사방불(掘佛寺四方佛)·
석굴암불상이 겨우 남아 있을 뿐이다.

탑상편에는 편집상 제목이 잘못된 곳도 있다. 「삼소관음 중생사(三所
觀音 衆生寺)」조에는 중생사 관음밖에 소개되지 않았다. 이어서 나오는 조
항이 백률사·민장사의 관음이므로 '삼소(三所)'는 뒤의 두 조항에까지 걸
치는 것이며, 이것은 「백률사중수기」(1608)로서도 증명된다.〔신종원, 1999b〕

일연이 이렇게 탑상을 중시한 것은 몽골의 침략으로 폐허가 된 사찰의 신·개창(新改創)이 절실하였기 때문일 것이라고도 한다. 하지만 그렇게 해야 하는 당위성은 어디에 있느냐 하면, 그것은 곧 우리 강토에 대한 뜨거운 애정이자 불교에 대한 독실한 믿음이다. 이 둘을 아울러 말하면 곧 불국토사상이 될 것이다. 그는 「황룡사장육」조에서 "이 세상 어느 곳인들 진향(眞鄕)이 아니리오만 향화(香火)의 인연은 우리나라가 으뜸이리라"라고까지 하였다.

그러면 일연의 미술사관은 어떻게 보아야 할까? 그에게 가장 우수한 불교미술은 가장 영험있는 탑(塔)·상(像)이다. 먼저 탑상편 첫머리에는 우리나라가 전세(前世)부터 불국토였다는 것을 알 수 있는 시각적인 증거부터 예시하고 있다. 즉 가섭불연좌석은 신라가 전불(前佛) 때의 불국토였다는 것, 요동 아육왕탑은 고구려에 아쇼카왕이 직접 만든 탑이 온 것이며, 가야 역시 금관성파사석탑에서 보듯이 불교와 인연이 있는 나라라는 것이다. 이야기는 다시 신라로 돌아가서, 인도에서도 못 만들었던 장육존상이 신라에서 이루어졌다는 「황룡사장육」조, 그 탑을 만들고 드디어 천하를 통일하게 되었다는 '황룡사구층탑' 등이 이어진다. 황룡사에 대한 고고학적 연구는 적지 않게 이루어졌다.〔김정기, 1980 ; 김동현, 1987 ; 양정석, 1999, 2000, 2004〕

하지만 이렇게 스케일 큰 이야기만 있는 것은 아니다. 분황사의 천수대비관음상은 눈먼 아이에게 광명을 찾아주었고〔신종원, 1999b〕, 바다에 나가 장사하는 아들 장춘(長春)이 파선(破船)되어 중국에 가 있자 그 어머니 보개(寶開)가 민장사의 관음보살에게 빌어 무사귀환한 일도 기록하고 있다.〔「민장사」〕

6) 의해편

의해편은 그 이름에서 유추되듯이 불교교리로 유명한 교종(教宗) 승려들에 대한 기사를 모은 것이다. 그러니까 우리가 잘 아는 원광·자장(慈藏)·원효[김상현, 1994, 2000 ; 남동신, 1999]·의상[전해주, 1993 ; 정병삼, 1998 ; 김두진, 2002]·진표 및 그 제자들의 이야기가 모두 여기에 소개되어 있다.

세속오계를 내린 원광에 대해서는 익히 알고 있지만 그의 생몰년(生沒年)에 관해서는 계산기준에 따라 몇 가지 설이 있다.[今西龍, 1933 ; 신종원, 1992 ; 鎌田茂雄, 1988] 그가 말년에 교유했던 왕이 진평왕인가 선덕여왕인가 하는 의견이 차이는 이러한 데서 비롯된다.[이기백, 1968] 자장 또한 '계율종의 시조'[김영수, 1931], 화엄사상가[채인환, 1977] 또는 통화불교가(統和佛教家)[안계현, 1980]라는 식으로 그 평가가 엇갈리고 있다.

각 조항의 제목은 대체로 네 글자로 되어 있는데 스님의 이름과 그의 행적을 대표하는 문구를 조합한 것이다. 물론 「현유가 해화엄(賢瑜珈海華嚴)」같이 6자로 되어 있는 것도 있으나 이 제목 역시 유가종 스님의 대현(大賢), 화엄종의 법해(法海)라는 뜻이므로 여타 제목과 이질적인 것은 아니다. 그런데 무극(無極)이 추가한 「관동풍악발연수석기(關東楓岳鉢淵藪石記)」만은 다른 것들과 동떨어진 표기를 하고 있다. 여기에는 주인공이 누구인지 또는 그의 행적을 알 수 있는 글자가 보이지 않는다. 이 사료 또한 중요한 것은 말할 나위 없으나 일연의 『삼국유사』를 고찰하는 데는 마땅히 제외시켜야 한다는 견해가 있다.[이기백, 1987]

선덕여왕 때 나라의 정책을 불교 교리면에서 뒷받침했던 고승으로 빼놓을 수 없는 이가 안홍(安弘)이다. 그는 안함(安舍)으로도 쓰여 동일인

여부가 판단되지 않았던 일연으로서는 어쩔 수 없는 일이었겠지만, 안홍[안함]의 전기가 『삼국유사』에 빠짐으로써 황룡사구층탑을 위시한 선덕여왕 때의 정책이 모두 자장의 공(功)으로 돌아간 것도 사실이다. 다행히 『해동고승전』에 안함의 전기가 실려 있고, 『삼국유사』에는 안홍의 「동도성립기(東都成立記)」의 일부가 소개되고 있어 그의 행적이나 사상이 복원될 수 있었다.[신종원. 1992c] 이것은 일연이 『삼국유사』를 저술하면서 선종 관련 사적을 뺀 것과 마찬가지로 아쉬운 면이지만 별도의 선택 기준이 있었는지는 알 수 없다.

의해편의 성격을 일부나마 짐작하도록 「현유가 해화엄(賢瑜珈 海華嚴)」에 나오는 일화 하나를 소개한다. 경덕왕(742~764) 때 남산 용장사에 장육(丈六)의 석상이 안치되어 있었다. 유가종 스님 대현이 미륵상의 주위를 돌면 불상도 그를 따라 얼굴을 돌렸다고 한다. 어느 때는 가뭄이 들어 대현이 내전에서 비를 비는데 얼마 안 있어 우물물이 솟아 높이가 일곱 길이나 되었다고 한다.

이외에도 진표의 수행 및 포교와 관련된 자세한 내용이 있어 우리 고대의 미륵신앙에 대한 적지 않은 정보를 남겨놓고 있다.[김영태. 1979] 그런데 의해편에는 교학의 대가라기보다는 장인승(匠人僧)이라고 할까 예술인으로 이름을 날린 양지 스님의 전기도 있다. 그는 탁발을 하지 않고 대신 지팡이를 마을로 날려 보내면 동냥주머니가 채워져 돌아왔다는 신승(神僧)이다. 제목 「양지사석(良志使錫)」은 그의 이러한 기행(奇行)을 요약·표현한 것이다. 그는 건축·조상(造像)·글씨 등에 두루 빼어났는데 그의 작품 사천왕사팔부신장상은 지금도 남아 있다. 한번은 양지 스님이 영묘사의 장육존상을 빚을 때 장안의 남녀가 다투어 흙을 날라다 주었는데, 이 때 부른 노래가 향가 풍요(風謠)다. 풍요의 해석을 둘러싸고 민중들이 자발적으로 흙을 날랐다는 공덕가설(功德歌說)과 의무적으로 동원될 수밖에 없었다는 노동요설(勞動謠說)의 해묵은 논쟁이 국문학계에 있었다. 그런데 그가 머물렀던 석장사터의 발굴결과 '민공(民貢)'이 새겨진 기와가 나와 양지 스님의 절이나 그의 작품활동에 사람들이 동원되었음을 알게 되었다.〔신종원, 1992a〕

7) 신주편

고승들의 신통한 주술력에 대한 설화를 모아놓은 이 편에는 세 스님의 이야기가 실려 있다. 첫번째가 「밀본최사(密本摧邪)」조다. 밀본 스님은 늙은 여우와 사이비 승 법척(法惕)을 도력으로 누르고 선덕여왕의 병을 고쳐드렸다. 승상 김양도가 어렸을 적 병들었을 때도 귀신들을 철퇴로 내리쳐 나았다고 한다. '밀본'이 '사악한 것을 꺾은' 것으로서 이를 직역한 것이 곧 '밀본최사'며, 따라서 신주편도 의해편과 마찬가지로 네 글자를 제목으로 뽑은 면에서 앞편과 연결되는 것이라 할 수 있다.

「혜통항룡(惠通降龍)」조도 제목에서 짐작하겠지만, 혜통이 당나라에 있을 때 공주의 병을 고쳐주자 그 병을 일으켰던 독룡(毒龍)이 신라에까지 쫓아와서 해코지를 하자 불살계(不殺戒)를 주어 교화시켰다는 이야기다. 그런데 이 대목에서 용(龍)은 '웅신(熊神)' 또는 '신(神)'으로도 표기되어 많은 혼란을 주고 있다. 용(龍)이나 웅(熊)도 모두 신(神)을 그렇게 훈차(訓借)한 것일 따름이라면 이해가 갈 것이다.〔신종원, 2002〕혜통은 당(唐)의 선무외(善無畏) 삼장에게서 수학했다. 귀국해서는 신문왕의 귀의를 받고 신충봉성사(信忠奉聖寺)를 창건하였다. 일연은 혜통을 평하여 "밀교의 풍(風)은 그로부터 크게 떨쳤다"고 하였다.

세번째는 「명랑신인(明朗神印)」조다. 이 조항에 의하면 명랑은 선덕여왕 원년(632) 당나라에 유학했다고 하는데, 그의 어머니가 자장 스님의 누이동생인 점을 감안하면 오히려 기이편 「문무왕 법민」조에 입각하여 문무왕대에 유학한 것으로 보는 것이 맞다.〔신종원, 1992e〕 그는 문무왕 15년에 문두루(文豆婁) 도량을 열어 도력(道力)으로 당나라 군사를 물리쳤으며, 자기 집을 희사하여 금광사(金光寺)를 창건하는 등 '신인종의 조사(祖師)'라고 명시되었고, 현재 학계에서도 대체로 받아들여지고 있다.〔문명대, 1976〕

8) 감통편

이 편목에는 지극한 신심이 인간 능력의 한계를 뛰어넘은 설화를 다루고 있다. 그 첫번째가 「선도성모수희불사(仙桃聖母隨喜佛事)」조다. 선도산 신모(神母)는 신라에서 국가제사로 모시는 권위있고 영험한 신이다. 진흥왕 때 비구니 지혜(智惠)가 법당을 지으려 하지만 자금이 없어 고심하던 차에, 신모가 꿈에 나타나 자신의 신사(神祠)에서 금 10근을 캐어다가 공사를 하라고 일러주었다. 깨어서 일러준 대로 절을 짓고 봄·가을로 점찰법회를 열었는데, 이 역시 신모가 꿈에 부탁한 것이었다. 점찰법회는 당대의 석학 원광으로부터 비롯되어 이미 진평왕대의 이름없는 비구니까지도 열 정도로 성하였다. 이들 스님은 『점찰선악업보경』의 교리에 따라, 길흉이 원인 모를 운수에 있는 것이 아니라 행위의 선악과 관련된다 하여 도덕·윤리를 진작시키고 나아가 종교적으로 구원의 길을 열어주었다.

감통편에서는 물론이려니와 아마도 『삼국유사』 전체를 통해서도 「욱면비염불서승(郁面婢念佛西昇)」조만큼 드라마틱한 영험설화는 없을 것이다. 경덕왕 때의 비(婢) 욱면은 주인들처럼 불공을 드리고 싶었으나 그럴만한 신분도 아니며 더구나 일이 많아 시간이 나지 않았다. 겨우 잠잘 시간에 절 마당 한 켠에서 몰래 염불하였더니 결국 벌을 받게 되었는데, 하늘에서 욱면을 법당에 들이라는 소리가 있어 마침내 정진할 수 있었고, 드디어 예불하는 모습 그대로 지붕을 뚫고 왕생하였다. 이 사건의 계기는 염불만일회(念佛萬日會)로서 그 효시는 발징 스님의 그것인데 시대와 장소·인물 등의 착종이 심하였다. 이것을 역사학에서 어떻게 이해하는가 하는 하나의 수수께끼를 푸는 것처럼 흥미롭다. 다행히 그 얽히고 잘못된 것을 풀고, 육신등공한 흔적이란 실은 그러한 형식의 지붕에 있는 데서 연유한 이야기라는 연구가 나온 바 있다.〔신종원, 1982a, 1989 ; 김영미, 1994〕

「광덕 엄장(廣德 嚴莊)」조는 두 스님의 이름을 제목으로 하였다. 광덕은 처(妻)와 함께 살았는데 엄장보다 먼저 왕생하였다. 엄장은 광덕의 처와 잠자리를 같이 하려 하였으나 광덕처는 거절하면서, 전 남편은 언제나 아미타불을 염불하고 16관을 닦으면서 하루도 동침하지 않았다고 하였다. 광덕은 부끄러운 나머지 원효를 찾아가서 쟁관법을 배워 드디어 왕생하였다. 광덕처는 관음보살의 16응신(應身)의 하나로서 분황사의 비였다. 이 조항의 마지막에 향가 '원왕생가'가 소개된다. 이와 같이 남녀의 정(情)도 멀리하고 일념으로 관(觀)을 닦은 것이 '감통(感通)'하여 모두 왕생하였다는 포교담(布敎譚)이다. 그런데 교리상으로는 미타신앙과 관음신앙의 관계, 시대배경으로는 분황사 관음보살상이 경덕왕대의 작품이므로 원효 시대와 어긋나는 등 해결해야 될 문제점이 적지 않다.〔신종원, 1999b〕

다음은 「월명사도솔가」조를 보도록 하자. 경덕왕 19년(760)에 하늘에 해가 둘이 떠 있자, 일관은 인연있는 스님을 모셔다가 산화공덕(散花功德)

을 지으면 재앙이 없어질 것이라 하였다. 이에 월명사가 뽑혀 향가 '도솔가'를 지어 부르니 괴변이 사라졌다고 한다. 비슷한 이야기로는 혜성이 나타났을 때 스님이 향가를 지어 불렀더니 곧 사라졌다는 「융천사 혜성가」조가 있다. 신라의 노래는 이렇게 "천지귀신을 감동시킨다"고 일연은 평하였다. 뿐만 아니라 짐승들까지도 감응을 시킨 이야기가 「김현감호(金現感虎)」조다. 이에 대해서는 구비문학 쪽의 연구가 많다.〔임재해, 1991〕

9) 피은편

피은편에는 글자 그대로 세속을 피하여 은둔하고 있는 이들을 소개하고 있다. 그 첫번째가 「낭지승운 보현수(朗智乘雲 普賢樹)」조다. 낭지는 이차돈이 순교하던 해에 영취산 기슭에 자리잡았는데 그 후 135년 되던 해에 지통(智通)을 만났다고 한다. 지통은 의상의 제자요 『추동기(錐洞記)』를 지은 인물이다. 그러나 지통은 물론 원효 같은 고승도 낭지를 지극히 공경하였다. 낭지는 중국 청량산을 구름을 타고 이웃처럼 드나들었다고 하니 과연 숨은 고승이라 할 만하다.

고승 연회(緣會)도 나라의 부름을 피해 다니다가 어쩔 수 없이 왕사가 되었다.〔「緣會逃名 文殊岾」〕백제승 혜현(惠現)은 『법화경』을 외고 삼론(三論)을 연구하였는데, 사람들이 찾아오는 것이 싫어 달마산 험준한 곳에 살다가 석실(石室)에서 일생을 마쳤다. 그는 중국에까지 알려져 전기가 씌어지곤 하였다.〔「惠現求靜」〕

「신충괘관(信忠掛冠)」조를 보도록 하겠다. 효성왕의 총애를 받던 신충(信忠)이 벼슬도 버리고 남악(南嶽)에 들어가 단속사(斷俗寺)를 지었다고도

하고, 별기(別記)에는 경덕왕 때의 이준(李俊, 李純)이 조연소사(槽淵小寺)를 큰 절로 지어 단속사라 했다고도 한다. 어떻든 '단속(斷俗)'이란 이름에서 보듯이 피은편에 걸맞은 사항을 뽑아놓고 있는데, 단속사 창건주에 대해서는 의견이 분분하다.〔이기백, 1974 ; 김영수, 1998〕

「영재우적(永才遇賊)」조는 지리산에 살던 영재 스님이 도적을 만나 향가를 지어 그들을 감화시켜 제자로 삼아 다시는 속세에 나오지 않았다는 이야기다. 당시 영재는 90세로서 원성왕 때라고 한다.

「포천산오비구(布川山 五比丘)」조는 경덕왕 때 삽량주의 포천산에 다섯 비구가 석굴에서 거처하면서 아미타불을 염송하다가 그대로 서방정토로 왕생했다는 이야기다. 그 시대배경과 현지에 대해서는 연구된 바 있다.〔문명대, 1969〕 이밖에도 그 내력을 알 수 없는 「영여사(迎如師)」·「염불사(念佛師)」의 약전(略傳)이 실려 있다.

10) 효선편

이 편의 제목 '효선'이 과연 어떤 의미인가에 대해서도 의견은 통일되어 있지 않다. '효도라는 선행'〔민병하, 1975〕으로 보기도 하지만, "효는 물론 부모에 대한 효도를 말하는 것이지만, 선은 불(佛)에 대한 선행, 즉 신앙을 말하는 것"이라고〔이기백, 1983〕 한다. 따라서 일연 자신의 어머니에 대한 효성이 편목설정의 계기라든가, 이 편목을 『삼국유사』의 부록 정도로 보아서는 안되는 이유로서, 첫번째 제목의 '효선쌍미(孝善雙美)'가 이 편목을 잘 말해 준다고 한다. 그렇다면 효선편을 둔 의도는 불교가 융성하던 신라시대에 유교측의 비판에 대응한 측면이 강하였다고 보기도 한다.〔김복순, 1998〕

여기에는 다섯 개의 조항이 들어 있다.

진정사(眞定師)는 어머니 봉양은 뒤로 한 채 '불법(佛法)은 만나기 어렵다'는 어머니의 권유로 하나밖에 없는 부러진 솥을 시주하고는 출가한다. 나중에 의상의 제자가 되어 『화엄경』을 강하여 어머니를 하늘에 태어나게 해드렸다.〔「眞定師孝善雙美」〕

품팔이하던 김대성은 밭을 시주한 공덕으로 재상가에 태어나 전세와 현세의 부모를 위해 각각 석불사와 불국사를 지었다.〔「大城孝二世父母」〕

향득(向得) 사지(舍知)는 다리살을 베어 어머니를 봉양한 효행으로 경덕왕으로부터 조(租) 5백 석을 상으로 받았다. 이 이야기는 『삼국사기』에도 나온다.〔「向得舍知割股供親」〕

손순(孫順)은 어린애가 할머니의 음식을 뺏어 먹는 것을 안타까워하여 아이를 생매장하려다가 석종(石鐘)을 발견하였는데, 그 소리를 들은 흥덕왕이 사정을 알고는 상을 주었고, 손순은 살던 집을 절로 만들었다고 한다.〔「孫順埋兒」〕

마지막은 가난한 딸이 눈먼 어머니를 잘 봉양하자 화랑 무리와 진성여왕이 그녀를 도왔다는 이야기인데〔「貧女養母」〕, 『삼국사기』 열전에는 '효녀 지은(知恩)'이라고 이름이 밝혀져 있다.

4. 맺음말

지금까지 살펴본 것처럼 『삼국유사』에 관한 연구는 양적으로도 많으며, 질적으로도 상당한 수준에 이르렀다. 하지만 모든 일이 그렇듯이 만족하기에는 아직 이른 것 같다.

서지사항에 대하여 말하면, 초간본의 전권(全卷)이 영인·출판되어 누구나 활용할 수 있었으면 한다. 그래서 초간본과 중종임신본의 차이 등이 일목요연하게 밝혀졌으면 한다.

대교작업은 많은 사람이 하였는데 중복된 감이 없지 않다. 연구인력이 한정되어 있는만큼 기왕이면 노력이 분산되지 않았으면 좋겠다.

역주작업은 많을수록 좋다. 공동으로 하는 역주는 기존의 연구를 당연히 망라해야 할 것이니, 말하자면 연구사가 정리됨으로써 새로 나온 역주가 학계에 새로이 이바지한 것이 무엇인지 알 수가 있다. 그런가 하면 단독 역주도 바람직하다. 『삼국유사』라는 책을 누가 어떤 입장에서, 어떤 사관이나 불교관을 가지고 수미일관하게 보는가 하는 것은『삼국유사』의 여러 개성을 찾아내는 작업이기 때문이다.

연구방법론과 관련하여 소견을 말하자면, 『삼국유사』는 사료가치에 비해 한국고대사학계에서 그다지 활용되지 않는 것 같다. 그것은『삼국유사』의 내용이 어떤 것이든간에 그것이 이야기 형식, 즉 설화로 쓰였기 때문이다. 따라서 『삼국유사』를 읽자면 먼저 설화에 대한 소양이 필요하다. 그리하여 해당사료의 어디까지가 사실이고, 어디부터가 입담 또는 포교·교훈적 이야기로 발전했느냐를 먼저 가려내야 한다는 것이다.

나라 안팎으로 『삼국유사』를 읽고 연구하는 모임이 적지 않다. 어느 시점 또는 주기적으로 그러한 역량을 한군데 모으는 작업이 절실히 요구된다. 다행히 인각사 안의 일연학연구원이 최근에 활동을 잘 하고 있는데, 이 연구원이 중심이 되든지 아니면 다른 기관이 중심이 되어서라도 주기적이고 광범위한 학술모임이 명실공히 이루어졌으면 하는 바람이다.

신종원

‖ 참고문헌 ‖

김동현, 1987, 「삼국유사와 황룡사지」, 『삼국유사의 종합적 검토』, 한국정신문화연구원.

김두진, 2002, 『신라화엄사상사연구』, 서울대학교출판부.

김복순, 1998, 「삼국유사에 보이는 유교사관」, 『월운스님고희기념 불교학논총』.

_____, 2000, 「삼국유사 흥법편과 중고기의 설정」, 『경주사학』 19.

김상현, 1985, 「삼국유사 왕력편 검토」, 『동양학』 15.

_____, 1987, 「삼국유사의 서지학적 연구」, 『삼국유사의 종합적 검토』, 한국정신문화연
구원.

_____, 1994, 『역사로 읽는 원효』, 고려원.

_____, 2000, 『元曉硏究』, 민족사.

_____, 2003, 「삼국유사의 서지적 고찰」, 『역주 삼국유사』 V, 한국정신문화연구원.

김영미, 1994, 『신라불교사상사연구』, 민족사.

김영수, 1931, 「五敎兩宗에 대하여」, 『진단학보』 8.

_____, 1998, 「원가 연구의 쟁점 소고」, 『향가연구』, 국어국문학회.

김영태, 1974, 「삼국유사의 체제와 그 성격」, 『동국대 논문집』 11.

_____, 1979, 「점찰법회와 진표의 敎法思想」, 『삼국유사 所傳의 신라불교사상연구』, 신
흥출판사.

김용옥, 1992, 『三國遺事引得』, 통나무.

김정기, 1980, 「황룡사지 발굴과 삼국유사의 기록」, 『삼국유사의 신연구-신라문화제학
술회의 논문집 1』, 경주시.

김현숙, 2005, 「삼국유사 內 주몽의 출자기사를 통해 본 국가계승의식」, 『삼국유사연구』
창간호, 일연학연구원.

남동신, 1992, 「자장의 불교사상과 佛敎治國策」, 『한국사연구』 76.

_____, 1999, 『원효』, 새누리.

문명대, 1976, 「신라 신인종의 연구」, 『진단학보』 41.

_____, 1988, 「삼국유사 탑상편과 일연의 불교미술사관」, 『강좌 미술사』 1, 한국미술사
연구소.

민병하, 1975, 「삼국유사에 나타난 효선사상」, 『인문과학』 3·4합, 성균관대학교.

민족문화연구소 편, 1983, 『三國遺事硏究 上』, 영남대학교출판부.

박노춘, 1980, 「一然의 號와 混丘의 號」, 『어문연구』 25·26, 일조각.

박진숙, 2005, 「일연의 발해사 인식과 삼국유사」, 『삼국유사연구』 창간호, 일연학연구원.

박진태 외, 2002, 『삼국유사의 종합적 연구』, 도서출판 박이정.

백산자료원, 1986, 『三國遺事硏究論選集 (1)』.

송호정, 2005, 「삼국유사에 보이는 일연의 고조선 인식」, 『삼국유사연구』창간호, 일연학
　　연구원.

신종원, 1982a, 「삼국유사 욱면비염불서승조에 대한 일고찰」, 『사총』 26, 고려대학교.

_____, 1982b, 「자장의 불교사상에 대한 재검토」, 『한국사연구』 39.

_____, 1989, 「삼국유사 욱면비염불서승조 역해」, 『신라문화』 5, 동국대학교.

_____, 1991, 「원광과 진평왕대의 점찰법회」(신라문화제학술발표회논문집 12), 경주시.

_____, 1992, 『신라초기불교사연구』, 민족사.

_____, 1992a, 「삼국유사 양지사석조 주석」, 『古文化』 40·41, 한국대학박물관협회.

_____, 1992b, 「자장과 중고시대 사회의 사상적 과제」, 『신라초기불교사연구』, 민족사.

_____, 1992c, 「안홍과 신라불국토설」, 『김충열교수화갑기념논문집』.

_____, 1992d, 「신라 불교전래의 諸相」, 『가산이지관스님화갑기념 한국불교문화사상사』.

_____, 1993a, 「삼국유사 아도기라조 역주」, 『송갑호교수정년기념논문집』.

_____, 1993b, 「신라 불교공인의 실상」, 『신라불교의 재조명』(신라문화제학술발표회논
　　문집 14), 경주시.

_____, 1994a, 「단석산신선사조상명기에 보이는 미륵신앙집단에 대하여-신라 중고기
　　의 왕비족 잠탁부」, 『역사학보』 143.

_____, 1994b, 「삼국유사 효소왕대죽지랑조 역주」, 『문산김삼룡박사고희기념 마하백
　　제와 미륵사상』.

_____, 1994c, 「고구려 불교초전 기사에 대한 역주」, 『문화재』 27.

_____, 1996a, 「삼국유사 선덕왕지기삼사조의 몇 가지 문제」, 『신라와 낭산 』(신라문화
　　제학술발표회논문집 19), 경주시.

_____, 1996b, 「삼국유사 원종흥법염촉멸신조 역주」, 『겨레문화』 10.

_____, 1997, 「삼국유사 2個條 역주」, 『미천목정배박사화갑기념논총』.

_____, 1999a, 「삼국유사 선덕왕지기삼사조 역주」, 『월운스님고희기념논총』.

_____, 1999b, 「삼국유사에 실린 분황사 관음보살 설화 역주」, 『분황사의 제조명』(신라
　　문화제학술발표회논문집 20), 경주시.

_____, 2001, 「문무왕과 대왕암-고려시대의 민속신앙과 관련하여」, 『한국중세사회의

제문제」.

_____, 2002, 「단군신화에 보이는 곰의 실체」, 『한국사연구』 118.

_____, 2005, 『삼국유사 새로 읽기』, 일지사.

안계현, 1980, 「삼국유사와 불교종파」, 『삼국유사의 신연구-신라문화제학술회의 논문집 1』, 경주시.

양정석, 1999, 「황룡사 금당의 조성과 장육존상」, 『선사와 고대』 12.

_____, 2000, 「황룡사, 북위 영녕사 그리고 일본 대관대사」, 『한국사학보』 9.

_____, 2004, 「황룡사구층탑의 조성에 대한 비교사적 검토」, 『선사와 고대』 21.

이강래, 1992, 「三國遺事引用 古記의 성격」, 『서지학보』 7, 한국서지학회 ; 1996, 『삼국사기 典據論』, 민족사.

_____, 1998, 「本史와 遺事」, 『월운스님고희기념 불교학논총』.

_____, 2005a, 「삼국유사 기이편의 자료 수용 방식」, 『삼국유사 기이편의 연구』, 한국학중앙연구원.

_____, 2005b, 「삼국사기와 삼국유사의 왕대력 비교 연구」, 『한국사학보』 21, 고려사학회.

이근직, 1998, 「삼국유사 왕력의 편찬 성격과 시기」, 『한국사연구』 101.

이기백, 1968, 「원광과 그의 사상」, 『창작과 비평』 10 ; 1968, 『신라시대의 국가불교와 유교』, 한국연구원.

_____, 1974, 『신라정치사회사연구』, 일조각.

_____, 1976, 「삼국유사의 사학사적 의의」, 『진단학보』 36 ; 1976, 『한국의 역사인식』 상, 창작과 비평사 ; 1978, 『한국사학의 방향』, 일조각.

_____, 1978, 「삼국시대 불교수용과 그 사회적 의의」, 『신라시대의 국가불교와 유교』, 한국연구원.

_____, 1983, 「신라불교에서의 효관념」, 『동아연구』 2.

_____, 1984, 「삼국유사 기이편의 고찰」, 『신라문화』 1.

_____, 1986, 「신라 초기 불교와 귀족세력」, 『신라사상사연구』, 일조각.

_____, 1987a, 「삼국유사의 편목구성」, 『불교와 제과학』, 동국대학교출판부.

_____, 1987b, 「삼국유사의 탑상편의 의의」, 『두계이병도박사구순기념논문집』.

이범교 역해, 2005, 『삼국유사의 종합적 해석』, 민족사.

이병도, 1975, 「신라불교의 침투과정과 이차돈 순교문제의 신고찰」, 『학술원논문집』 14 ; 1976, 『한국고대사연구』, 박영사.

임재해, 1991, 『설화작품의 현장론적 분석』, 지식산업사.

전해주, 1993, 『의상화엄사상사연구』, 민족사.

정구복 외, 2005, 『삼국유사 기이편의 연구』, 한국학중앙연구원.

정병삼, 1998, 『의상화엄사상연구』, 서울대학교 출판부.

조경철, 1999, 「백제의 지배세력과 법화사상」, 『한국사상사학』 12.

_____, 2000, 「백제 성왕대 유불정치이념－육후와 겸익을 중심으로」, 『한국사상사학』 15.

_____, 2005, 「단군신화의 불교적 세계관」, 『삼국유사 기이편의 연구』, 한국학중앙연구원.

조법종, 2005, 「삼국유사에 나타난 일연의 부여인식」, 『삼국유사연구』 창간호, 일연학연구원.

진홍섭, 1987, 「삼국유사에 나타난 탑상」, 『삼국유사의 종합적 검토』, 한국정신문화연구원.

채상식, 1986, 「至元 15年(1278) 仁興寺刊 歷代年表와 삼국유사」, 『고려사의 제문제』, 삼영사.

채인환, 1977, 『新羅佛敎戒律思想硏究』, 國書刊行會.

천혜봉, 2005, 「삼국유사 판각의 시기와 장소」, 『삼국유사연구』창간호, 일연학연구원.

최광식, 1985, 「이차돈 설화에 대한 신고찰」, 『한국전통문화연구』, 효성여자대학.

_____, 1991, 「신라의 불교 전래, 수용 및 공인」, 『신라사상의 재조명』, 신라문화선양회.

최남선, 1954, 「삼국유사 해제」, 『삼국유사』, 민중서관.

하정용, 2005, 『삼국유사 사료비판』, 민족사.

하정용·이근직, 1997, 『三國遺事 校勘硏究』, 신서원.

한국정신문화연구원, 1980, 『三國遺事索引』.

_____, 1987, 『삼국유사의 종합적 검토』.

홍윤식, 1985, 『삼국유사와 한국고대문화』, 원광대학교출판국.

鎌田茂雄, 1988, 『新羅佛敎史序說』, 東京大學校東洋文化硏究所.

高橋亨, 1955, 「三國遺事の註及檀君傳說の發展」, 『조선학보』 7; 김진광 역, 2005, 「삼국유사의 주와 단군전설의 발전」, 『일본인들의 단군연구』, 한국학중앙연구원.

今西龍, 1933, 「新羅圓光法師傳」, 『新羅史硏究』.

都甲玄卿, 1933, 「佛法の新羅流傳と其の採用說(中)」, 『朝鮮』 1月號.

末松保和, 1954, 「新羅佛敎傳來傳說考」, 『新羅史の諸問題』, 東洋文庫.

三品彰英, 1975, 『三國遺事考證』 上, 塙書房.

Ha Tae-Hung & Grafton K. Mintz, 1972, *SAMGUK YUSA*, Yonsei University Press, Seoul.

Beckers-Kim Young-Ja &Rainer E. Zimmermann, 2005, *SAMGUK YUSA*, EB-Verlag.

신라와 발해의 문자자료

1. 머리말

　문자자료란 말 그대로 '글이 쓰여진 자료'를 말한다. 그런데 역사학에서는 목적에 따라 다양한 재질로 만들어진 사물에 새겨진 문자, 또는 문자가 쓰여진 사물을 가리키는 경우도 많다. 석비(石碑)나 묘지(墓誌)·목간(木簡)·문서(文書) 등이 대표적인 문자자료라고 할 수 있는데, 이들은 후대에 정리·편찬된 문헌사료와는 구분되는 것으로, 그 당시 살았던 사람들이 직접 남긴 실물자료로서 당시의 역사적 사실뿐만 아니라 그들이 사용한 용어, 그들의 인식 등이 담겨 있는 귀중한 자료이다.

　현재 알려져 있는 남북국시대 문자자료의 수량은 삼국시대에 비하면 많은 편이나 같은 시기의 중국이나 일본에 비하면 훨씬 적은 편이다. 그러나 이 자료들은 남북국시대를 이해하기 위한 많은 정보를 담고 있으며 그것을 활용하는 연구방법도 다양하다. 본고에서는 이러한 문자자료의 유형, 연구방법에 대해 개관하고자 한다. 단 정치·경제·문화

등 연구사의 흐름은 각각 전론(專論)에서 다루어질 것이므로 구체적으로는 다루지 않고자 한다. 또 목간자료에 대해서는 언급을 생략하고자 하며, 기와는 역시 한 장에 기록된 글자수가 적고 전체 수량이 파악되지 않기 때문에 생략하고자 한다.

2. 문자자료의 범주

한국고대사에서 문자자료라고 할 때 가장 먼저 떠오르는 것은 금석문(金石文)이다. 금석문은 말 그대로 금속(金屬)과 돌[石]에 새겨진 문자를 가리키며, 현재 알려져 있는 남북국시대 문자자료 중 가장 많은 분량을 차지한다. 그 외에도 문자자료에는 기능이나 목적에 따라 나무[木]·종이[紙]·천[布]·흙(土) 등 다양한 재질이 선택·사용되었다.

문자자료는 당시에 작성된 실물자료를 말하는 경우가 대부분이지만, 당시 만들어진 기록을 필사하여 후대에 사료로 정리한 것, 탁본(拓本) 형태로 전재된 것 등도 포함될 경우가 있다.[김상현, 2004] 단 이러한 전재(轉載)자료는 그것을 검증하는 과정이 필요하다고 할 수 있다.

다음은 각 문자자료의 명칭에 대해 살펴보고자 한다. 우선 비·석당(石幢)·석탑·석등·불상 등의 돌에 새겨진 자료가 있는데, 비는 비문, 석탑은 탑기(塔記) 또는 탑지(塔誌), 불상은 조상기(造像記) 등으로 불린다. 그리고 경전을 새긴 석경(石經)이 있고, 석판(石板)에 사망자의 기록을 새겨 무덤에 함께 매장한 것은 묘지(墓誌)라고 한다. 그리고 자연석에 새겨진 것 또는 형태·성격이 불분명한 것을 흔히 석각(石刻)이라고 하는데,

이는 중국에서 돌에 명문이나 그림을 새긴 것을 아울러 석각이라고 부르는 것과 다르다.

금속으로 된 것으로는 범종(梵鐘)·사리함(舍利函)·금구(禁口) 등이 있고 나무로는 목간(木簡)이 많고, 종이로는 행정문서·사경(寫經), 천으로는 무역 관련문서가 있으며, 흙으로는 토기·기와[瓦]·벽돌[塼] 등에 새겨진 명문들이 있다.

현재 학회에서 파악하고 있는 남북국시대 문자자료는 1백 건 정도다. 1992년에 간행된『역주 한국고대금석문(譯註 韓國古代金石文)』〔한국고대사회연구소, 1992〕에서는 신라 문자자료에 대해 삼국기와 통일기로 명확하게 분류하지 않았지만, 통일신라시대 자료 69건〔제3권에 63건, 제2권에 6건〕을 소개하고 있다. 1996년에 간행된『한국고대금석문자료집(韓國古代金石文資料集)』〔국사편찬위원회, 1996〕에는 통일신라 문자자료로서 80건을 들었는데,『역주 한국고대금석문』과 분류상 차이가 있으며, 새로 추가된 자료는 8건이다.〔두 책 모두 삼국기와 중복되는 영천 청제비, 천전리 서석 등은 제외한 수치임〕

한편 발해의 자료로는『역주 한국고대금석문』에 12건〔기와 명문은 제외〕,『한국고대금석문자료집』에 17건이 소개되어 있는데, 후자는 건수가 세분화되었을 뿐 실제로 새 자료가 추가된 것은 아니다. 그리고 이들은 금석문 외에도 목간자료를 포함하고 있지만, 종이와 천 자료는 포함되지 않고 있다. 현재 알려져 있는 종이는 3건, 천은 1건이 있다.〔종이의 경우 경전 자체는 제외됨〕

현존하는 문자자료 중 가장 많은 것이 석비이며, 다음으로 탑지·종명 등이다. 그런데 특징적인 것은 이들이 대부분 불교와 관련된 자료라는 점이다. 그래서 아직까지는 불교사를 중심으로 한 연구가 많다. 최근에는 경남 사천에서 발견된 신라비석에 관한 보고가 있으며〔경남문화재연구원, 2004] 앞으로도 새 자료가 발견될 가능성은 크다고 할 수 있다. 특히 고고학적 성과, 즉 고분·건물지 등의 발굴을 통한 문자자료의 확보가 중요한데, 이를 통해 특히 목간자료가 증가할 가능성이 크다.

3. 금석문 연구현황

서예는 삼국시대부터 발달하여 신라의 김생(金生)·최치원(崔致遠), 고려의 탄연(坦然) 등 많은 명필을 배출하였으나, 본격적으로 문자자료로서 관심을 갖기 시작한 것은 조선시대부터라고 할 수 있다. 조선시대 사람들은 신라·고려의 명필가의 작품과 금석문 등에 관심을 가졌고, 특히 서예에 대한 관심에서 탁본을 수집하여 비첩(碑帖)을 만들었다. 대표적인 것으로 안평대군 이용(安平大君 李瑢, 1418~1453)의『비해당집고법첩(匪懈堂集古法帖)』, 낭선군 이우(朗善君 李俁, 1637~1693)의『대동금석첩(大東金石帖)』이 있다.〔임세권, 2002〕

그 후 문자자료에 대한 관심은 하나의 학문분야를 이루게 된다. 중국에서는 송(宋)나라 때 금석문 연구가 시작되었고, 원·명대를 거쳐 청나라 때 경학(經學)이나 사학(史學)의 부수적 학문으로부터 벗어나게 된다. 이를 흔히 금석학이라고 하는데, 조선에서도 원교 이광사(圓嶠 李匡師, 1705~1777), 이계 홍양호(耳溪 洪良浩, 1724~1802), 금릉 남공철(金陵 南公轍, 1760~1840), 추사 김정희(秋史 金正喜, 1786~1856) 등 18~19세기 연구자에 의해 유행하게 되었다.

김정희는 당시 청나라 금석학의 대가였던 옹방강(翁方綱, 1733~1818), 완원(阮元, 1764~1849) 등과 교류하면서 방법론을 배워 조선 금석학을 한 단계 높은 수준으로 올렸다. 그의 금석학은 『예당금석과안록(禮堂金石過眼錄)』에서 알 수 있듯이 비문 판독이라는 기초작업과 문헌고증·사료해석 등을 아우른 근대역사학적 방법론의 선구로 꼽히는 매우 뛰어난 것이었다. 그 후 추사의 문하생 중 오경석(吳慶錫, 1831~1879)이 『삼한금석록(三韓金石錄)』을 저술했고, 그 아들 오세창(吳世昌, 1864~1953)은 금석학이라기보다는 인물 위주로 서화작품을 정리한 『근역서화징(槿域書畵徵)』을 남겼다.

한편 이 시기 중국에서도 한국금석문에 관심을 가진 학자들이 있었는데, 대표적인 저술로 옹방강의 『해동금석기(海東金石記)』, 유희해(劉喜海)의 『해동금석원(海東金石苑)』 그리고 유희해의 발문이 들어 있는 『해동금석문자(海東金石文字)』〔찬자 미상〕가 있다. 특히 유희해의 『해동금석원』은 운석 조인영(雲石 趙寅永, 1782~1850)이 보내준 자료에 의존한 바가 크다.〔최완수, 1978 ; 허흥식, 1982 ; 박현규, 1999 ; 임세권, 2002〕

문자자료 연구는 근대역사학에서 주목을 받게 되었는데, 이는 주로 일본인에 의해 시작되었다. 대표적인 인물로는 나이토(內藤虎次郎, 호는 湖南)·이마니시(今西龍)·가쓰라기(葛城末治)·후지타(藤田亮策) 등을 들 수 있다. 나이토는 청말-민국시기 금석학자인 뤄전유(羅振玉)·왕궈웨이(王國維) 등과 교류하였으며, 김정희의 금석학을 높이 평가하고 있었다. 이마니시 또한 조선 금석학자들의 연구를 많이 참고하였다. 어학에서는 아유카이(鮎貝房之進)가 고문서 등을 통해 이두연구에 업적을 남겼다. 자료집으로는 『조선사찰사료(朝鮮寺刹史料)』〔朝鮮總督府, 1911〕·『조선금석총람(朝鮮金石總覽)』〔朝鮮總督府, 1919〕·『조선사료집진(朝鮮史料集眞)』〔朝鮮總督府, 1935〕 등 문자자료와 관련된 책이 간행되었고, 금석문 전문서로 『조선금석고(朝鮮金石攷)』(葛城末治, 1935)가 출판되었다. 그리고 이 무렵 일본 쇼소인(正倉院)에서는 신라의 장적문서〔촌락문서〕가 발견되었다.

일제시대에 이루어진 자료수집 활동은 당시 및 후세 연구에도 적지 않은 기여를 했다고 할 수 있으나, 일본학자에 의해 일본어로 이루어진 연구는 식민지 지배라는 일본의 정책에 영합하거나 이용되는 면이 많았으며, 그런 점에서 이들은 당시 조선사회나 연구자들의 학문적 발전을 염두에 둔 것이라고 할 수 없다. 이 시기는 학문뿐만 아니라 식민지 배하의 조선이나 해방 후 한국의 발전을 여러 방면에서 저해하는 큰 후유증을 남기기도 하였다.

해방 후 금석학은 학문의 세분화로 인해 역사·미술·서예 등에서 각각 발전해 왔다. 금석문 연구에 대해서는 이미 조동원에 의해 개관된 바 있는데(1997), 남북국시대 문자자료 연구의 흐름을 연대별로 나누면 대략 다음과 같이 구분된다.

1950~60년대는 새로운 자료의 발굴·소개가 중심을 이룬다. 이는 고고미술동인회(考古美術同人會)의 잡지『고고미술(考古美術)』이 기여한 바가 컸는데, 역사학에서는 이홍직이 일본에 반출·소장되어 있는 범종과 그 명문을 소개하는 등(1954) 연구자들의 많은 노력이 있었다. 자료집으로는 이난영의『한국금석문추보(韓國金石文追補)』(1968)가 간행되었다.

1970~80년대가 되면 역사학에서 문자자료를 활용하는 연구가 증가한다. 고대사 연구자의 증가와 문헌사료 해석에 대한 일정한 시각의 정립, 그리고 불교사에 대한 관심 등이 배경에 있다고 생각된다. 문자자료는 기존 연구를 보완·심화시키는 목적에서 활용되었는데, 그 방법은 기본적으로 활자화된 것을 인용하는 데 그쳤으며, 신출자료가 아니면 논문에 집필자 개개인의 판독문이 들어가는 경우는 거의 없었다고 할 수 있다. 그러한 가운데 미술사학에서는 황수영의『한국금석유문(韓國金

石遺文)』(1976), 역사학에서는 허흥식의『한국금석전문(韓國金石全文)』(1984)이 간행되었고, 서예학에서는 조동원의 탁본집『한국금석문대계(韓國金石文大系)』[원광대학교 출판부, 권1. 1979]가 나오기 시작하였다. 이들은 모두 금석문 자료에 대한 정리였는데, 이에 대해 이기백은 문서자료를 중심으로 신라·고려시대 자료를 정리하였다.(1987)

1990년대 이후는 문자자료에 대한 역주작업이 가장 돋보인다. 앞서 소개한『역주 한국고대금석문』(1992)은 선학들의 판독문과 연구사를 역주 형식으로 상세히 달았고,『한국고대금석문자료집』(1996)은 현재 알려져 있는 금석문 및 문자자료를 최대한 수집하여 각 판독문을 소개하였다. 불교금석문으로는 이지관의『교감 역주 역대고승비문(校勘 譯註 歷代高僧碑文) 신라편』(1993), 최치원이 지은 비문에 대한 최영성의『주해 최치원 전집(註解 崔致遠全集) 1 사산비명(四山碑銘)』(1998)이 간행되었고, 탁본자료집 으로는 한국정신문화연구원〔현 한국학중앙연구원〕에서『장서각소장탁본자료집 I - 고대·고려편(藏書閣所藏拓本資料集 I - 古代·高麗篇)』[허흥식. 1997]이 출간 되었다. 그리고 금석문 용어색인으로서 권덕영의『한국고대금석문종합색인(韓國古代金石文綜合索引)』(2002)이 나왔다. 또 발굴된 목간자료를 엮어 창원문화재연구소에서『한국의 고대목간(古代木簡)』(2004)이 간행되었다.

이하에서는 문자자료 연구를 유형별로 살펴보고자 한다.

1) 통일신라

석 비

남북국시대 문자자료 중 가장 정보량이 많은 것은 석비이다. 돌은 무겁고 내구성이 있어 기념물로서의 의미가 강하며, 특히 문자자료는 문장이나 내용 면에서 가장 공을 들여 작성되었다. 통일신라기 석비는 7~8세기에는 왕 또는 왕족의 묘비(墓碑), 그리고 장소나 인물에 대한 행적을 기록한 사적비(事蹟碑)가 확인되며, 9세기 이후에는 승려의 행적을 기리기 위해 절에 세워진 석비가 많이 등장한다. 이들은 석비 자체나 비편, 그리고 비신(碑身)을 받치는 귀부(龜趺) 등을 통해 알 수 있다.

이 가운데 연구자료로 많이 활용되는 것은 승려와 관련한 석비로서, 여기서는 이를 중심으로 개관하고자 한다. 승려 관련 석비는 십여 기가 확인되고 있는데, 현존하는 것은 8기[비편 포함]이며, 나머지는 탁본이나 문헌에 필사되어 전해진다. 이들은 고승비·고승비문 등으로 불리기도 하는데, 이들 중 현재 최초의 것으로 생각되는 「고선사서당화상비(高仙寺誓幢和上碑)」에 대해서는 김상현의 연구가 있다(1988). 이 비는 원효(元曉)에 대해 기록한 비로서 큰 비편 두 개가 남아 있었는데, 건립연대가 분명하지 않다.

김상현은 논문을 통해, 8백 년을 전후하여 원효를 기리는 여러 가지 일이 행해졌는데, 그 때 원효에 대한 새로운 인식과 재평가가 이루어진 것으로 보아, 이 비의 건립 시기를 8백 년경으로 비정하였다. 그리고 일본의 상재(上宰)가 원효를 찬양하여 읊은 송시(訟詩)가 신라에서 원효를 재평가하는 계기가 되기도 하였다고 한다. 또 비문에는 원효의 저술 『십문화쟁론(十門和諍論)』이 인용되었는데, 이는 비문 찬자가 그 내용을 요약·소개한 것으로, 이 찬자 또한 고승이라고 생각하였다. 특히 원효에게 9명의 제자가 있었다는 것은 비문을 통해 처음 알려진 사실이다.

곽승훈은 고승비 건립의 정치적 배경에 대해 살펴보았다.(2002) 그는 중대 말에 중앙에서 일어난 정치적 변동은 귀족들이 지방으로 이동하여 지방 불교세력과 결합되는 결과를 낳았고, 중앙에서 새로 등장한 하대 신정권은 이러한 지방의 귀족과 불교세력의 결합을 막기 위해 불사를 제한하는 금령(禁令)을 내리는 한편, 고승 추모활동을 통해 중앙에서 불법을 계승해 나갈 것을 과시함으로써 왕 또는 중앙의 위상을 높이려는 목적이 있었다고 하였다.

고승비는 9세기가 되면서 신라 각 지역에 건립되기 시작하는데, 현재 알려져 있는 이 시기의 고승비는 대부분 선승(禪僧)에 대한 것이다. 이 비는 선승을 기리며 탑을 세웠음을 기록한 탑비(塔碑)라는 형식을 취하며, 본인이 죽은 후 준비만 되면 바로 세워지는 것이 특징이다.

선승비라는 관점에서 신라 하대 선종의 성립과 그 사회적 배경을 살펴본 것은 최병헌(1972)이다. 그는 최치원의 사산비명(四山碑銘)을 중심으로, 신라 하대에는 신라의 신분제인 골품제(骨品制)가 흔들리고 있었으며, 진골신분에서 몰락한 사람이나 육두품 이하 사람들이 왕실이나 중앙귀족, 그리고 그것을 기반으로 삼았던 교종(敎宗)에 반발·저항하는 과정에서 선종을 받아들였다고 보았다. 이는 비문에 보이는 선승들의 활동을 체계적으로 파악하여 지방사회와의 연결에 중점을 둔 것이다.

김두진은 선승들의 산문(山門)을 개별적으로 살펴보고 있다. 그 중 동리산문(桐裏山門)에 관한 글(1988)은 나말여초 전라남도 일대에 사세(寺勢)를 확장했던 동리산문에 대해, 산문과 후백제와의 연결 그리고 원래 중심사찰이었던 대안사(大安寺)와 도선(道詵)의 옥룡사(玉龍寺)로 나뉘면서 풍수지리설을 발전시켜, 고려의 정책과 부합되어 갔던 점 등을 지적하였다. 또한 다른 산문의 고승비와 비교·고찰하여 사상적 특징을 설명하고 있는 점도 주목된다.

한편 이계표는 신라에서 초기 선종이 들어오는 과정을 보림사를 중심으로 살펴보았다.(1993) 남송선(南宋禪)을 도입한 선승 도의(道義)로부터 보림사를 개창한 체징(體澄)에 이어지는 과정, 법상(法相)·교학(敎學) 등의 반발을 받으면서 흥덕왕 등이 왕권을 안정시키기 위해 선종을 받아들인 과정 그리고 보림사 개창에는 경주의 단월(檀越)세력의 지원이 있었고, 국왕 직속의 선교성(宣敎省)에 속하였음을 지적하였다.

추만호(1991)는 심원사(深原寺)의 수철화상비를 검토하면서 신라 하대의 사회 혼란기에도 남원이라는 지역과 중앙세력이 서로 연결되어 있었음을 지적하였다. 특히 비문 판독문을 비교·교감하여 자신의 판독문을 작성한 것은 통일신라시기 금석문을 활용한 이 시기 연구로서는 선구적이다.

이런 사찰의 사회적·정치적 동향과 달리, 경제적 측면에서 비문을 활용한 연구도 있다. 이우성의 논문은 왕토사상 관념의 비판적 검토를 통해 신라시대에도 사유지 매매가 이루어졌음을 확인한 것이다.(1965) 그는 「봉암사지증대사적조탑비(鳳巖寺智證大師寂照塔碑)」〔893년 건립〕의 내용을 통해, 지증대사가 많은 땅과 자산을 보유하고 있었고, 그 중 '아전(我田)'을 안락사에 희사하였는데, 그것은 지증대사의 의사에 따라 희사가 가능했으며, 그것이 사유전(私有田)임을 지적하였다. 이는 왕토사상이라는 관념과 토지소유의 관계를 구체적으로 밝힌 것으로서 특히 비문이라는 당시의 문자자료가 큰 근거가 되어 있다.

문명대는 「창녕탑금당치성문기비(昌寧塔金堂治成文記碑)」〔810년 건립〕의 외관과 내용에 통해, 771년부터 810년에 걸친 인양사(仁陽寺)와 세 사찰의 건축·조형 활동이 당시 절들의 호화로운 모습을 보여주고 있다고 주장하면서, 신라에서 806년에 호화로운 불사를 금하는 교서(敎書)가 효과를 거두지 못하였음을 지적하고 있다.(1980)

미즈노(水野さや)는 「숭복사비(崇福寺碑)」를 통해 숭복사라는 사찰의 명칭이 바뀌는 과정, 그리고 숭복사 가람의 성립과정 등을 언급하면서 당시 사찰의 모습을 검토하였다.(2000)

위의 연구는 모두 불교와 관련된 것들인데, 이와 달리 신라 사회의 단면을 살펴본 것도 있다. 신분제에 관한 남동신(2002)의 연구는, 「성주사낭혜화상백월보광탑비(聖住寺朗慧和尙白月葆光塔碑)」(8세기 말 건립)에 나오는 '득난(得難)'이라는 단어에 대해, 종래는 앞에 등장하는 '성이왈진골(聖而曰眞骨)'이라는 말을 성골과 진골로 해석하여 '득난'을 육두품으로 이해하는 견해가 많았으나, '성이왈진골(聖而曰眞骨)'의 '왈(曰)'은 연자(衍字)로서 원래는 '성이진골(聖而眞骨)'이라고 읽어야 함을 지적하였다. 그렇게 볼 때, '득난'은 진골과 육두품 사이에 있는 또 하나의 신분으로 이해해야 한다고 하였다. 이 견해는 문헌사료에 보이는 신분제가 신라 하대에는 더 세밀하게 분화되어 있었음을 주장한 견해로서 주목된다.

한편 비문에는 서(書)와 문장으로 그 명성을 떨친 고운 최치원이 지은 비문 4기가 남아 있다. 흔히 사산비(四山碑)라고 불리는 이 석비를 통해 최치원 개인에 대한 연구도 나오고 있다.

우선 최치원의 문학성에 대해서는 서수생이 발표한 글(1956)이 있다. 서수생은 사산비명을 통해 그의 문체를 검토하여 그를 한국 한문학의 시조로 평가하고 있다.

손환일(1999)은 최치원의 서체에 관심을 기울여 그의 서체의 연원과 변화 등에 대해 검토하였다. 그에 따르면 최치원은 남조의 장법(章法), 결구는 동진 왕희지와 북위를 비롯한 당대의 저명한 안진경·우세남·구양순·양통 부자, 그리고 신라의 김생(金生) 등을 배워, 이를 최치원만의 서예세계로 구축하였다고 하였다. 서체연구는 전문성이 강하여 역사학에서 이해하기 어려운 부분도 있으나, 이것을 유학생활과 귀국 등 최치원의 행적과 아울러 검토해 보면 그의 필법에 대한 흐름을 찾아볼 수 있을지도 모른다.

이러한 연구는 기본적으로 기존에 나왔던 비문 판독문을 활용하였지만 그 판독문의 정확성이나 탁본과 비석 자체에는 많은 관심을 기울이지 않았다. 이에 대해 다음 논문은 그러한 내용검토에만 치우친 연구경향에서 좀더 벗어나려는 노력을 볼 수 있다.

비문은 완전한 형태로 남아 있는 것도 있으나 오래 전에 파괴되어 비편과 탁본만 남아 있는 것이 있다. 그래서 그 내용을 단편적으로 이해할 수밖에 없는데, 그렇게 남아 있는 비편들의 크기·문맥 등을 검토하여 원래 석비의 형태, 비편내용의 순서 등을 복원하고자 하는 노력이 필요하다고 할 수 있다. 그러한 측면에서 권덕영의 연구가 주목된다.(1992) 그는 「선림원지홍각선사비(禪林院址弘覺禪師碑)」의 비편과 탁본을 통해 원래 비석의 크기, 1행의 글자수, 내용의 순서 등을 검토하였다. 이러한 방법론의 축적은 금석학 연구에 기여하는 바가 크다고 할 수 있다.

그리고 석비의 조형양식을 고찰한 연구도 있다. 이는 주로 미술사학계에서 이루어져 왔는데, 그 가운데 통일신라시대 탑비 분석을 비교적 자세히 시도한 엄기표의 연구가 있다.(2000) 주로 고승을 기리기 위해 세운 탑비의 비석은 이수(螭首)·비신(碑身)·귀부(龜趺)라는 세 가지로 구성되는데, 그는 탑비의 각 부분을 세분화하여 이들이 각각 불교를 수호하는 성격을 지니고 있음을 지적하였다.

한편 비문연구의 기초적인 작업이 되는 것이 교감(校勘)이다. 사산비 가운데 「성주사낭혜화상백월보광탑비」는 많은 목판본과 필사본이 전해지는데, 서지학적 측면에서 이에 대한 교감작업을 시도한 유부현의 논문(1996)이 있다. 그는 이 논문을 통해 기존 교감·필사 과정에 오류가 있었음을 지적하였고, 교감자가 자의적으로 동의이자(同義異字)로 글자를 바꾼 흔적을 확인하였다. 이는 역사학과 직접 연결되지는 않는 것 같으나, 원전(原典)에 대한 교감자의 인식이나 교감방법, 그리고 앞으로 컴퓨터를 활용한 비문 사진·탁본의 공개, 활자화와 데이터베이스 작업 등에 앞서 고려해야 할 중요한 문제가 될 것이다.

탑 지

탑지는 탑과 관련된 기록[誌]을 말하며, 탑기(塔記)·탑명(塔銘)이라고도 한다. 『역주 한국고대금석문』에서는 탑지, 『한국고대금석문자료집』에서는 탑기라는 명칭을 주로 사용하고 있는데, 현재 알려진 통일신라시기 자료에는 탑지(塔誌)라는 표현은 없는 것으로 보이며, 탑지는 관용적인 표현인 것으로 생각된다. 탑을 세우는 일은 불교에서 이루어지며, 통일신라시기 탑지 또한 모두 사찰의 탑에서 발견된 것인데, 탑의 규모 자체가 중국보다는 작으므로 탑지도 대부분 작은 전(塼) 또는 돌에 명문을 새겨 탑 안에 봉안하는 경우가 많다. 내용은 대부분 탑을 세운 연유, 관련인물 등을 간략하게 기록한 것이다. 현재 탑지 또는 탑기라고 명명된 자료는 8가지가 있는데, 그 외에 사리함(舍利函)에 새겨진 명문에 탑 건립과 관계된 내용이 기술된 것이 4가지가 있어 이들도 탑지로서의 성격을 지니고 있다.

이홍직은 해인사의 삼층석탑에 봉안되어 있었다고 하는 탑지를 통해, 9세기 말에 해인사 부근에서 일어난 전란(戰亂)에 대해 언급하였다.(1968) 그리고 그 싸움에서 사망한 승들에 대한 애도, 희생자 명단 등의 기록을 통해, 이러한 혼란기에 사찰이 자체적으로 무장한 조직을 만들었고, 이 조직이 고려시대에 성립될 항마군(降魔軍)·승군(僧軍) 등의 연원이 되었음을 지적하였다.

한편 하일식은 이를 다른 측면에서 고찰하고 있다.(1997) 그는 조선시대 기록인 『매계집(梅溪集)』에 인용된 전권(田券)에 주목하여 해인사가 당시 어떻게 사세를 확장해 나갔는지에 대해 구체적으로 검토하였다. 그리고 전란과 관련하여 해인사와 같은 독자적인 군사조직을 갖춘 사찰과, 초적(草賊)으로 기록된 지역세력들이 투쟁을 벌이면서 정치적으로 결합되는 모습을 지적하였다. 특히 초적이 성장하면서 자신의 정치적·사회적 권위를 높이기 위해 사찰을 보호하는 입장으로 변해갔다고 지적하였다.

황수영은 「민애대왕석탑사리호기(敏哀大王石塔舍利壺記)」와 기타 문자 자료를 통해 9세기의 사회적 분위기와 신앙에 대해 논하였다.(1969) 민애왕은 정쟁(政爭)에 휘말려 목숨을 잃었는데, 그를 위한 석탑이 세워진 것은 25년 후인 경문왕대였다. 그는 그 이유에 대해, 정쟁을 직접 겪었던 사람들이 살아 있었을 때는 그 갈등이 쉽게 해소되지 않았기 때문이라고 지적하였다. 그리고 이러한 기복(祈福)을 목적으로 한 석탑건립은 9세기가 되면서 유행하는데, 이는 일족(一族) 또는 일문(一門)의 안녕을 기원하기 위한 원당(願堂)적 성격이 강한 것이라고 보았다.

신종원은 삼국유사에 보이는 「오대산사적(五臺山事蹟)」을 통해 성덕왕대 왕위계승을 전후한 정치적 배경에 대해 논하였다(1987). 그는 여기서 효소왕(孝昭王, 재위 692~702)이 건립한 황복사에서 발견된 「황복사석탑금동사리함기(皇福寺石塔金銅舍利函記)」(706년)를 분석하였는데, 이 명문을 볼 때 의상계 승려의 이름은 보이지 않고, 또 김순원(金順元)이라는 인물이 삼국사기에 의하면 7백 년에 파면되었으나, 성덕왕대 다시 등용되어 승진하고 있다. 이로 볼 때, 김순원은 성덕왕에게 친근한 세력으로 간주되고, 황복사 사리함을 봉안한 시점에서 황복사가 성덕왕을 중심으로 한 정치 세력, 더욱이 의상계가 아닌 원효계 세력들에게 장악된 것으로 보았다.

종 명

종명은 종에 새겨진 명문을 말하며, 명문이 있는 종은 통일신라시기의 것으로 일곱 구(口)가 있다. 종은 현재 불교 사찰에서 사용하는 범종만 보고되었으며, 중국처럼 도교 사원(觀)에서 사용하는 종은 아직 발견되지 않고 있다. 범종 중 가장 큰 '성덕대왕신종(聖德大王神鍾)'의 명문은 서사(序詞)·주조(鑄造)경위·주조담당자 등에 대해 상세한 내용을 담고 있는데, 그 외의 통일신라 종은 명문이 그다지 많지 않다. 따라서 종명을 이용한 연구는 인명·직명(職名) 등을 참고하는 것이 많다.

이호영은 '성덕대왕신종'의 주조배경을 통해 당시 정치적 상황을 논하고 있다.(1974) 그는 왕권의 권위와 그 전제(專制)를 조상과 혈통으로 대변해 온 중대 왕실이 위기에 직면하게 되자 그것을 극복하기 위한 방법의 하나로서 신종을 제작하였다고 지적하였다. 또 그는 다음해에 발표한 논문에서 명문에 보이는 인물 분석을 통해, 명문의 '원구(元舅)'가 김옹(金邕)이라는 점, 그리고 신종의 주조 기간이 3년이었음을 지적하였다.[이호영, 1975]

조상기

조상기(造像記)는 주로 불상을 만들었을 때 작성자가 남긴 기록을 말하며, 인도나 중국에서는 일찍부터 제작되어왔다. 기록은 불상의 여백

공간에 새겨지는 경우가 많은데, 별도로 비를 세워 남기는 경우도 있다. 통일신라시대에는 많은 불상이 만들어졌으나 조상기가 있는 것은 거의 없다. 현재 통일신라시기의 조상기라고 할 수 있는 것은 15기가 있는데, 대부분 단편적인 기록만 전한다. 그 가운데 자료로서 주목되는 것은 감산사의 미륵보살상과 아미타여래상의 광배에 새겨진 조상기이다.

사이토(齋藤忠)는 「감산사석조미륵보살입상조상기(甘山寺石造彌勒菩薩立像造像記)」의 기록에 보이는 장제(葬制)에 대해 언급하였다.(1981) 그는 이 보살상을 만든 김지성(金志誠)이 죽은 뒤 「동해흔지변산지(東海欣支邊散之 : 동해바닷가에서 〔유골을〕 흩뿌렸다)」하였다는 기록에 대해 불교사상에 근거한 '회신멸지(灰身滅智)'라는 장례법임을 지적하였다. 그리고 이 방법에 대해 아미타불상 조상기에 일부러 '고인성지(古人成之 : 옛사람도 하였다)'라고 기록한 것은, 이 방법 자체가 당시 일반적이지 않아 옛사람의 장례를 따른다는 이유가 필요했기 때문이라고 하였다.

한편 김영미는 이러한 조상활동이 당시 왕권강화와 밀접한 관계가 있음을 논하였다.(1988) 그는 보살상·불상을 제작한 김지성이 당시 왕권과 깊은 관계를 가지고 있었으며, 조상활동 자체도 왕권강화와 밀접한 관계가 있다고 지적하였다. 그리고 아미타상이 상징하는 아미타사상에 대해, 문무왕·효소왕·경덕왕대의 그것은 극락에 대한 설화가 많은 반면, 이 조상활동이 이루어진 성덕왕대가 되면 불국토(佛國土)사상이 강조되고 있는데, 이는 성덕왕대 사람들이 현실세계를 긍정적으로 인식하고 있었음을 가리킨다고 설명하였다.

석 경

석경(石經)은 석판에 경전을 새겨 비처럼 세워서 사용한다. 중국에서는 불경이 새겨지기 전부터 한자를 배우기 위한 교과서적 역할[三體石經] 을 함으로써, 유교·도교 등의 경전을 새긴 다양한 석경이 만들어졌다. 남북국시대에는 통일신라의 불교관련 석경, 즉 법화경(法華經)·금강경(金剛經)·화엄경(華嚴經) 석경 외에는 아직 발견된 사례가 없다. 그리고 석경 에 새겨진 경전만 파악되면 명문 자체는 새로운 내용을 담고 있지 않기 때문에 많은 관심을 끌지 못하였지만, 이에 대한 몇 가지 연구가 있다.

김복순은 신라에서 석경이 만들어진 배경을 살펴보았다.(2002) 그는 통일신라시대에 만들어진 화엄석경은 모두 60화경을 기초로 하기 때문 에 의상의 제자들에 의해 만들어졌을 가능성이 큼을 지적하였다. 이는 한역(漢譯) 경전의 유통을 생각할 때 중요한 지적이라고 할 수 있다. 그 리고 석비라는 문자자료가 지니는 특성을 언급하면서, 신라에서 명필가 (名筆家)와 각자승(刻字僧)이 등장하는 9세기에 주목하여, 그 조성시기를 문성왕-헌강왕 시기로 추정하였다. 나아가 당·신라 석경의 비교를 통 해 당은 말법사상과 관련하여 석경이 작성되었으나, 신라는 오랜 기간 보존될 수 있다는 재질의 특성상 석경이 조성된 것으로 보았다.

이에 앞서 장충식은 경주 창림사(昌林寺)에서 출토된 법화경(法華經)을 새긴 돌[經石]의 석편을 통해, 석판의 크기·체재 등을 검토하여 경석 복 원을 시도하였다.(2000) 이에 따르면 경석은 세로 150센티미터, 가로 1백 센티미터 크기의 판석 19매로 구성되어 있으며, 1매의 자수는 상·중· 하의 3단으로 각 단 42행, 1행 30자로 구성되어 있다고 한다. 그리고 경 문은 상단 끝에서 같은 판석의 중단으로 이어지는 것이 아니라 다음 판 석의 상단으로 이어지며, 내용은 권차(卷次)가 아니라 각 품(品)으로 나누 었다고 한다. 이는 경석 자체가 단 높이를 맞추어 옆으로 연결되어 있 었을 가능성을 시사하는데, 경석의 배치나 사용방법을 고려할 때 중요한 지적이라고 할 수 있다.

석 각

형태나 성격이 불분명하여 확실한 유형으로 분류하기 어렵거나 자연석에 새겨진 이른바 석각에는 3건의 자료가 있다. 이 석각에 대한 연구는 글자수의 분량상 많지 않으나, 대표적인 것으로 박방룡의 관문성석각에 대한 연구가 있다.(1982) 그는 현재 알려져 있는 명문석 10점에 대한 고찰을 통해, 통일신라시기의 7개 지명에 대한 위치를 비정하였으며, 당시 축성에는 신라 구영역〔강주·양주·상주〕의 사람들이 역역(力役)으로 동원되었음을 지적하였다. 특히 왕도를 가리키는 '금경(金京)'이라는 표현이 이 명문석에만 보인다는 지적은 주목된다.

묘 지

죽은 사람과 관련된 기록을 돌이나 전돌, 금속에 새겨 무덤에 함께 넣은 것을 묘지(墓誌)라고 한다. 통일신라시대 묘지라고 생각되는 자료는 2건이다. 용강동 고분출토 묘지〔이은창·강유신, 1992〕는 7세기의 것으로 생각되나 글씨를 판독하기 힘들며, 통일신라시기의 묘지라고 단정하기는 어렵다. 그리고 경주시 천군동 북군마을에서 수습된 명문석을 묘지로 보는 경우가 있는데〔박방룡, 2000〕, 이것 역시 실제 무덤에서 발견된 것이 아니므로 묘지라고 단정하기 어렵다.

같은 시기의 중국에서 발견되는 대량의 묘지를 생각해 볼 때, 통일신라시대 고분발굴에 따른 묘지출토 사례는 매우 적다. 중국의 묘지는 유교적 관념, 교양과 깊은 관련이 있는데, 신라에서 묘지출토 사례가 적

은 것은 중국인과 신라인의 신앙 그리고 관념적 차이에 기인한 것일 수
도 있다.

문 서

신라의 문서로는 일본 동대사(東大寺) 정창원에 소장되어 있는 「신라
촌락문서(新羅村落文書)」〔화엄경질 뒷면으로 사용된 종이〕가 유명한데, 이는 사회
경제사 부분에서 자세히 언급될 것이므로 생략하고자 한다. 또 하나의
문서인 「좌파리가반부속문서(佐波理加盤附屬文書)」에 대해 이 문서에 보이
는 용어와 문서의 성격을 고찰한 윤선태의 연구가 있다.(1997)

이 가반에 붙여진 문서는 촌락문서와 마찬가지로 정창원에 소장되
어 있는데, 이 가반은 신라에서 일본으로 보낸 무역품의 일종으로서, 문
서내용은 신라 관부가 수출품목의 번호와 그 품목을 중앙에 상납해 온
주체, 품목의 수량, 상태 등을 기록한 것으로 일종의 장부임을 지적하였
다. 그리고 이 문서는 신라의 내성(內省)이 관리하였으며, 당시 신라-일
본 사이의 무역을 중앙에서 어떻게 관리했는지에 대해 언급하였다.

사 경

종이로 된 문자자료 가운데 사경은 불교경전을 필사한 것으로서, 사
찰에서 사경을 할 때는 필사한 해, 경전의 종류, 담당자 이름 등을 말미
에 기록한 경우가 많다. 「신라백지묵서대방광불화엄경(新羅白紙墨書大方廣
佛華嚴經)」은 사경 담당자들의 명단이 발문(跋文)과 함께 남아 있어 주목
된다. 이 인명에 대한 연구 중에서 신라의 신분제에 주목한 연구가 기
무라(木村誠)의 논문이다.(1996)

그는 발문에 등장하는 인명 가운데 특히 육두품이라는 표현에 착안하였다. 그는 이 육두품이 사경과 관련된 인물 중에서 특정인물만을 가리키는 표현으로서 사용된 점에 주목하였으며, 그밖에 경인(京人), 즉 왕경에 살고 있는 사람들이 꼭 골품을 가진 사람이 아니었음을 지적하였다. 이것은 골품제 하층이 8세기 이전에 이미 붕괴하고 있었음을 말하는 것으로, 일본 한국사학회에서 비교적 이른 시기부터 골품제가 존재했었음을 지적한 논문으로 주목된다.

종 합

문자자료들은 대부분 불교와 관련된 것인데, 이 자료를 주제별로 정리한 논문도 보인다. 최원식은 해인사라는 사찰의 추이를 문자자료를 통해 검토하였다.(1985) 해인사는 부석사 적손인 신림(神琳)의 제자인 순응(順應)과 이정(李貞)에 의해 802년에 창건되었는데, 순응은 선림원종에도 등장하여 당시 그의 명성을 엿볼 수 있다. 해인사는 화엄을 중심으로 하면서 선교일치(禪敎一致)를 지향하였다. 홍각선사 이관, 수철화상 등의 선승은 그들의 비문을 통해 해인사에서 수행했음을 알 수 있다. 그리고 신라 말기에는 전란에 대비하기 위해 승군을 조직하는 등 인적·경제적으로도 큰 기반을 가지고 있었다.

이수훈은 승려들의 인명·직명을 중심으로 승관(僧官)에 대해 살펴보았다.(1990) 문헌사료에 보이는 정관(政官)은 정법전(政法典)과 같은 것으로 불교계 운영을 위해 만들어진 기구라고 하였다. 이 승관은 중고기에는 직명만 보이며 그들만의 기구가 존재하지 않았으나, 중대 이후 금석문에 보이듯이 전(典)이라는 기구가 설치되었음을 알 수 있다고 하였다. 그리고 중고기에는 중앙의 승관이었던 도유나(都唯那)가 8세기 이후 각

사찰에서 삼강(三綱)을 설치함으로써 유명무실화되었다고 하였다.

　　이와 유사한 연구로 정병삼은 승관을 중앙과 지방이라는 개념으로 파악하고, 금석문에 등장하는 직명을 망라하여 이들을 승관으로 파악하였다.(1995) 이 가운데 성전(成典)은 왕실에 봉사하기 위해 만들어진 원당(願堂)으로서 사업을 운영하는 주체는 시기에 따라 변화하였다고 보았다.

　　한편 불교관련 문자자료에는 승려가 아닌 일반 관료들의 인명도 많이 등장한다. 이에 주목한 이기동은 자료에 등장하는 다양한 관직명을 통해, 통일신라의 근시(近侍)·문한(文翰)기구에 대해 논하였다.(1984) 그는 이 연구에서 신라 말기에는 중국을 다녀온 유학생을 대거 등용하여 문한기구를 확장하였는데, 이는 고려에도 계승됨으로써 고려의 삼성(三省) 체제의 기원이 되었다고 지적하였다. 이러한 현상은 고려 성종(成宗)대 정치제도가 안정됨으로써 종언을 맞이하였는데, 이와 같은 신라 말기의 현상은 중세적 측근정치를 지향한 것으로 평가할 수 있다고 하였다.

　　한편 인명과 달리 사찰의 명칭·위치 등의 비정을 통해 사찰의 수와 운영체제에 대해 살펴본 연구도 있다. 이인철은 신라 중대 불사(佛寺)의 조영과 사회경제적 기반을 이해하는 데 문자자료를 활용하고 있다.(1999)

2) 발　해

　　발해의 문자자료에는 발해인 스스로가 남긴 것은 거의 남아 있지 않지만 공주에 대한 묘지 두 개가 발해인들의 삶을 엿볼 수 있는 귀중한 자료가 되고 있다. 송기호는 1949년 정혜공주묘(貞惠公主墓)에서 발견된 묘지에 대한 역주작업을 하였다.(1981) 그는 이 글에서 무덤양식이나 묘지 내용에서 기존에 있던 중국의 당문화 영향설, 북한의 고구려문화 영향설에 대해 일정한 거리를 두면서, 양쪽의 요소가 모두 유입되면서 발해문화가 형성되었음을 지적하였다. 그러나 1980년에는 정효공주묘(貞孝公主墓)가 발견되었는데, 송기호는 이 묘지에 관한 보고를 보지 못하였을 것으로 생각된다.

이 두 묘지에 대한 종합적인 고찰은 중국의 왕승례(王承禮)에 의해 이루어졌다. 그는 정혜공주묘와 정효공주묘를 비교하면서, 두 무덤 중 정혜공주묘는 고구려적 요소가 많으며, 그보다 12년 후에 만들어진 정효공주묘는 당적 요소가 많다고 하였다.(1982) 그리고 무덤의 위치로 볼 때 정혜공주묘가 정효공주묘보다 신분상 높았으며, 왕족의 가족관계에 대한 새로운 정보, 즉 3대왕인 대흠무(大欽茂)의 호가 대흥보력효감금륜성법대왕(大興寶曆孝感金輪聖法大王)이며, 이 미칭에는 불교적 요소, 유교적 요소가 모두 들어 있다는 점 등을 지적하였다.

방학봉은 이 두 묘지가 가지고 있는 사상적 특성에 대해 살펴보았다.(1990) 그는 우선 비문에는 시경(詩經)과 관련된 이야기, 주역·춘추·논어·맹자 등 연계되는 내용도 새겨져 있고, 부녀(婦女)의 도덕을 가리키는 유가적 내용 그리고 매장방법에서 예의에 의해 시간과 장소를 택하고 안장하는 등 전형적인 유가사상의 영향이 있음을 지적하였다. 그리고 그 배경에는 당에 유학생을 많이 보내어 유가적 교양을 갖추게 하는 한편, 유가경전을 대량으로 수입하는 등 발해에서 유가사상을 수용하는 적극적 태도가 있었으며, 그것이 발해 통치자층의 유가문화 성행을 보게 하였다고 하였다.

한편 발해와 관련된 문서의 필사본이 일본에 남아 있다. 사카요리 마사시(酒寄雅志)는 발해 중대성의 문서인 중대성첩(中臺省牒)에 대해(1985),

기존 판독문을 재검토하면서 이 문서가 발해 중대성이 함화(咸和) 11년
(841)에 일본 태정관(太政官)에 보낸 외교문서임을 지적하였다. 또 문서는
당시 당제(唐制)를 충실히 모방하여 화이사상을 제도상에서도 관철시키
고자 하는 일본측의 요구에 따라 일본을 상위로, 발해를 하위로 하는
양식을 취하고 있는데, 그것은 일본의 섬유가공품을 입수하고자 했던
발해의 필요성에 기인한 것으로 보았다.

4. 맺음말

이상 남북국시대 문자자료 연구에 대해 살펴보았다. 역사학에서의
연구를 중심으로 개관하였기 때문에 미술·서예·서지학 등의 연구성
과를 소홀히 한 면도 없지 않으나, 적어도 고대사에서는 역사학의 연구
업적이 양적으로 많은 것도 사실이라고 생각된다.

조선시대 금석학은 인문학의 근대적 연구방법에 따라 서예·미술·
역사 등으로 세분화되었다. 그 결과 역사학의 주 연구대상은 문자에 치
중되었고, 문자자료 자체에 대한 관심에 소홀하게 되었다. 물론 그것은
『조선금석총람』 등 공구서류(工具書類)의 등장으로 직접 자료를 보지 않
더라도 문자를 확인할 수 있게 된 점, 그리고 이 시기 문자자료가 삼국
시대에 비해 판독이 평이하다는 점 등에도 원인이 있을 것이며, 이것이
역사학 연구의 발전에 기여해왔음은 틀림없다.

그러나 그와 같은 편의성이 오히려 연구자가 문자자료 자체를 이해
하는 데 장애물이 된 것도 사실이다. 문자자료는 그 안에 쓰여진 문자

뿐만 아니라, 재질·기능·목적 등 모두가 당시의 역사 그 자체이며, 문자는 문자자료가 제공해 주는 정보의 일부에 지나지 않는다. 각 학문분야의 방법론이 다양해진 현재, 이들을 직접 차용하여 연구를 진척시키기는 쉽지 않으나 문자자료를 이해하고, 역사를 복원한다는 목적을 염두에 둘 때, 조선시대 금석학의 종합적 연구태도를 다시 한번 음미해 볼 필요가 있을 것이다. 그리고 조선시대에는 없었던 새로운 방법론, 즉 고고학을 통해 발견될 자료에 대해서도 큰 관심을 기울여야 할 것이다.

그런 점에서 2000년 이후 국립박물관에서 간행된 『한국 고대의 문자와 기호유물』〔국립청주박물관, 2000〕, 『문자로 본 신라』〔국립경주박물관, 2002〕, 『통일신라』〔국립중앙박물관 고고부·국립경주박물관 학예연구실, 2003〕 등의 특별전 도록은 문자자료와 관련된 유물사진·명문사진·탁본 등이 실려 있어 유용하다. 그리고 국립문화재연구소에서 관리하는 웹사이트 '한국금석문 종합영상정보시스템〔http://gsm.nricp.go.kr : 2005년 5월 현재〕'에서도 금석문 자료를 중심으로 사진·탁본이 공개되고 있다. 따라서 이들을 통해, 자료 실물을 보지 않더라도 다양한 정보를 쉽게 얻을 수 있게 되었다. 이 같은 자료 공개는 문화재의 대중화라는 측면에서 매우 바람직한 일이며, 연구자에게도 종합적인 이해와 전문성을 더욱 심화시키는 좋은 계기가 될 것이다. 또 새로운 국립중앙박물관에는 문자자료와 관련된 전시실을 별도로 마련한 것으로 알고 있다. 2005년 가을의 개관을 계기로 이 방면의 연구에도 큰 비약이 기대된다.

시노하라 히로카타

‖ 참고문헌 ‖

慶南文化財研究院, 2004, 『泗川 船津城公園 駐車場敷地 發掘調查 現場說明會資料』.

郭丞勳, 2002, 『統一新羅時代의 政治變動과 佛教』, 國學資料院.

국립경주박물관, 2002, 『문자로 본 신라』(특별전 도록), 학연문화사.

국립중앙박물관 고고부·국립경주박물관 학예연구실, 2003, 『統一新羅』(특별전 도록),
　　　통천문화사.

國立昌原文化財研究所, 2004, 『韓國의 古代木簡』.

국립청주박물관, 2000, 『한국 고대의 문자와 기호유물』(특별전 도록), 통천문화사 .

국사편찬위원회, 1996, 『韓國古代金石文資料集』.

權悳永, 1992, 「新羅 弘覺禪師碑文의 復元 試圖」, 『伽山李智冠스님 華甲紀念論叢－韓國
　　　佛教文化思想史』上卷, 論叢刊行紀念會.

＿＿＿, 2002, 『韓國古代金石文綜合索引』, 학연문화사.

金杜珍, 1988, 「羅末麗初 桐裏山門의 成立과 그 思想－風水地理思想에 대한 再檢討」,
　　　『東方學志』57, 연세대 국학연구원.

金福順, 2002, 「新羅石經研究」, 『東國史學』37, 東國史學會.

金相鉉, 1988, 「新羅 誓幢和尙碑의 再檢討」, 『蕉雨黃壽永博士古稀紀念 美術史學論叢』,
　　　蕉雨黃壽永博士古稀紀念論叢刊行委員會.

＿＿＿, 2004, 「文獻으로 본 韓國古代 金石文」, 『文化史學』21, 韓國文化史學會.

金英美, 1988, 「聖德王代 專制王權에 대한 一考察－甘山寺 彌勒像·阿彌陀像銘文과 관
　　　련하여」, 『梨大史苑』22·23合, 이대 사학회.

南東信, 2002, 「聖住寺 無染碑의 '得難'條에 대한 考察」, 『韓國古代史研究』28, 한국고대
　　　사학회.

文明大, 1980, 「仁陽寺金堂治成碑文의 한 考察－佛教造形活動의 經濟的 側面을 中心으
　　　로」, 『新羅伽倻文化』11, 영남대 신라가야문화연구소.

朴方龍, 1982, 「新羅關門城의 銘文石 考察」, 『미술자료』31, 국립중앙박물관.

＿＿＿, 2000, 「乾寧二年銘墓誌에 대한 考察」, 『考古歷史學志』, 丹雪李蘭暎博士停年紀
　　　念論叢 16, 동아대학교 박물관.

박현규, 1999, 「上海圖書館 소장海東金石文字」, 『문헌과 해석』6, 문헌과 해석.

방학봉, 1990, 「정효공주묘지에 반영된 유가사상연구」, 『韓國學硏究』 2, 인하대 한국학
　　연구소 ; 1991, 『발해문화연구』, 이론과 실천.

徐首生, 1956, 「四山碑銘과 四六騈麗文−東國文宗 崔孤雲의 文學」 (上·下) 『語文學』
　　1-2, 한국어문학회.

孫煥一, 1999, 「孤雲 崔致遠의 書體硏究」, 『史學硏究−乃雲崔根泳博士停年紀念論文集』
　　58·59合集, 韓國史學會.

宋基豪, 1981, 「渤海 貞惠公主墓碑의 고증에 대하여」, 『韓國文化』 2, 서울대 한국문화연
　　구소.

辛鍾遠, 1987, 「新羅 五臺山事蹟과 聖德王의 卽位背景」, 『崔永禧先生華甲紀念 韓國史論
　　叢』, 崔永禧先生華甲紀念論叢刊行委員會.

嚴基杓, 「新羅塔碑의 樣式과 造型的 意義」, 『文化史學』 14, 韓國文化史學會.

柳富鉉, 1996, 「「朗慧和尙碑」 校勘의 諸問題」, 『書誌學硏究』 12, 書誌學會.

尹善泰, 1997, 「正倉院 所藏 佐波理加盤附屬 文書의 新考察」, 『國史館論叢』 74, 국사편
　　찬위원회.

李啓杓, 1993, 「新羅 下代의 迦智山門」, 『全南史學』 7, 全南史學會.

李基東, 1984, 「羅末麗初 近侍機構와 文翰機構의 擴張」, 『新羅骨品制社會와 花郎徒』,
　　一潮閣.

李基白, 1987, 『韓國上代古文書資料集成』, 일지사.

李蘭暎 編 李丙燾 監修, 1968, 『韓國金石文追補』, 中央大出版部.

李銖勳, 1990, 「新羅 僧官制의 성립과 기능」, 『釜大史學』 14, 釜山大學校史學會

李佑成, 1965, 「新羅時代의 王土思想과 公田−大崇福寺碑와 鳳巖寺 智證碑의 一考」, 『曉
　　城趙明基博士華甲紀念 佛敎史學論叢』, 曉城趙明基博士華甲紀念 佛敎史學論
　　叢 刊行委員會.

李殷昌·姜裕信, 1992, 「慶州 龍江洞 古墳의 硏究−용강동 고분의 발굴조사를 중심으로」,
　　『古文化』 40·41合, 韓國大學博物館協會.

李仁哲, 1999, 「新羅中代의 佛寺造營과 그 社會經濟的 背景」, 『慶州文化硏究』 2, 慶州
　　慶州大學校 慶州文化硏究所.

李昊榮, 1974, 「新羅 中代王室과 奉德寺」, 『史學志』 8, 단국대 사학회.

_____, 1975, 「聖德大王神鐘銘의 解釋에 관한 몇가지 문제」, 『考古美術』 125, 韓國美術
　　史學會.

李弘稙, 1954, 「在日朝鮮梵鐘考」, 『韓國古文化論攷』, 乙酉文化社.

_____, 1968, 「羅末의 戰亂과 緇軍」, 『史叢(金成植博士 華甲紀念論叢)』 12·13合 ;

1971, 『韓國古代史의 研究』, 新丘文化社.

임세권, 2002, 「조선시대 금석학 연구의 실태」, 『국학연구』 창간호, 한국국학진흥원.

張忠植, 2000, 「新羅 法華經 石經의 復元」, 『佛敎美術』 16, 東國大學校博物館.

정병삼, 1995, 「통일신라 금석문을 통해 본 僧官制度」, 『國史館論叢』 62, 국사편찬위원회.

趙東元, 1979-93, 『韓國金石文大系』, 1~7卷, 圓光大學校 出版部.

_____, 1997, 「韓國 金石文 研究 300年」, 『于松趙東杰先生停年紀念論叢』, 于松趙東杰先生停年紀念論叢刊行委員會.

崔柄憲, 1972, 「新羅下代 禪宗九山派의 成立-崔致遠의 四山碑銘을 中心으로」, 『韓國史研究』 7, 한국사연구회.

崔英成, 1998, 『註解崔致遠全集』 1, 亞細亞文化社.

崔完秀, 1978, 「金秋史의 金石學」, 『朝鮮考古學年報』 3, 寧樂社.

崔源植, 1985, 「新羅下代 海印寺와 華嚴宗」, 『韓國史研究』 49, 한국사연구회.

秋萬鎬, 1991, 「深原寺 秀徹和尙 楞伽寶月塔碑의 금석학적 분석」, 『역사민속학』 1, 한국역사민속학회.

하일식, 1997, 「해인사전권과 묘길상탑기」, 『역사와 현실』 24, 한국역사연구회.

韓國古代社會研究所, 1992, 『譯註 韓國古代金石文』(전 3권), 駕洛國史蹟開發研究所.

許興植, 1982, 「韓國金石文의 整理現況과 展望」, 『民族文化論叢』 2·3, 영남대학교 민족문화연구소.

_____, 1984, 『韓國金石全文』(古代), 亞細亞文化社.

_____, 1997, 『藏書閣所藏拓本資料集 I-古代·高麗篇』, 한국정신문화연구원.

黃壽永, 1969, 「新羅 敏哀大王 石塔記-桐華寺 毘盧庵 三層石塔의 調査」, 『史學志』 3, 단국대학교사학회.

_____, 1976, 『韓國金石遺文』, 一志社.

王承禮, 1982, 「唐代渤海 '貞惠公主墓誌' 和 '貞孝公主墓誌' 的比較研究」, 『社會科學戰線』 1982-1, 社會科學戰線雜誌編輯委員會.

葛城末治, 1935, 『朝鮮金石攷』, 大阪屋號書店.

木村誠, 1996, 「統一新羅の骨品制-新羅華嚴經寫經跋文の研究」, 『人文學報』(東京都立大) 18 ; 2004, 『古代朝鮮の國家と社會』, 吉川弘文館.

水野さや, 2000, 「韓國慶州崇福寺碑文について」, 『美學美術史研究論集』 17·18, 名古屋大學大學院文學研究科美學美術史研究室.

齋藤忠, 1981, 「新羅の葬制から見た甘山寺跡石造阿彌陀如來像彌勒菩薩像銘文の一解

釋」, 『朝鮮學報』99·100, 朝鮮學會.

朝鮮總督府, 1919, 『朝鮮金石總覽』上·下卷.

_____, 1935, 『朝鮮史料集眞』(全3秩).

朝鮮總督府 內務部地方局, 1911, 『朝鮮寺刹史料』上·下卷.

酒寄雅志, 1985, 「渤海國中臺省牒の基礎的研究」, 『日本古代の政治と制度』(林陸朗先生 還暦紀念), 續群書類從完成會.

토속신앙과 밀교

1. 머리말

　한국의 불교사를 살펴볼 때, 밀교란 매우 생소하면서도 많이 듣는 용어이기도 하다. 최근의 고고학 발굴조사보고 등에서, 불교적이면서도 약간 생경한 유물들이 나오면, 그것을 밀교적인 것이 아니겠느냐고 하는 견해를 많이 접할 수 있다. 그러한 이유에서인지 상식적으로 비밀스러우면서 알기 어려우며 토속적이거나 불교적인 것을 밀교라고 잠정적으로 개념짓게 된 것인지 모르겠다.

　즉신성불(卽身成佛)이라는 밀교 특유의 대중적이면서도 교리적인 면을 떠나서 그 구체적인 내용을 살펴보면, 실제로 밀교란 대승불교와 인도의 토속신앙의 결합이라는 측면에서 기존의 불교와 대별된다는 것을 쉽게 알 수 있다. 따라서 밀교적이라는 개념을 이해하기 위해서는 토속신앙과 불교의 융화와 변천이라는 측면에 주목해야 할 필요가 있다.

　불교의 전래를 전후로 한 사회상을 살펴보면[김정배, 1975], 밀교 동점(東

漸)의 역사연구에 대해서도 많은 실마리를 제공해준다. 중국에 수입된 인도의 밀교가 중국적으로 발전을 하듯이, 그러한 변천을 거친 중국적 밀교를 수입한 삼국의 밀교에서는 곧 한국적 수용과 변천을 상정하게 된다. 따라서 인도와 중국의 밀교문화가 그러했듯이, 한국고대의 밀교를 둘러싼 역사·신앙·문화 전반을 이해하기 위해서는 한국 고유의 토속신앙과 한국 밀교의 수입과 그 변천에 대한 이해가 전제되어야 할 것이다.

본고는 이러한 이해의 틀 위에서 한국고대의 밀교를 이해하고자 한다. 한국의 토속신앙은 매우 많은 형태로 다양화되고 변천되었으나 그 중심에는 언제나 산천에 대한 자연적인 신앙형태로서의 수신(水神)과 산신(山神)이 존재해 왔다. 즉 용과 산신으로 대변되는 신앙형태를 말한다. 근래 한국고대의 용문화와 산신에 대해서 재조명하려는 노력은 각종 특별전과 심포지엄을 통해서 드러나고 있다. 지면상의 이유가 있기도 하지만, 한국고대의 밀교문화를 이해하기 위해 토속신앙으로서의 '용신앙'과 '산신신앙'에 대한 연구사를 정리함으로써 초기의 밀교를 다루고자 한다. 다양한 면에서 수많은 논고가 나왔지만 구체적인 연관성이 있고 논증이 제시된 논문을 소개하고, 담론화되면서 만들어진 논쟁점에 대한 간략한 소개를 통해 앞으로의 전망과 과제를 제시해 보고자 한다.

2. 용신앙

1) 한국 고대에 자생적인 용신앙은 존재했는가?

중국의 대릉하 유역에서 신석기시대 것으로 추정되는 용모양의 곡옥 조각들이 출토된 바 있다. 따라서 우리나라의 용신앙이 중국보다 다양하지는 못할지라도 우리나라도 태고부터 용문화권의 중심에 위치하고 있었다고 한다.[송화섭, 2002] 이에 대해서 한국고대사회에 존재한 원형적인 신앙형태는 천신에 종속된 농경 관련의 신이 상정되므로 신라 사회의 정천신적 성격이 강한[이병도, 1987] 용신앙은 중국계 용신앙을 보유한 집단의 이주와 문화정착을 통해 나타난 현상일 가능성이 높다는 견해가 제시되었다.[조법종, 2002] 『삼국유사』에 등장하는 신라시대의 용들의 모습을 보면, 용이 왕권을 상징하고 있다는 점에서 그 상징의미가 중국의 용과 다르지 않음을 엿볼 수 있으므로[장정해, 2000] 그러한 견해는 충분히 개연성이 상정된다. 그러나 세계적인 보편성을 지닌 용의 상징성을 비추어 볼 때, 특별히 신라시대의 용신앙을 중국 용관념의 수용으로 한정짓는 것은 재고의 여지가 있는 듯하다.[강영경, 2000] 따라서 한국고대 자생적인 용신앙이 존재했었는지에 대한 검토가 필요하다.

중국과 일본에 선사시대부터 용문화가 발견되고 있음으로 볼 때, 오직 한국만이 그 예외라고 하기는 어렵다고 여겨진다. 다시 말해서 중국의 용문화의 수입 이전에 우리나라에도 원초적인 형태로서나마 자생적인 용문화가 존재했을 가능성은 충분하며,『삼국사기』와 『삼국유사』를 비롯한 여러 사서 및 사찰 창사에 관련된 설화 등에 보이는 매우 다양한 용 관계기사가 전해지고 있는 것은 그러한 사실의 반영으로 여겨지고 있다.[熊谷治, 1980] 그렇지만 실제로 관련사료나 고고학적 유물 등의 증거가 부족한 상태에서 적극적으로 논리를 전개하기는 어려운 실정이다. 특히 고구려의 벽화고분 등에 나타난 용에 대한 견해를 참고해 볼 때[김일권, 2002] 이에 대한 앞으로의 논쟁의 확대가 기대된다.

2) 용의 신성성과 왕권

왕권의 초기형태는 신성왕권이며, 이러한 단계에서는 왕이 신 그 자체 또는 신의 세계와 교류할 수 있는 특별한 능력의 소유자로 신성시되었다. 그리고 한국고대의 왕자들은 종교 직능자로서의 성격을 적어도 삼국시대까지는 유지한 것으로 보인다. 실제로 국가 최고 사제인 신라의 왕들은[나희라, 1990] 일종의 주술적 도구의 소유자, 천후(天候)의 조절자, 초자연적 세계와 교류할 수 있는 자, 예언의 능력을 가진 자로서 각종 의례를 주재했다.[서영대, 1997] 이러한 맥락에서 신라의 용신앙도 예외는 될 수 없다.

용은 우리말로 '미리'·'미르'·'므르(수)'라고 한다. 즉 상상적 동물인 용은 예로부터 물을 지배하는 수신으로 신앙되었다. 뿐만 아니라 용은 천지조화(天地造化)·상서(祥瑞)·풍운조화(風雲造化) 등 변화의 신이기도 하다. 즉 용은 국왕과 그 왕족의 상징이며, 바람·구름·비·안개의 상징이며, 다양한 국가의 예조(豫兆)를 상징한다.[강영경, 1977] 결국 이러한 세 가지 용의 상징은 결국 변화의 신이자 수신인 용이 '왕권을 상징한다'는 한 가지 결론으로 압축될 수 있는 게 아닌가 싶다.

기우제는 전근대 농경사회에서는 필수불가결한 종교의례이다. 그리고 우리의 고대신화에서 언제나 농신과 수신은 동일한 존재로 등장하고 있다.[유동식, 1986] 이러한 측면에서 볼 때 결국 변화의 신이자 수신인 용의 모습이 고대의 신라인에게는 반드시 전지전능한 모습으로 비춰졌을 것으로 보인다. 즉 농경을 하던 신라인에게 비를 내리게 하고 구름을 부르기도 하는 것으로 믿어졌던 용에 대한 신앙이 강했을 것임은 쉽게 짐작할 수 있다.〔윤여성, 2002〕 그리고 고대 제정 권능의 지배자들은 물을 잘 다스릴 줄 아는 능력에 따라 정치력이 좌우되었다. 그렇다면 신라인에 의한 수신인 용에 대한 신앙형태는 왕을 비롯한 지배자들에게도 중요한 의미를 가진다고 보여진다.〔장지훈, 1997〕

건국신화는 사회적 권위를 필요로 한다. 건국신화에 채택된 동물은 신성성을 획득한 신화원형적인 권위를 지니는 존재들이다. 그리고 이러한 권위는 일반 백성들의 신앙과 신뢰를 기반으로 한다.〔이준곤, 1996〕 즉 용신앙은 애초부터 다만 왕을 상징하기 위한 도구로서 없던 것을 만들어 낸 것은 아니다. 만약 용이 당시에 광범위하게 신앙되지 않았고 그다지 중요한 신앙형태가 아니라면 굳이 용을 최고의 종교 직능자인 왕의 상징으로 삼을 이유는 그다지 없을 것으로 보이기 때문이다.

소위 용신 설화의 내면에는 당시의 진실과 사상성이 함축되어 있으며〔김영태, 1982〕, 인류학적으로 볼 때 왕이나 왕위계승에 대한 전승이 상당한 정확성을 띠고 있다고 한다. 따라서 알영을 비롯한 신라의 왕실이 용의 자손이라는 사실은 분명 농경사회를 발판으로 군장사회단계를 밟은 신라 6촌사회의 계급갈등 등의 문제에 통합적인 측면에서 유효했기 때문에 거론되었을 것은 쉽게 미루어 짐작할 수 있다.

또한 중국의 용신앙이 왕권과 긴박하게 관련지어져 있으므로, 왕의 권위를 신성화 및 정당화시키는 측면에서 용신앙이 등장하는 점을〔松前健, 1990〕 고려해 볼 때, 이미 이 단계 이전에 중국적인 용문화가 전래되었을 가능성이 있다. 물론 원형적인 고유의 용문화와 중국의 용문화와의 접촉 및 융화 시기는 알 수 없으나, 이 당시에도 분명히 그러한 시도는 다양한 측면에서 진행되었다고 보여진다.〔하정용, 2000〕

3) 호법룡과 밀교

용사(龍蛇)의 후예인 왕들이 거행했던 기우 의식의 제장(祭場)이 이 방면의 연구는, 사찰화했으며[松前健, 1990], 호법룡의 존재를 통해서 불교전래 이전에 용신앙의 존재를 추정하는 등[熊谷治, 1980] 일본학자들이 본격화하였다. 특히 이미 용신앙이 존재했기에 불교전래 이후 호법룡 사상이 쉽게 퍼졌다고 주장한 부분은 설득력을 얻었다. 그러나, 용신앙의 형성에서 중국적인 용신앙의 영향을 간과한 것은 재고의 여지가 있다.

한국에서는 『삼국유사』뿐만 아니라 불교의 용신앙과 관련된 경전을 다수 인용하면서, 불교적 용에 대해서 호법룡(護法龍)과 비행법룡(非行法龍)으로 분류하는 등 『삼국유사』 소재의 용에 대한 분류를 통해서 당시의 용신앙에 대해서 접근하기 시작했다.[김영태, 1982] 그리고 호법룡들은 신라불교가 가장 발달한 신라 전성기의 불교룡들이며, 국가융성을 불력으로 성취하려는 불국토사상이 확산되던 시기의 가장 능동적인 숭불호국룡(崇佛護國龍)이라 하였다. 그러나 호법룡과 호국룡을 일체화함으로써 그 구분에 따른 역사적 성격의 변화에 구체적으로 주목하지 못했다.

전래 이후 토속신앙과 충돌하게 된 불교는 모든 재래의 신을 불교화해야만 했다.[홍윤식, 1980] 특히 왕권을 상징하기도 했던 대표적인 토착신앙인 용신앙은 불교 자체에도 있는 신앙형태로서 어쩌면 가장 쉽게 포섭의 대상으로 삼을 수 있었다. 당시 불교에서 악룡의 존재가 파국해왕(破國害王)한다고 한 것은 당시의 토착종교에 대한 불교계의 입장을 정리한 것이라고 할 수 있다. 교룡 등은 물론 당시의 귀족세력 및 왕권에 편입되지 않은 지방세력을 상징하는 것이지만 행법룡인 호법룡은 바로 왕권을 수호하며 백성을 편안하게 해주는 존재이기 때문이다. 특히 미륵 신앙은 용신앙을 포섭하여 발전했다고 할 정도로 신라의 불교는 토착신앙인 용을 불법에 귀의하게 하여 고등종교인 불교의 체계 속에 용신앙을 위치짓게 하였다.〔권상로, 1963〕

[표 1] 시기별·성격별 용신앙 분석

시기	용신앙				단계	용의 명칭	비고
농경시작(신석기 말기) 4000 B.C.	고유자생	중국	불교	밀교	1	독룡과 악룡	대표적 토착신앙 〔귀족/지방적〕
신라건국(57 B.C.)					2	용	왕실과 왕권 상징
신라중고기 (불교공인, A.D. 527)					3	호법룡	용신앙의 불교화
통일전쟁기 (밀교전래 7~8세기)					4	호국룡	호국불교의 강화

불교가 세력을 확장하는 데 각지의 토속신앙과의 접합을 용이하게 해 나갈 수 있었던 것은 그 자체에 밀교적 요소가 깃들여 있음에 힘입은 것이다. 곧 밀교는 재래신앙의 불교적 전개란 성격을 띠고 있다. 실제로 다라니 독송을 통한 주술뿐만 아니라 방위진호적(方位鎭護的) 벽사의식(辟邪意識) 때문에 밀교는 재래의 신앙체계에 쉽게 융화되어 갔다. 따라서 불교의 전래는 문화의식의 확대에 있었고, 이 같은 불교의 밀교적 전개는 종래의 신이사(神異事)를 바탕으로 왕실의 존엄을 높이고 권위를 부여하면서 고대국가 건설의 추진력으로 삼으려 하였던 것으로 볼 수 있다. 이러한 측면에서 호법에 의한 호국룡 신앙은 밀교 신앙의 한 형태이며, 한국 밀교의 시원은 호국불교에서 비롯되었다고 할 수 있다.〔홍윤식, 1980〕

물론 호국룡의 임무는 호법룡의 임무를 포함하는 것으로 숭봉불법 (崇奉佛法) · 수호방가(守護邦家) · 왜병퇴치(倭兵退治) · 치유[病愈] · 한우우청(旱雨雨晴) · 풍정파평(風定波平)이라고 할 수 있다.[김승찬, 1983] 그러나 통일전쟁기 전후에 전래된 밀교는 현교(顯敎)와 대립하게 되고, 그러한 대립과정에서 호국불교를 보다 강조한 밀교는 통일전쟁에 공헌을 하게 된다. 대표적으로 문무왕 10년(670)에 명랑(明朗)이 사용한 밀교의 주술로서,『관정경(灌頂經)』과『불설관정복마봉인대신주경(佛說灌頂伏魔封印大神呪經)』에 의거한 문두루법(文豆婁法)은 당군의 침략을 격퇴하는 데 일약을 담당하게 된다. 이러한 점은 안록산(安祿山)의 난을 평정하는 데 공을 세운 중국의 불공(不空)과, 쿠스코(藥子)의 변(變)을 평정하는 데 공을 세운 일본의 공해(空海)와 마찬가지로, 동아시아 삼국의 밀교는 모두 당시의 시대적 요구에 부응한 것이라고 할 수 있다. 뿐만 아니라 선덕여왕 및 당대의 승상인 김양도(金良圖)의 병을 치료한 밀본(密本) 등의 활약으로 왕실과 밀접해진 밀교는 더욱 공고화된다.[하정용, 2002a]

3. 산신신앙

1) 단군신화와 산신

『삼국유사』에는 단군이 백악산 아사달에서 장당경으로 천도한 후에 다시 아사달로 돌아가 은거하여 산신이 되었다는 단군신화가 기록되어 있다. 겨레의 시조라고 할 수 있는 단군이 바로 그 산신이 되었다는 점에서『삼국유사』와 한국 고대사회에서 산신의 위상을 충분히 느끼게 해준다고 할 수 있다.〔송화섭, 1999〕 산신은 수렵문화단계에서 비롯된 신이며, 국가제사의 주요 대상임에는 틀림이 없다고 여겨진다. 산신이 된 단군은 환인, 즉 제석의 아들인 환웅과 웅녀의 아들이다. 적어도 환인은 천신이므로 환웅은 천신의 자이며, 이러한 점에서 단군은 천신의 손(孫)이라고 할 수 있다. 웅녀의 신적인 성격을〔신종원, 2002〕 고려해 보면 웅신이라고 해도 크게 문제는 없다. 동물신인 웅신은, 호랑이신과 마찬가지로 수렵문화단계 이래의 산신이라고 할 수 있다.〔서영대, 1991〕

천신의 아들이 산정에 하강하고 그 아들인 천신의 손, 단군이 산신이 된다는 사실은 천신으로부터 산신으로 신앙의 전개과정의 일면을 보여준다고 볼 수 있다.〔임동권, 1994〕 이러한 측면에서 건국신화에 나타나는 산이 천상과 지상의 연결통로로서의 의미를 지닌다는 견해는 존중되어야 할 것이다. 우리나라의 산신숭배는 그 시원이 천신숭배의 건국신화단계까지 올라갈 수 있다. 그러나 단군신화에 대한 비판적 견해 역시 적지 않으므로, 이에 대해서는 앞으로의 논쟁이 기대된다.

2) 산신은 남신인가?

초기적인 연구에서는 산신의 성을 남성이 아닌 여성으로 보고, 그 근거를 신라시대 성모(聖母) 내지 신모(神母)신앙에서 찾고 있다.〔김영수, 1937〕 신라 삼산(三山)의 산신도 호국여신이란 점에서 신라시대 경주를 중심으로 여성을 산신으로 숭배하는 신앙전통이 있었던 것으로 보인다. 따라서 현존하는 민속상의 산신이 주로 기호노인상(騎虎老人像)으로서 남성 신이지만, 산명(山名) 및 전설 등을 통해 고대 산신의 성이 본래 여성이었음을 밝히고, 여성신에서 남성신으로의 성별변환을 가부장적 사회 구조의 이행결과라는 견해가 제시되기에 이르렀다.〔손진태, 1948〕

그러나 김부식이 고려 예종 11년(1116) 송에 사신으로 갔다 온 후 알려진 서술산〔선도산〕신모라는 계승담은 후세에 혁거세의 탄생담으로 차용되었을 것이라는 견해가 일반적이다. 이미 지적된 바와 같이, 고구려의 부여신과 시조 고등신(高登神)이 모자로 설정된 전승이나 가야의 가야산신 정견모주(正見母主)가 천신 이비가(夷毗訶)의 감응을 받아 대가야왕 뇌실주일(惱室朱日)과 금관국왕 뇌실청예(惱室靑裔)를 낳았다는 전승에서 보여지듯이, 시조와 관련된 신모신앙이 보이기 때문이다.〔김철준, 1971〕뿐만 아니라 남해왕비인 운제부인이 운제산 성모가 된 것과 박제상의 처가 사후 치술산의 신모로 숭앙된 사례에서 보이듯이, 오랫동안 신라의 국모적 존재로서 신앙되어 온 서술산 신모에 의한 시조의 출생담도 본래부터 신라에 전승되어 왔던 것으로 볼 수 있다.〔신형식, 1997〕

이와 같이, 삼국시대 신화와 각종 제의행사에 천신인 남성과 더불어 지신인 여성도 국모로서 함께 숭배되고 있었다. 따라서 여기에는 생산과 풍요를 의미하는 지모신으로서의 성격과 함께 신모에는 국가의 안위와 결부되는 호국신의 의미도 동시에 내포되어 있었다고 할 수 있다.〔강영경, 1982〕결국 고대의 산신에는 여신은 물론 남신도 보이므로 산신의 성이 반드시 여성에서 남성으로 변했다고는 할 수 없으며, 남녀 산신이 한동안 공존했을 것이지만 유교사회를 거쳐 오는 동안 여성신이 도태된 것이라 하였다. 한편 고대 산신의 성이 대부분 여성이라고 할 때, 그리고 오악 신군 가운데 남쪽의 지리산의 경우는 여성적인 성격이 강한 것을 염두에 둔다면, 별다른 표기가 없는 이상 신군(神君)이라고 해서 모두 남성으로 파악해서는 안될 듯하다.

[표 2] 시기별 · 성격별 · 산신신앙

단계	시기	산악 및 산신신앙			
1	수렵단계/농경시작	산악 · 동물신			
2	고조선(이후도교전래)		산신화된 천신[도교적인 산신]		
3	불교공인			불교적인 산신	
4	통일전쟁기(밀교전래)				호국적인 산신

3) 민중의 발원과 산신의 능력

개인적인 영역에서 산신의 능력으로는 자식을 구할 때 그 영험을 보이며, 스스로는 하늘을 자유롭게 날아다니며, 나아가 알지 못하는 것이 없고 안 되는 일이 없다는 것이다. 따라서 그러한 산신이 인간에게 해로운 일을 한다면, 그 해가 매우 극심했음을 알 수 있다. 이렇게 산신에 대한 종교현상은 복합현상으로 비분리와 현세구복을 그 기본으로 한다. 인간의 욕구 · 욕심에는 끝이 없으므로 한없는 소원과 기도가 이뤄지고 그러한 요구에 부응해주는 산신이 등장하게 된다.

또한 인간의 욕구가 변화함에 따라 산신 역시 수신도 되어야 하고 동물신도 되어야 했다고 여겨진다. 그러나 고등종교라고 할 수 있는 불교의 전래 이후, 이러한 성격이 약간 변형되어 불교사상 체계 속으로 재편되면서 수명 제한 등의 한계가 노정되기 시작된 것이 아닌가 싶다. [하정용, 2003]

공동체 즉 사회적인 영역에서는 기한유응(祈旱有應)을 들 수 있다. 이와 같이 산신신앙에도 지연공동체의 이익을 옹호하는 성격이 있다.[강영경, 1991] 물론 산신은 산에 살면서 산을 맡고 있는 신이다. 그러나 산신은 산에서만 영향력을 발휘하는 것이 아니라, 산 밑 마을공동체의 모든 길흉화복을 주재하며 또 마을공동체를 지켜주는 신이다. 산신숭배가 마을신앙의 중심을 이루고 있는 것도 이러한 이유 때문이다. 그래서 마을신을 모시는 동제에서는 산신에게 여러 가지를 기원하는데, 그 중에서도 으뜸을 차지하는 것이 오곡의 풍양을 기원하는 것이다. 그러므로 산신은 마을 문제 전반에 관계하는 전능적·종합적 신이지만, 기본적으로 농업신이라 할 수 있다. 따라서 한국의 산신신앙은 수렵민 문화와 함께 농경민 문화를 반영하는 것으로 파악된다고 할 수 있다. 나아가 국가적인 영역에서는 이미 알려진 바와 같이, 호국은 국가적인 이데올로기가 반영된 개념이며, 어쩌면 국왕과 왕실을 위한 것이라고 할 수도 있다.[김영하, 1979]

4) 호국신과 밀교

3산 5악의 위치에 대해서는 이론이 있기는 하지만, 이들은 본래 경주 부근에 있었던 군장국가의 지모신적 존재로서 일찍이 이들 국가가 합쳐져 신라국가의 중심을 이루면서 왕실과 밀접한 관련을 가진 호국신으로[강영경, 1991] 성립되었다고 보고 있다. 즉 신라의 불교수용으로 왕권강화가 이루어지고 국가영토가 확장되면서 산악숭배와 불교신앙이 결합하여 산간불교가 조성되어 간 것으로 보고 있다.[최광식, 1994]

동악인 토함산은 석씨의 등장과 밀접하게 관련된 세력의 성산(聖山)이며, 그들을 상징하는 산이기도 하였다. 그 곳은 왜와의 전투가 있었던 곳으로[이기동, 1985] 우로 각간을 비롯한 탈해계의 흥망성쇠가 걸려 있던 곳이기도 하다. 그 곳의 신은 탈해왕이며, 그의 존격은 아마도 왜에 대한 방어의 측면에서 강조되었을 것으로 보인다. 이와 같이 왜에 대한 방어를 상징하는 동악신의 존재 역시 호국지신이라는 산신의 특징을 잘 보여주는 것으로 이해되고 있다.〔하정용, 2002c〕

4. 밀 교

1) 『삼국유사』 신주(神呪) 제6

한국 고대의 밀교를 연구하는 데 유일한 서책이라고도 할 수 있는『삼국유사』 권제5 신주 제6에는 「밀본최사(密本摧邪)」·「혜통항룡(惠通降龍)」·「명랑신인(明朗神印)」의 세 조목이 실려 있다. 이에 대해서 십여 편의 구체적인 관련 논문이 있지만, 인도·일본·티베트·중국의 밀교와 비교해 볼때, 그 연구성과는 양적으로 매우 미진하다. 조선시대의 숭유억불을 이유로 언급하지만 고려 이래로 민중과 밀접했던 밀교에 대한 탄압에 기인한 것이 아닌가 싶다.

『삼국유사』는 한국 고대 토착종교에 관해 양적으로 가장 많고 다양한 사실을 전하고 있을 뿐만 아니라 고대 토착종교의 실상을 전하는 자료라는 면에서 질적으로도 주목되는 자료라 하겠다. 특히 일연의 기술 태도는 오늘날의 민족지학자나 민속학자의 현지답사의 선구적 자세임을 알 수 있겠다. 그는 문헌조사와 현지답사와 함께 자기 사상에 의한 문화의 재구성(再構)을 통해 입장에서 한국 최초의 문화인류학적 보고를 후세에 남긴 것이다.〔김택규, 1984〕

『삼국유사』에 나타나는 불교적인 신이에 대한 서술은 신앙의 옹호를 위한 것이었다. 불교 관계기록은 우선 양적으로도 전체의 반 이상을 차지하고 있을 뿐만 아니라, 질적으로도 비교적 잘 정돈된 불교문화사인 것이다.〔이기백, 1976〕 그러한 까닭에 『삼국유사』는, 『삼국사기』에 드러난 유학자들의 입장 못지않게, 불교적인 입장이 강해서 한국 상대 무속의 객관적인 실정은 파악하기가 어려운 느낌이라는 견해가〔장주근, 1982〕 제시되어 설득력을 얻고 있다.

이와 같이 『삼국유사』는 고려의 국사이기도 했던 보각국존 일연이 주도적으로 참여한 찬술이므로 당연히 일연의 불교적 세계관이 첨가된 것이라 생각된다. 그러므로 『삼국유사』를 검토하여 한국 신화의 역사화 현상을 추출하는 작업이 요청된다는 견해가 제시되었다.〔이봉린, 1983〕 이러한 견해는 구체적으로는 『삼국유사』에 대한 엄밀한 내적 외적 사료비판을 통해서 사료의 표면에 덮여 있는 불교적 색채를 걸러내고, 그 내면에 담겨 있는 토속신앙의 원형을 추출해내야 한다는 것으로 이해해도 될 듯하다.

이러한 측면에서 일연이 수행한 문수오자주(文殊五字呪)는 다라니를 통해서 성불을 꾀하는 밀교 특히 총지종(總持宗), 즉 진언종(眞言宗)적인 요소가 강하다. 반면에 신인(神印)으로 알려진 무드라〔印契〕, 즉 일종의 방위신을 대상으로 하는 명랑의 신인종과는 다른 것이라고 할 수 있다. 이러한 의미에서 혜통에 앞서서 명랑이 있었음에도 불구하고 혜통을 총지종의 개조라고 하면서, 「혜통항룡」조를 「명랑신인」조 앞에 편재한 것은 일연의 문수오자주의 염송과 무관하지 않을 것이다. 나아가 권 제5 전체에 실려 있는 민초들의 삶과 신앙의 여러 양상들은 몽골지배기에 일연의 생민에의 의지와 무관하지 않을 것이다. 이러한 점은 생민 즉

치병제액에 주력했던 혜통의 총지종과도 연결된다.〔하정용, 2002b〕

이에 관련해서 효소왕 원년(691)에 신라에 의학이 설치되었는데, 이것은 정공과 함께 치병에 주력하는 혜통을 배제하기 위한 정치적 조치라는 견해가 제시된 바 있다.〔김재경, 1978〕 하지만 의학의 설치를 혜통과 직결시키거나, 총지종을 제병에만 국한시키는 것은 재고의 여지가 있다고 볼 수 있다.〔여성구, 1992〕 특히 치병에는 흥륜사 중 법척에 대신해서 금곡사 승 밀본이 활약하는 것을 참고하면〔김복순, 2002〕 더욱 그러하다.

2) 선무외와 혜통

신주 「혜통항룡」 무외(無畏)를 선무외(善無畏)로 그대로 인정하고 서술한 견해가 있다.〔이능화, 1918〕 당시 근대적인 불교사 연구가 본격화되지 않은 시점에서 『삼국유사』를 비롯한 제 사료를 집대성해서 소개한 것만으로도 연구사적인 의의는 크다고 할 수 있다. 그런데 마에다 죠단(前田聽瑞)은 혜통이 입당했을 때는 밀장(密匠)인 선무외는 아직 당에 도착하지도 않았던 때이며, 어느 사료에도 선무외와 혜통의 관계를 증명해 줄 수 있는 게 없으므로, 혜통과 선무외의 관계는 조작된 것으로 비판하였다. 또 혜통의 중국 유학이 사실이라면, 잡부의 밀교를 수득했을 것이며, 입당이 허구라면 서역의 외도적 주술이 들어왔을 것이라고 하였다. 그는 혜통을 총지종의 개조로 본 이능화의 견해 대신 조선 밀교의 선구자 정도로 보는 것이 좋겠다고 하였다.〔前田聽瑞, 1919〕

이렇게 우리 사료에 대한 부정적인 견해는 당시 일제침략기의 일인학자 전체의 한계를 그대로 반영하고 있으며, 특히 중국을 배제하고 서역의 외도적 주술이 들어왔을 것이라고 한 점은 일본 최징의 천태종과 공해의 진언종이 선무외와 금강지의 순밀사상을 계승 발전하였다는 것과는 대조적인 평가인 것이다.

권상로(1929)는 별다른 언급없이 선무외와 무외 그리고 혜통의 관계에 대해 『삼국유사』를 그대로 인용하고 있다. 다만 혜통을 지통과 혼동해서 기록한 점은 분명한 오기이지만, 아마도 혜통이 입당해서 수학한 스승이 선무외가 아니라 지통이라고 생각한 데서 비롯한 실수일 가능성도 배제할 수 없다.

도가노 쇼운(栂尾祥雲)은 정순밀교가 중국에 전래되기 이전에 이미 한반도에는 잡부밀교가 전래되어 완전한 형태의 밀교가 도래하기를 기대하는 기운이 양성되고 있었다는 의견을 제시하였다.〔栂尾祥雲, 1933〕 이는 신라 영묘사 승 불가사의 등에 의한 순밀 전래 등을 염두에 둔 견해로서 당시에 팽배했던 황국사관의 영향을 받지 않은 순수한 연구성과로서 크게 평가되어야 할 것이다.

박태화(1965)는 혜통은 신라 순밀의 초전자라고 하면서 이능화의 견해를 계승하며, 마에다 죠단에 대한 반론으로, 신라의 밀교가 일본보다 앞선 시기에 선무외로부터 직접 혜통에 의해 수입되었다고 하였다. 그래서인지 「혜통항룡」조의 내용 가운데 선무외와의 관계만 그대로 인정하고, 여타 사실은 후대로 내려야 한다고 주장하게 되었다. 박필주는 고승대덕을 곧잘 무외니 삼장(三藏)이니 칭한 바 있으므로, 선무외는 무외가 아니라 다른 사람일 것이라는 견해를 제시하였다. 나아가 선무외 역시 서역 출신인데 신라사람인 혜통에게 우이(嵎夷)라고 했을 가능성은 없어 보이므로 당연히 선무외는 아니라고 하였다. 그러나 만약 이 논리대로 무외＝삼장이라면 삼장이라고만 해도 될 것을 굳이 무외삼장이라고 할 필요는 없을 듯하다. 서윤길(1977)은 성급한 속단을 보류하면서 무외삼장은 선무외삼장과는 다른 사람이라는 간략한 언급을 한 바 있다.

김재경(1978)은 진평왕대에 이미 삼기산에는 밀교가 대두되고 있었음에 주목하였다. 또한 혜통의 활약이 신문왕대와 효소왕대에 이뤄지고 있었으며, 그것은 곧 당으로부터 그의 귀국연대와도 일치한 점을 강조하였다. 결국 봉성사도 신문왕대에 설치되고 있으므로 무외를 칭한 바 있던 선무외와 관련시켜 혜통의 권위를 더욱 높이기 위한 후인의 부회라고 보았다.

홍윤식(1980)은 혜통의 밀교가 순밀이라는 증거가 없음에 주목하며, 밀교는 신라 진흥왕대 호국법회에 이미 수용되고 있었다고 하였다. 나아가 『삼국유사』「사불산굴불산만불산」조에는 진평왕대 4면여래가 등장하는데, 이 4면여래의 소의경전이 순밀이라고까지 언급된 바 있던 『금광명경』임을 명확히 하였다. 이러한 견해는 김재경이 주목했던 진평왕대 삼기산에 이미 밀교가 존재했다는 것을 보완해 주는 증거로 유효할 것으로 보인다. 또한 호국법회의 내용을 구체적으로 검토하면서 특히 밀교에서 중요한 사천왕주가 『금광명경』에 상설되고 있으므로 밀본·명랑·혜통의 밀교가 잡밀일 가능성을 언급하였다. 비록 선무외에 대해서는 언급을 하지 않았으나 잡밀이라고 한 점을 고려해 보면, 혜통과 선무외는 무관하다는 관점을 연구의 근거에 깔고 있다고 여겨진다.

김영태(1986)는 삼국의 신주신앙과 관련되는 예를 모두 들면서 삼국시대의 신주신앙의 다양한 용례를 소개하였다. 다만 무외가 선무외인지 아닌지에 대해서는 별다른 언급을 하지 않고, 다만 선무외가 아니라는 전제하에 혜통의 내용을 다룬 바는 있다. 나아가 혜통을 밀주비법에 의한 신술적 통력자라고 하면서 단지 자신의 신통력으로 구병축귀하는 것만 보아도 잡밀일 가능성이 높다고 하였다.

고익진(1986)은 무외삼장은 선무외삼장과는 다른 사람이며, 아마도 아지구다(阿地瞿多, 無極高)일 가능성이 크다고 했다. 왕화상(혜통)의 화상(火傷)의 흔적은 호마법의 증거이며, 이러한 호마법은 아지구다가 역출한『다라니집경』에서 거의 완비되고 있음을 강조하였다. 또한 혜통의 모방주술 역시 그러하므로 무외가 아지구다일 가능성을 높였다. 나아가 그러한 오류나 와전 속에도 중요한 설화적 시사성이 있을 수 있다고 하며, 혜통계의 인물들이 순밀을 수용했을 가능성을 제시하였다.

마사키아키라(正木晃)는 선무외로부터의 부법전승(付法傳承)은 조작이며, 신라의 밀교 승려들은 모두 잡밀이라고 하였다. 특히 혜통의 경우 씨족미상인 까닭에 신분이 미천했던 것으로 보이며, 따라서 신분이 높았던 명랑·밀본과 대조적이기 때문에 후계자들이 조작한 게 아닌가라고 추측하였다.〔正木晃, 1987〕

여성구(1992)는 무외를 선무외로 보면서 「혜통항룡」조의 기록을 모두 50여년 정도 낮추는 작업을 하였다. 혜통이 존승각간이라고도 불렸다는 데 주목하여, '존승'은 태장계 만다라에만 보이므로 혜통의 사상이 선무외의 태장계에 밀접하다는 의견도 제시하였다. 그러나 존승다라니경은 잡밀에 해당하며, 그 궤의는 순밀에 해당한다고 할 수 있다. 따라서 혜통을 잡밀과 순밀의 과도기적 인물로 본 듯하다. 그러나 3다라니 가운데 하나인『불정존승다라니(佛頂尊勝陀羅尼)』는 이미 북제(550-577)대에 만천의(萬天懿)에 의해 번역된『존승보살소문일체제법입무량문다라니경(尊勝菩薩所問一切諸法入無量門陀羅尼經)』에도 존재한다. 또한 당대에 들어와서도 선무외 이전에 이미 의정(義淨)이 역출했던『불설불정존승다라니경』이 존재하므로 재고의 여지가 있다.

전동혁(1993)은 무외는 선무외가 아니라 지통일 가능성을 제기하였다. 그러나 총지종으로 추측되는 명효, 불가사의 등이 선무외계인 까닭에 이후 지통 대신 선무외를 정통으로 내세웠던 것이라고 하였다. 이는 혜일 아니면 그 이후에 조작된 위설로서, 총지종을 정통종파로서 부상시키려 했던 데서 비롯한다고 그 배경까지 설명하고 있다. 이러한 의견은 혜통과 지통을 혼동했던 권상로의 견해와 혜통의 제자들이 순밀을 받아들였을 것이라는 고익진의 의견을 발전시킨 것이다. 지통설을 구체적으로 밝히고 나아가 신라의 입당승들과 혜통과의 관계를 밝힌 데 대해 새로운 견해를 제시한 연구사적 의의가 크다.

문이화(2002)는 신라시대의 다라니신앙이 무불습합의 매개체로서 작용했으나, 이후 성불뿐만 아니라 호불·호법적 기능까지 담당하는 등 다양한 역할과 기능을 하였던 점을 밝혔다. 특히『무구정광대다라니경』에 대한 검토를 통해서 신라의 다라니신앙이 현실적이고 기복적인 불교를 추구했던 바를 명확히 하였다. 이는 신라시대의 밀교 가운데 다라니신앙이 가지는 의미와 역할에 대한 견해[홍윤식]를 보다 구체적으로 계승 발전하는 한편, 나열에 그쳤던 신주신앙, 즉 다라니신앙의 의미와 역할[김영태]을 구체화했다는 데 연구사적인 의의를 가진다.

하정용(2002b)은 무외는 선무외라고 생각하되 혜통이 선무외에게서 직접 사자상승(師資相承)했다고는 보지 않았다. 실제로 선무외에게서 사사받은 의림·불가사의·현초·혜일 등의 신라 승려들 가운데 몇몇은 신라로 귀국했음에도 불구하고 신라에는 별다른 종파개창이 없기 때문이다. 이 점은 일본의 공해나 최징이 귀국 후 진언종이나 천태종을 개창한 것과는 매우 다르다. 따라서 혜통의 총지종계 승려들이 도당하여 선무외의 순밀을 수용하여 귀국했거나, 직접은 아니라도 부법전승할 수 있었던 것으로 여겨진다.

3) 신라밀교의 초기 수준

일본의 초기 밀교에 대한 이해는 신라밀교에 대한 이해에 큰 실마리를 제공해 준다. 왜냐하면 적어도 7·8세기의 동아시아 밀교는 유학승들이 거의 동시대적인 네트워크를 형성하고 있었기 때문이다. 이러한 이해를 바탕으로 초기 신라밀교의 수준을 지금까지의 연구성과를 통해서 추론해 볼 수 있다.

첫째는 입당구법 순례승들을 배출할 수 있었던 것은 바로 총지종의 개창조인 혜통의 순밀에 대한 수용의사에 있다고 여겨진다. 혜통의 생몰연대는 구체적으로 확인할 수는 없으나, 혜통의 생존시에 선무외가 입당했을 가능성은 적지 않다. 혜통의 뜻에 따라 그 제자들이 입당 유학한 것이 아닌가 싶다. 따라서 그러한 유학을 통한 전법은 일본 천태종의 엔닌(圓仁)이 자신의 공적을 스승인 사이죠(最澄)에게 모두 돌린 것과 마찬가지로, 총지종의 입장에서는 당연히 혜통에게 돌려진 것이 아닌가 싶다. 이는 명랑의 신인종과의 차별성을 구하려는 총지종의 움직임이며, 잡밀이라는 모방주술성이 강한 종교체계에 순밀이라는 고도의 철학체계를 도입한 것으로, 당연히 종파의 정통성 확립에도 일익을 담당했을 것이다.〔하정용, 2002b〕

둘째는 당시의 혜통의 총지종의 수준에 대한 것이다. 혜통의 모방주술은 진흥왕대 이래의 잡밀이 신라에서 고도의 발전을 거듭하여 순밀을 수용할 수 있는 밀교적 풍토가 이미 신라 사회에는 조성되어 있었다고 볼 수 있다. 즉 8세기에서 9세기에 걸친 도당유학을 통해 수용된 순밀에 의해서 급작스럽게 밀교가 발전한 것이 아니라, 진흥왕대부터 발전을 거듭한 밀교가 혜통대에 순밀의 수용을 요구할 정도로 발전되어 있었다는 것이다.〔홍윤식, 1980〕

셋째로 무외가 선무외이지만, 그러한 사자상승의 관계가 혜통의 총지종의 제자들에 의해서 세워진 법계라고 한다면 혜통의 도당 유학시의 스승은 누구였는지 궁금해진다. 이러한 측면에서 그동안 대안으로 제시되었던 지통·아지구다 등을 들 수 있다. 인명에서도 혜통과 통이 같은 지통, 그리고 무외(無畏)와 무가 같은 무극고라고 불려졌던 아지구다는 모두 개연성이 충분하다. 그러나 존승각간이라는 데 주목해 보면, 『불정존승다라니경』을 영순 2년(683)에 중국으로 가지고 온 북인도 계빈국(罽賓國)의 승려 불타파리(佛陀波利)일 가능성도 배제할 수 없다.〔고익진, 1986 ; 전동혁, 1993〕

5. 맺음말

한국 고대의 토속신앙 가운데 대표적인 신앙형태인 용신앙과 산신신앙의 연구현황을 개괄해 보고, 초기 밀교의 수용에 대한 논쟁을 소개해 보았다. 현재 한국 고대사학계의 연구는 비교적 불교에 집중되어 있으며, 토속신앙에 대한 연구는 양적으로 볼 때 이제 본격적인 연구기에 접어들고 있다고 할 수 있다. 그러나 밀교에 대한 연구는 사료와 유물의 절대적인 빈곤으로 인해서 연구가 개시된 지 1백 년이 되도록 겨우 십여 편을 헤아릴 정도로 그 성과가 매우 빈약하다.

본고에서는 한국고대사에 대한 연구입문이라는 측면에서 연구사 정리를 시도하였으나, 실제로 밀교에 관해서는 이에 대한 논고가 부족한 까닭에 혜통과 선무외에 관한 논쟁과 같은 몇 개의 문제점에 한정하였다. 그것은 신라밀교가 정통밀교인가조차도 부정되고 있는 현실에서 이 문제를 해결하지 않고서는 더 이상의 진전은 어렵기 때문이다. 그러나 입당구법 밀교승의 활약과 일본 밀교에 끼친 영향 등을 고려해 본다면, 이 문제를 극복하고 토속종교와의 융화과정을 고려하면서 한국 고대 밀교의 전체상이 그려져야 될 것이다.

용신앙·산신신앙 그리고 밀교연구의 저변확대 및 양적·질적인 발전을 위해서는 한국내 관련사료의 발굴이 절대적으로 필요하며, 기존에 발견된 밀교 관련유물이나 유적에 대한 구체적인 분석 및 집대성이 요구된다고 할 수 있다.

이를 위해서는 국내뿐만 아니라 중국·일본 등 주변국가의 사료 속에 보이는 한국 밀교 관련자료의 발굴과 함께 외국의 고대밀교 연구 이해에 대한 구체적이고도 심층적인 접근이 필요하다고 생각된다. 7세기 이후 동아시아라는 네트워크 속에서 한국 밀교의 위상과 그 내용에 대한 연구가 요구되는 것이다. 이러한 접근은 방법론적인 한계가 노정되가는 하지만, 부족한 사료와 유물·유적으로 인한 한계를 조금이나마 벗어나서 한국고대 토속신앙과 밀교의 전체상을 대국적으로 그릴 수 있는 실마리를 제공해 줄 것으로 기대된다.

하정용

‖참고문헌‖

姜英卿, 1996, 「新羅 天神信仰의 機能과 意義」, 『淑明韓國史論』 2.

高翊晉, 1986, 「新羅密敎의 思想內容과 展開樣相」, 『韓國密敎思想硏究』, 佛敎文化硏究所.

權相老, 1963, 「韓國古代信仰의 一斑－미리(龍)信仰과 彌勒信仰에 대하여」, 『佛敎學報』 1.

金福順, 2002, 「興輪寺와 七處伽藍」, 『新羅文化』 20.

金承璨, 1983, 「兜率歌의 密敎的 考察」, 『三國遺事硏究』 上.

金映遂, 1937, 「智異山 聖母祠에 취하여」, 『진단학보』 11호.

金煐泰, 1982, 「三國遺事所傳 佛敎龍에 대하여」, 『三國遺事의 硏究』, 中央出版.

金瑛河, 1979, 「新羅時代 巡狩의 性格」, 『民族文化硏究』 14.

金在庚, 1978, 「新羅의 密敎 受容과 그 性格」, 『大丘史學』 14.

金貞培, 1975, 「佛敎傳入 前의 韓國上代 社會相」, 『韓國佛敎思想』, 崇山 朴吉眞博士 華甲紀念會.

金哲埈, 1971, 「東明王篇에 보이는 神母의 性格에 대하여」, 『惠菴柳洪烈博士華甲紀念論叢』.

金宅圭, 1984, 「三國遺事의 社會民族誌的 價値」, 『韓國社會와 思想』 1-57.

金鉉龍, 1984, 『韓國古說話論－'三國遺事' 說話를 中心으로』, 새문사.

金煐泰, 1982, 「三國遺事所伝 佛敎竜에 대하여」, 『三國遺事의 硏究』, 東北亞細亞硏究會.

김일권, 2002, 「고구려의 황룡사상과 그 우주론적 세계관」, 『龍：그 神話와 文化』, 민속원.

羅希羅, 1990, 「新羅 初期 王者의 性格과 祭祀」, 『韓國史論』 23, 서울대 국사학과.

文梨花, 2002, 「新羅時代의 陀羅尼 信仰」, 『韓國文化의 傳統과 佛敎』, 洪潤植停年紀念論叢.

朴泰華, 1965, 「新羅時代의 密敎傳來考」, 『曉城趙明基博士華甲紀念佛敎史學論叢』.

徐永大, 1997, 「韓國古代의 儀礼와 宗敎」, 『韓國古代史硏究』 12.

徐閠吉, 1977, 「新羅의 密敎思想」, 『韓國哲學硏究』 9.

孫晉泰, 1948, 「朝鮮 古代 山神의 性에 就하여」, 『朝鮮民族文化의 硏究』.

宋華燮, 2002, 「韓國의 龍信仰과 弥勒信仰」, 『韓國文化의 伝統과 佛敎』, 洪潤植博士停年紀念論叢.

辛鐘遠, 2002, 「단군신화에 보이는 곰(熊)의 실체」, 『韓國史硏究』 118.

申瀅植, 1997, 「韓國古代의 傳統信仰과 女性」, 『先史와 古代』 8.

呂聖九, 1992, 「惠通의 生涯와 思想」, 『擇窩許善道先生停年紀念 韓國史學論叢』.

柳東植, 1978, 『韓國巫敎의 歷史와 構造』, 延世大學校出版部.

尹汝聖, 2002, 「新羅眞表의 彌勒信仰 中興基盤」, 『韓國文化의 傳統과 敎敎』.

李基東, 1985, 「于老傳說의 世界」, 『韓國古代의 國家와 社會』, 一潮閣.

李基白, 1976, 「三國遺事의 史學史的 意義」, 『震壇學報』 36.

李能和, 1918, 『朝鮮佛敎通史』 下 ; 1974, 國書刊行會.

李丙燾, 1987, 「韓國古代社會의 井泉信仰」, 『韓國古代社会研究』, 博英社.

李鳳麟, 1983, 「三國遺事의 象徵性 硏究」, 『三國遺事硏究』 上, 嶺南大.

李準坤, 1996, 「龍神創寺説話의 形成과 意味」, 『口碑文学研究』 3.

張貞海, 2000, 「五爪竜의 專用에 관한 考察」, 『韓國의 龍信仰과 全羅文化』.

張籌根, 1982, 「三國遺事와 巫俗記錄의 考察」, 『三國遺事의 研究』, 中央出版.

張志勳, 1997, 『韓國古代 彌勒信仰의 硏究』, 集文堂.

전동혁(宗釋) 1993, 「밀교의 수용과 그것의 한국적 전개(1)」, 『論文集』 2, 중앙승가대학.

趙法鐘, 2002, 「한국 고대사회의 龍 관련 문화」, 『史學研究』 65.

崔光植, 1994b, 「新羅 大祀·中祀·小祀의 祭場 硏究」, 『역사민속학』 4.

河廷龍, 2000, 「新羅時代龍信仰の性格と神宮」, 『朝鮮古代研究』 2.

_____, 2002a, 「『三國遺事』 所載 龍의 名称変化와 그 意味」, 『第1回 韓國佛教学大会
     資料集』, 韓國佛教学結集大会組織委員会.

_____, 2002b, 「『三國遺事』 神呪第六 惠通降龍条와 新羅密教」, 『悔堂学報』 7.

_____, 2002c, 「歷史上에 있어서 梁山의 祭祀的 位相에 대하여」, 『梁山의 歷史와 文化
     2000年(特別展 圖錄)』, 通度寺 聖宝博物館.

_____, 2003, 「『三國遺事』 所載 山神 関係記事와 그 性格에 대한 一考察」, 『宗教와 文化』 9.

洪潤植, 1980, 「三國遺事와 密敎」, 『東國史學』 14.

前田聽瑞, 1919, 「初期朝鮮密敎私考」, 『密教研究』 12.

松前健, 1970, 「古代韓族의 龍蛇崇拜와 王権」, 『朝鮮学報』 57.

熊谷治, 1980, 「三國遺事에みえる護法龍」, 『日本民族文化와その周邊』.

正木晃, 1987, 「新羅密教研究」, 『史境』 14.

栂尾祥雲, 1933, 「朝鮮密敎의 興亡」, 『秘密佛敎史』.